CONCORDIA UNIVERSITY
DP608.A4 C001 V
LETTERS OF JOHN III KING OF PORTUG

LETTERS OF JOHN III
KING OF PORTUGAL
1521—1557

LONDON : HUMPHREY MILFORD
OXFORD UNIVERSITY PRESS

D. João 3º

LETTERS OF JOHN III
KING OF PORTUGAL
1521–1557

THE PORTUGUESE TEXT EDITED
WITH AN INTRODUCTION
By J. D. M. FORD

HARVARD UNIVERSITY PRESS
CAMBRIDGE, MASSACHUSETTS
1931

COPYRIGHT, 1931
BY THE PRESIDENT AND FELLOWS OF HARVARD COLLEGE

PRINTED AT THE HARVARD UNIVERSITY PRESS
CAMBRIDGE, MASS., U.S.A.

TO

THE HONORABLE JOHN B. STETSON, Jr.

FORMERLY MINISTER OF THE UNITED STATES TO
POLAND, A LOVER OF PORTUGUESE LETTERS AND
A DEVOTED SON OF HIS ALMA MATER, HARVARD
UNIVERSITY, WHOSE LIBRARY HE HAS ENRICHED
WITH MANY TREASURES

THIS BOOK IS DEDICATED

Preface

THE publication of the present work has been made possible through an allotment from the fund for research in the humanities which was granted to Harvard University by the General Education Board. The editor acknowledges gratefully the help which that benevolent institution has accorded him through the medium of his own university. He expresses his thanks also to his friend and former pupil, Professor L. G. Moffatt of Syracuse University, who gave effective aid in the preparation of the transcript of the material now printed and assisted later in the reading of the proof.

J. D. M. F.

(372); some special orders (e. g., 140, 142, 143, 144, 146); and two *alvarás* or patents sent to Dona Violante de Xanora (3) and to Diogo de Menesses (4), the material which we publish is all in the nature of communications from John III to this devoted and able minister, Antonio de Ataide, Conde da Castanheira, who served him from 1530 to 1557.[1]

From the *Catalogue de la bibliothèque de M. Fernando Palha*, published in French (Lisbon, 1896; 4ᵉ Partie, p. 129), we extract the following notice respecting the contents of the three portfolios:

> Outre la valeur de ces documents, étant des autographes de si nobles personnages, une particularité remarquable les rend encore plus précieux: rarement on a trouvé réunie, dans un seul corps, une aussi nombreuse série de lettres adressées par un roi et par les princes de sa maison à un de ses ministres, pendant une aussi longue période, comme celle qui va de la mort du roi Emannuel (1521) jusqu'à la régence du cardinal-infant Don Henri (1557).
> Le Comte de Castanheira, étant ministre des finances (*vedor da fazenda*) et plusieurs fois ambassadeur pendant cette période, il n'y a presque pas une seule des affaires d'état, qui n'ait été rapportée dans ces curieux documents. Quelques-unes de ces affaires, telle que le projet de mariage de l'enfant Don Duarte avec Dona Isabelle de Bragança,[2] l'ambassade du Comte de Castanheira près de la cour de France par suite de la *Lettre de marque* accordée à Jean Ango par François I, l'expédition de Tunis,[2] les dernières années de la vie du Duc de Bragança, Don Jaime,[2] etc., y sont minutieusement et presque quotidiennement documentées.
> Les lettres adressées au roi, et a d'autres personnes de la cour, sont probablement restées dans les mains du Comte de Castanheira en raison de sa charge.
> Ces documents ayant été collationés avec les notes prises par Fr. Louis de Sousa pour son ouvrage *Annaes de Dom João III*, on s'est aperçu qu'ils faisaient partie d'un recueil dénommé par cet historien *Os seis livros do Conde da Castanheira*. Cependant on ne trouve pas parmi ces documents ceux qui devaient former le cinquième et sixième de ces livres.

---

[1] Cf. the *Quadro Elementar das Relações politicas e diplomaticas de Portugal . . . colligido pelo Visconde de Santarem*, XVI (Lisbon, 1858), lxiii.

[2] In the third portfolio.

Introduction

I

THROUGH the generosity of Mr. John B. Stetson, Jr., Harvard University has become the possessor of a great part of the library of the late Senhor Fernando Palha.[1] Among the treasures of Palha's collection thus acquired are some manuscript letters in Portuguese of the sixteenth century, arranged in three portfolios. It is the contents of two of the portfolios, embracing 372 letters of King John III of Portugal (born 1502, enthroned 1521, died 1557), that we give to the press in this volume.[2] The third portfolio comprises letters by John's Queen, Catherine, by various princes of the royal blood, and by other persons of the royal surroundings, which, because of their value to historians of Portugal, we hope to print ere long. The total number of the documents is not less than 547.

The vast majority of these letters, whether those of the King or those in the third portfolio, are addressed to Dom Antonio de Ataide, John's Chancellor of the Exchequer (*Vedor de sua Fazenda*). Save for a letter to Affonso de Albuquerque, one of the King's captains abroad (1); a letter to Pope Clement VIII (5); the three letters at the end of our series, directed respectively to Thomé de Sousa (370), to an unknown lady (371), and to Lopo de Sousa

---

[1] Fernando de Palha, member of the Royal Academy of Sciences of Lisbon, Peer of the Realm, and President of the Municipal Chamber of Lisbon, died on March 10, 1897. He was a zealous student of the history of his own land, Portugal, and signalized himself by the publication of monographs such as that relating to the Conde de Castello Melhor and, more important for us, that entitled *A Carta de marca de João Ango* (Lisbon, Imprensa Nacional, 1882). These are excellent examples of historical rehabilitation.

[2] In Palha's *Catalogue* (Lisbon, 1896) the number is given as 371. There are really 372, and even 374, if two letters sent as enclosures are reckoned separately.

Contents

INTRODUCTION	xi
TABLE OF DATES OF THE LETTERS	xxvii
THE LETTERS	1
NOTE ON GRAPHIC PECULIARITIES OF THE MANUSCRIPT AND OF THE EDITION	395
GLOSSARY IN MODERN PORTUGUESE	399

INTRODUCTION xiii

Vingt-trois de ces documents ont déjà paru dans l'ouvrage de M. Fernando Palha, *A Carta de marca de João Ango*; les autres restent encore inédits.

Collection provenant de la vente Castello Melhor.

Les documents se trouvent très bien conservés. Traces de cachets.

As is stated in the passage just cited, twenty-three of the letters of the King, namely those concerned with the affair of Jean Ango, were printed by Palha, in his monograph of 1882. The remaining 349 are the real inedita now put forth by us. A comparison of our edition of the Ango letters with that of Palha should show certain improvements in our transcript. Without departing from the wording and spelling of the originals, we have introduced the punctuation and capitalization which are usually lacking in them and in Palha's transcript, and which make it far easier to read them with understanding. Naturally we have done the same with the other 349 letters. Moreover, even at the risk of doing some violence to the syntactical construction, we have broken up, here and there, the very long, unwieldy sentences of the letters as they stand in the manuscript. The originals are often very diffuse in style, very loosely periodic in structure. We are aware that in supplying the punctuation and in dismembering page-long sentences, we may occasionally have mistaken the sense; but we hope that we have avoided dangers of the sort.[1]

As the affirmation at the end of each letter will show, the King used a number of amanuenses, and hence we have to deal with a number of different hands. Some of these are rather crabbed, but in general the notation is decipherable. Our task of reading the originals has been lightened by the fact that Palha, or some amanuensis at his direction, has provided for every letter a clearly written transcript; we have avoided the modernizations of these transcripts and have adhered to the graphical conditions of the originals, as we have said above.

[1] Several of the letters are out of place as they figure in the portfolios; we have changed them to their proper order in accordance with their dates.

It is worthy of note that the last two letters of the collection appear to be in John's own hand. Indeed, the last letter of all, if we may interpret literally the words "*De minha mão*" in its final sentence, asserts that it was written out by the King himself.

As our Table of Dates makes clear, the first of our three hundred and seventy-two letters is of October 13, 1523; the 370th bears the date February 20, 1557; the 371st and the 372nd indicate no year. The King's missives would thus seem to cover a period of over thirty-three years and four months, but, as a matter of fact, their comprehensive range is over only the period from April 24, 1531 to September 26, 1531; over that extending from January 14, 1533 to September 26, 1537; over a month or so of 1541; and over portions of 1550 and 1551. Obviously there are many gaps in the long stretch of over thirty-three years, and the effective result is that for 1523 we have only one letter; for 1524, two letters; for 1525, one letter; for 1526, none; for 1527, one letter; for 1528, 1529, 1530, none; for 1531, twenty-three letters (the Ango affair); for 1532, none; for 1533, seventy-nine letters; for 1534, forty-one; for 1535, sixty-eight; for 1536, forty-four; for 1537, sixty-two; for 1538, 1539, 1540, none; for 1541, ten; for 1542, 1543, 1544, none; for 1545, two; for 1546 and 1547, none; for 1548, two; for 1549, none; for 1550, eight; for 1551, twenty-five; for 1552, 1553, 1554, 1555, 1556, none; for 1557, one; and without date, two.

There are known to us two old chronicles of the reign of John III. The first of these is the *Cronica do muyto alto e muito poderoso Rey destes Reynos de Portugal dom João deste nome, composta por Francisco d'Andrada do seu Conselho, e seu Cronista mòr. Anno 1613. Impresa em Lisboa com as licenças necessarias por Jorge Rodriguez.* The other is the Life which, in 1627, Frei Luiz de Sousa [1] was commissioned to write by King Philip IV of Portugal,

---

[1] Before becoming a Dominican, he was known in the world as Manoel de Sousa Coutinho (1555–1632); cf. G. Gröber, *Grundriss der romanischen Philologie*, II, 2, p. 352, Note 3 (art. of C. M. de Vasconcellos).

and on which he labored until his death in 1632. Long lost to view, this work again came to light and was published by the noted man of letters, A. Herculano, as the *Annaes de ElRey Dom João Terceiro por Fr. Luiz de Sousa*, Lisbon, 1844.

Andrada's account is continuous from the birth of John to his death, but it reveals no acquaintance with the troubles over the privateering of Jean Ango which loom up so large in our letters of 1531. Moreover, our letters often give more direct information regarding the Portuguese operations in Africa, the Islands, India, and Brazil which are registered in Andrada's Chronicle. Sousa's story is incomplete. Besides having gaps here and there, the First Part of his *Annaes* lacks its concluding Books; and the writing of the Second Part was interrupted by his death. We have, however, certain Notes made by him as a basis for his narrative, and these have been published by Herculano as addenda (*Memorias e Documentos*) to the *Annaes*. Looking at these Notes one perceives that Sousa had examined some of our letters and had doubtless intended to draw upon their contents in the *Annaes*;[1] he shows clearly his acquaintance with certain of the letters respecting the matter of Jean Ango, and we have reason to suppose either that he dealt with the issue in a portion of Part I of the *Annaes* which has been lost, or that he had it in mind to deal with it and was prevented by his death from carrying out his plan. At any rate, Sousa sought and obtained somewhat of the first-hand information that our letters furnish for the years to which they belong, and as he did not actually use it in the *Annaes* our letters take on an added importance. The historian who will yet give us a full and authoritative account of the reign of John III of Portugal will find it necessary to use our letters as well as the works of Andrada and Sousa.[2]

[1] See the ed. of Herculano, p. 373.
[2] Of course he will use also the material in the third portfolio of the Palha collection, now in the Library of Harvard University, along with a good deal else that is doubtless still stored in Portuguese archives, be it at Torre do Tombo or elsewhere.

II

THE figure of John III of Portugal as he appears to our view in modern historical accounts is far from attractive. The King is presented as a poorly educated and rather benighted ruler, who imposed the Inquisition upon his land and put the control of the University of Coimbra and of most things intellectual into the hands of the Jesuits, who, in their turn, are pictured as sternly checking the genial impulses of a Renaissance movement in Portugal.

There can be no doubt that John was not intellectually gifted or highly trained. Sousa [1] bears testimony to this fact, but, on the other hand, it should not be forgotten that the King displayed some interest in the fine arts and particularly in architecture. For the introduction of the Inquisition into Portugal he was, according to all standards of enlightened and humane government, very much at fault, and it is to be remembered in this connection that he practically bullied a reluctant Papacy into permitting him to set up the machinery of the nefarious Holy Office.[2] It is doubtful, however, that the resulting persecution extended to the commission of atrocities worse than those practised in the name of religion in the more northerly lands of Europe. That he was a tool of the Jesuits has been accepted unreservedly by those critics who can see in the followers of Loyola only practitioners of evil, and yet it is possible to argue that the Jesuits were really John's tools, since he utilized their missionary zeal to promote his own policy of foreign conquest and trade in India and in Brazil. Perhaps it is not amiss here to quote the words of the English scholar, Edgar Prestage,[3] whose habit it is to regard all aspects of a question and

---

[1] *Annaes*, p. 8. After describing the kind of education furnished to the youthful John, Sousa says: "Porém de todo este cuydado se lhe não pegou mais que uma boa inclinação para as Letras e letrados."

[2] On the Inquisition in Portugal see A. Herculano, *Historia da Origem e Estabelecimento da Inquisição em Portugal*, 3 vols., 5th ed., Lisbon, 1897.

[3] In his truly scientific article in the *Catholic Encyclopedia* (New York, 1911), s. v., "Portugal." See the bibliography of modern historical literature given by Prestage.

to express himself frankly without letting his own religious convictions blind him to facts:

King Emmanuel and his son, John III, were great builders; the former erected the Hieronymite church and monastery at Belem, to commemorate Vasco da Gama's discovery, and the latter made great additions to the superb convent of Christ at Thomar. Though the Golden Age apparently continued, Portugal began to decline in the reign of John III (1521–57). Emigration drained the best blood of the country; the East corrupted, while it enriched, the conquerors; the cultivation of the soil was left to slaves; commerce was blighted by the Inquisition, which drove capital abroad. The Government could not make both ends meet, and the wealth of the Hebrews invited their spoliation. The king, a serious, conscientious man, but of small education, satisfied the complaints of the people against that race by petitioning the Holy See in 1531 to establish the Inquisition. After a twenty years' struggle at Rome with the Hebrews, marked by disgraceful bribery on both sides, John forced the Pope's consent in 1547, and the bigoted Infante Henry, afterwards king, became chief inquisitor. The tribunal was popular and practically destroyed Judaism, but its methods divided the nation into spies and victims, encouraged blackmail and false denunciations, and contributed to undermine the national character. It put a new weapon into the hands of the monarch, who had now no check on his rule, for the Cortes had lost their power by the end of the preceding century. In 1540 the first Jesuits came, and the king became a warm patron of their missionary labors in the East. In addition to the ministry of the confessional and the pulpit, the Society devoted itself to teaching and opened colleges which were crowded by youths of the better classes. The university, which since the foundation had moved to and fro between Lisbon and Coimbra, was fixed at the latter place in 1537, and distinguished professors, Portuguese and foreign, raised the intellectual level. Experience proved, however, that their learning was superior to their orthodoxy and morals, and they were replaced by the Jesuits, who by degrees obtained that control of higher education which they held for two centuries. John deserves credit for his policy of peace abroad and for the colonization of Brazil, in which he had the assistance of the Jesuits, who civilized the natives and protected them from the European settlers.

Some, but only a few, of our letters show the Jesuits or the Jews, the New Christians, on the scene; they are not numerous enough to be of any large aid to those who would explore the workings of the Inquisition or the procedure of the Jesuits. On the other hand, to say naught of the very interesting sequence of despatches that form the docket of the Ango affair, our letters are precious for the thousand and one bits of information which they afford regarding John's policy in Africa, in India, and in Brazil. In them we see the monarch concerned with the shifting of garrisons at Saphim, Azamor, and similar posts, for he was gradually putting into practice his system of withdrawal from those regions in Africa which, in the course of conquest and administration, had cost Portugal so dearly in human lives and in treasure. He departed deliberately from his father, Emmanuel's, policy of further colonial expansion in Africa, he even gave up control of territory already gained there and constantly disputed to him by the Moor, and he devoted himself steadfastly to the expansion of trade in the lately acquired dominions in India and in the New World. A large number of our letters attest the fact that John was no fainéant, but was a great royal trader, a real merchant prince, indefatigable in his attention to all those measures that might safeguard Portuguese control of the Orient and of Brazil, and make their wealth the exclusive property of his crown and his subjects. Even considerations of royal dignity were of secondary importance to John when the trading instincts were active.[1]

It would be futile to attempt here any thoroughgoing analysis of the very many despatches that illustrate the monarch's direct personal control of the administration of his foreign domains and of all things pertinent to the traffic with them. It is necessary to read the letters themselves. We can give only a faint idea of the multitudinous detail that they cover. Choosing at random a score of successive letters, we see John expressing annoyance at the report of the presence of foreign armed vessels in the neighborhood of the Portuguese Isles; directing that the soldiers be paid off at Saphim in Africa; designating captains for various vessels going to

[1] Cf. Palha, *A Carta de marca de João Ango*, p. 34: "A descoberta da India transformára os reis de Portugal em negociantes de grosso trato, e obrigava-os sempre a fazer calar a dignidade quando se tratava de salvar o monopolio."

India in different fleets; ordering that certain material be sent to India; deciding that contracts be closed with specific merchants who are to take off the king's hands merchandise brought from the foreign possessions; commanding that, at the request of a certain distracted widow, her wayward son be arrested and sent by force to work in India in case he does not agree to go voluntarily; forbidding that grain be brought from Flanders, since there are hopes of a good crop at home, yet permitting the purchase of it in France where abundance has made it cheap; providing for a conference of pilots on a proposed change in the route of navigation to India; insisting that no copper be sent at present to India, as the supply is ample there; approving the making of guns at home from iron, as copper is not plentiful; suggesting that a certain auction of slaves be postponed; declaring that a new system of audit of the Royal Treasury is needed; arranging for an inventory of all available ships, of those in process of construction, and of those planned, and also of their ownership, of the seamen that may be enrolled for them, of the artillery and ammunition that may be put aboard of them, etc., etc.

Freedom of the seas was something that John denied whenever the trade of Portuguese Africa, the Portuguese Isles, India, and Brazil was in point. No commerce with those regions could be carried on except in Portuguese bottoms, under Portuguese auspices, and for Portuguese advantage. Hence the famous episode of his encounter with the privateersman Jean Ango, who, virtual pirate and all that he was, illustrates nevertheless a phase of French protest against John's claim to sole proprietary rights in the Indian and Brazilian marts of trade.

Despite the importance of the affair with Ango, it was not set forth in its true light until rather recently. On the Portuguese side apparently nothing appertaining to it reached print until Herculano, publishing what could be found of the *Annaes* of Sousa, appended to them the Notes made by the latter, including transcripts of parts of letters of John III and of his ambassador, Antonio de Ataide, which had to do with the letter of marque of Jean Ango. On the French side, however, there grew up and became current a legend unduly exalting the prowess and the success of Ango and sadly impairing the prestige of the Portuguese king and of Portuguese arms.

The real facts may be stated as follows. Jean Ango (c. 1480–1551) [1] was a ship outfitter and corsair of Dieppe, who waxed rich and powerful as a result of the proceeds from the rich prizes in the form of Spanish ships and their cargos which he took from the subjects of the Emperor Charles V during the wars between Spain and France and even when those countries were at peace with each other. He commended himself so far to his royal master that Francis I made him Viscount and Governor of his native city, Dieppe. It seems that, toward the end of 1529 or early in 1530, a vessel of his was driven by a storm to seek shelter in the river near Lisbon, and there a Portuguese squadron, which was guarding the coast, seized it as suspect. An examination of its cargo showed that it contained merchandise taken, not only from trading vessels of Castile, but also from subjects of the Portuguese king. The vessel was confiscated and its French crew was haled into a Portuguese court of justice. At the trial the French ambassador declined responsibility for the acts of men who were obviously corsairs, and they were condemned to death. But John III disregarded the sentence and handed the freebooters over to the French ambassador, Honoré du Cais. Returning home, on their release, the members of the crew reported their mishap to their employer, Jean Ango, who, fired with a desire for vengeance, went to the French king and, painting the affair in his own colors, succeeded

---

[1] For accounts of this interesting figure see the article of Paul Gaffarel in *Société normande de Géographie, Bulletin de l'Année 1889*, pp. 172–191, 234–267, and 297–315; E. Guénin, *Ango et ses pilotes*, Paris, 1901 (unduly severe upon John III); and F. Palha, *A Carta de marca de João Ango*, pp. 11–40 (this last is also available in the French translation of it by R. Francisque-Michel in *Société normande de Géographie* [1889], pp. 357 ff.).

in obtaining from his sovereign, on July 27, 1530, a letter of marque, authorizing him to recoup himself for his losses by taking Portuguese prizes to the value of 220,000 ducats.

Ango began at once to avail himself of the authorization given to him by the letter of marque by seizing in French ports all Portuguese vessels which, engaged in trade with Flanders, happened to call at those ports, under stress of the weather or for some other reason. By April of 1531 John III learned of the letter of marque and of the depredations wrought upon Portuguese shipping in consequence of it. He called a council at his court in Montemor o Novo, and, after some deliberation, it was decided to send an ambassador to France to demand the revocation of the letter of marque or, if other means failed, to buy it off. The monarch chose as his ambassador his favorite, Antonio de Ataide, Chancellor of his Exchequer, and later Conde da Castanheira, and despatched with him Dr. Gaspar Vaz. Among our letters are those written to Ataide while he and his associate were engaged in their mission, beginning with a letter of instruction dated April 24, 1531 (Letter 6) [1] and issued to them as they were setting forth, and ending with one of September 26 of this same year, which reached the ambassador at the court of the Empress in Castile, where he fell seriously ill on his way back, after the successful accomplishment of his task.

Ataide had the assistance at the French court of a special ambassador, Corvaron, sent by Charles V, who, at the instance of John III, consented to use his good offices in the endeavor to secure the withdrawal of the letter of marque, and, even more than that, the agreement of the French sovereign to restrain his subjects from all future trading with the regions over which the Portuguese claimed sole jurisdiction.

[1] In this letter John states explicitly that between the beginning of the century and 1531 French pirates had captured some three hundred Portuguese vessels. There was, therefore, a long history of depredations by the French upon Portuguese shipping anterior to the events of 1529 to 1530 which culminated in the affair with Jean Ango.

As a matter of fact, it was eventually through what amounted to bribery of the French Admiral, Philippe de Chabot, that John's ambassador gained his point. The Admiral lent himself to manœuvers which ended in a secret arrangement between Ataide and Jean Ango, whereby the latter, urged thereto by Chabot and promised a certain sum of money by Ataide, pledged himself on July 11, 1531 to give up all his rights under the letter of marque and surrender it to the Admiral. Moreover, Chabot, as Admiral, agreed to have his master, Francis I, send a letter to John III, revoking all letters of marque hitherto issued, and consenting to submit to the consideration of arbiters any new ones that might be sought. Apparently the total amount paid over to Chabot and to Ango was not more than 60,000 francs.

The vicissitudes of the protracted and fruitless dealings with Francis I and his council and of the really fruitful manœuvers with Chabot and Ango may be followed in our letters, which present the stark realities of the situation and even show with startling frankness the extremes of duplicity and chicanery to which John was ready to stoop in order to make sure of success. But, after all, the tricks of secret diplomacy are as old and as new as the world, and those are rather artless who berate John for doing what, with equal disregard for the niceties of truth and honor, other sovereigns, as well as ministers of state and ambassadors, have done and continue to do in their parleyings with the representatives of other states.

Now for the legend as it developed in France. According to this, the episode of Jean Ango occurred in the reign of King Emmanuel.[1] The wealthy outfitter and privateer of Dieppe, learning of the sequestration of his ship by the Portuguese coastguard, is reported as sending a powerful fleet to lay waste the coasts of Portugal and to blockade the port of Lisbon. Thereupon Emmanuel, impotent to punish the French corsair, sends ambassadors to Francis I,

[1] Cf. Palha, *loc. cit.*, p. 9.

INTRODUCTION

begging him to check his vassal. The French king, either unable or unwilling to do this, is said to have sent the ambassadors to Ango's palace at Varangeville to deal directly with him, and he, after first treating them contumeliously, is pictured as finally granting their petition. Thus is the mere subject of a French king made to treat on a par with a Portuguese sovereign.

Although Palha first refuted fully this fiction by publishing the letters of John III that cover the whole transaction and make clear that there was no attack on Portugal by armed vessels of Ango, the absurdity of the legend had been apprehended before him by the French scholar, Ferdinand Denis;[1] and in 1878, Gabriel Gravier, the French geographer, in an article in the *Bulletin* of the *Société de Géographie de Paris*, made it patent that the affair was settled by the financial arrangement between Ataide and Ango without any resort to arms. Gravier traced the course of the French legend, from its rise in a manuscript note made by Père Tournier in the first edition (1643) of his *Hydrographie*, on through its repetition, with gradual increments, by later French writers such as Asseline, Guibert, Vitet, Fréville, and Gaffarel, and the main facts established by Gravier have been summarized by Francisque-Michel in the *Bulletin* for 1889, pp. 345 ff., of the *Société normande de Géographie*.[2]

In some of the letters addressed to Ataide while he was still at the French court, John makes reference to the Queen, his mother. She was Leonora, a sister of the Emperor Charles V, the widow of John's father, Emmanuel, and at this time the wife of Francis I. One wishes that the letters contained more than their brief mention of John's stepmother, for some currency has been given to the report, be it fact or fiction, that John's rather cold and sombre

---

[1] See Palha, *loc. cit.*, pp. 8–9.

[2] As Palha's *Carta de marca de João Ango* appeared in only a limited edition and in a language, Portuguese, known to but few French scholars, Francisque-Michel had the happy thought of providing, as he does in this article, a French version of those introductory portions of his work in which Palha gives an historical exposé of the Ango affair. Francisque-Michel renounced the task of translating the letters.

disposition was the result of his severe disappointment when, as a young man, he failed to get her as his bride. His father, Emmanuel, only shortly after the death of his Queen, John's mother, and in spite of the fact that Leonora was a mere girl and that the seventeen-year-old John was known to be a suitor for the Spanish princess's hand,[1] sought and obtained her for himself. Emmanuel's Portuguese subjects expressed freely their disgust at the King's behavior, and yet, if rumor be true, he was able to find sycophants who industriously circulated the charge that John was of debased habits and had it reach the ears of Leonora. Emmanuel died some three years after the marriage, and it is declared by both Andrada[2] and Sousa[3] that the people of Lisbon urged John to wed his stepmother. Apparently he found this course unwise to take, and, in spite of great pressure exerted upon him by his subjects, he avoided the union. The difficulties of the situation were soon removed when Charles V requested that his sister be allowed to return to Castile, where he arranged later for her marriage to his own rival, Francis I.

The reasons alleged by Sousa[4] for John's refusal to marry Leonora are to his credit, but none the less a legend has it that he still loved her and not with a filial love only. The legend has gone so far as to maintain that, when Camões composed his play, *O rei Seleuco*, with its plot involving the love of a son and prince for the bride of his father and king, he was really giving a dramatic, though hardly a literal, interpretation of the situation in which there figured Emmanuel, John, and Leonora.[5] Perhaps the cir-

[1] Cf. Sousa, *Annaes*, p. 16; Andrada, *Cronica*, pt. 1, chap. 5.
[2] Pt. 1, chap. 9.   [3] P. 49.
[4] P. 50: "Não lhe sofria o animo aver de chamar esposa a quem dera o nome de mãy, aver de tratar por igual a quem reconhecera por senhora; e em fim não acabava com sua honestidade aver de tratar amores, inda que santos e castos, com a molher que o fora de seu pay. Parecia-lhe cousa fea pera seu nome, aggravo pera o defunto, e ajuntamento indigno de huma Raynha de Portugal, inda quando em toda a christandade faltarão casamentos."
[5] Cf. *Historia de Portugal* (in *Empreza litteraria de Lisboa*), *Terceiro Volume* por Alberto Pimentel (Lisbon, 1876), pp. 302-3.

cumstances that deprived the youthful John of the desired bride, and the manifest inappropriateness of a later union with a still loved object who was now his stepmother, soured his feelings. They might well have done so, but did they? One is prompted to sceptical query by the reflection that, when Leonora went off to Castile, John refused her earnest plea to be permitted to take with her the young princess, her child by Emmanuel and John's stepsister, and further by the consideration that John rather promptly married Leonora's sister, Catherine. Confronted by the story, one is reminded of similar features in the baseless legend of Don Carlos, son of Philip II of Spain, to which Schiller gave unmerited importance.

Dates of the Letters

1.	Oct.	13, 1523		3
2.	July	4, 1524		4
3.	Oct.	12	....	4
4.	Feb.	27, 1525		5
5.	Feb.	25, 1527		6
6.	April	24, 1531		7
7.	May	5	....	16
8.	May	17	....	17
9.	June	16	....	19
10.	June	27	....	20
11.	July	7	....	22
12.	July	7	....	23
13.	July	20	....	24
14.	July	20	....	30
15.	July	20	....	31
16.	July	20	....	32
17.	July	20	....	35
18.	July	20	....	36
19.	July	20	....	38
20.	July	20	....	39
21.	Aug.	5	....	40
22.	Aug.	12	....	42
23.	Aug.	12	....	48
24.	Aug.	15	....	52
25.	Aug.	15	....	59
26.	Aug.	15	....	60
27.	Sept.	18	....	61
28.	Sept.	26	....	62
29.	Jan.	14, 1533		63
30.	Jan.	14	....	65
31.	Jan.	15	....	65
32.	Jan.	18	....	66
33.	Jan.	20	....	67
34.	Jan.	21	....	68
35.	Jan.	21	....	69
36.	Jan.	21	....	71
37.	Jan.	22	....	72
38.	Jan.	25	....	73
39.	Jan.	25	....	75
40.	Jan.	25	....	76
41.	Jan.	26	....	76
42.	Jan.	27	....	79
43.	Jan.	28	....	80
44.	Feb.	1, 1533		81
45.	Feb.	3	....	81
46.	Feb.	3	....	83
47.	Feb.	3	....	84
48.	Feb.	5	....	86
49.	Feb.	5	....	86
50.	Feb.	5	....	87
51.	Feb.	5	....	88
52.	Feb.	7	....	89
53.	Feb.	7	....	90
54.	Feb.	8	....	91
55.	Feb.	9	....	93
56.	Feb.	10	....	94
57.	Feb.	13	....	96
58.	Feb.	13	....	97
59.	Feb.	13	....	97
60.	Feb.	14	....	98
61.	Feb.	16	....	99
62.	Feb.	17	....	101
63.	Feb.	18	....	102
64.	Feb.	23	....	103
65.	Feb.	24	....	103
66.	Feb.	25	....	105
67.	March	1	....	106
68.	March	1	....	107
69.	March	8	....	108
70.	March	10	....	110
71.	March	11	....	111
72.	March	11	....	113
73.	March	15	....	114
74.	April	8	....	115
75.	Aug.	4	....	116
76.	Aug.	7	....	116
77.	Aug.	8	....	117
78.	Aug.	8	....	118
79.	Aug.	11	....	119
80.	Aug.	13	....	121
81.	Aug.	13	....	121
82.	Aug.	13	....	123
83.	Aug.	15	....	124
84.	Aug.	16	....	126
85.	Aug.	18	....	128
86.	Aug.	26	....	129

DATES OF THE LETTERS

87.	Aug.	27, 1533	....	130	136.	June	10, 1534	 180
88.	Sept.	2	....	132	137.	June	17	 181
89.	Sept.	2	....	133	138.	June	23	 182
90.	Sept.	8	....	135	139.	June	23	 183
91.	Sept.	11	....	135	140.	June	26	 184
92.	Sept.	12	....	136	141.	July	1	 185
93.	Sept.	12	....	137	142.	Nov.	22	 186
94.	Sept.	13	....	138	143.	Nov.	22	 187
95.	Sept.	13	....	139	144.	Nov.	22	 188
96.	Sept.	17	....	141	145.	Dec.	22	 189
97.	Sept.	19	....	142	146.	Dec.	23	 190
98.	Sept.	21	....	144	147.	Dec.	24	 191
99.	Sept.	21	....	145	148.	Dec.	24	 191
100.	Sept.	26	....	146	149.	Jan.	1, 1535	 192
101.	Sept.	26	....	147	150.	Jan.	5, 1536?	 192
102.	Sept.	30	....	148	151.	Jan.	8, 1535	 193
103.	Oct.	1	....	149	152.	Jan.	8	 194
104.	Oct.	3	....	150	153.	Jan.	11	 196
105.	Oct.	5	....	150	154.	Jan.	11	 197
106.	Oct.	8	....	151	155.	Jan.	13	 198
107.	Dec.	22	....	152	156.	Jan.	19	 198
108.	Jan.	15, 1534	....	152	157.	Jan.	19	 199
109.	Jan.	15	....	153	158.	Jan.	20	 200
110.	Jan.	19	....	156	159.	Jan.	21	 201
111.	Jan.	23	....	157	160.	Jan.	21	 202
112.	Jan.	23	....	159	161.	Jan.	26	 203
113.	Jan.	26	....	159	162.	Jan.	26	 204
114.	Jan.	27	....	160	163.	Jan.	29	 204
115.	Feb.	11	....	161	164.	Jan.	30	 205
116.	Feb.	11	....	162	165.	Jan.	30	 206
117.	Feb.	27	....	162	166.	Feb.	4	 206
118.	Feb.	28	....	163	167.	Feb.	8	 207
119.	March	2	....	164	168.	Feb.	8	 208
120.	March	3	....	165	169.	Feb.	9	 209
121.	March	5	....	166	170.	Feb.	9	 210
122.	March	7	....	167	171.	Feb.	11	 210
123.	March	8	....	167	172.	Feb.	13	 211
124.	March	8	....	169	173.	Feb.	16	 213
125.	March	10	....	169	174.	Feb.	17	 213
126.	May	20	....	170	175.	Feb.	18	 214
127.	May	20	....	171	176.	Feb.	19	 215
128.	May	20	....	172	177.	Feb.	20	 216
129.	May	23	....	173	178.	March	1	 217
130.	May	23	....	173	179.	March	1	 218
131.	May	23	....	174	180.	March	2	 219
132.	May	23	....	175	181.	March	3	 219
133.	May	26	....	176	182.	March	4	 220
134.	June	10	....	177	183.	March	5	 221
135.	June	10	....	178	184.	March	6	 222

DATES OF THE LETTERS xxix

185.	March	8, 1535	 223		232.	Aug.	29, 1536	 266
186.	March	8	 223		233.	Aug.	30	 267
187.	March	9	 224		234.	Aug.	30	 268
188.	March	11	 225		235.	Aug.	30.	 269
189.	March	12	 226		236.	Sept.	4	 269
190.	March	15	 227		237.	Sept.	6	 270
191.	March	15	 228		238.	Sept.	15	 271
192.	March	15	 228		239.	Sept.	18	 272
193.	March	16	 230		240.	Sept.	22	 273
194.	March	17	 230		241.	Sept.	26	 274
195.	March	17	 231		242.	Sept.	26	 275
196.	March	17	 232		243.	Sept.	26	 276
197.	March	18	 232		244.	Sept.	27	 277
198.	March	18	 233		245.	Sept.	27	 278
199.	March	21	 234		246.	Oct.	2	 279
200.	April	5	 234		247.	Oct.	3	 280
201.	April	5	 235		248.	Oct.	4	 281
202.	April	6	 236		249.	Oct.	10	 282
203.	April	6	 237		250.	Oct.	11	 282
204.	April	8	 238		251.	Oct.	11	 284
205.	April	9	 238		252.	Oct.	12	 284
206.	April	12	 239		253.	Oct.	21	 286
207.	April	13	 240		254.	Oct.	21	 287
208.	April	15	 241		255.	Oct.	21	 288
209.	April	26	 241		256.	Oct.	22	 289
210.	Dec.	10	 242		257.	Oct.	25	 290
211.	Dec.	11	 243		258.	Oct.	29	 291
212.	Dec.	16	 244		259.	Nov.	6	 291
213.	Dec.	20	 245		260.	Nov.?	12	 292
214.	Dec.	22	 245		261.	Jan.	3, 1537	 293
215.	Dec.	27	 247		262.	Jan.	3	 294
216.	Dec.	28	 247		263.	Jan.	4	 294
217.	Feb.	15, 1536	 248		264.	Jan.	5	 295
218.	Feb.	20	 249		265.	Jan.	10	 296
219.	Feb.	25	 250		266.	Jan.	11	 297
220.	Feb.	29	 252		267.	Jan.	11	 298
221.	March	3	 254		268.	Jan.	11	 298
221a.			 255		269.	Jan.	13	 299
222.	March	3	 256		270.	Jan.	15	 300
223.	Aug.	5	 257		271.	Jan.	18	 302
224.	Aug.	10	 258		272.	Jan.	26	 302
225.	Aug.	10	 260		273.	Jan.	29	 303
226.	Aug.	12	 260		274.	Jan.	29	 304
227.	Aug.	12	 261		275.	Feb.	4	 305
228.	Aug.	19	 262		276.	Feb.	5	 307
229.	Aug.	22	 262		277.	Feb.	9	 307
230.	Aug.	25	 264		278.	Feb.	11	 308
231.	Aug.	28	 265		279.	Feb.	12	 309
231a.			 266		280.	Feb.	12	 310

281. Feb.	13, 1537	....	310
282. Feb.	14	....	311
283. Feb.	17	....	313
284. Feb.	17	....	314
285. Feb.	18	....	315
286. Feb.	19	....	316
287. Feb.	23	....	317
288. Feb.	24	....	318
289. Feb.	24	....	319
290. March	1	....	320
291. March	1	....	321
292. March	2	....	321
293. March	6	....	322
294. March	8	....	323
295. March	8	....	324
296. March	14	....	325
297. March	16	....	326
298. March	20	....	327
299. March	23	....	329
300. March	27	....	329
301. March	28	....	330
302. March	28	....	331
303. April	7	....	331
304. April	11	....	333
305. April	12	....	334
306. April	20	....	335
307. May	4	....	336
308. May	5	....	338
309. May	5	....	339
310. May	5	....	341
311. May	6	....	342
312. May	11	....	342
313. May	11	....	343
314. May	12	....	344
315. May	14	....	344
316. May	17	....	346
317. May	22	....	347
318. May	28	....	348
319. May	29	....	349
320. June	5	....	350
321. Sept.	22	....	351
322. Sept.	26	....	356
323. Jan.	30, 1541	....	357
324. Feb.	1	....	358
325. Feb.	3	....	359
326. Feb.	5	....	360
327. Feb.	5, 1541	....	361
328. Feb.	14	....	361
329. Feb.	19	....	362
330. Feb.	23	....	363
331. March	2	....	364
332. March	7	....	365
333. April	13, 1545	....	367
334. April	22	....	367
335. June	1, 1548	....	368
336. June	15	....	369
337. Feb.	26, 1550	....	369
338. April	8	....	370
339. April	9	....	371
340. Nov.	11	....	371
341. Nov.	16	....	372
342. Nov.	23	....	373
343. Nov.	29	....	374
344. Dec.	3	....	375
345. Feb.	5, 1551	....	376
346. Feb.	10	....	376
347. Feb.	12	....	377
348. Feb.	13	....	378
349. Feb.	18	....	378
350. Feb.	22	....	379
351. Feb.	26	....	379
352. Feb.	26	....	380
353. Feb.	26	....	381
354. Feb.	26	....	382
355. Feb.	27	....	382
356. March	3	....	383
357. March	3	....	384
358. March	5	....	384
359. March	6	....	385
360. March	9	....	385
361. March	12	....	386
362. March	12	....	387
363. March	12	....	388
364. March	12	....	388
365. March	13	....	389
366. March	14	....	389
367. April	14	....	390
368. April	22	....	390
369. Nov.	19	....	391
370. Feb.	20, 1557	....	392
371. (no date)		....	393
372. June	22 (no year)	....	394

LETTERS OF JOHN III
KING OF PORTUGAL
1521—1557

LETTERS OF JOHN III
KING OF PORTUGAL

I

DOM AFFONSO, nos, ellRey, vos emviamos muyto saudar. Nos somos emformado que vos vos aveis cõ hos cavaleiros d'esa nosa alldea da Mina Rigurosamente em tall maneira que se despovoa e se vãao d'hy pera outras partes; e por estas causas que nos apomtarã, allem d'outras que dizem que ha, o avemos por cousa muy perjudiçall a noso serviço e ao bom d'essa cydade, e trato d'ella primeiramente. Por serẽ Christããos, e terẽ Recebyda aguoa do bautismo, devẽ ser defemdidos, emsynados e emparados, e nam desterrados; e por serẽ vasalos nosos, e estarẽ hy a nosa obydiemça e vosa e dos nosos capitaẽes d'esa cidade, ẽ noso nome servimdo ẽ todo o que lhe por noso serviço he mamdado, cõ sua gemte e allmadias acarretamdo as cabeças a lenha pera todolos nosos navios, e mais por muitos d'eles comprarẽ grosamemte nesa feitoria, e todos commumemte na Roupa velha que por eles he comprada e ẽ suas allmadias he guastada. E mais dizemnos que amtre eles avia homẽs Ricos e d'eles terẽ escravos, que todos estam a noso mamdar, ou podem estar, se forẽ bẽ tratados e emparados com aquela modraçã no castiguo, e assy no emsyno, que comvẽ e compre a noso serviço e a suas conservações; os quaes por todos estes serviços nos dizẽ que nam tem, nem esperã, mais de nos nehuũ outro gualardã senã defemdermollos e mamdarmolos mamter ẽ justiça. Por cuyo Respeito nos parece que vos nam aceitares ho que nese caso nos compre ẽ os botardes fora; e se he por seu castiguo, parece aspero, por que de botados fora corrẽ dous Riscos, mortos ou Roubados. E com outro alguũ, camdo o mereçesẽ de paguar, huũa penna pera esa ygreja ou cousa semelhamte abastarya; pelo quall vos ẽcomemdamos e mãdamos que vos ajaees cõ eles milhor e escusees os desterros o mais que bem poderedes; amtes os empares e enderencees amdarẽ polo caminho que compre a noso serviço, trabalhamdo por nam sairem d'ele. Porque isto he o que compre a esa feitoria, e nam hirem arrezoamdo de vos e d'ela o que nam devem; por homde allẽ de hos perdermos e o serviço que d'eles Recebemos, os mercadores nam viram cõ semelhamtes ennovações, como vẽ camdo a terra esta sem elas. Sprita em Tomara, XIII dias d'outubro, Antonio Affonso a fez, de 1523. J. Rey.

Pera dõ Affonso, capitã da Mina.   Obaja.
A dõ Affomso d'Albuquerque, fydalgo de sua casa, e capitã da sua cydade da Mina.

2

DOM ANTONIO. Eu, elRey, vos embio muito saudar. Vi a carta que me escrevestes, á que nõ he necesario Reposta, por que tenho Recado que ho cerco de Tangere he levãtado, e nam he necesario socorro, Deus seja louvado. Vỹde vos emborra cõ vosa copanhia, e da minha parte, a dizer aos fidalgos e cavaleiros que cõ vos vão, que lhe agardeço a boa võdade cõ que me hiã servyr. Sprita em Evora, oje, segunda feira, quatro dias de julho, Damiã Dias a fez, de 1524.   J.
         Rey.

Pera Dom Antonio d'Atayde.   J.   (Illegible autograph)
         Por elRey.
A dõ Antonio d'Atayde, fidalguo de sua casa.

3

EU, ELREY, faço saber a quantos este meu alvara virẽ, que, aveemdo eu respeito á fidalguia, virtude e bomdade de dona Violamte de Xanora, molher que foy de dom Alvaro d'Atayde, e cofiamdo d'ela que nisto me sabera muy beem servyr, e com todo meu prazer e cõtẽtamẽto, e por folgar de lhe fazer mercee, por este presente alvara me praz lhe fazer mercee, e de feito faço, do oficio camareira moor da Rainha, minha sobre todas muyto amada e preçada molher, asy como ho foram as camareiras moores das rainhas d'estes reynos; e quando se lhe fezer a carta em forma do dito oficio, lhe sera nela declarado a temça e ordenado que me prouver que com o dito oficio aja. Porem, por sua garda e minha lembrãça, lhe mandey dar este alvara por mỹ asynado; o qual

quero, e me praz, que valha e tenha força e vigor, como se fose carta por mym asynada e aseelada do meu sello, e pasada por minha chancelaria, sem embargo de minha ordenaçam em contrario e de todas as clausulas d'ella; que quero e me praz que nesto nam ajã lugar, posto que d'ellas se ouvesse de fazer expresa mençam. Feito em Evora, a doze dias d'outubro, o secretario a fez, 1524. J.
   Rey.

Alvara de dona Violante de Xanora.
   (On Reverse Side)
Alvara de camareira mor á senhora dona Violante Xanora, mãi do preçado conde da Castanheira.

4

EU, ELREY, faço saber a quantos este meu alvara virẽ, que, por parte de dom Dioguo de Menesses do meu cõselho, e craveiro da Ordem de Noso Senhor Jhesus Christo, me foy apresemtado hum alvara del Rey, meu senhor e padre, que samta gloria aja, de que o teor tall he. Nos, elRey, fazemos saber a quantos este noso alvara virem que, avemdo nos respeito aos serviços que dõ Diogo de Meneses do noso cõselho, e craveiro da Ordem de Noso Senhor Jhesus Christo, tem feitos a nos e a esta ordem, e ao merecimento de sua pessoa, nos praz pera seu falecimento fazermos merce a seu filho, quall mais velho ficar ao tẽpo de seu falecimento, do que valer de rẽda a comemda da Redinha ou de Montallvão, o quall elle mais quiser e nomear; e do que asy a huũa d'elas quall elle dito craveiro nomear e quiser, como dito he, mamdaremos fazer carta ao dito seu filho. E por que nos d'eso praz, lhe mãdamos dar este por nos asinado, pora o ter por sua goarda e lembrança nosa, o quall queremos que valha como se fose carta pasada por nosa chancelaria, e posto que este noso alvara nam pase por ella, sem ẽbargo de quaesquer leis e ordenações que ahy aja em contrairo; porque, pera este ser firme, as derrogamos e anulamos, e queremos que este se cumpra ymteiramemte. Feito em Lisboa, a seis dias d'agosto, Amdre Pirez o fez, de mill quinhentos e vinte e um. J. Pidimdome o dito dom Diogo por merce que lhe cõfirmase o dito alvara, e visto por mỹ seu requerimento, querẽdolhe fazer merce, tenho por bẽ e lho confirmo e ey por cõfirmado como nelle he conteudo, pera em todo se cõprir e goardar da maneira que se nelle cõtem. Feito ẽ Evora, vinte e sete dias de fevreiro,

Antonio Paiz o fez, de 1525.
Comfirmaçam d'este alvara do craveiro.
    (On Reverse Side)
Trelado do alvara do craveiro.

5

AO MUYTO sancto in Xro padre e muyto bemavẽturado Señior, Papa Clemente seitimo, por devina providencia ora presidente na Igreja de Deus.

 Muyto sancto in Xro padre e muyto bemaventurado Señior, o vosso devoto e obidiente filho, Dom Ioham, por graça de Deus Rey de Portugal, e dos Alguarves d'aquem e d'alem mar em Africa, Señior de Guine e da comquista, naveguaçam e commercio de Etiopia, Arabia, Persia e da Imdia, cõ toda omildade embio beijar seus sanctos pes, muyto Sancto in Xro padre e muyto bemaventurado Señior. Eu scprevo a dom Martinho de Portugal, meu muyto amado sobrinho e meu embaixador, sobre hũu negocio tocante a dom Antonio d'Ataide do meu conselho, que, ainda que nom seja de gramde calidade, Receberey entanto comtentamento de vossa Sanctidade lho conceder, como se fose a expediçã muy gramde, por ser dom Antonio muyto meu criado e lhe ter muyto bõoa vontade e desejar de lhe fazer homra, acrecentamento, e merce, asy pellos gramdes serviços que aquelles de que elle descende sempre fezerã aos Reys, meus antecesores, e a estes meus Reinos, como pella pesoa e merecimento de dom Antonio; porque eu lhe tenho muyto bõoa vontade, como de todo compridamente meu embaixador fara inteira relaçã a vossa Sanctidade, a que soprico, e peço muyto por merce, que o ouça e lhe dee nisto fee e cremça, e folgue de me fazer esta merce, porque a ystimarey por muy grande, muyto sancto in Xro padre e muyto bemavẽturado Señior. Nosso Señior por muytos tempos comserve vossa Sanctidade a seu sancto serviço. Scripta ẽ Lisboa, a XXV dias de fevreiro de 1527.

                J. elRey.

6

O QUE VOS, dom Antonio d'Ataide do meu conselho e veador de minha fazenda, que ora emvyo a elRey de Framça, meu muyto amado e prezado irmãao, por meu ẽbaixador, aveys de fazer e lhe aveis de dizer da minha parte sobre o caso das Repersarias e carta de marqua que se pasou he o seguynte:

Primeyramẽte, yreis polas postas com a mayor deligemçia que poderdes, sem fazerdes nenhuũa detença em nenhũu cabo atee chegardes a a corte delRey de Framça, e no mesmo dia que chegardes, mandareis dizer a elRey pelo adayão da Rainha minha senhora madre, ou por outro por o que milhor vos pareçer, como soees chegado, e que, vimdo polas postas mamdado por mym a elle, que lhe pidys por merçe que vos queira dar licença para lhe yrdes beixar a maão, e vos queira loguo ouvyr, por que he o neguoçio de caledade que requere muyta presteza; e eu por este Respeito vos mamdey cõ aquella deligemçia; e asy vos mamdey que lho pidises. E como fordes ante elle, despois de lhe beixardes a maão e lhe dardes minha carta, se o luguar for pubrico, e em pubrico vos pareçer que vos quer ouvir, ou que estam tam perto d'elle outras pessoas que vos possam ouvir o que falardes e o que vos elRey Responder, vos lhe pidireis por merçe que vos queyra dar audiençia secretamemte, por que vos lhe quereis falar a elle soo apartado, e que asy he mais seu serviço. E ou vos levamdo para outro cabo, ou despejamdo a casa, ou queremdo todavia que aly lhe falleis, vos lhe falareis com tall geyto e cortesia como o vos bem sabereis fazer e lhe he devido, e que, se ouver na casa alguũa pessoa, não ouça o que lhe diserdes, nẽ obrig(uees)[1] a elRey a, por Respeito de quẽ ho ouve, vos Responder mais nẽ menos que o a que naturalmente sua vontade ẽderẽcar, e ysto se vos não diz pera mais que pera lembrança vossa; e lhe direis: que eu estimey sempre tanto sua amizade e que aa antigua, e que ambos de tantos tempos atras quasi pera herança nos ficou de nossos avoos e antepassados, não soomẽte trabalhey por comservar muy imteiramẽte sempre, mas por minha parte, aimda quamto em mym foy, fiz polla acrecẽtar; e que aas Resões amtiguas de gramde irmẽdade que os Reys d'estes Reynos cõ os de Framça teveron sempre, e á gramde com-

---

[1] There is a hole in the MS. here.

formidade e muy amiguavell comercio e comonicaçom de meus vassalos com os seus, e as outras que despois seguirão de nosso divido e tam comjumto parẽtesquo nũca dey azo nẽ luguar, por nenhũa via nem causa que se me ofreçese, que por minha parte se diminuesẽ ẽ parte alguũa. O que elle muy bem vio, despois que a Nosso Senhor aprouve eu vyr na socesam d'estes Reynos, e eu muy craramente mostrey com a muy gramde paciẽça e sofrymẽto a tantos e tam justos queixumes de meus vasallos; por que, como muy bem pode saber, se por sua parte fizer algũu pouco do muyto que eu faço e fiz pola minha, por não dar ocasyhão a discordea, meus Reynos e senhoryos niste pequeno tempo forom muyto mais deneficados por esta soo causa de eu querer conservar sua amizade, do que nũca o forom em nenhũa guerra passada, por longa e grande que fose. Qua seus vassalos aos meus tem tomados pasante de trezentos navios, a quall perda, que mais verdadeir-amẽte se podem chamar Roubos, Reducida a boa comta, monta tanto que me afirmão chegar a hũ comto d'ouro, não comtamdo dano particolar muy grande de minha propria fazemda, e Roubos, e prisõoes, e outros cruees trataamentos de muytos meus creados e capitaães; e alguũs d'elles aimda Reçeberão este dano vymdo de guerra dos imfiyees, que, como lhe ja esprevy por outra carta, era causa que ainda que forão inimiguos apregoados, lhe devera muy bem de abastar por salvo conduto. E que, posto que muytas vezes e com muytos cramores geraaes e queixumes muy justos de meus povoos, e com tanta Rezão e justiça, me fosẽ pedidas Represarias contra os Framceses, e eu lhas podera muy justificadamente dar, e mais ymdo os malles ẽ tall creçimento e tam sem se prover por sua parte, que não pareçia que fiquaria outra nenhũa cousa por fazer; e que como derradeiro Remedio, pois que tam justamẽte se me pidia, nã pareçia que se podia caise Revoguar senom in-justamẽte; eu por cima de tudo, temdo em mỹ estoutro Respeyto de sua amizade e o gramde amor que lhe tenho tamto ẽ força que demenuhia a dos queixumes e pitiçoões de meus povoos, e acreçẽ-tava sempre a comfiança d'elle o aver de Remedear e casteguar como era Resão, e esperando nesta mays do que pella ventura devera, e sem duvida mais do que a meus Reynos compria, não soomẽte lhes nã quys comceder as Represareas, mas nẽ aymda comtra os manyfestos ladroões tomados e comvẽcidos por taaes consenty ser feyta cousa alguũa das muytas que o direyto em tall caso consente e manda. E se teve nisto sempre tall temperamça, que sempre se cortou huũ pedaço polla obriguaçom de Rey, e da justiça, e do bem de meus Reynos e senhorios. E todo este tẽpo tive com elle em sua corte Joham da Silveira, meu ẽbaixador, pera porcurar como antre amyguos e sem nenhuũa outra forma o Remedio de tantos malles de que me por elle a elle muytas vezes mamdey queyxar; e sempre cry que se não fazia naquela maneira com aquela eficacea que a graveza do caso requerya, pois o remedio do passado se dilatava tanto e de novo Recreçiã outras cousas que d'elle não tinhão menos necesydade, e a mym davão muyta mais causa ja de me de novo queixar que as pasadas. E posto que me alguũas vezes disesem que em sua corte se falava em carta de Represareas contra os meus vasallos, e que a pedia hũ Johão Angoo com muyta instançia, eu nũca cry que ho neguocio podese pasar mais adiante que ao que mereçia tam injusta e desarezoada petiçõ e com tã falsa ẽformaça como era a de Jon Angoo, que per ysto mais mereçia castiguo que merce; e que aguora não soomẽte soube que a dita carta era pasada em conthya de dozentas e vimte myll ducados contra meus vasalos e naturaaes, mais que por ella se começaria ja a fazer obra; a quall cousa me foy tam nova e me deu tamto desprazer quanto he Rezão eu Receber de cousa de tanto prejuizo como esta, e muyto mais semdo de calidade que de necesidade, não se Remedeamdo, leva consigo tantos outros mayores malles que os que ella soa a a primeyra face, e tantos danos e deferemças de nosos vasallos d'ambos que não se podem escusar. E posto que, aos Reys o que sempre deve de ser primçipall, despois de Deus, he o que toqua a seu povoo, eu lhe afirmo que me não doy menos que yso, e cayse me lembra mays, ver craramẽte que d'aquy pode nacer não ser nossa amizade a que eu querya, e a nosos Reynos compria que sempre fose, a quall com ysto he imposyvell poder se conservar. Pollo que lhe peço muyto efectuosamẽte e quanto poso lhe Roguo, que pollo que elle deve a todas estas Rezões que dise, e ao gramde amor que lhe sempre tive e tenho, elle queira mandar loguo Revogar a tall carta, pois craramẽte fora de toda ordem de justiça e tanto contra toda Rezão de direyto e d'amizade se pasou. E d'ella vee por quã pequenos e quã injustos prouveitos, quã gramdes e quã arrezoados imcõvenyẽtes, e quã craros escamdollos, he de necesidade que se syguão, com tamanhos danos e tantos Rompimẽtos de nosos vasallos e naturaaes, que, ajumtados aos pasados que os meus tem Recibidos, em quamto eu lhe nõ consynty a vemgança, seraom causa de tall odeo que muy difycillmẽte despois se posa tirar das coraçoões. Per omde ysto se não pode chamar carta de Represareas, mas guerra manyfesta que se faz a meus vasallos; o que semdo asy, elle considere bem que nome podera ter ante todos os outros principes christaãos, e ante todo o mundo, querer elle por huũa tam falsa ẽformaçom a petiçom de hũ homẽ que se tam imjustamẽte queixa em tẽpo que he tam craro a causa de se queixar terẽna meus vasalos, e os danos serẽ de meus Reynos por coussa que se pos ẽ justiça e por justiça foy vista e julgada, guardando se todas as solenidades do direyto, e muytos de comprimẽtos de amizade, e sobre que forõ ouvidas as partes que o quyserão ser. E de todo ouverõ parte seus ẽbaixadores, e virão que em nada se pasou do que justamẽte se devia e podia fazer. Elle não soomẽte, sem nenhũa d'estas solenidades, mas ainda em tempo que era morto hũu ẽbaixador meu, que do mesmo caso tinha bõa ẽformaçom, e sabia que eu loguo mandava outro a sua corte, mandou pasar carta de marqua, da qual nõ pode deixar de seguyr antre nos e nosos vasallos o que diguo; e posto que cousa julguada ẽ hũ Reyno ẽ sua Relaçam e por seus leterados, por via tam ordenarya e com toda sua hordem, nam se acustume de dovydar no outro, como eu nũca dovidaria de que em seus parlamentos pertemçemdo a elles d'esta maneira e com esta ordem se julguase, por muyto que fose contra mym, todavia por me não fiquar nada por fazer, nẽ aimda do a que sã obriguado, Revoguamdo se a dita carta, e tornadas as cousas todas e qualquer obra que por ella for feyta, como he Rezão, ao mesmo estado que estavã antes de ser pasada, eu são contemte que o neguoçio todo se torne a ver e julguar por quẽ a elle parecer e for Rezão, e quer ymteyramẽte mãdar de novo fazer justiça, ou que onde mais comveniẽte pareçer se faça, sem nenhuũa memorea do ja julguado, mas soomẽte polo que se achar em verdade que se deve julguar. E nisto hey que, asy como faço muyto mais do que sã obriguado fazer, asy lhe faço a elle boa amizade e lhe guardo ho que elle a mym no que atee aguora pasou, e pricipalmẽte nesta carta de marqua, fora muyta Rezão que me guardara; de que me eu folgarey de esquecer e de crer que foy por outras ocupaçoões lhe terẽ tyrado totallmẽte o poder se bem ẽformar do que pasava, vemdo que o manda cõ tanta presteza de se fazer com quanta sem Rezão se pasou; e esta naao que veo das Amtilhas, e sobre que he esta diferẽça, saiba certo, e asy o achara ẽ verdade como lho eu estprevy[1] a dias por minha carta, de que tambẽ fora Rezão de ser lembrado, que não no mar larguo e comum, como as partes lhe diserõ, mas apeguado cõ meus portos e como ẽ meu terrytorio, e caise a vista de minhas cidades, cosairos framçeses e ladrões de toda Roupa a tomarõ, e elles cõ ella, não por meu mãdado nẽ com minha sabedoria, por alguũas naaos, que por guarda d'estes mares e costa por caussa de gramdes e conthynos Roubos que se nela faziã, cõ gramde despesa, como eu custumo e era neçessario, tinha mãdados, forom achados e tomados com Roubos, não de huã sorte de mercadorias, mas de muy diversas e Roubadas a diversas pesoas e de diversas naçõoes com que não tinhão guerra, ẽ que emtrava fazenda minha e de meus criados conheçidas; que soomẽte esta prova abastava asaz, pera não aver duvida alguũa serẽ ellos cosairos e inimiguos comũs. Os quaaes, trazidos a terra, forõ demandados e ouvidos com sua justiça, e comvẽçidos e finallmẽte semtemçeados e condenados a morte, semdo lhe gardadas todas as solenidades de direito imteiramẽte. Os quaees aimda, por serẽ seus vasallos e por seu Respeito, Receberõ de mym todo bõo tratamẽto e bem contrario do que la diserão; e se lhe deu, pera mayor justificaçom e a fym de lhe fazer bem, toda a delaçom que foy posyvell; no quall tẽpo todos elles forom mamtidos sempre a custa de minha fazemda. E posto que Onorato du Cais, seu ẽbaixador, alguũas vezes me disese que os Framceses que nestes mares Roubavõ erão cosairos, e que o que fazião era contra sua vontade e serviço, e que não Receberya elle desprazer que, semdo ladrões, que como ladrões se castigasem, eu todavia, por Respeito seu, e por fazer tudo, e principallmẽte pidindome muyto seu ẽbaixador, lhos mãdey ẽtregar; perdoando-lhes ẽcima toda a pena que polas leys e sentença mereciã; a qual foy dada por muytos bõos homẽs e milhores leterados de meu Reyno, de que eu confio toda a justiça d'elles e de meus povoos e estados. E porẽ, como diguo, em se tornar a ver e julguar, eu não ponho nenhuã duvyda, nem elle a deve poer, em fazer o que lhe peço. E d'elle não ter tomado d'este neguocio, e do que se nelle avia e podia cõ direito fazer, verdadeira ẽformaçom, como era

---

[1] What resembles *est-* in the various forms of this verb (*escrever*, also Old Portuguese *esprever*) may really be *esx-*, and we might read here *eschrevy* or *escrevy*.

Rezão, pois se tratava de tamanha novidade, em nossa amizade e antre nosos vassallos, como hesta, me he muy manifesta prova, deixando a cousa toda ẽ sy e a concesão da carta, que craramẽte o mostra, ver que sobre conthya que não acheguava a trinta mil ducados, quando a Joan Angoo pertemçera, se pasou a carta de dozentos e vimte myll. Que se vee que, asy como ẽ tudo se pasou a ordem e sem ordem se procedeo, asy nẽ soomẽte quys saber quanto era o preço por que querya que se podesse perder nosa amizade. Que verdadeirramẽte soo quysera saber, por muy provado que fora, ser qua a sentença mal dada e eu dever este dinheiro, não posso eu d'elle crer, nẽ de sua grandeza quanto mais de nossa amizade, que, por tam pequena cousa, elle deixara pasar huũa tamanha, do que outras tanto mayores se podem seguir; e eu espero que elle mandara fazer o que lhe asy por vos mãdo pidir.

E se porẽ no Revogarse de todo a carta, despois de niso lhe falardes, e lhe repricardes, e fazerdes toda instançia, virdes que nõ ha Remedio, e que lhe pareçe grave fazello, em tall casso lhe direis, casy como de voso, que pois asy lhe pareçe, posto que eu hy não mãdara pidirlhe senão a totall Revogaçom do mall feyto, e ficava cõ muy firme esperança de ele a não dever de neguar, como era Resão que se não neguase, que ao menos queira mandar sobreestar na execuçom d'ella e desfazer a obra feyta por ella, atee se ver a justiça das partes outra vez, pois eu são contemte que se veja. Porque, caso que a carta se devese dar, semdo mall julgado caa como eles dizem, que ao menos o verse se foy bẽ julguado ou mall não pode deixar de ser Rezão verse e julgarse primeiro que dar a carta; por que forte cousa serya darse a carta por dizerẽ la os que a pedem, — que não sam de crer —, que caa lhe não fezerõ justiça, e ysto crerse lhe sem ordem de justica, nẽ sem se verẽ os proçessos e tudo o mais que pera a crareza desto he Rezão e direyto que se veja.

E pareçẽdovos que se da a largua no neguoçeo, por que ele he da calidade que vedes e não sofre nenhũa delaçom, vos o direis asy a elRey, e que olhe que nestes neguoçeos, e em cousas de Represareas e de ladrões que com cor d'ellas se mesturão, em hũa soo ora se faz o que em muytos annos se nõ pode ẽmẽdar. E pois sabe de quam pequenos principios se acendem gramdes foguos, não queira que nisto aja mais neguoçeo, por que vos não his a outra nenhũa cousa senão a esta; e que por este Respeito, e por eu nõ querer cõ elle deixar passar nenhũu pomto d'amizade em quanto eu poder e elle quyser, posto que com Rezão e causa o podera fazer, eu não quys mãdar tocar em nada a seus vasallos que nestes Reynos vivem, e tratam, e tem fazemdas, e oje em dia estam como estavõ ante d'esta sem Rezão. E trabalhay quanto poderdes por que vos Responda comforme ao que peço; e de qualquer d'estas duas maneyras que volo conceder, tirareis loguo os despachos, e fareys toda a deligemçia na pobricaçom e execuçom d'elles, asy ahy como ẽ todos os luguares que compryr. E mãdareis a yso as pessoas ou correos que vos pareçerẽ neçesarios, e cõ toda a deligemçia que virdes que compre, asy por terra como por mar; e se comprir, pera aviso das Ilhas ou pera os Framceses que ja forẽ no maar se tornarẽ, mamdar navio que não vaa a outra cousa, o mãdareys; e ẽ soma fareis acerqua d'iso todo o que mais for necesario.

Se vos respomder o que me dizẽ que se Respondeo aos mercadores que se lhe d'esta carta queixarõ, que ele não pode neguar justiça, e que seus letrados a fizerão, e que posto que lhe muyto d'iso pese, que he Rey e que não pode neguar o que justamẽte lhe pedem, a ysto direis que vos pareçe que he asaz Respondido no que lhe tendes dito, e que justiça eu ha mãdey fazer, e que a de lla o nõ pode ser sem primeiro se provar que a de caa o não foy; o que elle não ha de julguar loguo, polo que lhe as partes a que toqua o neguoceo dizẽ, que çerto esta, que não hã de dizer senão o que lhes compre, e que ystimão mais seu proprio e particolar imterese que falarẽ lhe verdade; nẽ deve de dar mais credeto a nenhũa pessoa particolar, que todas tem diversas paixoões e Respeitos, mais que á sentença, dada em minha corte e por meus letrados, e aos processos de todo o que passou e se fez, que estão vivos e se podẽ ver e por elles ver quã sem Rezão forom avidos por injustos; asy que atee se ver ysto, se se fez como devia e como verdadeiramẽte se fez, la não se podia, nẽ pode, fazer o que se faz; que asaz abasta pera elle ver quanto eu estimo sua amizade e, pola conservar, quantas mais cousas faço das a que som obrigado, querer que ho feyto por direyto o não seja, e que não deve elle querer que o que sem direyto se fez fique feyto.

E porque o ẽperador, meu muyto amado e prezado irmãao, se ofreceu a dom Pedro Mazcarenhas, que lhe d'este neguoçeo deu conta, a fazer nelle todo o que podese, e estprever a elRey de Framça, e eu tenho aceytado seu ofreçimẽto, e espero que elle nisso faça o que deve, e eu d'elle confyo, lhe tenho sobre yso esprito e dado conta do que por vos mãdo dizer a elRey; e a dõ Pedro ysso mesmo estprevy. Se, ao tẽpo que vos chegardes á corte de Framça, ja ahy for o recado ou pesoa do emperador, meu irmão, pera emtemder neste neguocio, vos sabereis da tall pesoa a comisão que tem, e em que forma he, e se vos pareçer que vem ẽ tall forma que possa aproveitar; e semdo asy, como o espero, lhe dareis parte de todo o que vos mamdo que façaaes; e com elle juntamẽte vos aconselhareis do que mais deveis de fazer, sem, porẽ, cõ a tall pesoa nũca vos abryrdes a que eu vos mando outra nenhuũa cousa senão tiverdes delRey o despacho que lhe mãdo pidir, que cuydo que se vos não ha de neguar, e que eu estou ẽ sobre este neguoçio muy imteiramẽte fazer todo o que devo a meu Reyno e vassalos, e o que a sem Rezão da cousa mereçe. E trabalhareis muyto yso mesmo por saberdes muy ymteiramẽte todo o que ele faz, e na forma ẽ que ho faz, e quã vivamẽte, e se vos diz todo o que faz e se lhe Responde, e se ao que Responderẽ tem comisam de loguo Repricar, e em que forma; por que compre asy, pera saberdes o que nele e em seu neguoçio eu devo esperar, e pera de tudo avisardes dom Pedro Mazcarenhas loguo, que tambem compre a meu serviço saber tudo muyto pelo meudo. E vos de tudo o que achardes loguo ẽ cheguamdo, asy nisto como ẽ elRey, despois de lhe falardes, me avisay por correo secretamẽte e com toda posyvell deligẽçia, sem por isso, porẽ, deixardes de fazer nada do que vos aquy mando, nẽ de seguir a ordem que vos nesta ynstrução dou.

E despois de terdes dito e Repricado todo o que vos mamdo, e vos mais pareçer que compre por algũu novo caso ou Reposta delRey, que se não pode adevinhar, não saymdo, porẽ, nada d'esta tençom e sentẽça, nẽ dando ocasiom que vos Responda cousa a que vos seja neçesareo Responder mais aspero do que vos vay apontado, se todavia elRey nã quyser mãdar corrigir estas Represareas, e sua Reposta for sem efeyto, ou de se desfazerẽ de todo, ou de se nellas sobre estar atee se o caso tornar a ver por justiça; e despois de vos hũa ou duas vezes a tall Reposta não terdes Recebida, dizemdo que a não aveis aimda por Reposta, e esperaraaes, e lhe pedires muyto por merçe que o queira milhor cuydar, e lembrarse do que lhe tendes dito de minha parte, e de quantos males de o não olhar asy se podem seguir, de que a mym pesara muyto, mais d'elles serey mui sem culpa, se por deradeiro vos Resolver que o não quer, ou o não pode fazer, vos lhe direis que esta Reposta he tam fora da que eu d'ele esperava e tam nova, que, como tall, não se cuydou nella, nẽ vos, posto que a outra coussa nã hyeis, se não a este soo neguoçio de que levaveys firme esperança que haveria outra concrusão, e esta sabeis que me fiquava a mym, vos, como de coussa que se não cuydou, nẽ podia cuydar, me quereys avisar pera saberdes o que vos mando que mais façaaes. E como de voso lhe direis, que vos todavia lhe pidys muyto por merce, que queira milhor cuydar aymda neste neguoçio, que, fazendo o elle, vos não podeis deixar de crer que a Reposta não aja de ser outra, antes que vos eu mande que vos vades; e que vos asy o desejaaes muyto. E loguo me despachareis outro correo cõ toda deligemçia, fazemdome saber o que passa e todo ho mais que vos pareçer que compre a meu serviço e a bẽ do neguoçeo eu saber, pera eu vos mãdar vir naquela maneira, e fazer o que mais ouver por meu serviço.

Atee não tornar a Reposta d'este derradeiro correo que vos mãdo que despacheis, não yreis mais ao paço, nẽ apareceres em nenhũ lugar pubrico em que possa aver festa nẽ necesidade de terdes luguar de embaixador, e estareis o mais que poderdes em vosa cassa, onde, a quẽ vos vier fallar, cõ a mais gravidade que seja vos posyvell, e mostramdo vos do geyto que a calidade do descontẽtamẽto Requere, nẽ falareys senão o menos que vos seja posyvell; e de tudo direys muyto pouco, e a elles dareis Rezão de cuydarẽ muyto. E sendo vos apomtado, ou amigavelmẽte por algũu meu servidor, ou por tirar de vos por alguns Framçeses, do que credes que eu farey, ẽcolhervosheys ẽ vosas palavras de maneira e diser tam poucas que tenhão ẽtendimẽto craro, nẽ que mostrẽ saberdes nada do que eu hey de fazer, que ho vosso calar e não decrarar nada lhes pareça mayor misterio. Porque, asy como eu hey de fazer o que devo ymteiramẽte, e este neguocio não espero do deixar pasar sem ymteiramẽte comprir o que compre a meu serviço, e seguraça e defensã de meus vasallos, e naveguaçõ, e ysto cõ todo efeyto que dever, asy hey por milhor modo nas palavras, atee as obras se verẽ, terdes toda temperãça. E o mais que podereys dizer, se vos tall perguntar pessoa a que devais de Responder, sera que ho não sabeis, mas que sabeis certo que farey o que devo muy imteyramẽte, posto que, semdo tã tarde, nõ pode ser senão menos do que a sẽ Rezão mereçe.

A as pessoas pera quem levaaes minhas cartas de crença, lhas dareys; e despois que falardes a elRey, lhes falareis comforme ao que aquy vos mãdo que diguais. Pareçẽdo vos que compre, por que semdo tall a resposta delRey, que tenhaes certeza ou esperança de bõo despacho, emtã abastara dizerdes lhe muytas menos cousas e mudar o mais da justiça ẽ contemtamẽto do que em elRey achaes, tocando lhe, porẽ, brevemẽte ou como virdes que compre, as forças de todo o que vos mãdey que diseses a elRey, e quanto este neguoçio me desaprouve, e quantos imcomveniẽtes e escandollos se d'ele poderaom seguir, se se não Remedeara, pedymdo lhes que queirão nisto, e em tudo o mais que se ao diãte ofreçer, fazer sempre o que eu de cada hũ d'elles espero, cõ mais ou menos palavras segundo a calidade da pessoa que for. Esta deferemça vos a conheçereis e sabereis mui bẽ fazer, no modo que se deve e que eu seja de vos mui bẽ servido. Sprita ẽ Mõte Moor o Novo, a XXIIII de abrill, Andre Pirez a fez, de 1531.

 J.

   Rey.

     Bp. de V.

Instruçom per dõ Antonio d'Ataide.
   (And on cover)
Instrução prîcipal.

7

DOM ANTONIO, amiguo. Eu, elRei, vos envio muyto saudar. Duarte Coelho me dise a muyto bõa vomtade e obras que achara no duque de Nemurs, irmãao do duque de Saboya, meu muyto amado e preçado irmão, pera as cousas de meu serviço, e muyto bõo fora terdes levado carta pera elle. E porem, pois a nam levastees, aguora vollà mando na forma que a mamdaeis pedyr. Darlhaeis, e conforme a ella lhe dires todas as booas palavras que vos mais pareçerem que servem, pera elle ver que eu sey o que elle tem feito, e que sua vomtade e pessoa ystimo muyto, de que terey sempre aquella lembramça que he Rezãa pera tudo o que lhe de mim cumprir, como o elle mereçe e segundo o amor e bõoa vomtade que lhe eu tenho; que aleem da Rezam que pera ysso ha, por ser irmão do duque meu irmão, pollas gramdes calidades de sua pessoa e pelo que d'elle conheço pera mınhas cousas, he muyto gramde e o mais que lhe vos saberes muy bem dizer. E se vos parecese que, por lhe nam terdes carta loguo quamdo fostes, nelle conheçies allgũu descontamento, day a isto a milhor desculpa que poderdes; que pode ser nã se saber á vossa partida, que foy muy depresa, que elle estava ahy, ou outra se lla se vos ofrecer mais conveniente; e trabalhay por lhe desfazer qualquer nuvem que d'isso nelle posaaes conheçer.

O Doutor Guaspar Vaaz vos mostrara seu Regimemto, que todo vay Remetido a vos; e vos sabees muy beem a maneira em que nas cousas e com elle vos aveis de aver, pera suas letras e serviço ser mais proveitoso, e elle servir com mais contentamemto, nam soomẽte do neguoçio mas de vos. Por ysso nam ha que vos nisso mais dizer por aguora.

Nam me pareçeo sobejo saberdes que Duarte Coelho me disse tanbeem que quamdo andava a pratica primeira dos outros neguoçios per diferenças, e que se ffalava ẽ se poherem ẽ juices arbitros, que foy apõtado na terra do duque de Saboya, que quamto ao luguar, me nam pareçe inconveniemte pelas Rezoẽes que tem com ambollas partes. Sera ysto soomente pera lembrança vossa, e por que tudo he beem que saibaeis. Bartollameu Fernandez a fez ẽ Monte Moor o Novo, a cinco dias de maio, 1531. J.
   Rey.

Pera dõ Amtonio.   BpoV.[1]
  (On Reverse Side)
    Por ElRey.
A dõ Antonio d'Ataide do seu cõselho, seu veador da fazẽda, e seu ẽbaxador na corte de França. BpoV.

8

DOM ANTONIO, amigo. Eu, elRey, vos emvio muyto saudar. Aquy se diz, e nam porem per via nenhuũa çerta nem autentica, que Martim Affonso de Sousa topou com alguũs naos framçesas carregadas de brasill, e que as tomou. E porem,

---

[1] This letter, like several others, is countersigned by the King's Secretary of State, Dom Miguel da Silva, Bishop of Viseu; cf. Palha, *A Carta de marca*, p. 18, and the French version of Francisque-Michel in *Société normande de Géographie*, 1889, p. 364.

porque ysto Martim mo nam estcreve, nem d'iso sey mais que dizer senam ho tenho por certo, e todavia me pareçeo necesario, por que la pode yr teer a mesma nova, darvos aviso d'iso, pera que se vos niso apontar alguẽ, e laa se dizer ysto mesmo, que vos digaees que ho nam creedes, porque, se asy fose, que volo escreveria, e que eu nam vos tenho mandado tal nova. E como pesoa que totalmente avees esta por falsa, Responderes a quem vos niso falar, sem vyr a outra Rezam em quanto la na materia, senam falar senam como ynçerta. E porem, se apertarem mais com vosco, e a nova for la por outra via e a teverem por certa, e diso fezerẽ caso, vos todavia dires que ho nam creedes, nem vos pareçe que, sendo asy, eu podera leixar de o saber e de vollo escrever. E tambem que vos nã credes que Fframçeses fosem àquelas partes; e, porem, se alguũa cousa foy, que poderia muy bẽ ser que os Framçeses fariam o que nam devyam em alguũa de minhas ffeitorias que eu laa tenho muytas; ou tambem elles seriam os acometedores, como se aconteçe; e que por certo tendes que Martym Affonso, nem meus capitaẽes, nam aviam de fazer nenhuũa cousa senam cõ muyta Rezam e de que posam dar bõa conta a todo tempo e lugar; e que vos sabees muy bẽ quam apertadas levam as comisõees todas minhas armadas e capitaẽes que pelo mundo navegam, pera nunca poderem errar, guardãdo o que lhe por mỹ he mandado. E que asy como ysto tendes por certo, asy nam duvidaees nada, que, se eles alguũa cousa fezerã como nam deviam, e pasaram meu mandado, que sabendo eu quem errou, nam pasara sem castigo; mas que por cima de tudo vos nam pareçe que pode ser verdade, e se o for, que ha de ser muyto diferente do que dizem, e meus capitaẽes e gentes muy sem culpa. E como acima vay apontado, podes tocar ẽ camanho trato e quantas casas de feitorias eu tenho ẽ todos aqueles mares, como em partes muy proprias minhas, e que de tantos tempos atras foram achadas, ganhadas, e pesuydas por mỹ e por a coroa d'estes Reinos; onde ha tambem muyta fazemda minha e muyta guarda asy do mar como da terra, como he Rezã que aja, e que nam he maravilha quem d'estes lugares e guardas e tratos teem o cuydado, nam querer consentir nenhuũa torvaçam neles. E tudo ysto porem dires e apontares aos tempos, e nos lugares, e com as pesoas que vos pareçer comveniente, mais e menos segundo vos niso falarem, e segundo o caso tambem que vos d'iso fezerem mais ou menos grave; que eu confio que vos muy bem sa-

beres fazer e dizer, e todas estas diferenças e emsejos saberes muy bẽ guardar. E por yso nesta carta nam he necesario vos dizer mais. Jorge Roiz a fez, em Montemor o Novo, a XVII de mayo, 1531. J.
        Rey.
           BpoV.

Pera dõ Antonio d'Atayde.
       (On Reverse Side)
          Por ElRey.
A dõ Antonio d'Ataide, seu veedor da fazẽda, do seu cõselho, e seu embaxador na corte de França.
DelRey, nosso senhor, e veo polo correo que chegou a vymte sete de mayo.

9

DOM AMTONIO, amiguo. Eu, elRey, vos emvio muito saudar. Receby sete cartas vosas de XXBi e de XXIX e de deradeiro de maio pasado, as seis d'elas spritas por vosa maão, e em hũua d'elas algũuas partes em çifra, e a outra por Manuel de Moura; e por elas me destes conta de todo o que atee entã tinheis feito e pasado, e asy compridamẽte que Receby cõ iso muito prazer. E vos gradeço muyto de asy particularmente me dardes de tudo Rezam, e espero em Noso Senhor que por o bõo cuidado que sey que avees de ter de me servir, se faça o neguocio a todo meu contentamẽto. E por bem certo ey que que nam ha de fiquar por mingoa de voso bõo cuidado e diligencia. E a estas cartas nom ha aguora necesidade d'outra Reposta. Cõ o que me espreverdes do que vos Respondeo elRey de França, e do caminho que leva o neguocio, vos Responderey o que ouver por meu servico que façaes.

Eu ouve Recado do emperador, meu muito amado e preçado irmaão, a quem mamdey falar por dom Pedro Mascarenhas, meu embaixador, no mesmo neguoçio que ele emviava falar a elRey de França nelle, por pesoa sua que diz que he hũu monseor de Corvorão, pesoa a elle aceita e d'autoridade, ao que mamdou que no que ouvese de falar a elRey pela istruçam que leva (de que me emviou o trelado, que me pareceo muy bem), e em todo o que niso ouvese de fazer, se comformase con vosquo; e creo que dõ Pedro vos avisaria diso. Pareceome bem esprevrlhe hũua carta, que pera ele vos emvio, de que cõ esta vay o trelado; vedea, e se vos parecer bẽ e meu serviço dar lha, dailha, e se nam, nõ lha dees; e lhe dizee as palavras da mesma carta, naquele tempo e na maneira que vos bem parecer, e dizemdolhe como eu vos mandey que lhas discesseys; e do que ele fizer, e cõ que instancia, me avisares, e asy se vos pareçe que aproveitou ou aproveitara sua yda. Pero d'Alcaçova Carneiro a fez, ẽ Evora, a Xbi de Junho, de 1531.

E quãto ao neguocio do piloto Pançado, eu vos responderey o que niso ey por meu serviço, que se fara pollo omẽ que mandou Gaspar Palha, como creo que elle volo dyrya. Tambem ouve duas cartas vosas feitas em Mocata a vi dias de mayo, polas quaes me destes conta do que pasastes na corte da ẽperatriz,[1] e me preguntaveys alguũas cousas que nelas dises; e assy vy outras que sprevesteis ao conde do Vemioso; e a tudo vos Responderey com o primeiro recado vosso que vyer.

   Rey.

Reposta a dõ Antonio
   (On Reverse Side)
  Por elRey. J.
A dom Amtonio d'Atayde, veeador de sua fazemda, do seu conselho, e seu embaixador, etc. J.

10

DOM AMTONIO, amiguo. Eu, elRey, vos emvio muito saudar. Eu sprevo a Gaspar Palha, que ey por muito meu serviço o concerto que fez cõ Leon Pançado, e lhe mando que elle vaa a Saona[2] comprir com elle ao tempo que se obriguou, e como he conteudo no concerto que com elle fez, e na maneira que veres pela carta que lhe sprevo, que vos elle mostrara. E vos emcomendo que, alem do que lhe esprevo do contentamento que d'iso Receby, lhe diguaes de minha parte que me ey d'elle por bẽ servido niso, e o fazer loguo partyr, per hyr a tempo divido, e nom pasar aquelle a que se

---

[1] The Empress was Isabel, wife of Charles V and sister of John III. On his side, John III had married Catherine, Charles's sister.
[2] *I. e.* Savona, and really Genoa.

obriguou de cõ ele comprir. E porque, na carta que lhe sprevo, lhe declaro a maneira que niso tenha se de saber de sua soficiençia se he tal como elle diz, e tambem dos fiadores que ha de tomar pera se cobrarem os mil e seiscentos ducados, nom comprindo elle, e a mais pena a que se obrigue, nam comprindo, como tudo veres pela dita carta. Se, alem do que por ella lhe mando, vos parecer la que ele deve fazer mais por meu serviço, asy pera a seguridade de se averẽ e cobrarẽ os ditos mil e seiscentos cruzados, como pera qual quer outra cousa que vos la pareça que se deve fazer por meu serviço, dizelhe de minha parte o que vos pareçer que mais deve fazer; por que eu lhe esprevo que faça e cumpra niso o que de mynha parte lhe mandardes.

Iteem: por que eu folguaria de Leon Pançado se vyr pera meus Reinos, por maior seguridade do que compre a meu serviço, mando a Gaspar Palha hũu meu alvara de seguro e perdam, como por elle veres, pera lhe dar, querendose elle vyr; porque nõ se querendo vyr, nam lho dara. Vos spreve a Leon Pançado que sabees que eu Receby muyto contentamẽto de seu concerto, e que o Receberey muyto maior de sua vinda pera meus Reynos, onde sempre Reçebera de mỹ merce e favor como seja Rezam e de maneira que cõ Rezam elle deva ser contente; e trabalhay cõ elle por vosas cartas e Recados por que se venha, porque averey d'isto muyto prazer.

Iteem: Isto que mando a Gaspar Palha, que faça neste caso de Leon Pançado, he depois que vy a carta que me sprevestes do caso que la lhe aconteçeo; e nõ quis que por iso se torvase fazer elle aquele caminho e o que lhe mãdo que faça. E porẽ nam saiba elle que eu o tenho sabido; e vos trabalhay de fazer o que me sprevestes, vivendo aquela pesoa que ele ferio; porque asy folgarey de o fazerdes. Pero d'Alcaçova Carneiro a fez, ẽ Evora, a XXBii dias de Junho de 1531. J. E se vos parecer necesario dardes algũua despesa a Gaspar Palha pera este caminho, daylhe aquela que vos bem parecer. Rey.

A dõ Amtonio d'Ataide, sobre o negocio de Leon Pãçado, a que ha d'yr Gaspar Palha.
    (On Reverse Side)
  Por elRey.
A dom Amtonio d'Ataide, veeador de sua fazenda, do seu conselho, e seu embaixador, etc. J.

II

DOM ANTONIO, amiguo. Eu, elRey, vos emvio muito saudar. Vy a carta que me sprevestes, feita a biii dias de Junho, perla qual me destes comprida conta de todo o que atee entã tinheis pasado nos neguocios a que vos ẽviey. E ouve muyto prazer de asy particularmẽte mãdardes, e a carta veio muy beem sprita, e Receby eu d'iso muito contentamento. Mas por certo ey que ainda milhor me servistes, e volo gradeço muyto; e quem com tanto amor niso e em tudo me ha de servyr, como sey aguora e sempre o avees de fazer, nom o pode fazer menos. E ao d'esta carta e aquelles tres pontos d'ela que me apontastes, se todos tres ou algũu d'eles vos fose movido, vos nom Respondy loguo minha detriminaçã, por esperar que viese loguo apos esta a reposta final, e de bõa esperança, que por deradeiro vos diseram no conselho delRey de França, que vos seria loguo dada, e dentro ẽ quatro dias. Porque cõ esta Resposta final me pareceo que vos poderia milhor e mais detriminadamente Responder, asy acerqua d'aqueles pontos como no de vosa vinda. E por tanto tardar, que cuidey que nã podese seer, porque vossa carta foy feita a oito dias de Junho, e oge sam sete de Julho, me pareceo que vos devia Responder a vosas cartas e nom esperar mais, ainda que me pareçe que este coreo deve topar voso Recado no caminho e muy perto d'aquy. E o que me pareceo que vos devia Responder he que, por a causa que diguo, vos nõ Respondy loguo; e encomẽdarvos muito, como emcomẽdo, que, se pela ventura nõ soes ainda Respondido, como vos diserã os do conselho que o fariam, solicites que vos Respondã loguo pelos milhores meios que vos poderdes, e de modo que nẽ a elRey nẽ aos do conselho cõ Rezam posa seguir escandalo; proseguindo e fazendo sempre o que levastes por minha Istruçã, sẽ vos apartardes do que por ela vos mandey que fizeseis. E nõ tendo ainda avido Reposta, e parecendovos que se vos dilata, ou se por la ventura pasastes outra pratica cõ elRey ou cõ os de seu conselho, por que vos pareça que eles sam mudados do que vos diseram por deradeiro, de qualquer d'estas e de toda outra cousa que sentirdes e vos parecer do neguoçio e do caminho que la querẽ levar, me sprevee muyto particularmẽte, e me ẽbiay vosas cartas na maior diligencia que for posivel. Por que, loguo asy apresa e ẽ toda diligencia, vos Responderey, asy acerqua d'aqueles tres pontos que me sprevestes, como a quaesquer outros que vos fosẽ lançados ou movidos, e asy a todos mais que me spreverdes, e determinadamẽte, o que ey por meu serviço que façaes ẽ vosa vinda, na qual me pareçe o que a vos, se o neguocio se for dilatando.

E por que dizies que souberei̇s que Joham Ango era partido pera esa corte, spreveme se foy la, e a que e o que cõ elle se pasou.

Asy mesmo me spreveē o que mais pasastes sobre o neguocio cõ a Rainha,[1] minha madre, e o que ela niso mais ffez. E saio d'aquela bõa esperança que vos deu. E asy toda outra cousa de que vos pareça que me deves avisar, e voso parecer ẽ tudo, que muyto ffolgarey de veer. Pero d'Alcaçova Carneiro a fez ẽ Evora, a sete dias de Julho, de 1531. J.
     Rey.

 Reposta a dõ Antonio das cartas que trouxe Luis Affonso.
   (On Reverse Side)
  Por elRey.
A dom Antonio d'Ataide, de seu conselho, veador de sua fazenda, e sua ẽbaixador. J.

12

DOM ANTONIO, amiguo. Eu, elRey, vos emvio muito saudar. Vy a carta que me sprevestes de nove dias do mes de Junho pasado, sobre o caso que aqueceo a Gaspar Palha, e desprouveme d'iso por aquecer no luguar em que me dise Luis Afonso, e pelo descontamẽto que por iso Recevestes; mas pela booa emformaçã que d'ele tinheys de como tinha la bẽ servido, e tinha abilidade pera la me poder bem servyr, averey prazer que, se viveo o ferido, trabalhes por os fazerdes amigos, e de elle fiquar desenbaraçado do caso pera despois de sua vinda de Genoa, onde ha de hyr asentar de todo o negoçio de Leon Pançado. Como vos sprevy por micer Pedro, pode ele fiquar com o doutor Gaspar Vaaz, pois vos

---

[1] Leonora, sister of Charles V and widow of Emmanuel, father of John III. While still Prince, John had desired to wed her, but his father took her as his bride. After Emmanuel's death the young King's subjects urged John to marry his stepmother (Luis de Sousa, *Annaes*, p. 49), but Charles V called her back to Spain and later married her to Francis I of France.

parece que avera necesidade de seu serviço, se eu lhe mandar e ouver por meu serviço de ele la fiquar cõ o doutor. Pero d'Alcaçova Carneiro a fez, em Evora, a sete dias de Julho de 1531.   J.
                                                                                             Rey.

Reposta a dõ Antonio d'Ataide sobre o caso de Gaspar Palha.
    (On Reverse Side)
    Por elRey.
    A dom Antonio d'Ataide do seu conselho, veador de sua fazenda, e seu ẽbaixador.   J.

13

DOM ANTONIO, amiguo. Eu, elRey, vos emvio muito saudar. Vy as cartas que me sprevestes por Mexia, feitas a XXIX e a XXX do mes de Junho pasado; e elle cheguou a mỹ, dominguo que foram IX dias d'este mes de Julho, e fez bõa diligença. E asy vi a reposta que vos deram os do conselho delRey e o que a ela respondestes. E asy vy todas as outras cartas, e tanbem a que cõ ellas veeo de dom Pedro Mazcarenhas, cõ que vos vistes. E antes d'estas tinha vistas as que trouxe Luis Afonso, a que vos nom Respondy loguo, por que dizies que dentro em quatro dias esperaveis Reposta, parecendome que nõ podia tardar voso Recado, e que, visto por elle o que pasava, vos poderia Responder mais conforme a meu serviço e a todas as cousas que me apontaveis. E despois que vy que tardava tanto, vos quis Responder, e o tinha feito quando Mexia cheguou, como veres por minhas cartas que vos tambem agora mãdo. E de tudo o que me tendes sprito que la fizestes tenho muito contentamento, e asy de mo fazerdes saber tam particularmẽte, como compre a meu serviço. E de o vos asy fazerdes, o tinha por muy certo, pela grande confiança que de vos tenho pera em tudo me bẽ servirdes. E o que me dizes que vos pareçe que se deve fazer no neguoçio, e asy de como cõpre a meu serviço vos virdes, me parece tudo muito beem, vendo a maneira que se la teem em vos Responder, e cam difirente he da Rezam e fundamento cõ que vos mandey, e vendo tambem como lhe Respondestes á Resposta que vos deram por sprito, e as Rezões tam bõas e evidentes de que nom querem conheçer; dhonde estaa claro que vosa estada nam pode aproveitar, antes danaria, vendo que se

Requeria por vos o neguoçio nos termos ẽ que ele pode fiquar. Mas como vos eu quis mandar, cõ o desejo e bõa vontade que tenho pera todas minhas cousas virem em concordia cõ os Reis Christãos, e pela muita amizade que tenho amostrado a elRey de França e procurey sẽpre cõ elle, como o mundo o sabe, ey por beem que todo o que se poder fazer pera este efeito se faça, sem por minha parte ficar cousa algũua. E por tanto se, despois de me spreverdes, elRey vos tem Respondido em algũua maneira de que posaes lançar mão, ou o neguoçio por qualquer via deer de sy cousa ẽ que vos pareça que podes aproveitar, asy como se fose algũu concerto cõ Joham Ango, ou dizervos o Gram Mestre [1] que elRey estava ẽ vos Responder d'outra maneira milhor, ou qualquer outra cousa que vos pareca de meu serviço, entam averey por bẽ de sobre serdes em vos vinda ẽquanto o caso vos parecer que o daa, de maneira que, por vos virdes hũu pouco antes, nã posa pareçer que se perdeo do que se podia fazer de meu serviço, como confio de vos que o farees. Soomẽte volo diguo por que, mandandovos detriminadamente que vos venhaes, vos nom posese em duvida. E avendo de sobreseer ẽ vossa vinda, me avisares compridamente da causa ou causas que tevestes pero o fazer, e de todo o mais que sobcedeo e for necesario de me avisardes, pera vos mandar o que ouver por meu serviço. E nam avendo á cheguada d'esta carta nenhũua cousa milhor do que me sprevestes, pera sobreserdes ẽ vosa vinda como diguo, todavia primeiro que diguaes a ninguẽ que vos avees de vỹr, ey por bem e meu serviço que fales a elRey, pera asentardes se, cõ o que lhe diserdes, podes aproveitar.

E dirlhees, como de voso, que eu vos enviey a ele sobre esta carta de marqua que pasou a Joham Ango, pelo muito amor que sempre lhe tive e mostrey ẽ todas as cousas de que elle deve ser lenbrado, querendolhe mostrar por vos quanto me pesava de poder aveer cousa antre nos de que se seguisẽ descontentamentos, e parecendome que asy o tomaria, e vos ouviria e folguaria de se aveer cõ vosquo, como cõ pesoa que lhe eu mandava pera lhe muito bẽ poder dizer o muito amor que lhe tenho, e a quẽ ele o devia folgar d'ouvir e darlhe credito; porque semelhantes casos como estes d'estas cartas de marqua, ainda que sejam pequenos, e antre Reis muy amiguos e irmaãos, soem de trazer consiguo outros efeitos de descontentamẽtos de que muitas vezes se os Reis nom

[1] Anne de Montmorency, 1493-1567.

podem escusar, ainda que muito d'iso lhe despraza; e que vos, segundo a bõoa vontade cõ que vos enviey a ele, e tençã e fundamẽto cõ que vos mamdey, beem vistes que ele volo nõ aderençou da maneira que vos devies de esperar e sabies que eu esperaria que se fizese. E porem, esperando que no fim se emmẽdase tudo, por desejardes muito o contentamẽto dantre nos, quisestes falar nisto da maneira que ele o ordenou, por que nam ficase nada de vosa parte por fazer; por que certo vos nom hyes senam a lhe Representar aquelas cousas que de minha parte lhe disestes, confiando que elle folguaria de fazer o que por vos lhe emviey Requerer, ou vos Responderia logo, pera cõ iso vos virdes; por que, pera tratar isto d'outra maneira, avia leterados que o poderiam bẽ Requerer, como he o doutor Gaspar Vaaz, meu embaixador, que pera o Requerer por via ordinaria podia bẽ abastar, e o saberia bẽ fazer. *E dirlhees*[1] que lhe pedys por merce que ele queira olhar o que lhe dizees que atee aguora lhe nõ disestes; e se o quer veer por sy, o que lhe peço, como he obriguado a minha amizade e a quãto pela sua sempre procurey, que o faça e o nõ queira cometer a seu conselho; pois o elle ha de entender milhor que todos. E ainda que os do seu conselho sejam taees pesoas, que muitas vezes nos pareceres dos homẽes ha enganos; e os Reis, asy como estam ẽ luguar de Deus, e teem todas as cousas por muy pequenas ẽ Respeito do que devẽ a Deus e a suas honrras, nom se cegam nelas. E querendovos ouvir, cõ minhas Rezões, pera por sy determinar se sam boõas, veera loguo muy claro cã justificadas e Rezoadas sam. E que deve olhar quanta Rezã seria que elle folguase muito de me comprazer, quanto mais guardar inteiramente justiça, pois lhe nom Requeiro outra cousa. E que, se aos do seu conselho pareçeo que cõ justiça concediã esta carta de marqua, visto he que sera mao de fazer mudarẽse do que ja lhe tem parecido. E vendo elle por sy as Rezões d'anbas as partes, o podera loguo muy bẽ julguar, que vos fara grande merçe em o querer veer e por sy vos Responder, e querer que hũũ neguocio, tam particular como deve ser este meu ante elle, se veja e detremine por elle, e nõ queira de todo o cometer a seu conselho, e que pareça que elle nom toma d'iso mais ẽformaçã que a que o mesmo conselho lhe daa. E querendovos ouvir cõ os do seu conselho, folguares muito, por que asy vos

[1] [E dirlhees] is not in the MS., and is inserted here merely to make the construction clear.

aprovera de ser perante elle o que cõ eles pasastes. E tambẽ, quãdo se ouvese de falar do direito, poderia ouvir Gaspar Vãz cõ os letrados do seu conselho; por que, ainda que ele nõ seja letrado, a sua Rezam he milhor que a dos letrados, e veera muy craramente quaes d'eles sam os que dizẽ beem, sem lhe dizerdes nenhũũa cousa de vosa partida.

E quando vos Respondese que o queria veer, e vos ouviria, ou qualquer outra boa Reposta, lançares mão d'ela, pedindolhe que seja loguo; e esperares o que socede, e mo spreveres ẽ diligençia e compridamente. E porem, se despois que vos dizer que o fara, o nom fizer, ou virdes que o dilata e nõ o quer fazer, lhe dires que vos pareçe ja pouco necesaria la vosa estada, e vos vindes a me dar conta do que la pasastes, e que fica o doutor Gaspar Vaaz, meu ẽbaixador, que a ele podera Responder ou mandar o que niso ouver por seu serviço.

E asy mesmo, quando lhe acabardes de falar como acima diguo, e vos nõ deer algũũa palavra de milhor esperança, lhe dires loguo que vos vindes, e que fica o dito doutor, que a ele podera Responder ou mandar o que for seu serviço.

Iteem: por que sabes quanto me desprazeria das cousas que ẽ semelhantes casos soem de sobceder, por ser antre os meos vasalos e os seus, e todos os outros inconveniẽtes que se podem seguir, averey por meu serviço que vos vejaees muy secretamente se podes ter algũũa maneira de concerto cõ Joham Ango, pera que elle se aja por satisfeito, e diga que o he, e aja por iso o que for beem. Por que averey por muito milhor ser asy, que ser este concerto por mão do almirante, nem pubricamẽte; por que, ainda que pareça que Joham Ango dira que o cometem, pode se neguar, e as cousas escondidas nom se tẽ geralmente por certas; o que nam pode ser no que pelas partes se confesa. E por que vos vedes que no modo de o falar e neguociar se podera aproveitar ou perder muito dinheiro, folguaria de seer tentado por vos asy secretamẽte, e buscares desimulaçam pera falar a Joham Ango; ou se vos pareçer que sera milhor fallarlhe antes de falardes a elRey, fazee o que vos milhor parecer.

E porem, parecendovos que se fara tanbem sem vos, o leixares a Gaspar Vaaz que o cometa e faça asy ẽ grãde segredo, e da maneira que vos o avies de fazer. E aves d'olhar se a vosa partida sera causa de mais livremente Joham Ango poder usar de sua marqua, ou se o emfreara mais, parecendo que vos mandey vỹr, descontente da reposta; por que segundo o que d'isto vos la pareçer, avees de veer se sera milhor falardes vos a Joham Ango prymeiro que partaes, ou o leixardes a Gaspar Vaaz. E este concerto fares de modo que nele se entendã todos os que tẽ parte na sentença, e que isto segure Joham Ango de modo que nam aja niso duvida nẽ debate ao diante.

E Corvarão, o embaixador do emperador, me pareçe que sera muy bõõ ficar hy, Requerẽdo despois de vos virdes; e ainda ha muita rezã pera ser asy, que pois o mandou cõ tam boõa vontade, deve de querer veer por deradeiro o que pode aproveitar. E eu lhe mando niso falar por dom Pedro Mazcarenhas, como veres pelo trelado da carta que lhe sprevo, que cõ esta vos ẽvio. E porẽ eu ey por meu serviço que vos ao dito Corvarão nam fales niso, por se nõ saber hy que por mỹ se move a ficada sua, mas que soomẽte veem pelo ẽperador. E quando vos ouverdes de vỹr, sprevee a dõ Pedro como vos vindes, e tudo que pasastes, pera o dizer ao ẽperador; porque ẽtam mando a dom Pedro que lhe fale, como veres pelo trelado da dita carta que lhe sprevo.

Itẽẽ: ao doutor Gaspar Vaaz sprevo o que por sua carta veres, avendovos loguo de vỹr; e darlhees conta de tudo, e praticares cõ elle primeiro de vosa partida o que vos parecer meu serviço que elle faça; e as cousas de sustancia sera beem que se asentẽ por sprito, e as traguaes, pera por elas sabeer o que lhe fica pera fazer, atee aveer meu Recado; e nã fara cousa algũa, senam as que cõ ele asentardes, nẽ das outras que levava pera fazer, atee aveer meu Recado.

E ao emperador sera bem que sprevaes como eu vos mamdey vỹr, e que dom Pedro lhe dira o que he feito, e tudo o que pasou, e lho spreveres como atras fiqua ja dito. E se mãda de vos algũũ serviço ou algũũ Recado pera a emperatriz minha irmãã, por que esperaes fazer o caminho por onde ela estiver, porẽ nam vos deteres por iso; e vos sprevee a dom Pedro que, se o emperador quiser mandar algũũ Recado, o mande a Gaspar Vaaz, a que leixaes recado que volo envie pela posta, pera vos tomar no caminho.

Iteem: á Rainha, minha madre, dares conta de tudo, asy como pasar, e asy de vosa vinda quando ouver de ser, dizemdolhe a rezam que tendes de vỹr descontente delRey, pelo modo que teve ẽ cousa tam justa e tam amiguavelmente Requerida, como atee entã foy por mỹ, avendo tantas Rezões no que lhe peço pera dever muito de folguar do fazer, seendo hũũa d'elas ser muy clara justiça. E que vos lhe daes aquela conta, por que sabes quanto a ela d'iso ha de desprazer, e folguar de fazer tudo o a ella posivel pera que elRey o emmẽde como deve; e lhe dares tanbẽ conta do modo ẽ que Gaspar Vaaz fica, e que ele a Requerera quando lhe parecer que compre.

E se poderdes falar a Madama,[1] lhe dares conta de todo o que vos mãdey que lhe diseseis, se lho ja dito nã tendes. E asy de todo o que pasardes cõ elRey, e de vosa vinda e ficada la de Gaspar Vaaz.

Iteem: ouve por meu serviço todo o que tendes dito e ffeito acerqua do Gram Mestre, e vindovos lhe dares comta de vosa vinda, conforme há maneira de que vos vindes.

Itẽẽ: se vos pareçer beem, em vosa dispidida, falardes ao Grã Chanceler[2] e ao Almirante[3] e aos com que praticastes, antes de vosa partida, fazee niso o que vos parecer meu serviço.

Itẽẽ: A mestre Dioguo emcomendares que folgue de me servyr em tudo o que se ofreçer asy beem como eu d'ele confio, e de me avisar, e asy a Gaspar Vaaz, de qualquer cousa que lhe parecer que compre. E por que o Requerer Joham Anguo no concerto quero que seja secretamẽte, dares d'iso parte as pesoas que vos beem pareçer, e ẽ gramde segredo. E a Gaspar Vaaz a dares de todas as cousas que vos sprevo, pera sua ẽformaçã, e pera saber o que ha de fazer despois de vosa vimda.

Iteem: quanto as outras pesoas que dizes que estam pera pedir cartas de marqua, nam se Respondera outra cousa senã que eles poderã vỹr ou mandar ca Requerer sua justiça, e que lhe sera feita e gardada inteiramẽte.

Itẽẽ: vos me sprevestes que vos parecia que seria meu serviço ficar Gaspar Palha cõ o doutor Gaspar Vaaz, pelo que sabia da tera. Eu o mandey a Genoa àquele negocio que sabes; se he vimdo, e vos parecer necesario ficar cõ o doutor, dirlhees de minha parte que o faça, e que ẽ tudo me serva asy bẽ e cõ aquele bõõ

---

[1] Louise de Savoie, mother of Francis I.
[2] Antoine du Prat, 1463-1535.
[3] Philippe de Chabot, 1480-1543. See Luiz de Sousa, *Annaes*, p. 374, where the Admiral is erroneously termed "Senhor de Biron."

cuidado e diligencia cõ que confio d'elle que o fara; e se nam for vindo, e vosa partida for antes de elle vỹr, leixay ao doutor huũa carta vosa ẽ que lhe diguaes que asy o ffaça. Ou se, pela ventura, vos parecer escusado, por ele nõ ser desempedido, ou por qualquer outra causa, se he vindo, dirlhees de minha parte que se venha; e nõ sendo vindo, lhe leixares huũa vosa carta, por que lhe digaes que ey por meu serviço que se venha, e que asy o faça. Pero d'Alcaçova Carneiro a fez, ẽ Evora, a vỹte dias de Julho de 1531. J.

Rey.

Reposta a dõ Antonio d'Ataide.
   (On Reverse Side)
 Por elRey.
 A dõ Amtonio d'Atayde do seu conselho, veeador de sua fazenda, e seu ẽbaixador, etc. J.

14

DOM AMTONIO, amiguo. Eu, el Rey, vos emvio muyto saudar. Despois de despachado Luis Afomsso, e estamdo pera partir, me vieram novas das naaos de Imdia que agora se esperavam, que partiram quatro de Imdia muy beem caregadas, e que traram pasante de vymte mil quyntaes de pymẽta, e muytas droguas; e duas d'elas sam ja nas Ilhas, em companhya d'armada que levou Amtonyo de Miranda; e as outras duas se esperavam cada dia; e espero em nosso Senhor que muy cedo sejam todas ẽ Lixboa. Da Imdia dam muyto booas novas, e que tudo la estaa como compre a meu serviço, e que elRey de Calecut procura a paz com grande instãcia; e por outra carta me sprevem que sam feytas e apregoadas. Nuno da Cunha era partida amtes de Natal pera Oro, e muyto beem aparelhado; prazera a Noso Senhor de mandar d'elle boõas novas, e assy o espero nelle. Pareceome beem sprevervos tam boas novas, porque asy sey que com elas avees de folguar, e pera as dardes la omde vos bem pareçer; pero da soma da carega nam darees conta, porque o sprevo a Framdes ao feitor pello que toca á veemda das especiarias, e sabes que compre a meu serviço; e somẽte em groso o poderes fallar, onde e como vos bem parecer. Esprita em Evora a XX de Julho, o secretario a fez, de 1531. J. Ou se vos parecer milhor saber d'ellas soomẽte e as calardes, fazee niso o que vos pareçer mais seguro e meu serviço. J. Rey.

Pera dõ Amtonio d'Ataide, da nova das naos da Ỹdia.
        (On Reverse Side)
Por elRey.
A dõ Amtonio d'Ataide do seu conselho, veeador de sua fazenda, e seu ẽbaixador. J.

15

DOM ANTONIO, amiguo. Eu, elRey, vos emvio muito saudar. Pelo trelado da carta que sprevo a dom Pedro Mazcarenhas que vos emvio, veres que o aviso que, se o emperador, meu muito amado e preçado irmão, lhe preguntase em que luguar lhe parecia que se devia fazer o juizo dos terceiros, lhe digua que lhe pareçe que ẽ huũ luguar d'Araguã qual parecer mais conforme; ou se elRey de França mais quysese em Saboia, que hy se veja. E que em qualquer das partes em que se asentase, seja visto por leterados d'anbas as partes, tantos de huũa parte como da outra. E que lhe pareçe que se, pela ventura, elRey de França apontase que se vise ẽ Roma pelos da Rota, que eu o nom Refusarey. E pareceome bẽ volo preveer, pera saberdes niso mynha tença, fazendose o asento dos juizes terceiros.

E porque vos sprevo que no juizo dos ditos juizes terceiros se ponham todas as tomadias feitas de parte a parte; e a carta de Marqua que estaa pasado a Joham Ango, se foy dada cõ dereito e como devia ou nom; e asy a sentença que ca foy dada da presa que se tomou aos Franceses, que tinhã tomada aos Castelhanos, se foy dada conforme a dereito e como cõ justica se devia fazer. E se moveo ca duvida sobre esta parte da sentença, a qual he, se, pera se saber e determinar como ffoy pasada a dita carta de Marqua, se ha de necesidade se veer a sentença que ca se deu, se foy beem ou mal dada, ou se he cousa sobre sy a sentença. E se pode veer da carta, se pasou beem ou mal, sem se tratar da sentença, he escusado apontar que tanbẽ se veja a sentença pelos ditos juizes, pois hy se entende. E sendo caso que, vendose como pasou a carta, nom se ha de tratar da sentença, em tal caso olhara o doutor Gaspar Vaaz, se estaa mais claro o dereito da sentença por minha parte ou o modo de que a carta pasou. E se a maneira de que a carta pasou estaa mais claro seer por minha parte beem Respondido do que estaa ser a sentença bẽ dada, nam falares ẽ mais soomẽte que se veja como pasou a carta. E sendo mais claro o dereito de como a sentença se deu, pedirees que se veja loguo a sentença juntamẽte cõ as outras cousas, por quanto nõ seria meu serviço dizerse que faleçeo por minha parte huũ ponto nom Responder aos Requerimẽtos que me fizerã sobre o pasar da dita carta; ou dizerse que elles compriram niso o que de dereito deviã, e entam julgarse a carta por beem pasada e ficar pera usarẽ d'ela, sẽ se veer que pela sentença a fazenda nã he de Joham Anguo, mas he d'aqueles a que se ca julguou. E por este moço se nõ deteer, o nã mandey ca veer por Leterados, por que la o veera Gaspar Vaaz muyto beem. Praticay o cõ ele muy beem, e asentese como for mais meu serviço. Pero d'Alcaçova Carneiro a fez, ẽ Evora, a XX dias de Julho de 1531. J. Se porẽ consentẽ, por sua parte, que se veja a sentença, se he bem ou mal dada, e asy a carta, se foy bem mal pasada, aimda que vos parecesse mais meu serviço nam se falar senam na carta, queremdo eles que se fale ẽ anbas, asy o aceitareys.

   Rey.

Pera dom Antonio d'Ataide, sobre a duvyda que se moveo que la veja cõ Gaspar Vaz.
   (On Reverse Side)
 Por elRey.
A dom Antonio d'Ataide do seu conselho, veador de sua fazẽda, e seu embaixador. J.

16

DOM AMTONIO, amiguo. Eu, elRey, vos envio muyto saudar. Teemdovos respondido, como por minhas cartas veres, ás cartas que trouxe Luis Afomso, e a estas deradeiras que trouxe Mexia, chegou Guelhelme Fernandes e me deu huũa carta sprita por o doutor Gaspar Vaaz, a quatro d'este mes de julho, e asynada por vos e por elle; da quall, por vỹr muy breve, se nam pode nada tomar. Soomẽte me pareceo bem fallarvos nos pontos que me sprevestes por as cartas que trouxe Luis Affonso, a que nõ Respõdy, esperamdo que, pello prymeiro que mamdaseys, soubese a reposta delRey de França, e vos sprevese o que ouvese por meu serviço detrymynadamẽte. E por tanto nõ sera necesario fallarvos nos põtos que apõtaveys, se vos fosem movidos ou cada huũ d'eles, por que poderya ser que vos nam sayrya em nenhuũ d'eles, como de feyto foy. E depois que veeo Mexia, me pareceo escusado fallar neles, por que elRey de França ou seu conselho vos respondeo muy fora d'eles, segundo vy por vosas cartas; e ao que nelas sprevestes, vos Respondia.

Agora, com esta duvyda d'esta deradeira carta que veo muyto breve, pareceome necesario estas declarações saber. Se o neguocio estiver como quando partio Mexia, sem nẽhuũ melhoramento, vos fazee o que vos sprevo ỹteiramẽte pella outra carta grande. E asy farees saber a dom Pedro Mazcarenhas, meu ẽbaixador, na corte do emperador meu irmaão, que vos vymdees; e lhe spreveres, e dares a conta que na sua carta lhe sprevo que vos maãdo que lhe dees, pera a dar ao ẽperador, meu irmaão.

Iteem: se o negocio se melhorou depois que Mexia partio, fazees tambem o que neste caso vos sprevo que façaes.

E se estaa em termos que neste concerto deva eu aveer de pagar as custas a Jõ Ango, e se posa hy fallar, nam parecendo que ho vos de novo tornaees a espertar, folgarey que ho façaes com aquelas condições que na carta de dom Pedro lhe sprevo que ho quero, cujo trellado vos emvio; e vos ficara, pera por elle se saberem estas condições. E o preço das custas, a que vos obrigares de eu pagar naquella maneira, sera atee cymquo mill cruzados, quamdo menos nom pode seer. E em nẽhuũ dos outros meyos, que por Luis Afomso me sprevestes, nam vyrees.

Iteem: se amdaes em concerto cõ Jõ Ango, e vos parecer mais meu serviço fazeello que este outro meyo que acyma diguo, trataloes, ou direes ao doutor Gaspar Vaãz que ho trate, segundo vos sprevo; e vyrdes, que sera milhor, sabendo d'elle primeiro o que pede, que nada se lhe prometa, e avisandome d'iso e de que parecer que se contẽtara, segundo se poder sẽtyr. E o principall fundamẽto de vos mãdar que vos concertaseys cõ Joam Ango he deverse d'olhar, vymdovos vos, se poder teer tall armada pera em breve sayr, que eu deva de querer atalhar; por que, nam aveendo sua nem d'outrem, que com seu achaque posa sayr, nam avera necesidade de vos nẽ nymguẽ lhe fallar em concerto, senam semtymdo que ho deseja e o fara muyto bõõ. E vymdovos vos, mostrãdo que vos nam lẽbra, pode o Gaspar Vaaz la mover despois por meos cõvenyẽtes e como cousa que me nõ lembra. E pareceme que se fara asy melhor, e ao meenos terse a tempo pera me sprever, e eu mãdar o que ouver por mais meu serviço. E por que este Guilhelme Fernandes, que trouxe esta carta, dise ca, que por voso mãdado fora saber da armada, e que nõ avia mais que quatro navetas aimda nam aprecebidas de todo, seendo asy, nam ha necesidade de com elle agora se tratar, senam seentymdo que vyria a muyto bõõ partido, como ja dise; e como esta armada estaa, e todo o mais que tocaes nesta deradeyra carta, fora muy bem que me sprevereys muyto declarado. Se o que este Miguel Fernandes diz nam he verdade, e ha hy armadas que posam sayr, emtam sera beem, nam podendo vyr no meyo de eu pagar as custas segundo mando que se faça, que trabalhes por antreter ho Joham Ango com partido que se lhe cometa; com o qual, quanto mais se dilatar, tamto sera mais meu serviço. E podes dizer que vyndes, e que loguo lhe responderes, ou de quallquer outra boa maneyra que vyrdes que se deve fazer pera dilatar, nam prometendo porem nada; ou avendo de prometer, nom seja mais que atee dos mil cruzados, e d'y pera baixo o que mais poderdes aproveitar e vos bem parecer.

Iteem: se ouverdes de vyr como vos esprevo, estamdo o negocio asy como quando Mexia partio, seera beem que fallees a Joham Ango, se lhe ouverdes de fallar, prymeiro que fales a elRey; porque depois nom poderes estar senam secretamẽte.

Acerqua de todo o que vos aquy vay apõtado, de o fazerdes asy como vollo sprevo ou terdes niso outro modo, ho leixo a vos que o façaes por quaesquer outros meyos que mais meu serviço vos parecer, praticando com Gaspar Vaaz. Iteem: quanto a se poerem em juizes terceiros as tomadias e a carta da marca de Joham Amgo, ey por beem que se faça o dito juizo dos terceiros sobre todas as tomadias que sam feytas de parte a parte, e sobre a carta de marca de Joam Amgo, se foy dada com direito e como devya ou nam; e asy sobre a sentença que foy dada da presa que se tomou aos Franceses, se foy dada como com direito se devya fazer; e

sobre estas tres cousas se fara o asento dos ditos juizes. E pera o fazerdes vos, emvio minha procuraçã e poder sobre vos e Gaspar Vaaz, como por ella veres. Sprita ẽ Evora, a vymte dias de julho, o secretario a fez, de 1531.   J.
   Rey.

Pera dom Amtonio, reposta da carta que trouxe Miguel Fernandes.
   (On Reverse Side)
 Por elRey.
A dõ Amtonyo d'Ataide do seu conselho, veeador de sua fazenda, e seu embaixador.

17

DOM AMTONIO, amiguo. Eu, elRey, vos emvio muyto saudar. Pera se fazer o aseento dos juizes louvados, tamtos da parte do christianisimo Rey de França, meu muyto amado e preçado irmaão e prymo, como da minha, no luguar omde aseemtardes, pera detryminarẽ os casos da carta de marqua que elle teem pasada em favor de Joam Ango contra meos naturaes e vasallos; e ho das tomadias que sam feitas de Reyno a Reyno pera se fazer niso comprimẽto de justiça; e ho da sẽtença que em meu Reyno foy dada contra os Framceses, a que foy tomada por minha armada, que amdava na garda da costa, a presa que eles tynham tomada aos Castelhanos, se foy beem dada contra eles e como cõ dereito se devya fazer; como compridamẽte vos sprevo, vos emvio duas procurações — huũa em que vão decllarados os ditos tres casos, e outra ẽ que nam se falla na sẽtença, pella duvyda que ca se moveo, se serya meu serviço se falar neella, como vay na carta que vos sobre yso sprevo, o que la avees de fazer coḿ o doutor Gaspar Vaaz, como na dita carta se contẽ, e escolherdes o que virdes que he mais meu serviço. E pareceome beem emviarvolas d'esta maneyra, pera que se la vos parecer e a Gaspar Vaaz que se nõ deve fallar no da sẽtença, pellas Rezões que vos sprevo, mostrardes a precuraçã que nam fala na sẽtença; e quãdo na dita sẽtença se ouver de falar, mostrardes aquella que falla em todas tres cousas. Noteficovolo pera saberdes o fundamẽto de vos emviar no

modo sobre dito as ditas duas precurações. Sprita em Evora, a vynte de Julho, o secretario a fez, de 1531. J.
 Rey.

Pera dõ Amtonio, do aviso das duas procurações que lhe vão e cõ que fundamẽto.
   (On Reverse Side)
 Por elRey.
A dom Antonio d'Ataide do seu conselho, veador de sua fazenda, e seu ẽbaixador. J.

18

DOM JOHAM, por graça de Deus Rey de Portugual e dos Algarves, daquem e dalem mar em Africa, Senhor de Guinee, e da comquista, naveguaçã e comercio de Ethiopia, Arabia, Persia, e da India, a quantos esta minha carta de precuraçam e poder virem faço saber, que pela muita confiança que tenho de dom Antonio d'Ataide do meu conselho, e veador de minha fazenda, e do doutor Guaspar Vaaz do meu desenbarguo e dos agravos da casa da soprecaçã, meus enbaixadores, por esta presente carta os faço, ordeno e constituio, no milhor modo e forma que devo e poso, por meus soficiẽtes e abastantes procuradores geraes e espiciaes, pera que por mym e em meu nome se posam louvar em juizes quaes lhe a eles aprouver e consentir naqueles que por o muyto alto, muito excelente, muito poderoso e christianisimo principe, Rey de França, etc., meu muito amado e preçado irmão e primo, forem nomeados, sendo tantos de sua parte como da minha, pera que posam os ditos juizes julguar e determinar se a carta de marqua que o dito Rey christianisimo pasou a Joham Ango, seu vasalo, contra roupa de meus vasalos e naturaes, foy pasada conforme a dereito e como cõ justiça se devia fazer ou nam. E asy sobre as tomadias que sam feitas por seus vasalos e naturaes aos meus e pelos meus aos seus, pera acerqua d'iso se fazer pelos ditos juizes louvados comprimẽto de justiça, o que os ditos juizes louvados faram no luguar ẽ que for asentado e acordado por elles; pera o que lhe dou todo meu comprido poder e mandado geral e especial, que a geralidade no derogue á especialidade nẽ a especialidade á geralidade. E pera por mỹ e ẽ meu nome asentarẽ sobre o que dito he, asy cõ o dito christianisimo Rey, meu irmão e primo, e ẽ sua presença, como cõ quaesquer seus precuradores que ele pera iso ordenar, e que mostrarẽ seu poder e precuraçã sofíciente e abastante pera os ditos casos por elle asinada e aselada do seu selo. E que posam capitolar, asentar e concordar, prometer e jurar em meu nome; que eu farey, comprirey, e gardarey todo o que por elles for capitolado e asentado no dito asento, cõ as condições, pactos, vinculos, e sob as penas e fermezas que por elles for asentado, concordado, e capitolado, como se por mỹ ẽ pesoa fose feito. Outrosy que posam jurar em minha alma que guardarey e comprirey Realmente e cõ efeito todo o que asy por eles no que dito he for concordado, asentado, e capitolado, sem cautela, ẽgano, nem desimulaçã algũa. E que nom irey nẽ virey contra elo nẽ contra parte algũa d'elo, sob aquelas penas que por elles ditos meus procuradores forem postas e concordadas. E pera todo o que dito he lhe dou e outorguo todo meu comprido poder, e cõ libera e geral administraçã. E prometo e seguro, por esta presente carta, de teer e manter, Realmente e cõ efeito, todo o que por eles, ditos meus procuradores, sobre o que dito he, for concordado e asentado, capitolado e prometido, segurado, outorgado e jurado. E de o aveer por grato, Rato, firme e valioso, e de nom hyr nẽ vỹr contra elo, nẽ contra parte algũa d'elo, em tempo algũũ nẽ por maneira algũa, sob obrigaçã expresa que pera elo faço de todos meus bẽẽs patrimoniaes e da coroa, avidos e por aveer, os quaes expresamente pera elo obrigo. E por certidam de todo o sobredito mandey fazer esta minha carta, asinada por mỹ, e aselada de meu selo Redondo das minhas armas. Dada em a cidade d'Evora, a XX dias de Julho. Pero d'Alcaçova Carneiro a fez. Anno de nosso Senhor Jhesus Christo de mil quinhentos e trinta e huũ annos.

J. elRey.

(Here is the mark of the Great Seal)
Bpo.V.
Precuracã e poder pera dõ Antonio d'Ataide e Gaspar Vaaz.
Bpo.V.

19

DOM JOHAM, per graça de Deus Rey de Portugal e dos Algarves, d'aquem e d'alem mar em Africa, Senhor de Guine e da comquista, naveguaçam, e comerçio de Ethiopia, Persia, Arabia e da India, a quantos esta minha carta de procuraçam e poder virem faço saber que, pela muita confiança que tenho do dom Antonio d'Ataide do meu conselho, e veador de minha fazenda, e do doutor Gaspar Vaaz do meu desembarguo, e dos agravos da casa da sopricacã, meus enbaixadores, por esta presente carta os faço, ordeno e constituio, no milhor modo e forma que devo e poso, por meus soficientes e abastantes precuradores geraes e espiciaes, pera que por mỹ e em meu nome se posam louvar em juizes quaes lhe a elles aprouver e consentir naqueles que por o muito alto, muito excelente, muito poderoso e christianisimo pricepe, Rey de França, etc., meu muito amado e preçado irmão e primo, forem nomeados, sendo tantos de sua parte como da minha, pera que posam os ditos juizes julguar e determinar, se a carta de marqua que o dito Rey christianisimo pasou a Joham Anguo, seu vasalo, contra Roupa de meus vasalos e naturaes, foy pasada conforme a dereito e como cõ Justiça se devia fazer, ou nam. E asy sobre as tomadias que sam feitas por seus vasalos e naturaes aos meus, e pelos meus aos seus, pera acerqua d'iso se fazer pelos ditos juizes louvados comprimento de justiça. E asy mesmo sobre a sentença que foy dada em meu Reino por meus letrados contra os Franceses, a que foy tomada por minha armada que andava na guarda da costa a presa que elles tinhã tomada aos Castelhanos, se ffoy beem dada contra elles e como cõ dereito se devia fazer; o que os ditos juizes louvados faram no luguar ẽ que for asentado e acordado por eles, pera o que lhe dou todo meu comprido poder e mamdado geral e espicial, que a geralidade no derogue á espicialidade nẽ a espicialidade á geralidade. E pera por mỹ e em meu nome asentarẽ sobre o que dito he, asy cõ o dito christianisimo Rey, meu irmão e primo, e em sua presença, como cõ quaesquer seus procuradores que elle pera iso ordenar, e que mostrarẽ seu poder e precuraçã soficiente e abastante pera os ditos casos por ele asinada e aselada do seu selo. E que posam capitolar, asentar e concordar, prometer e jurar em meu nome que eu farey, comprirey,

e guardarey todo o que por eles for capitolado e asentado no dito
asento, cõ as condições, pactos, vinculos, e sob as penas e firmezas
que por eles for asentado, concordado e capitolado, como se por
mỹ ẽ pesoa ffose feito. Outrosy que posam jurar em minha alma
que gardarey e comprirey, Realmente e cõ efeito, todo o que asy
por elles no que dito he for concordado, asentado e capitolado,
sẽ cautela, engano, nẽ desimulaçã alguũa. E que nom irey nẽ
virey contra elo nẽ contra parte alguũa d'elo, sob aquelas penas
que por elles, ditos meus precuradores, forem postas e concordadas.
E pera todo o que dito he, lhe dou e outorguo todo meu comprido
poder e cõ libera e geral administraçã. E prometo e seguro por
esta presẽte carta de teer e manter Realmente e com effeito todo o
que por elles, ditos meus procuradores, sobre o que dito he for concordado, asentado e capitolado, e prometido, outorguado, segurado, e jurado. E de o aveer por grato, rato, firme e valioso, e de
nam hyr nẽ vỹr contra elo, nẽ contra parte alguũa d'elo, ẽ tẽpo
alguũ nẽ por maneira alguũa, sob obriguaçã expresa que pera elo
faço de todos meus beẽs patrimoniaes e da coroa, avidos e por
aveer, os quaes todos expresamente pera elo obrigo. E por certidã
de todo o sobredito mandey fazer esta minha carta, asinada por
mỹ, e aselada de meu selo Redondo das minhas armas. Dada em a
cidade d'Evora, a vinte dias de Julho. Pero d'Alcaçova Carneiro
a fez. Anno de Noso Senhor Jhesus Christo de mil e quinhentos e
trinta e huũ annos. J.
  J. elRey.

  (The Great Seal)
   Bpo.V.
 Precuraçã e poder pera dõ Antonio d'Ataide e Gaspar Vaaz.
   Bpo.V.

20

DOM ANTONIO, amiguo. Eu, elRey, vos emvio muyto saudar. Eu tenho Recebido tamto cõtentamẽto com vosas
cartas, pelas quaaes teenho visto, e pellas obras sabido, como me
tendes beem servydo e com quamto cuidado e diligencia, que, pela
muyta booa võtade que vos teenho e por tan bẽ me servirdes, nam
o podera com nemhuũa cousa Receber mayor; e vos gradeço muyto

todo o que teemdes trabalhado por seer beem servydo. E o modo que em todo este serviço sey que tendes, asy pello que toca a meu serviço, como ha vosa homrra, que he parte por que eu sam aimda mais cõtẽte de vosa booa disposiçam, me praz muyto, e sempre folgarey de saber que he tall como ey por certo que ha desejaes, pera milhor me poder servyr. Do falecimẽto de Nuno Mendoça me desprouve, por as calidades de sua pesoa, e por yr em vosa cõpanhia; e pello que me sprevestes sobre o que elle tynha de mỹ, e pellas rezões que pera yso avia, me prouve dar a sua may todos os novemta myllreis que elle de mỹ tynha; e porque me parece que folgares cõ yso, vollo sprevo. Sprita em Evora, a vymte dias de Julho. O secretario a fez, 1531. J.

Rey.

Pera dõ Amtonio d'Atayde.
        (On Reverse Side)
  Por elRey.
A dom Amtonio d'Ataide do seu cõselho, veeador de sua fazenda, e seu ẽbaixador, etc.,   J.

21

DOM AMTONIO, amiguo. Eu, elRey, vos emvio muyto saudar. O voso criado, que me emviastes com vosas cartas de XIX e vimte de julho pasado, chegou aquy, segunda feira deradeira do dito mes. E tynha vos a tudo respomdido atee oge sabado, que sam çimquo d'este mes d'agosto, somemte ao capitolo dos juizes alvidros que foy necesario ser visto por leterados, que atee agora nam tomaram niso resoluçã. E agora a esta ora me vieram cartas das Ylhas dos Açores, de como ha vista da Ylha do Fayal, que he na paragem domde veem teer as naos da Imdia, amdavam dez naaos de França armadas, esperamdo as ditas minhas naaos da Imdia, por que por aly nam teem caminho pera outra nẽhuũa parte, nẽ podem hyr a outra nẽhuũa cousa; e que Amtonyo de Miranda, meu capitam moor de minha armada, que estava esperamdo pelas naaos que nõ eram aimda chegadas, porque duas eram ja hy; e era ydo em busca das naaos d'esta armada de Framceses, pera lhe defemder e gardar d'eles as minhas naoos. E porque ysto he cousa tã fora de toda rezam, e mais estamdo vos no em que estaaes, e tratamdo negocio tall que nẽhuũ outro fim teem senam a amizade que eu tanto precuro de ter cõ elRey de França, como elle o deve fazer, e mãdandovos eu a ysto da maneira que vos mãdey, e tratamdo o comvosquo ho Almyrante a este mesmo fim, e sem sua sabedorya esta armada nom pode ser sayda; e por ysto seer cousa de tamanha calidade, e tã cõtraira do em que estaes, e pera muyto eu querer veer o que cõpre a meu serviço que eu nele faça, e nysto podem pasar dous ou tres dias em que mãdarey partyr outro coreo com ha Resoluçam que tinha tomada no neguocio pelo que me sprevestes, e no mais que sobre ysto me parecer que devo fazer, me pareceo muyto necesario mãdarvos, logo na mesma ora em que este recado me veeo, este coreo, a vos avysar que nam façaes nẽhuũa cousa mais no negocio, atee chegar o outro meu Recado, que apos esta vos mãdarey. E poderes dizer, se vos parecer necesario, que me chegou esta nova, sem dizerdes que o meu capitã he em busca das ditas naaos framçeses. E porque nam he bem que la pareça que vos sois avisado de mỹ d'esta nova, sem loguo fazerdes a obra que ẽ tal caso for bem que se faça, vos dires a quẽquer que ouverdes de dizer que ha temdes, que eu ha nam tinha de todo por certa, e esperava que atee dous ou tres dias me viesem as cartas que sobre iso me vinham; e que por yso vos nam sprevy por ese coreo mais que ha nova asy duvydosa como ha tenho. E porem, se o negocio estaa em termos que por estes dous ou tres dias posaes escusar de dizer isto, asy o fazee, atee que vos chegue meu recado; o qual nõ pasara estes tres dias de partyr d'aquy, e yra em toda diligẽcia. Sprita em Evora, oge sabado, as XII oras de noite, V d'agosto. O secretario a fez, 1531. J.

    Rey.

Pera dõ Amtonio.
   (On Reverse Side)
 Por el Rey. J.
A dõ Amtonio d'Ataide de seu cõselho, seu veeador da fazenda, e seu embaixador. J.
    (In a different hand):
Esprita a V d'agosto; dada a XXiiii do dyto mes.

22

Dõ AMTONIO, amiguo. Eu, el Rey, vos emvio muyto saudar. Vy a carta que me sprevestes, asynada por vos e por o doutor Gaspar Vaaz, feita por elle a XIX de julho pasado, pella qual me fezestes saber cõpridamente todas as Rezões e causas que vos moverã ha fazerdes o cõcerto cõ Joham Amgo sobre a carta de marca, e que despois de muytas praticas e debates, que sobre yso tevestes, olhando tambem pello que comprya a meu serviço, e cõ tamta cautela e Resgardo como eu tinha e tenho por certo que avia de ser feito por vos, e em que sey que vos nõ ficou nada por fazer, por deradeiro viestes asentar, que el Rey de França me spreverya huũa carta, como a elle aprazia, que esta letra de marca de Joham Ango e todas as outras que se poderiam cõceder, as averya por Revogadas, e todas as que se pedisẽ, se julgasem primeiro por juizes, segumdo a forma de huũ capitollo que vẽ nos apomtamentos que de fora me mãdastes; e que a Joham Amgo se desẽ logo dez myll francos pera desarmar, e que ha carta da marca avia de ficar em mão do Almirãte, e que dentro de huũ termo comvynhavel se desem ao almirãte os L$^{ta\,1}$ francos, ha cõprimento dos sasẽta myl em que por deradeiro vierã, pera os dar a Jõ Amgo e as outras partes; e nõ se lhe damdo, que a lletra da marca ficase ẽ vigor como d'amtes. E que asy mesmo asẽtastes que, tamto que cõ ele diseys, amtes do tẽpo do pagamẽto se avia d'apregoar por todas os portos de Framça a Revocaçã da dita marca e todas as outras, e que ẽ Roupa de Portugeses se nõ tocase; e que da carta del Rey se deera logo a menuta a huũ secretario, e que volla avia de mostrar amtes de asynar; e como soubeses que ha fezera, e a mostrara ao Gram Mestre, e que a el Rey parecera bẽ, e todavya mãdara que se mostrase ao Gram Chanceler, o qual a grosara em allguũas partes, por omde se avia aimda de tirar a lỹpo, e que esperaveys que ha carta podese aimda vyr de recorer pela ỹcerteza das cousas d'ela que se poderya grosar, e que nestas Repricas avies de trabalhar por gastar XV ou XX dias, em que o coreo que estas cartas trouxe podese tornar com a reposta, e eu vos responder o que avia por mais meu serviço que se fezese; e porẽ que, cõcedendovos eles ho em que ficareys, e apertamdo cõvosquo,

---

[1] *I. e.* cincoenta [myll] francos.

nam poderyes al fazer senam aceytar o cõcerto e a carta, quando al se nam podese fazer, ou minha reposta tardase. E poreem que voso preposito era dilatar quamto podeseys, por nã terdes Reposta minha; e que dos outros capitolos nam lançareys mão, porque nam tynheys minha comisam; e que o que eu ouvese por mais meu serviço, se poderya niso asẽtar de vagar; e mais, vymdo Onorato Cays, como dizees que veem. E por outra carta de vosa mão me dizeis que, aleem dos sasemta mill francos que vos pedeem pellas despesas de Joham Amgo, tendes prometido ao Almirante dez mill cruzados, e que isto fez decer a Joham Ango tamto; e que cryees que farya outras alguũas cousas de meu serviço, por elle estar muy danado nestas cousas, e que o Almirante vos teem prometido que, em quanto ffor Almirante, nam yra de França nỹguem á Malagueta nem ao Brasyl; do que trabalharyees por aveer penhor quanto vos fose posyvel, aimda que nam fose mais que huũa carta sua, que aimda avyes por milhor que requererse em outra forma.

E aimda que tenha por muy certo, que tudo o que nesto fezestes seerya por ser asy muyto meu serviço, pelas causas e Rezões que la pera yso vos moverã, e o faryes, cõformãdovos com as praticas que ca cõvosco niso se tiverã, pellas cartas que vos sprevy por Luis Afonso teres visto o que era minha temçã que acerqua d'esta materya fezeseys, se vos achase em teermos pera poder seer. E posto que por vosas cartas agora veja o que ja temdes praticado, e o negocio estee tamto avamte como dizees, por seer de tamanha ỹpurtãcia como he pera meu serviço, e porque aimda pello que spreves pareçe que nele nõ avia certeza, e podera seer que este coreo vos tome em tempo que posaes aimda lyvremẽte negociar, me pareceo muyto necesario, por cyma de tudo o que teemdes praticado e vos la pareceo, vos sprever decraradamẽte o que querya que nisto se fizese, e a maneira que folgarya que teveseys em o negociar, se posyvel fose.

Iteem: quamdo de ca partistes, eu avia por meu serviço que fezeseys neste negocio o que largamente cõvosquo foy praticado; por que, de vos cõcertardes nelle por aquela soma que se vos ca apõtou, quando d'outra maneira ho nã podeseys fazer, era porque parecia que asẽtamdose esta deferencia da carta de marca, e ficando o tempo de paz amtre ho emperador e el Rey de Framça, como ẽtam parecia que estava, ficava a navegaçam dos mares sem nele poder aveer outro periguo senam de huũ ladram, que muy pouco nojo pode fazer. E aveendo amtre eles rompymẽto, ha outra cõsideracã no negocio, e asy mesmo por que emtam parecia que, cõcertandose, esta carta de marca nam avia por davãte outra de tal calidade e tamto pera temer, como esta que parece que pode nacer do caso de Martim Afomso. E tambem nam se sabia como estavam as armadas dos Framçeses, e as minhas nam estavã providas como agora estam, neem as duas naos da Imdia nas Ilhas juntas a minha armada, como, louvores a Deus, tenho nova e Recado que as outras duas se esperavam aly cada ora, neem averaão tam gastado como he; que sam cousas todas que mudã a sustancia do que entam pareçia que cõprya a meu serviço.

E agora eu teenho aviso de dõ Pedro Mazcarenhas, meu ẽbaixador, que o ẽperador nam estaa sem Receo dos apreçebimẽtos de França, posto que la lhe deem outras cores, como veres pelo trelado da carta que me spreveo em çifra, que cõ esta vos emvio. Neem de laa tenho sabido, nem vejo por vosa carta, que as armadas dos Framceses sejam taes, nem esteem ẽ tal hordem, e tam a pique que, estamdo as minhas como estã, neeste pouco de veraão que fica, que nõ parece que posa abastar pera soomẽte deytar as naaos ao mar, por que posam fazer dano tal que se deva tãto arrecear.

Pelas quaaes causas todas ey por bẽ e meu serviço que, se o emperador e el Rey de Frãça estam em começo de ronpymẽto, o que, se as cousas estavã da maneira que pela dita carta de dom Pedro veres e depois se nam soldarã, ja deve de seer tãto avamte que craramente se veja que nam pode leixar d'aver rõpimento que, podendovos vos soltar do que temdes praticado, descõformãdovos em alguũs põtos, que digaes que vos parecem necesarios, em que eles nam queyram vyr, ou em quererdes os tẽpos dos pagamẽtos mais larguos do que eles os queiram, ou por qualquer outra maneyra de descõformidade, que pareça que ho negocio ho daa, e nam tençã do o quererdes quebrar, as quaees cousas de ca se nam podem mais declarar, que vos vos tyres e soltees do cõcerto que me sprevestes. E que fyques no que vos esprevy por Luis Afomso, teemdo porẽ muy especial resgardo que nõ posa parecer que vos queres Romper o negocio.

E porque, pera vos vos deverdes de soltar do ja praticado, compre que sejaes muy certeficado do que vos açima diguo do rõpymẽto d'amtre o ẽperador e elRey de França, pela qual causa quero

que vos tyrees e soltes do cõtrato, vos, por todas as vias que
poderdes e a dilacã, que vos for posyvel poerdes no negocio, vos
deer lugar, vos trabalhares por d'iso vos certeficardes, por que cõ
este fundamento de ser certo vos sprevo isto; e seendo certo, ey
por meu serviço que vos abaste pera vos soltardes do cõcerto no
modo que vos acyma digo, seendo porem sẽ nẽhuũ escandalo nẽ
quebra.

E porque me parece, segundo o que dizees em vosa carta, que
os dez mil cruzados que prometestes ao Almirãte nam sam por via
do cõcerto, mas que vos lhos prometestes por vos parecer que era
asy muyto meu serviço, nam somente pera as cousas presentes,
mas pera outras muytas que ao diante poderem sobceder, e asy por
vos dizer, como me sprevees, que, emquãto elle fose Almirãte de
França, nam irya nymguẽ á Malagueta neem ao Brasyl, de que
esperaveys de tirar penhor e ao menos huũa carta sua, por vos
parecer asy milhor modo que o negociar ẽ outra forma, ey por bem
e meu serviço, posto que vos soltes de todo o al que teverdes
praticado, como acyma vos vay apõtado, que vos lhos dees asy
como lhos prometestes, aveendo, pela milhor maneira que vos
poderdes, a carta, ou qualquer outra seguridade que vos milhor
parecer, pera as cousas da Malagueta e do Brasyl, como vos elle
ofereçeo.

Iteem: vos me sprevestes que, posto que estaveys detryminado
de dilatar ho negocio quamto podeseys, se porem eles vos cõ-
çedesem ho em que ficareys, e apertasem cõvosquo, nem poderyes
al fazer senam aceytar o cõcerto e a carta delRey de Frãça, quando
se al nam podese fazer, ou minha reposta tardase, e o poderees
teer açeytado de tal maneira que nam posaes leixar de o cõcludyr
e cõpryr, pera gardardes vosa palavra, em tall caso ey por bẽ que
asy compraes, sem ẽbarguo do que vos apõto em cõtrairo; por que
ey por muyto certo que o que niso teverdes feyto, foy o que mais
cõpria a meu serviço.

E posto que vos estees em liberdade pera vos poderdes soltar do
praticado, se, porẽ, pelo modo em que jaa estaa negociado e teermos em que as cousas la estam, vos vyrdes que, de vos soltardes,
la pode ficar tamanho escandallo que as cousas se danẽ, e fiquem
em pior estado do que d'amtes estavã pella carta da marca, e vos
nam poderdes, deixãdoas em tal estado que se nõ Rompam com
vosa ausẽçia, vỹr a mỹ, pera me ẽformardes d'elas, e com vosa

ẽformacã eu poder ordenar o que se la depois cõcluda, segundo cõpryr ha meu serviço, ou nam cõsentimdo ho negocio vyrdees, nam podendo tomar tẽpo pera cõpridamente de tudo me avisardes por vosa carta, como o faryees por vos, e esperar minha reposta, em tall caso averey por beem que cõcludaees na milhor maneira que poderdes, segundo tendes praticado; e podendo vos vỹr, ou nam podendo, sprevendome na dita maneira. Averey por cousa de muyto meu serviço, aveendome de sprever, de seer muyto largamẽte e muyto pelo myudo, sem leixardes de dizer nenhuũa cousa do que pasardes, pera milhor minha ẽformacã, e pera milhor vos poder responder o que vyr que cõpre a meu serviço.

Iteem: no caso que o cõcerto se ouver de cõcludir, teres sempre lẽbrança de se fazer no segredo modo do que por vosa carta me dizees, e de os pagamẽtos do dinheiro serẽ aos mais largos tempos que vos seja posyvell, porque asy cõpre pera se milhor poderem pagar; e tambẽ neste negocio todo o mais tempo, que for posyvell este dinheiro do cõtrato estar sem se ẽtregar, pode ser muyto proveytoso.

Iteem: na ẽtrega dos dez mil cruzados que avees de dar ao Almirante, teres a mais agradavel maneira que posa seer pera seu cõtẽtamẽto.

E em caso que de quallquer maneira vos vos ajaes de vỹr, leixares por sprito ao doutor Gaspar Vaaz todas as cousas e termos em que ho negocio ficar, e asy como vos teenho sprito por Luis Afomso que ho fezeseys, e primcipalmẽte ficando o negocio em dilaçã, pera se despois aveer de concludir; e vos vyrdes, e fique a declaraçã de tall maneira, e tudo tam bem aprestado, de que trares ho trellado, que nõ posa aver nẽhuũa duvyda da maneira em que ficou. E quamto ao ficar de Gaspar Vaaz, vyndovos vos, todo o mais que sobre yso vos sprevy, pella carta que levou Luis Afonso, seguyres.

Iteem: eu vy os capitollos que vos forã dados, e asy o que respondestes, que foy muy bẽ respõdido, por nam acatardes de emtemder ẽ nẽhuũ d'eles, se nam soomẽte no capitolo que toca na maneira do juizo das cartas da marca, o qual me pareceo necesario vos mãdar beem decrarado, como veres pello capitolo que cõ esta vos emvio. E aimda que cõ vossa reposta elles se tenham lançado de la se fallar neles pera este negocio, seendo caso que tornasem a dizer que avies de ẽtender neles, ou em alguũ d'eles, pera o negocio do cõcerto se aver de cõcludir, vos vos escusares d'iso com todas as booas pallavras que poderdes; e quãdo, por deradeiro, ysto nam aproveitar, e toda vya quiserẽ que se cõcluda o negocio cõ eles, ou como alguũ d'eles, ho nam aceytares em nẽhũa maneira, por que os ey por muyto perjudiciaes pera o negocio e pera meu servico; e ysto nam ẽtemderes naqueles que servẽ ao proprio negocio do cõcerto, que sã o primeiro e o segundo, e o do juizo do que vos mando os capitollos; e estes dires que servẽ ao negocio, e nam os outros, e que por yso os metes e nam como que os tomaees dos seos apõtamẽtos.

Iteem: se tomardes cõclusã pera vos vyrdes, ho farees saber a dom Pedro Mazcarenhas, meu ẽbaixador, pera dar d'isso cõta ao emperador, meu irmaão. E porem damdo vos o dinheiro, ou parte d'elle, que vos pareça que pode ser em segredo, ou cõ alguũa cor fremosa que d'esta maneira se aja de pobricar, d'esa dares cõta, e do all nam; porque sam cousas que nam ha necesidade de se lhe dar.

Iteem: porque muytas vezes no aseento das semelhamtes cousas ficam alguũas palavras por ỹavertençia, que se nõ podeem veer por poucos como por muytos, posto que tudo muy beem ajaes d'olhar, eu ey por meu serviço que, lançado o cõtrato na maneira em que se cõcludir, seja cõ cõdiçã que se posa ca mãdar a menuta d'elle, pera se asẽtar como cõpre, e se loguo tornar a mandar; e ca se nã mudara a sustãcia d'elle. E allguũs apõtamentos que parece que nelle deram contra vos, emvio cõ esta de fora por huũs iteẽs. E aveendovos vos de vỹr, porque nam poderes vỹr tamto depresa, me emviares loguo em diligencia Recado de como vos vymdees, e o modo em que leixaees o negocio, tudo muyto decraradamente. E neste caso de leixardes asemtado ho cõcerto, e vỹr ca a menuta d'elle, como dito he, vos vos poderes vỹr em boõa ora; porque nam seera la mais necesaria vosa estada. Sprita em Evora, a Xii dias d'agosto. O secretario a fez, 1531. J.

Reposta a dõ Amtonio das cartas que trouxe o seu creado.
(On Reverse Side)
Por el Rey.
A dom Antonio d'Ataide do seu conselho, veador de sua fazenda, e seu ẽbaixador, etc. J.
Primeira.
(And in a different hand)
Escrita a doze d'agosto, e dada a XXiiii do dyto mes.

23

DOM ANTONIO, amiguo. Eu, el Rey, vos emvio muyto saudar. Eu vos sprevy per Castanho, que partio d'aquy, sabado, a mea noute, cinquo dias d'este mes d'aguosto, fazendovos saber a nova que me era vinda da armada de dez naaos de França, que andava na paragem da Ilha do Fayal, que se avia por certo que hiam ha esperar as duas naos da India, que se cada ora esperavam naquelas Ilhas; por que as outras duas eram ja nelas. E por esta mesma carta vos dezia que, atee aquele dia, vos tinha respondido a vosas cartas que trouxe o voso criado, que veo em posta que partio a XX de Julho pasado, e cheguou cá segunda feira deradeiro do dito mes; e que, pelo das novas da armada dos Franceses, sobresteveseys no do concerto, e nom foseis por ele adiante, e esperaseis meu recado, e que atee tres dias da partida do dito Castanho vos envyara a reposta de vosas cartas, e asy o que mais ouvese por meu serviço, e, segundo que creo, que ja teres visto por a dita minha carta.

O que tinha determinado e avia por meu serviço que fizeseis, ante de ter avida a nova da armada dos Franceses, veres pela carta de minha reposta ás vosas que cõ esta vos envio. E por esta nova ser de tamanha impurtançia, e tam fora do fundamento cõ que este neguocio do concerto se tratava, que era pera se escusarẽ estes taes imconvinientes, e poder aveer antre el Rey de França e mỹ tanta amizade como eu queria e sempre procurey que fose, e por se escusarem antre nosos vasalos e naturaes os escandalos que da carta da marqua poderiam nacer (e eu queria que se atalhasem), por onde, quaesquer armados que, neste meo tempo ẽ que vos la estaveis tratando este conçerto, sairam ao mar, fora cousa muy desordenada, e pera eu d'iso dever ter muy grande descontentamento, e me parecer que seria muy pouco proveitoso pera o fim pera que o eu queria, quanto mais huũa cousa tam fora de antre nenhuũs homẽs se poder cuidar, como he em tal ensejo hirem dez naaos de França aguardar as minhas que vẽ da India, determinadamente por que àquele luguar tantas naos juntas e armadas nam podem hyr a outra cousa. E este caso tem tantas calidades de descontentamento, por onde nom seria Rezam que fose adiante este concerto em que estaveis, asy por que nam pode aproveitar pera nenhuũa cousa, nem sobre elle se poder fazer fundamento de nenhuũa segurança, como por ver o modo em que por sua parte se trata nele, que no mesmo tempo ẽ que o Almirante pratica concerto, e vos lhe prometes dinheiro e ele o aceita, vaão Franceses patentemente a danificar minhas cousas; que sem sua sabedoria he certo que nam poderã sair de França, nẽ foram se lho ele defendera. E nisto nom soomẽte se nam guarda o que em semelhantes negocios e antre semelhantes pesoas se deve muy inteiramẽte guardar, mas nem o que se antre quaesquer outras pesoas se acustuma.

Pelas quaes rezões todas, eu ey por meu seviço que vos nam façaes o concerto que tinheys praticado em nenhuũa maneira. E em caso que tenhaes concertado, ey por bem que vos desconcertes em todas as maneiras. E porem, se teverdes dados ao Almyrante os dez mil cruzados que lhe tendes prometidos, que me pareçe que ainda lhe nam seram dados, e querendovos eles la tomar em paguamento dezanove mil cruzados, que me sprevo o meu feitor de Frandes que sam tomados na vica chamada Santa Ana de Gorticosta pelas naos que hiam á Malagueta, e seis mil cruzados que sam tomados a certos mercadores, meus vasalos de Viana, que estam na Rochela secrestados, que sam trinta e cinquo mil cruzados, em tall caso vos por este modo casares o dito concerto, ainda que o nom tenhaes concludido; e os mil cruzados pera comprimẽto se paguaram ao termo que concertardes. Porque d'esta maneira pareçe que, ainda que o concerto seja muy pouco, pera istimar por a calidade d'esa gente e modo que leva, de que craramẽte se vee a pouca segurança e proveito que d'ele se pode seguir, he tam pouco o dinheiro que aguora say da mão, que por yso o ey asy por bem. E neste caso fares concerto sem enbarguo do rompimẽto d'antre o emperador, meu irmão, e el Rey de França, que vos na outra carta sprevo; por que, ainda que o aja, ey por bem que o façaes, tomandovos o paguamento na maneira sobre dita. E nam volo tomando, e que nã aja niso nenhuũ duvida nem maneira de dilaçam, vos o nom fares em modo alguũ.

Iteem: Avendovos vos de desconcertar no ponto em que vos determinardes ho avees de fazer, dires a elRey que vos veio recado meu, que estas naos de França eram ydas ao caso, que atras vos diguo, de esperarẽ as minhas naos da India, a quall cousa eu nunca podera cuidar nem esperar que se fizese, e mais estão vos em sua corte, onde vos mandey da maneira que fostes, cõ todas as mais palavras que segundo vos tenho sprito vos parecer que lhe deves de dizer, tomando por fim d'elas que vos vos queres vỹr a me dar conta de todo o que la pasa.

E se ele diser que nom soube d'isto, e que lhe pesa, e que o mandara enmendar, e porẽ cõ palavras geraes que nã vos declarem loguo alguũa maneira certa per que vejaes que pode vỹr a bõo efeito, lhe dires que asy he de crer que elle o nom saberia, e que folguara de o emmẽdar. E porem que, atee entam, nenhuũa cousa que se tomase em França se entregou como se devera de fazer, e que vos nom podes leixar de me vỹr dar conta de tudo o que la pasastes; pois que, ẽquanto ysto asy estaa, de nom se saber o que se siguio da yda d'estas naos, vos nom podes fazer no concerto cousa alguũa; e que eu vos mandey que vos vieseis a me dar conta de tudo, e que fica Guaspar Vaaz, que pode bem veer o que ele niso fezer, e ffazer o que lhe eu mandar que faça.

E se vos diser que quer loguo pasar huũa carta patente que, onde quer que forem achados estes franceses armados, se faça d'eles justiça, e se entregue loguo tudo o que fose tomado, lhe dires que lhe tendes em merçe a boõa vontade que niso mostra, e que asy sera muy bem que o ele faça; e que se ele d'iso mandar pasar as provisões necesarias pera inteiro efeito de todo o sobredito, que vos folguares muito de mas trazer; e que o mais que eu mandar que nos negocios se aja de fazer, o doutor Gaspar Vaãz, meu ẽbaixador, o podera bem fazer; e ele podera cõ ele falar o que ouver por seu serviço.

E ou vos dando as ditas provisões na forma sobredita, e loguo, ou nam volas dando, ainda que loguo as queira pasar, vos todavia vos vires ẽ bõ ora.

E se por cima de tudo o que nesta carta vos diguo, asy no que toca a vosa vinda, como no do concerto ou desconcerto vos a vos parecer que compre a meu serviço, e per qual quer novidade que seja nacida no neguocio que a materia Requeira, eu ser avisado de vos sobreserdes em vosa partida, vos o fazee; e me sprevee muy compridamẽte, e sem cousa alguũa vos ficar por me dizer das de que vos parecerẽ, per qualquer via que seja que cumpra eu ser avisado, antes de vos de la partirdes; por que, vista vosa carta, eu vos responderey ẽ toda diligençia; e eu confio que, asy no vỹr, como no estar, fares o que virdes que he mais meu serviço.

[1] Itẽẽ: na carta que vos emvio, da reposta das vosas que trouxe o voso criado, vos diguo que vos emvio o capitolo da maneira do juizo que se avia de ter nas cartas da marca, que se ao diante pedisem enmendado da maneira ẽ que pareça que devia ser; e porque depois o mandey veer por letrados pelos quaes se achou que era muy grande inconviniẽte asentarse tal capitolo, por que sempre no proceso de pedir a restituiçã do que fose tomado a alguum Frances, ele em sua defesa poderia alegar cousas que, despois examinadas no deradeiro juiz terceiro em que nos aviamos de louvar, poderiam ser muy perjudiciaes á propriedade de minhas comquistas e naveguacões. Por estes Respeitos volo nom ẽvio, nem ey por meu serviço que em tal capitolo se ffale em maneira alguũa. E ey por milhor, quãto a esta parte, ficarẽ as cousas na ordem do dereito comũ. E se, no caso que ouveseis de fazer o concerto, eles o nõ quisesem fazer sem este capitolo, vos em nenhuũa maneira o fares; por que a cousa atras dita ey por abastante por ela soo o nom fazerdes.

E fazendose, poderes soomente no concerto meter os dous capitolos de que vos de fora mando o trelado na forma ẽ que me pareceo que deviam hỹr; e vão asy de ffora por que nã quero que fales neles como ẽ capitolos que vinhã antre os outros que mandastes, e de que vos lançastes, mas como cousa que vos metes por vos parecer que compre a bẽ do neguoçio.

Iteem: em caso que asentes o dito concerto, na spritura que d'iso se fizer teres grande lenbrança que nõ entre nenhuũ proemio, nem palavra, que soy maneira de liga, nẽ confederaçam, nẽ aliançia, crara nẽ duvidosamente, mas que vaa no mais chão modo, e cõ palavras que nõ soem outra nenhuũa cousa senõ puro concerto sobre carta de marqua; e d'isto teres special cuidado como de cousa em que vay muyto.

E asy teres lenbrança que, a pobricaçã do tal concerto fazendose, nom ey por meu serviço que se ffaça com trombeta, nem por semelhante modo, por que nom soy nas orelhas do povo mais do que he; e abastara fazerense as cartas conteudas no capitolo, com crausula que ao trelado d'elas autencado se dee ffe como as proprias, e que d'estas façaes fazer muitas, e poer nas praças e lugares

[1] On the margin here there is this note: esta carta nam vay por vos nam embaraçardes, e por yso nam falares nada nele, nem em toda a materia donde se segue pose e propriedade de minhas navegações.

pubricos dos portos de mar de França, e Bretanha, e outros quaesquer lugares ẽ que pareça conviniente as taes pobricações se fazerem. Pero d'Alcaçova Carneiro a fez, ẽ Evora, a Xii dias de Agosto de 1531. J.
     Rey.

Reposta segunda a dom Antonio d'Ataide
   (On Reverse Side)
 Por el Rey.
A dom Amtonio d'Ataide do seu conselho, veador de sua fazenda, e seu enbaixador etc. J. 2ª.
   (And in a different hand)
Escripta a 12 d'agosto e dada a xxiiii do dito mes.

24

DOM AMTONIO, amiguo. Eu, el Rey, vos emvio muyto saudar. Por Amtonio Lopez Receby vosas cartas de XXVIII e de XXIX e de XXX do mes de julho pasado, por que me fezestes saber a maneira em que fezestes o cõcerto da carta da marca de Joham Amguo. E vy largamẽte todas as Rezões de meu serviço que vos moverã ao concludirdes da maneira que o fezestes. E asy vy o mais que me sprevees sobre o modo que se deve teer nos outras cartas da marca, e tomadias, sobre que elRey de França me spreve a carta de que me emviastes o trelado. E com vosa carta Receby juntamẽte os trellados do asynado do Almirãte e voso que lhe destes, e da carta do Almirãte, e dos pregões que ham de seer lançados. E porque, segundo vejo por vosas cartas, o negocio do cõcerto de Joam Amguo he separado do que elRey de França me spreve acerqua das outras cousas, e nam vos parece que he de necesidade pera loguo se respõder, amtes me parece pelo intẽto de vosa carta que se podera milhor responder á sua despois de vos ca serdes; e a materya he tambeem de calidade e teem pomtos sobre que nam he meu serviço Respomder tam em breve, e mais avemdo vos de vỹr e com vosa ẽformacã se podeemdo milhor fazer, ouve por milhor vos respõder loguo ao do cõcerto soomente. O qual, asy por todas as Rezõees que me apõtaaes, e por que teenho por certo que vos as veryees la muy claramẽte, e asy outras muytas por que vos pareceo seer muyto meu serviço fazerdes o dito cõcerto, o ey por muyto beem feyto e vos agradeço muyto toda a diligencia, cuidado, e maneyra com que o fezestes e nisso trabalhastes; que teenho por certo que foy tall quall cõpria, e que niso nam se pode mais fazer, neem com milhor modo e mais gardado meu serviço, do que vos ho teemdes feyto; do que teenho muyto cõtẽtamento. Pelo que vos emcomendo e mamdo que todo o que fica por fazer pera ỹteira cõclusam e efeyto do que açerqua d'esta parte do cõcerto da marqua de Joham Amguo teemdes feyto e asẽtado, vos o facaes, asy spritura de tudo ho que em os conhecimẽtos do Almirãte e voso se colhem e tratastes, com as clausullas e palavras que pera mayor segurança sejam necesarias, como os pagamẽtos dos dinheiros que se loguo ham de pagar; e pera os outros teermos que teemdes aseẽtado dar hordeem como se cumpra inteyramente; pera os quaes pagamentos vos emvio minha provisam, como por ela verees.

Iteem: porque este aseẽto he feyto soomẽte com o Almiramte, e elle soo he obrigado segũdo he comtyudo em seu concerto, o que asy vos pareço milhor pera mais firmeza que se asẽtara com Joam Amguo, e ao teempo da derradeira paga o Almiramte ha de emtregar a carta de marca de Joam Amguo e dar quitações pubricas d'elle e de todas as outras pesoas que teem parte na dita marca, no que muyto deves olhar que nam fique nẽhuũa pesoa de fora. E ha muytos casos em que sua segurança soo nam pode abastar, aimda que elle a queyra cõpryr; e em semelhamtes casos se ha d'olhar que as cousas sejam asy beem providas e atadas que a morte de nỹguẽ, neem as mudanças das vidas, posam prejudicar. E aimda em cousa que foy pasada por el Rey de Frãça, e da maneira em que a pasou, se Requere tambẽ na revogaçam e mudança especial cõfirmaçã e aprovaçã sua, vos, no milhor modo e mais amigavel maneira que vos seja posyvell, farees por aveer cõfirmaçã e aprovaçã delRey em tall forma que com a dita cõfirmaçã e aprovaçã fique firme e valiosa, como em tal caso deve seer, e como vos e Gaspar Vaaz la milhor vyrdees que se deve aseẽtar, e ho saberes muy beem fazer.

Iteem: vos me sprevees que a Ruam fora trazida huũa urqua com fazeenda minha que podia valeer dez mil cruzados, e que asy era tomada outra naao d'açuqueres e outras presas; e que Jõ Amguo tynha mamdado delRey pera ẽmbargarem toda esta fazenda, e asy outra naao d'açuqueres que estava em Ruam que tomou á naao que vinha do Brasyl; pera o que, com ho concerto que fizestes, tynheis avida provisam delRey pera o dito Joam Anguo nam poder usar do dito mandado, e as ditas presas serem Restetuydas. E vos veres pellas cartas que vos teenho sprito o que acerqua desta Restetuyçã avia por meu serviço, e por que pois esta fazeenda se avia de Restetuir, e era sabida, parecia cousa muyto ygual averse de levar em descõto do que se avia de dar pelo cõcerto; mais pois d'estoutra maneira tambeem estaa certo de se pagar, e segundo dizees em vosa carta se ha lloguo de Restetuyr, todo veem a huũa cõta. E porem, porque sempre neestas emtreguas de França se oferecẽ estorvos pera maaos pagamẽtos e nam cõformes ás pallavras, porque afirmam de loguo restetuir, aimda que creo que nestas nam avera esta duvyda, pella maneira de que vollo teem prometido e me sprevees, todavya vos lembro que ho segurees com todas as cautellas que pera yso forem necesarias, de maneira que eles nam cuidem que vos satisfazem, cometemdovos a se pagar por suas justiças, e dizemdo que loguo se pagara, por que ysto nunca aveera efeyto, como estaa visto pellas causas pasadas, mas que detryminadamẽte ho mandeem loguo ẽtregar. E a fazeemda que hia na urca sam dezanove myll cruzados, segundo me spreve o meu feitor de Framdes, a saber, dez mil cruzados meos e os outros de meos naturaes. E alleem das tomadias sobreditas que me sprevees, sam tomadas na Rochela a meus vasallos de Viana de Foz de Lyma certas mercadorias, que vallem seys myll cruzados, por virtude de mesma carta; nos quaes nam deve aver duvyda pera lloguo se ẽtregarẽ por serem da mesma calidade. E quamto á fazenda da urca, pello meu feitor de Framdes se pode fazer imteyramẽte a prova da que era minha; e a fara com a brevidade que lhe spreverdes que o faça, porque se caregou por elle, e estaa aseẽtado em livro a que se daa fee em outras mayores cõtias; e a demasya que he das partes, pois elle o spreve em numero çerto, deve saber pellas adições de cujo he; que d'outra maneira o nam podera sprever em numero çerto. Sprevelhe, se for necesario, que elle me spreveo isto e que faça la fazer toda a prova que for posyvell de quãta a fezemda he, e cuja he, e a emvie ha Gaspar Vaaz, pera por hy se poder Receber ho das ditas partes. E o modo de que se ahy Requerara, e tambeem que se deve teer na prova de Framdes, sabera muy beem Gaspar Vaaz; e da maneira que lhe a elle pareçer se fara; e por yso ho nam mando ca veer.

E porque neste negocio nam ha mais que fazer que fazerse a spritura do cõcerto no modo atras dito, eu ey por beem que vos vos venhaes a mỹ em booa ora; e asy vos encomemdo e mando que o façaes; e podemdo a trazer, averey d'iso prazer; e, se nam, fique a Gaspar Vaaz cuydado de ha tirar no modo sobre dito, e segundo que cõpre, e de ha emviar.

Iteem: com esta vos emvio huũa carta de crença pera elRey de França, pella quall lhe direes que, por ja nam seer necesaria vosa estada lla, vos mãdo que vos venhaes a mỹ; e que eu vos mandey a elle pera lhe dizerdes o muy grande amor que lhe teenho, e quanto sempre istymey sua amizade, e por vos elle poder milhor saber com quanto amor e desejo della eu sempre a procurey e procuro, como sempre ey de folguar de o fazer, e espero que elle da sua parte o faça, como he muyta rezam que seja; e que há carta que me spreveo, eu lhe respõderey loguo; e que, se deseja de meus reynos algũa cousa que neles aja, mo faça saber por vos, porque com muyto boõa võtade folgarey muyto de em tudo ho cõprazer. E vos, de vosa parte, lhe direes que, se mãda de vos alguũ serviço, lhe teres em mercee de vollo mãdar.

Iteem: a mỹ me veeo nova de naaos de Franceses que amdavã na paragẽ da Ylha do Fayal, como veres pello que sobre iso nas outras cartas vos sprevya, e em huũa que vos emviava por Castanho que somẽte a yso hia, que se deteve com ho voso Recado. E por ser cousa tam contraria ao negocio em que estaveys, e do fim que do cõcerto se deve esperar, vos sprevya o que pellas ditas cartas verees. Agora que ho cõcerto he feito, ey por meu serviço que nam falees nisto por via de descõtẽtamẽto, senam muy amigavelmẽte, mostramdo que avees por certo que estas naaos seram de ladrõees de que se nam poderia aveer noticia, porque o all nam se poderia cuydar de nenhuũa geemte do mundo, quamto mais na ẽ que tamta homrra e preço ha. E d'esta sustamcia seera toda a pratica que com elRey e com todos neeste caso teverdes. E direes a elRey, que eu vos sprevy, que me spreveram d'aquellas ylhas, como aquelas naaos amdavam naquella paragẽ, como em minhas cartas vos diguo; e que eu tenho por muy certo que a elle lhe desaprazera muyto desta nova e folgara de os mandar muy inteiramẽte castigar; o que lhe Roguo muyto que asy queyra fazer, mandamdo loguo fazer diligencia por todos os portos de seus reynos e senhorios, pera saber que gente esta he, e pera lhe dar o castiguo que em tall caso merecem; insystymdo de minha parte que se faça esta diligencia pera lhe darem este castiguo. E da vosa parte lhe direes que lhe terees muyto ẽ merce de elle querer nam soomẽte mãdar fazer as dyligemcias sobre ditas, mais lloguo vos querer dar, pera me trazerdes, taaes provisões porque eu posa claramẽte conhecer sua võtade ẽ semelhantes cousas; e que verdadeiramẽte, em vollas asy dar, vos fara muy grande mercee, porque vos avees por muy certo que eu, com ellas e com esta demostraçã sua, Receberey muy grande prazer, e vos tam grande cõtemtamẽto, que de nẽhuũa mercee que elle vos podese fazer ho nam poderyes Receber mayor. Porque, d'outra maneira, vos nam saberyees como vỹr a mỹ, por seer pasada tall cousa em tempo que vos tynheys praticado o que elle sabe, e isto em cousa tã contraria ao fym a que la vos emviey.

E as provisões que elle neste negocio deve pasar, e vos lhe pedyr, sam cartas patẽtes pera segurança e eixemçã, que ondequer que estes homẽs forem aportados e achados, teemdo feyto alguũ dapno, foseem loguo presos, e Restytuydo e emtregue tudo o que trouxesem tomado, e d'elles se fezese ỹteiramẽte cõprymẽte de justiça. E a forma das cartas, podemdose aver, seja a milhor que vos poderdes, e segundo parecer a vos e ao doutor Gaspar Vaaz que mais cõpre a meu serviço, teemdo sempre lẽbranca na maneira d'elas; que, allem de este ser o milhor Remedio que se agora pode proveer pera se ẽtregar e Restetuir alguũa cousa, se ha Roubaseem, tambeem aproveitara, se alguũ dano Recebesẽ, de minhas armadas ficarem, pera se nõ poderem aqueixar do dano que lhe fose feyto. E a parte que avees de pedir que veenha nas ditas cartas pera se fazer a entrega e Restetuycã do que teverem tomado, como dito he, seera Requerydo e pedido da vosa parte; porque da minha nam seera soomente o que toca ao castiguo.

Iteem: ao Gram Mestre, Cardeal,[1] e o Almirãte dares minhas cartas de crença que pera eles vos envio, e lhe direes de minha parte meus agradecimẽtos da boõa vomtade que nelles achastes pera as cousas de meu serviço. E os leixares o mais meus servidores que poderdes. E a eles despois d'isto, e de terdes fallado a elRey no negocio das naaos, lhe fallares acerqua d'ellas na propria maneira em que vos mando que ho falles a elRey.

[1] See Letter XIII. Antoine du Prat, the Chancellor, was made Cardinal in 1527.

Iteem: vos me sprevestes que ho Almirãte vos dizera que, em quamto elle fose Almiramte de França, nam irya nimguem de França ao Brasyl, neem á Malagueta, a tratar seem minha licença. E a carta sua que me emviastes, em que niso falla, diz que, quamto ás viagẽes da Malagueta, que estaa em minha obidiençia, e outras teeras que teenho e posuo, que nam yriam a elas allguns navios de França pera yr tresfegar neem negociar seem minha licença, estas palavras veem tan limitades, e sam tamto mas curtas do que vos dise a primeira vez, que, quando por elas ho apertaseem, poderia dizer que as taes teerras nam estam em minha obidiẽçia, ou que as nam posuo, aleem de se poder com esta cauteela desobrigar, se vyrya a tratar da mesma materya de pose e propredade de minhas navegações que he tam prejudicial a meu serviço, como pellas outras cartas veres. E se vos vyrdees que ele esta sua carta emtende mais chaãmẽte do que ca se toma, e que elle ẽtende por estas palavras o que da primeira vos dise, podemdo vos emẽdar as palavras somẽte, seem declarar a duvyda por que as queres emendar, seera muyto meu serviço; a saber, que ele diga que nam iram navios de França, neem de seus senhorios, ha Resgatar, neem comerçear, á costa da Malagueta, neem á costa e terra do Brasyl; porque, dito isto asy, fica obriguado por suas palavras a se nam fazer. E se chãmẽte ho asy quer, parece que facilmẽte se podera emẽdar, e se o spreveo maliçiosamẽte, he escusado fallar mais niso, senam ficar como estaa. E pera lhe pidirdes esta carta neesta maneira, buscares ho milhor meyo que vos parecer pera seer tam desymulado, que nam cuyde que ho falaes a este fym; porque, espertarse por nẽhuũa via agora lla esta materya da pose e propredade, aveloya por cousa muy contraria a meu serviço. E se niso pode se ẽtrar a costa de Guinee, beem creres que me nõ pesarya. E porem, se vos parecer meu serviço nam falardes ao Almiramte na materya d'este capitollo, nam ho farees.

Iteem: por que me sprevestes que tevereys coreos e pessoas pera saberdes as naaos d'armada que estavam pera sayr, folgarey de se saber se sayram alguũs despois de dados os pregões, ou se estam alguũs pera sayr; e a certeza que d'iso poderdes aveer, me trazerdes; porque o averey por meu serviço; e de leixardes ordeem a Gaspar Vaaz pero o saber ao diamte, e dizer a elRey de França o que sobre iso for necesario, e mo sprever.

Iteem: averey por muyto meu serviço saberdes as contias de que se pedem as cartas de marqua que se requerẽ, e asy as somas em que foram cõcedidas as que ja sam pasadas, e a queem, e me trazerdes d'iso Recado; e asy de saberdes o milhor que poderdes as causas que teveram pera lhas darem; e em que pontos diseram que lhe foy ca denegada justiça.

Iteem: folgarey, de quanto vos for posyvell, saberdes domde sayram as naaos d'armada que teenho novas que sam nas Ilhas; e quãtas sam; e a gẽte que levam; e queem as armou.

Iteem: ey por meu serviço por vosa disposiçam, que nam venhaes pellas postas; e asy o fazee; e aimda as jornadas sejam de maneira e com tall temperãça quall cõpryr a vosa disposisam.

Iteem: o que vos teenho sprito que façaes pelas outras cartas, quamdo vos partyrdes, com a Rainha minha madre, e Madama, may delRey de Frãca, vos emcomẽdo que façaes; mudando a sustãcia, porque entam era com descõtẽtamẽto, e agora ha de seer com mostrardes que vymdes cõtẽte delRey, da maneira em que se cõcludio o negocio a que a elle vos emviey; e o modo e palavras leixo a vos, que o façaes assy como milhor vos parecer e mais meu serviço.

Iteem: por duas cartas minhas, que com esta vos emvio, veres as vosas que atee emtam tinha Recebidas, e o que a elas vos respondia; as quaes vos agora mando pera vosa ẽformacã soomẽte, do que se ca practiva e parecera que era meu serviço, pera poderdes vỹr o milhor ẽformado d'algũas cousas que neelas se tocam, pera me sobre yso poderdes ca milhor dizer [voso][1] parecer acerqua d'elas. E asy porque nas ditas cartas vaão algũas cousas que aimda servẽ e se ham de fazer, assy como pelas ditas cartas veres, e levam as taaes na margẽ huũa cruz,[2] e vaão atadas as Reegras com huũ Risquo do que se ha de fazer, farees o que nelas se cõteem; a saber, aquelas que levam o dito synall. Sprita em Evora a XV dias d'agosto, o secretario a fez, 1531. J.

Rey.

Reposta a dõ Amtonio, ás cartas deradeiras que trouxe Antonio Lopez.

[1] There is a hole in the MS. at this point.
[2] Written in the MS. thus: X.

(On Reverse Side)
    Por elRey.
 A dom Amtonio d'Ataide do seu conselho, veador de sua fazenda, e seu enbaixador, etc. J.
 Esta he deradeira, e primeira pera ler, que he reposta das que deradeiramente trouxe Amtonio Lopez.
        (And in a different hand)
    Escryta a XV d'agosto, e dada a XXiiii do dyto mes.

25

DOM AMTONIO, amiguo. Eu, elRey, vos emvio muyto saudar. Vy todas as cartas de vosa mão que me sprevestes por o vosso criado, que veeo em posta, e asy as que agora trouxe Amtonyo Lopez. E ouve com elas muyto prazer, e muyto mayor com saber por ellas que estaveys ja em milhor disposisam; e espero em noso Senhor que vos dara imteira saude, e por nam aveer neçesidade d'outra Reposta, soomente ao que tocaria ao concerto que fezestes sobre a carta de marca de Joam Amgo, em que me ey por muyto servido de vos. E ey por muy çerto que se nam pode milhor fazer, e que vistes que cõpria asy muyto a meu serviço por todas as Rezõees que me destes pella carta sprita por Manuel de Moura, que foram muy bem olhadas, e de que eu Receby muyto cõtẽtamẽto, e de mas spreverdes tam particolarmẽte. Nam vos faço a ellas outra Reposta, e prinçipalmẽte por esperar que sejaes ca muy cedo, pois ey por meu serviço que loguo vos veenhaes, como vollo sprevo; com que me prazera muyto, com tamto que no caminho vos nam apressees de maneira que vos faça mall a vosa disposiçam. E asy vos ẽcomẽdo muyto que ho façaes. Sprita ẽ Evora, XV dias d'agosto, o secretario a fez, 1531. J.
                                    Rey.
Reposta a dom Amtonio.
        (On Reverse Side)
    Por elRey.
 A dom Antonio d'Ataide do seu conselho, veador de sua fazenda, e seu ẽbaixador, etc. J.
        (In a different hand)
    Escrita a XV d'agosto, e dada a XXiiii do dyto mes.

26

DOM ANTONIO, amiguo. Eu, elRey, vos emvio muyto saudar. Pareceome que era bem vos dar aviso, se vires pela corte da emperatriz minha muito amada e preçada irmã ou nam. E o que ey por mais meu serviço, he leixalo a vos; que segundo vos achardes de vosa disposisam, e torcerdes pouco ou muyto do caminho, ou como vierdes pera iso aparelhado, asy ho façaes. E do que for de mais vos cotentamẽto, me averey niso por mais servido. Pero d'Alcaçova Carneiro a fez, ẽ Evora, a XV dias de agosto de 1531. J. Se, pella ventura, vyrdes pella corte da ẽperatriz, e vos pareçer beem fazerdello, neste caso lhe dares cõta do negocio assy como vos beem parecer, porque a vos leixo que façaes nisso o que mais meu serviço vos parecer, leixando a vos fazerdes por hy o caminho ou nam; e se trouxerdes alguũas cartas do emperador pera ela, e nam ouverdes de vyr por omde ela estaa, por vos parecer bem nam ho fazerdes, lhas enviares por alguẽ voso, fazendolhe d'iso a desculpa que vos bem parecer, de vyrdes mal desposto, ou em qualquer outro modo que milhor vyrdes.

Vosa partida averey muyto prazer de ser o mais em breve que seja posyvel, e asy a vymda, cõ tamto que vos nõ faça nojo a vosa disposisam.

Das cartas de crença que vaão pera o Gram Chanceler e o Almirante vos emvio huũ trelado, porque todas sam d'huũ teor, pera as verdes; e se vos parecer que nam ha necesidade de lhas dardes, nam lhas dares, e sem ellas lhe dires as palavras que vos beem parecer, porque a vos ho leixo. J.
               Rey.

Pera dõ Antonio d'Ataide
   (On Reverse Side)
 Por elRey.
A dom Antonio d'Ataide, veador de sua fazenda, do seu conselho, e seu ẽbaixador, etc. J.
   (And in a different hand)
Escripta a XV d'agosto, e dada a XXiiii do dyto mes.

27

DOM AMTONIO, amiguo. Eu, elRey, vos emvio muyto saudar. Bras Corea me deu vosas cartas que por elle me emviastes. E nam ha necesidade de a ellas vos Responder, soomente que vosa vymda seja muyto em booa ora; e que averey muyto prazer de vosa chegada a mỹ seer o mais em breve que poderdes, nam tomando muyto trabalho no caminho. E pareceme muy beem vyrdes por omde estaa a ẽperatriz, minha muyto amada e preçada irmãa, pellas Rezões que me spreves, e asy o modo que dizees que niso teres, e darlhees dos negocios e de todas as cousas aquela cõta e parte que vos beem parecer. E o coreo que esta vos dara mãdey a Alvaro Mẽdez que despachase de laa em gramde diligemçia, pera vos yr tomar ao caminho, por me parecer asy milhor; e nam fiz saber a Alvaro Mẽdez o que vay na carta. E eu sprevo a Alvaro Mẽdez que vos dee muy particularmente cõta de todas as cousas; e asy do negocio como de todas as outras de quallquer calydade que sejam, pera per vos as saber milhor do que por cartas. Dizelhe como eu vollo sprevy; e se allem do que elle vos dizer, vyres que he necesario, pregũtardeslhe por alguũas outras que vos parecer meu serviço, fazeyo. Sprita em Evora, a XViii dias de setembro, o secretario a fez, 1531. J.

Rey.

Pera dõ Amtonio d'Atayde, sobre sua vymda por õde estaa a ẽperatriz.

(On Reverse Side)
Por elRey.
A dom Amtonio d'Atayde, veeador de sua fazenda, do seu cõselho, e seu embaixador, etc. J.

28

DÕ AMTONIO, amiguo. Eu, elRey, vos emvio muyto saudar. Por via d'Alvaro Mẽdez de Vascõcelos, do meu cõselho, e meu ẽbaixador na corte da ẽperatriz, minha muyto amada e preçada yrmaã, ouve huũa carta vosa, feyta em Castyll,

a xiiii d'este mees de setembro; e de saber por ela de vosa doença e maa disposisã, Receby tamto descõtẽtamẽto como he o amor e muyto booa vomtade que vos teenho. Espero em Noso Senhor que vos dee imteyra saude. E mãdey loguo despachar este coreo pera vos levar esta minha carta; o quall nam vay a outra cousa. E prazera a Noso Senhor que me trara tam booas novas de vos, e de vosa saude, como eu agora e sempre as querya saber. E vos gradecerey muyto de loguo ho despachardes, pera me trazer em toda diligemçia Recado de vos, que, de seer muy boõ, ey de Receber muyto cõtẽtamẽto. Alvaro Mẽdez me spreveo que d'aly proveera loguo ás [andas][1] que lhe mãdareys pedir, e asy a todas as cousas que pareciam necesarias pera o remedio de vosa cura; e Receby d'iso muyto prazer, e asy lho mãdey gradecer. E acerqua do negocio sobre que vos spreveo o doutor Gaspar Vaaz, de que veeo Recado despois de vosa partida, gradeçovos muyto tudo o que sobre yso me dizees de voso pareçer, com quanto me desprouve do trabalho que tomastes em me sprever, por estardes tam mal disposto, como vy pella carta que Manuel de Moura spreveo ao cõde de Vemyoso. E eu respõderey loguo ao doutor o que acerqua d'aquela materya me parecer que he meu serviço. E pareceome bẽ o que niso me dizees, e do que me lẽbraes acerqua de vosas cousas. Eu espero ẽ Noso Senhor que vos dara ỹteira saude, e pera me servyrdes tamtos años e tãto a meu cõtẽtamẽto, como eu sey que ho vos desejaes. E quamdo elle d'outra maneira se ouvese por servydo de vos, podees teer descanso que de vosa molher e filhos e de todas as cousas de voso descareguo ey de teer aquela lẽbrança que Requer o amor e muyto booa võtade que vos teenho, e que por vosos serviços vos merces. Esprita em Evora, a XXVI dias de setembro, o secretario a fez, de 1531. J.
Rey.

Reposta a dõ Amtonio d'Ataide.
(On Reverse Side)
Por elRey.
A dõ Atonio d'Ataide do seu cõselho, veador de sua fazemda, e seu ẽbaixador, etc. J.

[1] Palha cannot read here. The word seems to be *andas*, i.e., a "litter." The sick Ambassador may well have requested one to bear him on his journey.

29

COMDE, amiguo. Eu, elRey, vos emvyo muito saudar como aquele que muyto amo. Vy as cartas que me escrevestes do dous d'este mes, e asy o asento que se llaa tomou dos pareceres dos pillotos sobre a armada poder yr pela costa da Mallageta; e pareçeome muy bem a pratica que se niso teve e o asento que se tomou; e ey por bem que se faça d'iso fundamento, imdo dõ Pedro avysado que nõ perca nenhuũ tẽpo de sua viajem por cousa que na dita carta posa achar, e asy se lhe poera no Regimento que se lhe ha de dar; e as caravellas da Mina ey por bem que vam seu caminho dereyto sem irem pella dita carta como dizeis.

Ayres da Cunha me escreveo que tinha o galleam prestes e que serya nesa cidade ate dez d'este mes; ẽcomemdovos muyto que ho mamdes fazer prestes, pera ir nesa armada com a moor brevidade que for posivell. E Fernam d'Alvares me dise que vollo tinha escrito, e vos mandara a carta que vos Ayres da Cunha d'iso escrevia.

Quanto hás escrevaninhas d'esas caravellas d'esa armada, eu ey por bem que façaes niso o que vos bem parecer, e, parecendo vos necesario e meu serviço, llevarem todas escrivães e que vos deis as esprivaninhas por allvaraes nosos, cõ os hordenados que vos bem parecer, hás pesoas que escolherdes que pera iso forem autas. E os vosos alvarais mando que se cumprã niso, como se fosem asynados por mĩ.

Os capitães das caravelas e navios sam jaa todos partydos, e Nicollao Jusarte me tem estprito que ate dez d'este mes sera nesa cidade. E imdo o galleam do Bispo, falleçe por proveer huũ capitão que se lloguo proverya. E os mercadores que llaa nõ sam, sera porque se fazia fundamento da parte no mes d'outoubro; e todas sam filhados cõ decraraçam que, nõ imdo nesta armada, por quallquer caso que seja, seus filhamẽtos nom ajam efeyto, e por este Respeito me pareçe que sam. E vos mandareis fazer huũ roll dos que forẽ, pera se quaa cõcertar cõ o livro das moradias, pera os que nõ forẽ serẽ Riscados, pois cõ esa condiçam foram filhados.

Pareceme bem o cobre que emvyaes nestes navios e no galleã. Ẽviareis tambem o que vos bem pareçer, e nã outras mercadorias nem cabedall, soomente llevara dõ Pedro no galleam cĩquo ate seis myll cruzados em ouro, pera que, sendo caso que inverne ẽ Mascate, como parece que sera, e hy nõ for o Capitão Moor da India, teer dinheiro pera os mãtimẽtos e provisam d'armada; e nõ lhe sendo necesario, os entregara na India; e desa maneira o levara por regimento.

Vy os apomtamẽtos que vos deu Allvaro Penteado, capitão, e ainda que pareçe cousa de pouca autoridade e sostançia, se, sem vos pejar tempo, poderdes saber o que diz nos apontamentos, como se fara cõ quelquer promesa de merce que vos bem pareçer, aproveytando sua emvençam, Receberey cõ iso prazer; e parecẽ-dovos que nõ he cousa pera ẽtender nem ocupar o tempo, nõ curareis d'iso, e fareis o que vos milhor parecer.

Pelo que escrevestes a Fernam d'Alvares vy as despesas que se llaa fazẽ, e a necesydade que ha de dinheiro. Os pagamẽtos que se quaa despacharã foy com a moor provisam que se pode fazer, porẽ, como os homẽs vam fora de tẽpo hordenado, foy necesario fazer se lhe allguũs pagamẽtos. D'aquy em diamte se fara o mais apertadamente que poder ser.

Agradecer vos ey escreverdesme o que se pratica llaa sobre o cõtrato, e se vos fallarã mais eses mercadores, e o que vos pareçe que se deve fazer. Há carta do governador mandares Responder. Fernam d'Alvares a fez, em Evora, aos xiiii dias de janeiro de V^{c}XXXiii.　J.
　　　　　　Rey.

Reposta ao cõde da Castanheira.
　　　　　(On Reverse Side)
　　Por elRey.
A dom Amtonio d'Ataide, comde da Castanheira, veador de sua fazenda.

+

ParelRey

A dom Antonio datas de Conde
da Castanheira do Seu Conresso
brado g: Sua fazenda+

Conde Amjgo / Eu elRey vos enbio muyto saudar. E por atalhar
aos Jncomvinjentes que se seguiam em se lebar dinheiro ouro Joyas
e prata a Çofala em que ha muyto deseruiço, pasey huu meu alvara
pera se Çerrada a dita fortaleza ho qual mando que se faça guardar
asy nesa casa da jndia como por todolos outros, porque defendo que ne
nhuma pesoa de qualquer calidade que seja posa lebar nem Registar
na dita fortaleza nenhuu dinheiro ouro prata nem Joyas na
manera que boses pelo dito meu alvara, vos agradecerey eu muyto
fazerdes ho logo quoregistar e notefiquar nesa casa da jndia, e alem
deso mandardes por hum voso asinado antes da partida desas naos
nas portas da dita casa da jndia que qual pesoa que for pera Co
fala sayba ha tamanha do lebar dinheiro ouro Joyas nem prata que
sabendo se de hir dita conha fique sendo fuy enformado
eu sam noso muyto desse..... o Reyno da coroa a cabeça....
evora a xiiij dias de dezenbro 1533

pa oss da castarss se oqui fara na difesa que nenhuma pesoa posa lebar
do ouro Joyas e prata a Çofala.

30

CONDE, Amiguo. Eu, elRey, vos envio muyto saudar. Eu, por atalhar aos incomvinientes que se seguiam, em ser levado dinheiro, ouro, joyas, e prata a Çofala, em que era muyto deservido, pasey huũ meu alvara pera ser levado á dita fortaleza, o qual mando que seja Registado nesa casa da India, como por elle veres, por que defendo que nenhuũa pesoa, de qualquer calidade que seja, posa levar ne Registar na dita fortaleza nenhuũ dinheiro ouro, prata nem joyas, na maneira que veres pelo dito meu alvara. Agradecervosey muito fazerdelo loguo Registar e noteficar nesa casa da India; e alem d'iso mandardes poer huũ voso asinado, antes da partida d'esas naos, nas portas da dita casa da India, que qual pesoa que for pera Çofala saiba que nam ha de levar dinheiro, ouro, joyas nẽ prata que sobre da sobre dita contia, por que, segundo fuy emformado, eu sam niso muyto desservido. Pero d'Alcaçova Carneiro a ffez, ẽ Evora, a xiiii dias de [janeiro de] 1533. J.

    Rey.

Pera o conde da Castanheira, sobre o que faça na defesa que nenhuũa pesoa posa levar dinheiro, ouro, joyas e prata a Çofala.
   (On Reverse Side)
 Por elRey.
A dom Antonio d'Atayde, conde da Castanheira, do seu conselho e veador de sua fazenda, etc. J.

31

COMDE DA CASTANHEIRA, amiguo. Eu, elRey, vos emvyo muyto saudar como aquele que amo. Esta portarya que vos com esta emvyo nom parece vosa. Vedea e, se ffor ffallsa, trabalhay quãto a vos ffor posyvell de se premder ese homẽ, que, poys dis que a d'ir á Indya, nessa casa ao asẽtar se pode tomar; porque d'outra maneira sera trabalhoso d'achar, por que ele nom diz na pytyçam honde vyne.[1] E eu mandaria que ao requerer do alvara se prẽdese; e ele se ffoy a esa cydade, e deyxaria Recado

[1] *Sic.*

que, como ffose asynado, lho mãdasem. E por que asy como açertou de ser em cousa de pouca sustançia, pode ser que por causa de vosa ausẽcia se descubram outras de mays peso, pera se iso evytar, e pera ẽxẽplo dos outros, eu ffolgarya que se achase, pera ser bem castygado; e tãto que ffor preso, mo ffareis saber. Basteam da Costa a fez, ẽ Evora, a XV dias de janeiro de 1533.

   Rey.

 Pera o comde da Castanheira, sobre a portarya de Gaspar Gonçalves.

   (On Reverse Side)

 Por elRey.

A dom Amtonio d'Atayde, conde da Castanheira, do seu cõselho, e veeador da ffazemda.

32

COMDE, Amiguo. Eu, elRey, vos emvio muyto saudar. Vy a carta que me escrevestes, em que me daeis cõta de que he feyto na Armada da Imdia, asy o que he necesario pera as naoos do ano de V^cXXXiiii e o mas das outras armadas. Muyto vos agardeço quam myudamente me de todo avisaees, e as boaas llenbranças de vosas cartas. Quanto ao que toca á armada da Imdia d'este ano, emcomemdo vos muyto que a todallas naoos mamdeis dar a moor presa que for posyvell; e por allgũas praticas que se moverã, nõ he tomado asento em ir a dita armada jumta e cõ o capitão moor d'ella ou d'outra maneira. Lloguo vos ira Recado da determinaçã que se niso tomar, pera saberdes o fundamento que aveis de fazer; e eu espero com ajuda de Noso Senhor que, com o bõo aviamento que aveis de mandar dar, e a delligençia que se nyso ha de poer, que todas partam ao tempo que dizeys, que sera muyto meu serviço. Os capitães e pesoas que quaa andam, mãdarey que se partam lloguo.

Vy o roll das naoos que, prazendo a Noso Senhor, se esperam da Imdia, e as que seram neçesarias pera o ano de V^cXXXiiii; e pareceome muy bem todo o que em vosa carta apontaes; e ey por bem que se façam as tres naoos novas que dizeis, a saber, duas pelo partido de Fernam Gomez que Jorge Llopez quer fazer, e hũa a frete que quer fazer Joam Allvarez de Camynha; e todas tres

seram da grandura das quatro que fez Fernam Gomez pouco mais ou menos. Emcomendovos muyto que mandeis llogo fazer os contratos das ditas tres naoos, pela dita grandura, cõ os ditos Jorge Llopez e Joam Allvarez de Camynha, ou cõ quaesquer outras pesoas que vos milhor pareçer e que mays pera iso sejam, e que a milhor preço e a mais meu serviço o fizerẽ; e lloguo manday llaa asentar os cõtratos, por que da maneira que ho fezerdes, me averey por muy bem servido. E com esta vam provisões pera se cortar as madeiras que vos mandardes; e todallas mais que forem necesarias iram da maneira que has mandardes pedir. Vy todo o que dizeis sobre as duas caravellas, que se devem d'armar pera as Ilhas, por a guarda das naoos da Imdia. Pareceome muy bem todo o que sobre yso apontaes, e ey por bem que se façam prestes pera partirẽ no mes de março; ẽcomendovos muyto que as mandeis fazer prestes, e asy artelharya, pollvora, e armas pera llaa nas Ilhas se armarem as outras duas. Ey por bem que vaa capitão moor d'esta armada Ayres da Cunha como me escreveis. Vos lho direis de minha parte, e lhe mãdareis dar minha carta que lhe sobre yso esprevo. E a Fernam d'Allvarez fica cuydado de fazer os Regimentos e provisões necesarias pera a dita armada e vollos emvyar. Há vosa carta nõ ha mais que Responder, nem he necesario emcomẽdarvos o que se llaa ha de fazer, por que tudo ha de ser milhor feyto do que se de quaa pode escrever. Fernam d'Alvarez a fez, em Evora, a XViii de Janeiro de 1533. J.
Rey.

Reposta ao cõde da Castanheira.
       (On Reverse Side)
  Por elRey.
Ao comde da Castanheira, Veador de sua fazemda.
       (And in a different hand)
De XViii de Janeiro asẽtado.

33

COMDE, amiguo. Eu, elRey, vos envyo muito saudar. Pero Lopez de Souza vay llaa, e vos dara cõta do que pasou na sua viajẽ, e como leixou no porto de Farão duas naoos francesas cõ trimta e tantos Franceses; e porque eu queria que as ditas naoos com a gemte que nellas estaa e os ditos Franceses se trouxesem lloguo a esa cidade, vos emcomẽdo muito que ouçaees o dito Pero Lopes, e vos emformes delle de todo o que pera trazer as ditas naos for necesario, e mãdeis lloguo por ellas cõ delligẽcia. E pera se trazerẽ, e os ditos Franceses vyrem a bõo Recado, mãdareis todo o que compryr. E eu escrevo a Nuno Rodriguez que lhe mando dar mantemẽtos e teer os Franceses a bõo Recado, ate hyr voso Recado pera os trazerem ha esa cydade. E pera vosa emformacã crereis todo o que vos o dito Pero Lopez dizer; por que elle vos emformara de todo o que pasa, e do que compre. E porque vem nas ditas naoos quatro Reys da terra do Brasyl, tanto que as naoos chegarem, fallareis a Afonso de Torres, que hos mande agasalhar. E lhe mandareis dar de vestir de seda, como vos dira Pero Lopez; e nisto mandareis dar muyta dilligençia, por ser cousa que tanto compre a meu serviço. Fernam d'Allvares a fez, em Evora, a XX dias de Janeiro de 1533. J. E tanto que os Franceses forem nesa cidade, direis ao governador que hos mande meteer no Lymoneyro e teer a bõo Recado, e escrevermeis o que se nisto faz.

  Rey.

 Pera o conde da Castanheira.
   (On Reverse Side)
  Por elRey.

A dom Amtonio d'Atayde, comde da Castanheira, veador de sua fazenda.
   (And in a different hand)
   Asẽtado.

34

COMDE, amiguo. Eu, ell Rey, vos emvyo muito saudar. Vy a carta que me escrevestes, em que dizeis que nom podem ir este ano há Imdia mais que setecentos homẽes de sobresallente; e vi o Roll da Repartiçã d'elles que me pareceo muy bem. E por a gente ir bem agasalhada, e pellas Rezões que em vosa carta apõtaes, ey por bem que nam vam mais que hos ditos setecentos homẽes. Ecomendovos muyto que trabalheis por irem os mais marinheiros e bombardeiros que poder ser, pela necesydade que na India d'elles ha.

Oje chegou da corte da emperatriz, minha muyto amada e preçada irmãa, Joam Paes, que llaa era pela llicença pera irem hás Antilhas cõ os escravos, e nom trouxe Recado allguũ pera poderem ir; pelo que me pareçe meu serviço emtender se no cõtrato, que se d'antes praticava, cõ a moor ventajem que poder ser. E Fernam d'Alvares me dise que davam agora quatro myll cruzados mais do que se fazia em Allvito, e elle escreve a Llucas Geralldo, que ho cometya, que falle cõvosco. Emcomẽdovos que falleis cõ elle, e cõ quaesquer outros mercadores que vos bem pareçer; e trabalheis por o concertar o milhor que poderdes, por que averey por meu serviço que se faça. Fernam d'Alvares a fez, em Evora, aos XXi dias de Janeiro de 1533.

   Rey.

Pera o cõde da Castanheira.
   (On Reverse Side)
 Por elRey.
A dom Amtonio d'Ataide, comde da Castanheira, veador de sua fazenda.
   (And in a different hand)
De XX de Janeiro asẽtado.

35

COMDE, amiguo. Eu, ellRey, vos emvio muito saudar. Bem creo que teereis sabido da vinda de Pero Lopez de Sousa, que veyo do Brasill; o quall, antre outras boas novas que trouxe, foy que, vymdo elle do Rio da Prata, correndo a costa do Brasill, veyo teer a Pernambuco, õde achou os Franceses, que tinham feyto fortalleza; e lha tomou, e os tomou a elles, e ficou paçificamente ẽ poder de Purtugeses sem nenhuũa contradiçam. E porque pareçe que, por esta obra ser feyta, nom sera neçesario ir Duarte Coelho com a sua armada há dita costa do Brasyll, e que seja muyto mais meu servyço ir esperar as naoos que Amtonio Vaaz de Lacerda diz que aviam de partir de França pera a India ao porto ou llugar omde elle diz que se aviam de ir ajuntar, pera segirem d'y sua viajem em cõserva ate a Imdia, que deve de ser na costa de Ginee ou perto da costa da Mallageta, omde o dito Duarte Coelho estaa. Encomẽdovos muito que vos emformeis do dito Antonio

Vaaz quall he o llugar omde se as ditas naos de França aviam d'ajuntar, e asy em que tempo aviam de partyr, e poderam ser no dito llugar. E tomada d'elle a dita emformaçam, pratiqueis cõ pesoas que bem emtemdam, e guardem o segredo que neste caso compre, se podera o dito Duarte Coelho ir esperar as ditas naoos ao dito llugar, e se sera meu serviço fazerse, e asy se avera tempo pera se lhe mãdar este avyso d'aquy ate os X ou XV dias d'abryll, que levou por seu Regimento que andase na costa da Mallageta. Por que sam emformado que, pelas caravelas que forem há Mina, e navios que vam há Ilha de Samtome, se lhe pode mandar este aviso, e achando vos que se pode fazer cõ muyta dilligença, mandareis fazer prestes caravelas pera a Mina, ou quallquer outro navyo que vos pareçer que milhor posa llevar o dito avyso; e me escrevereis o que niso achais, e o que se dever fazer, pera mandar lloguo fazer as provysões neçesarias. Por que, podendo o dito Duarte Coelho ir esperar as ditas naoos, o averey por muyto meu serviço. Fernam d'Alvares a fez, em Evora, aos XXi dias de Janeiro de 1533. J. E emformarvoseys do dito Amtonio Vaaz dos synaes que as ditas naaos aviam de fazer hũas hás outras, e de todo o mais que vos pareçer que cõpre pera o Regimento que se ouver d'enviar a Duarte Coelho.

E quando parece se que nõ poderia aproveytar por ir esperar as ditas naoos de França, praticareys se ser a meu serviço mãdallo tornar da dita costa da Mallageta, pera nõ amdar mais tempo despendendo os solldos e mantymento, e se podera vyr hás Ilhas esperar as naoos da Imdia, que este ano, cõ ajuda de Noso Senhor, hy seram; e de tudo me ẽviay vosa Reposta.

   Rey.

Pera o cõde da Castanheira.
   (On Reverse Side)
 Por elRey.
A dom Antonio d'Ataide, comde da Castanheira, veedor de sua Fazemda. J.
   (And in a different hand)
De XXi de Janeiro.
Asẽtado.

36

COMDE, amyguo. Eu, ellRey, vos emvio muito saudar. Bem tendes sabydo como veyo aqui Antonio Vaaz de Llacerda, e a cõta que deu das cousas de França; e depois eu o ouvy, e me fallou mais largamente, e me dise que Joam Afonso era partido no tẽpo que vos elle dira, e cõ fundamento e apercebydo de maneira que vos tambem dira. E asy me dise que se apercebyam seis naoos pera partirem neste abril, que vem pera irem há India e a Çomatra. E como cada hũa d'estas seja de tanta importançia, e se deve proveer o milhor que for posyvell segundo o que ho tempo daa llugar, eu o quisera aqui praticar cõ pesoas que sabem a India e a navegaçam; e pera que ao presente as nõ aveer, e serem todas nesa cidade, e ser o tẽpo tam curto pera a partida das naoos da India que embora ham d'ir, mandey que pella posta fose o mesmo Antonio Vaaz, pera llaa ajuntardes Lope Vaaz de Sampayo, e Francisco Pereira, e Antonio de Mirãda, e Pero Afonso Dagiar, se hy estever, e quaesquer outras pesoas que vos parecer que guardarã o segredo d'isto, e vos saberem dizer o que sera mais meu serviço. Emcomendovos muyto que loguo os ajunteys, e tomeis asento no que pareçer que se deve fazer, e mo escrevaes largamente, pera lloguo mãdar o que mais meu serviço for.

E o que aveis de praticar he ysto; primeiramente vendo pela emformaçã de Antonio Vaaz o camynho que lleva Jan Afonso, e as parajẽes em que espera d'andar, se esta armada que agora parte pera a India pode ir junta por onde o posa topar, ou, se pode ser, ir por duas Rotas apartadas, e nõ perder sua navegaçã, pera cada hũa d'ellas por seu caminho ser mais certo de a toparem; por que, podendo ser isto, asy serya meu serviço ir a dita armada em duas, cõ dous capitães moor, cada hũa por sy em sua Rota.

As naaos que diz que ham de ir a Çomatra, que se pode niso agora proveer; por que diz que pera se aver d'armaar na Imdia, cõ Recado que d'iso mande ao meu governador, que nom pode ir a tempo pera os llaa topar; e tambem armarse quaa cõ tamanha brevidade pareçe imposyvell. O que milhor pareçer que nisto se deve fazer, se pratique imteiramente, por ser cousa que tanto inporta a meu serviço.

As outras naaos diz que levam fundamento d'ir a Dio, e hy fazerẽ sua carrega, a maneira que, himdo esa armada por omde Antonio Vaz diz que as naoos se am d'ajumtar, vam esperar hũas pellas outras, pera d'y irem juntas o caminho da India; o que tudo asy pratiquareis tam inteiramente como de vos confio que ho fareis, e cõ toda brevidade, olhando á sua emformaçã e a o que se pode fazer; a qual emformaçam vos elle dira, ou juntamente perante todos, se d'iso nõ Receber pejo; porem, a pratica e Resoluçam que se tomar, nõ sera perante elle, nem sera sabedor d'iso.

Diz que estes homẽes sam avisados por hũu omem de Lixboa, que elle nom pode saber quẽ he; temde llembrança de saberdes se por judicios se pode saber quem he, e pregũtareis a Jõ Carllo dela Fetaa as novas que tem de se armarẽ naoos em França, por que dis quaa que tinha cartas d'iso; e asy quaesquer novas outras que hy ouver, e a Reposta de tudo ẽviareis por Luis Afonso que a yso vay. Fernam d'Alvarez a fez, em Evora aos XXI dias de Janeiro de 1533. J. E tanto que vyer vosa Reposta d'estas cousas, vos emviarey Recado de como ira esa armada.

    Rey.

 Pera o cõde da Castanheira.
    (On Reverse Side)
  Por elRey.
A dõ Antonio d'Atayde, cõde da Castanheira, de seu cõselho, veador de sua fazenda. J.
    (And in a different hand)
De XXi de Janeiro, sobre a pratica que se ha de tomar acerqua do que diz Antonio Vaaz. Asẽtado.

37

COMDE, amigo. Eu, el Rey, vos emvio muito saudar. Guymar Diaz, molher de Pero Lopez, que amda na India, me emviou dizer que ha cynco ou seis anos que o dito seu marido lla amda, o quall lhe spreveo allgũas vezes que se ffose de qua, pydimdome que por ser molher pobre, e nã ter quaa cõ que se manter, lhe dese pera yso licença; o que visto por mym, ey por bem que vos

ẽfformeis d'isto, e achãdo que he asy, a dexeis ir pera o dito marido nas naos d'esta armada, avemdo ella ẽbarcaçã dos armadores. Duarte Gonçalves a fez, ẽ Evora, a XXii dias de Janeiro de VcXXXiii. J.   Fernam d'Alvarez a fez escrever.
   J. Rey.

Ao cõde da Castanheira, que se ẽforme do que esta molher diz, e, achando que he asy, a deixe ir pera seu marydo que amda na Imdia, avemdo ella embarcaçã dos armadores.   J.
   (On Reverse Side)
 Por elRey.
A dom Amtonio d'Ataide, cõde da Castanheira, de seu cõselho, e veador de sua ffazemda. J.

38

COMDE, amiguo. Eu, ellRey, vos emvio muito saudar. Vy a carta que escrevestes em Reposta das que vos emviey por Pero Llopez de Sousa, e todo o que mandastes fazer sobre a vinda das naoos do Brasill, que estam no Allgarve; e o aviamento que se niso deu, foy muy bem feyto, e vollo agardeço muyto. E lloguo se emvyarã de quaa vosascartas a Nuno Rodrigues Barreto. Ẽcomendovos muyto que, tanto que as ditas naoos forem vindas, mandeis fazer d'ellas e dos Françeses o que vos tenho escrito.

Vy todo o que me escreveis da pratica que pasastes cõ esas pesoas sobre o que devya de fazer Duarte Coelho com a armada que traz na costa da Mallageta; e como dizeis que sera meu serviço ir esperar as naoos da Imdia na rota que ellas trazem do Cabo de Boa Esperança pera as Ilhas; e por quam incerto pode ser toparem cõ ellas llonge das ditas Ilhas, ey por bem e meu serviço que ho dito Duarte Coelho se venha dyreitamente hás ditas Ilhas dos Açores, e amde na parajem d'ellas, asy como vay decrarado no Regimento que apos esta lhe ira, e ate o tẽpo cõtido no dito Regimento, e esperando as ditas naoos asy como fizeram os capitães das armadas pasadas que foram em guardar d'ellas. Emcomendovos muyto que ordeneis lloguo, como lhe vaa este avyso por caravelas da Mina, ou outros navios que vos pareçer que milhor e com mais certeza lho posam llevar. E lloguo vos irã as cartas pera elle e o dito Regimento, e praticareis cõ estes ofiçiaes se sera necesario ẽviarlhe allgũus mantimentos ou outras cousas necesarias pera a dita armada; e ẽviarlheis, pelos navios que levarẽ o aviso, todo o que parecer que lhe he necesario.

E com esta armada de Duarte Coelho pareçe que se pode escusar de emviar outra armada hás Ilhas. Da naoo e caravellas que me escrevestes soomente devẽ d'ir duas caravellas armadas, pera esperarem pelas tres naoos que ficarem d'armada do ano pasado, nas quaes iram dous cavalheiros cõ Regimento que andem na parajem das ditas Ilhas, õde acostumam d'amdar as armadas pasadas, esperando pelas ditas naoos; e, tamto que chegarem, se venham cõ ellas, sem esperarẽ pellas d'este ano, nem fazerem mais demora; e nom vymdo ate chegada de Duarte Coelho hás ditas Ilhas, que, tanto que elle hy chegar, se tornem as ditas caravellas, e o dito Duarte Coelho ficara cõ a dita armada te o dito tempo. Ẽcomendovos que mandeis fazer prestes as ditas duas caravelas, pera partirem o mais em breve que poder ser, e lloguo iram os capitães pera ellas. E direys de mynha parte a Ayres da Cunha que lhe agardeço a boa vomtade com que follgava de me servir, e que ey por escusada pera agora sua ida, por estes Respeitos que vos aqui escrevo.

Eu vos esprevy como avia por meu serviço que esta armada da India fose em duas partes, a saber, quatro naoos nesta primeira e tres na outra; e que nesta primeira fose por capitão moor dom Gonçalvo Coutinho, e cõ elle dom Joam Pereyra, e dõ Francisco de Noronha, e Diogo Bramdam; e por allgũus Respeytos que me a esto movem, ey por bem que o dito dom Joam vaa por capitão moor das ditas tres naoos derradeiras, e que a naoo, em que elle ouvera de ir cõ dom Gonçalvo, [seja][1] quallquer que ficar vaga.

Vaa Diogo Lopez de Sousa, estamdo despachado pera poder ir, e nõ estando despachado, ira nella Nuno Furtado; e eu escrevo ao corregidor Antonio Gonçallves, que loguo mande a dilligençia que lhe escrevy que mamdase ao corregidor Gaspar de Carvalho, pera cõ ella o mãdar lloguo despachar. Vos lhe mãdareis a carta, e lhe mãdareis que loguo ẽvie a dita dillegençia; e eu vos escreverey, tanto que for despachado, o que aveis de fazer da dita nao.

[1] Word blotted out, apparently by original scribe. Palha reads *va*; *seja* would fit very well.

O que mamdastes fazer na artelharya pera Tangere foy muy bem feyto, e quanto há gente pera Çafim, pelo omem que a amda aqui Requerendo vos escrevo o que se niso ha de fazer. Fernam d'Alvarez a fez, em Evora, aos XXV dias de Janeiro de 1533.
   J. Rey.

Reposta ao cõde da Castanheira.
   (On Reverse Side)
 Por elRey. J.
A dom Amtonio d'Atayde, cõde da Castanheira, veador de sua fazenda, etc.
   Primeira.

39

COMDE AMIGUO. Eu, ellRey, vos emvio muito saudar. Vy a carta que me escrevestes, em que dizeis que na casa da Imdia ha provisam minha pera nom irem Christãoos novos há Imdia, e que vos pareçia que se nom devya d'entender a tall provisam nos filhos, por allgũas Rezões que em vosa carta apontaeis, que me pareçerã bem. Porem, por allgũs incomvenientes que agora ha, nom ey por meu serviço que vam nesta armada. Emcomẽdovos que mandeis cõprir a dita provisam, fazẽdose o mais desemulladamente e com menos escandallo que poder ser, sem se saber que eu vos escrevo agora sobre yso, soomente que se faz pelo custume ẽ que ha casa estaa; porque d'esta maneira averey por meu serviço que se faça. Fernam d'Alvarez a fez, em Evora, aos XXV dias de Janeiro de VcXXXiii. J.
    Rey.

Reposta ao cõde da Castanheira sobre os Christãos novos.
   (On Reverse Side)
Por elRey.
A dom Amtonio d'Ataide, comde da Castanheira, veador de sua fazemda. J.

40

COMDE, amiguo. Eu, elRey, vos emvyo muyto saudar, como aquele que amo. Vy as cartas que me envyastes, hũa feita a XV, e outra a XXii d'este mes. E ao que me primeiro dizeis sobre a pesoa que houver d'hyr por capitão moor d'esta armada, eu vos aguardeço muyto as lembramças que me nela fazeis, que sam de muyto meu serviço. E por que vos eu tenho esprito sobre alguũas cousas que a yso toquão, nesta vos nom Respondo ao que me ẽ ella spreveis, atee que nõ veja vosa Resposta; tanto que vyer o farey. E quãto ao que na outra segunda me sprevestes sobre os oficiaaes d'esa cidade e o desmancho que se na see fez, yso mesmo volo aguardeço muyto; e bem sey que omde vos estiverdes, se avia tudo de remedear. E eu proverey no que açerqua d'iso spreveis; e eu o tinha ja começado a fazer; e porẽ pois asy hesta, eu proverey loguo. Sprita em Evora, a XXV de Janeiro. Amdre Pirez a fez, de 1533.   J.
   Rey.

Reposta ao comde da Castanheira.
   (On Reverse Side)
Por elRey.
 A dom Antonio d'Atayde, cõde da Castanheira, veador de sua fazenda.   J.

41

COMDE, amyguo. Eu, ellRey, vos emvyo muito saudar. Vy a carta que me escrevestes em Reposta da que vos emvyey sobre os negocios dos avysos que trouxe Antonio Vaaz, e asy os apontamentos dos pareceres das pesoas cõ que os llaa pratycastes; que todo foy tam bem feyto, e com tanta presteza como sempre fezestes e fazeis as cousas de meu serviço. E vy todallas Rezõees que se apontaram, por que pareçe mais meu serviço ir esta armada da Imdia apartada em duas partes que toda junta, e que cada hũa per sy podiam ir á vista do Cabo de Gardafuy ate a parajem de Dio. Todo o que se niso apontou e os pareçeres d'esas pesoas me pareçiam bem, e ey por muyto meu serviço que a dita armada vaa apartada em duas armadas, com dous capitãeis mores; a saber, quatro naoos em hũa, e tres em outra; e as quatro iram primeiro, que seram as duas de Jorge Llopez, que devem d'estar mais prestes, pois nom sairam a picadeyros, e as outras duas das minhas novas, que mais prestes esteverem; e nestas ey por bem que vaa por capitão moor dom Gonçalvo Coutinho, que, pelas callidades que nelle ha, me sabera servyr nella; e com elle iram dõ Joam Pereyra e dõ Francisco de Noronha nas duas minhas, e Diogo Bramdam na de Jorge Lopez e sua; encomẽdovos muyto que, com a moor brevydade e delligençia que for posyvel, mamdeis fazer prestes as ditas quatro naaos, pera partirem com ajuda de Noso Senhor dentro no mes de fevereiro ou na entrada de março, se poder ser, pera terem tenpo pera irem a vista do Cabo de Gardafuy, como me escrevestes que compre. E se llaa for dom Gonçallo, dizerlheeis de minha parte que, por follgar de lhe fazer merçee, ey por bem de ho emviar por capitão moor d'estas quatro naoos atee a India; o quall ha de ir sem ordenado allgũ. E o dito dõ Gonçalvo ira na de Jorge Lopez que tornou, ou em hũa das duas novas, quall vos parecer que milhor sera pera capitayna; e dõ João ira na outra.

E neste vos encomendo muyto que mamdeis dar muy gramde dilligençia; e lloguo mandarey fazer os Regimentos, e vollos emviarey com as vias das cartas, pera nõ poderem fazer detença; e jaa mamdey dizer aos ditos dom João e dom Francisquo que loguo se partam.

Nas outras tres naoos que ficam mandareis tambem dar a moor presa que poder ser, cõ tanto que se nõ estornem as quatro; porque tambem queria que fosem a tempo pera poderem ir a vista do Cabo de Gardafuy ate Dio, como me escreveis; e eu vos mandarey Recado da pesoa que ha de ir por capitão moor d'ellas. E ao tempo que se allogar a gente, asy de hũas como das outras, e se fezerem camaras, tereis llenbrança que ham d'ir todas com sua artelharia asestada, e em ordem pera quallquer cousa que lhe sobçeder; e asy o avisareis aos capitães, ao tempo que partirem; e iram tambem aparelhadas e armadas, como ẽ tall tempo e pera taes negoçios compre.

O navio que se llaa praticou, que se devia lloguo de envyar com aviso há India, me pareçe que se pode escusar, por quam imcerta he a pasajem dos navios pequenos, como se vyo por allgũus dos que jaa foram; e imdo estas quatro naos tam çedo, como eu espero que iram, per ellas abastara ir todo o avyso que for necesario.

Quanto ao que se apontava sobre a naoo e caravelas que devẽ de ir hás Ilhas esperar as naoos da India, e sobre o que deve de fazer Duarte Coelho, tanto que vyer vosa Reposta das que vos esprevy per Pero Lopez de Sousa, Responderey o que em todo se deve de fazer, comformando me com o voso pareçer.

E o que se praticou de irem ao Cabo Fyns Terra, do mes d'abrill ate o de julho, esperar Joam Affonso pera quando tornar, por ser cousa tam imçerta, pareçe por agora escusado, principallmente por que poderã estornar quaesquer naoos ou navios que se agora armarem ao despacho das naos da India e a armada das Ilhas; e ao mais que cõpre fazerse lloguo, quando fose necesario, [tempo]¹ avera pera se depois poder fazer, sem estornar a armada.

D'Antonio Vaaz faço fundamento de ir há Imdia nestas primeiras quatro naoos. Encomendovos que temporizeis com elle o milhor que poderdes, e me escrevaes o que vos pareçe que se lhe deve de dizer e fazer; porque queria que se tevese com elle tall aviso que nom se podese tornar pera França em nenhũa maneira.

O aviso do triguo vos agardeço muyto. Ēcomēdovos que mandeis saber o preço a que se podera achar, e quanta cantidade, e se estaa a terra tam abastada que lhe nõ faça mingoa o que se tirar, nem fique mais emcarentada; porque, nõ avendo estes enconvenientes, averey por meu serviço mandar cõprar quallquer soma que vos bem pareçese. Fernam d'Alvarez a fez, em Evora, aos XXVI dias de Janeiro de VcXXXiii.   J.
    Rey.

Reposta ao cõde da Castanheira.
    (On Reverse Side)
Por elRey.

A dom Amtonio d'Ataide, comde da Castanheira, veedor de sua fazenda.
    (And in another hand)
De XXVI de Janeiro. Asẽtado.

¹ There is a word badly blotted here. Palha reads *tenpo*.

42

CONDE, amiguo. Eu, elRey, vos envio muyto saudar. Em hũua Reposta minha pera elRey de França, que lhe aguora envia Onorato de Cays, seu embaixador, comvem que vaa declarada a demarcaçam do mar que he feita antre estes Reinos e os de Castela; e asy a que aguora fiz com o emperador, meu muyto amado e preçado irmão, no de Malaqua; e asy mesmo a costa de Guinee e Brasil, ou aquela parte d'elas que nas ditas minhas demarcações nom entrar e que eu aguora pesuyo, pelas ter descobertas, ainda que pertençam ao emperador. E ysto porque se apontam as partes por onde os Franceses nom devem de naveguar; e porque he cousa de muy grande sustancia, e que convem que se veja e pratique primeiro com pesoas que o bem entemdam, pera se asentar a sustancia do que se deve pedir, e as palavras per que se deve de dizer, que devem de ser ao menos que for posivel. E eu mandey ca ver a Francisquo de Melo, e o que lhe parece he iso, que por ese sprito vos envio. Encomendovos e mando, que vos enformes das pesoas que nisto mais entendem das que nesa cidade estam, e vos ajuntes com o secretario do meu conselho, a que tanbem sprevo, e o pratiques, juntamẽte com aquelas pesoas que virdes que sam mais pera iso, em grande segredo; e sera necesario verense as palavras das demarcações, as quaes o secretario la tem; e tudo bem praticado, me envies o asento que se niso tomar, juntamente com o dito papel de Francisquo de Mello que vos vay. E porque o dito Norato[1] vay la, e ha logo de despachar, convem que se faça esta diligencia muy em breve, e que loguo ma mandes pela posta, por que ha de tornar o asento que eu niso tomar pera se dar a Onorato, primeiro que despache; e convem muyto que ele Responda loguo.

Item: saberes de Antonio Vaaz de Lacerda em quaes portos de França se armam as seis naos que diz que vão pera a India, e diloes declaradamẽte a Onorato, pera que os spreva; e tanbem me spreveres quaes sam os ditos portos, pera o sprever a Gaspar Vaaz.

Item: Guaspar Vaz me spreveo, que Afonso de Sevilha lhe disera, que a minha armada metera no fundo hũua nao em que ele tinha parte, e mandara secretamente hũu correo a esa cidade, e

[1] For *Onorato*.

que lho neguara, e que per esta via se tem la todos os avisos das minhas armadas. Precuray por saber quaes sam qua seus Respondentes; e este he começo pera saberdes o negocio que vos sprevy. E asy me spreveo que as naos que vam pera a India se dezia que aviam de partyr em fim de janeiro, e nom daa novas mais que de tres; e asy que era partido Joam Afonso com huũa nao de cento e XX tones, cõ setenta homẽes, e outra de XXV tones, cõ mantimẽtos que parecia que nam podiam yr senam pera a costa da Malagueta. E porque ysto tudo nom diz com as outras novas d'Antonio de Lacerda, lhe dires que o tenho asy por certo, pera verdes nele o que vos parecer de sua verdade; e tudo me sprevee pera o asento que se ha de tomar no que fara Duarte Coelho. Pero d'Alcaçova Carneiro a fez, em Evora, a XXvii dias de Janeiro de 1533.

J. Rey.

Pera o cõde da Castanheira.

(On Reverse Side)

Por elRey. J.

A dom Antonio d'Atayde, conde da Castanheira, do seu conselho, e veador de sua fazenda, etc. J.

43

COMDE, amiguo. Eu, elRey, vos emvio muyto saudar. Bem sabeis como Christovam Bramdan quer arremdar os quartos e vimtenas da Ilha de Samtiaguo do Cabo Verde, sobre que fez hũus apomtamentos que vos cõ esta vam. E porque se faraa la milhor o arrendamento d'eles, por estarẽ laa as pesoas que niso requererão, vos emcomendo muito que vejaes os ditos apomtamentos e ouçaes sobre eles o dito Christovam Brandão, e saibais se ha hy outrem que niso queira emtender, e mandeis meter ẽ pregão a dita Remda, e se arremate a quem por ela mas der e como vos milhor pareçer; porque o que vos niso fezerdes, averey por bem feito, e por tam firme e vallioso e asy ho mandarey ẽ tudo comprir, como se fose por mỹ asynado. Pero Amrriquez a fez, ẽ Evora a XXviii dias de Janeiro de VcXXXiii. J. Fernam d'Alvarez a fez escrever.

Rey.

Pera o conde da Castanheira, sobre os quartos e vimtenas da Ilha de Samtiago que Christovam Brandão quer arremdar; que se arrematem laa a quẽ por eles mais niso fizer avera vosa alteza por bẽ feito, e o mãdara cõprir.

    (On Reverse Side)
Por elRey.

A Dom Amtonio d'Ataide, comde da Castanheira, veador de sua fazenda.

44

COMDE, amiguo. Eu, ellRey, vos emvio muito saudar. Vy a carta que me escrevestes sobre a vymda de Pero Lopez de Sousa, e o muyto prazer e cõtentamento que tendes das bõas novas que elle trouxe. Vos agradeço muito, porque allem da Rezam que tendes de folgar tanto pelo parentesco que tendes com Martino Afonso e Pero Lopez, tambẽ sam certo que a prinçipall parte he por serẽ cousas tanto de meu serviço. E eu, pelas Rezões que me escreveis de serem estas obras feytas por pesoas que crrey, e com que vos tanta Rezam tendes, Receby d'ellas muyto moor cõtentamento; e espero em Noso Senhor que vam em tanto crecimento que elles Recebam de mỹ toda homrra e merçee como he Rezam e seus serviços mereçem. Fernam d'Alvarez a fez, em Evora, ao primeiro dia de fevreiro de 1533. J.

              Rey.

Reposta ao cõde da Castanheira, sobre a vynda de Pero Lopez.
    (On Reverse Side)

A dom Amtonio d'Ataide, comde da Castanheira, veador de sua fazenda.

45

COMDE, amiguo. Eu, ellRey, vos emvio muito saudar. Vy a carta que me escrevestes de XXX dias de Janeiro, em que me daees cõta da nova que vos deu ese Frãcisquo Romano de Tavilla, a que Joam Afonso tomou hũ navio, do llugar omde o vyo, e da maneira que amdava; a quall nova eu ey por certa, porque ha tinha jaa por carta do corregedor do Allgarve, que cõcerta cõ esta que vos foy dada. Por yso pareçe cramẽte nõ ser certo o preposyto e fundamento que diz Antonio Vaaz que elle llevava. E pois ha tam poucos dias que ficava nas Canaryas, mãdareis avisar as caravellas que forem pera a Mina, que vam a Recado, e se podese ser que, sem se perder tempo, que fosem as primeiras caravelas da Mina ẽ conpanhia das que ham d'ir hás Ilhas, e todas quatro juntas fosem pella Rota em que tendes novas que elle amda, serya muyto meu serviço. Ecomẽdovos que llaa o vejaes, e o mandeis fazer, como milhor e mais meu serviço for, nõ se perdendo tempo do aviso que se deve dar a Duarte Coelho, pera vyr esperar as naoos da India.

Quanto ao que dizeis d'Antonio Vaaz pareçeme bem vyr quaa, pera o mandar lloguo despachar cõ allgũa merçee pera a India, pera ir nestas primeiras quatro naoos como vos tenho escrito; e mande llaa Lluis Afonso pera vyr cõ elle, e oulhar que se nõ posa ir pera outra parte; e tanto que quaa for, o mãdarey lloguo despachar cõ seu cõtentamento, pera se ir á India. Vos lhe direis que se venha cõ Lluis Afonso com as milhores pallavras que vos pareçer, e cõ que elle mais seguro posa vyr.

Vejo todo o que dizeis d'armada da Malageta, e por eu teer jaa a nova de Jan Afonso, pelo corregedor do Algarve, vos tinha escrito que Duarte Coelho se vyese hás Ilhas esperar as naoos da Imdia, pera se escusar despesa d'outra armada, como vereis pela outra carta que vos tinha escrito. E o dito Duarte Coelho avia d'andar na costa da Malageta, ate X ou XV d'abryll, e pareçe que quando lhe o aviso laa for, sera em maio, e que deve ser jaa tempo de se vyr hás Ilhas. Vos praticareis lloguo cõ pesoas do maar que ho emtemdam, se, chegando o aviso antes do tempo que ha d'andar na costa, se partira lloguo pera as ditas Ilhas, ou se esperara tee os ditos XV dias d'abryll, sem perder tempo pera vyr esperar as ditas naos, pera se lhe escrever o que llaa asentardes. E na pratica vos lenbre que se nom deve poer em duvida o tempo do esperar das naoos por outra nenhũa cousa, e agora pareçe que estaa certo que Joam Afonso nõ ha de ir há costa da Malageta senam depois que for certo que he partido Duarte Coelho, como sabeis que sam emformado que nõ vay senam depois que sabe que minhas armadas tornam, e emtam se devia de tornar a armar sobre elle, se pode ser.

Quanto ao que dizeis do navio que devia de ir ao Brasill, nõ falley quaa cõ Pero Lopez o que se devia de proveer, por que ficava pera depois se praticar, quando elle tornase determinar o que ouvese por meu serviço; agora pelo que me escreveis, averey por bem que pratiqueis lloguo com elle de que maneira fica a fortalleza, e com quantos homẽs, e como fica de mantimentos e das outras cousas necesarias, e asy do Regimento que lhe lleyxou do que aviam de fazer, se fosem llaa Françeses; porque se ficaram tam poucos Portugeses e ella tam fraca, que lhes lleyxou mandado que, se fosem Franceses, se sallvasem pella terra, e os nom esperasem; e isto se podia fazer. Pareçe que a gente pode ir em hũ navio (nõ abastara pera esta defensam), e que he milhor lleyxallos estar asy, ate eu mãdar acudir a iso como cõpre. E se tambem fica de maneira que se posam defender, e determinados, pera iso sera bem que vaa o navio cõ allgũus homẽs e capitão pera ficar llaa, porque sera favor pera elles e defenderse am milhor. Isto praticay lloguo cõ Pero Lopez, e me manday Recado do que achardes pera se asentar; o que se deve de fazer, e vos ir lloguo o Regimento e provisões de Duarte Coelho, que esperam por esta determinaça d'este navio; e se elle nõ fose necesario, eu averya por mais meu serviço nõ mandar ao Brasyll gente nem outra cousa, ate tomar asento no que deve de ir pera se a terra povoar e asegurar, que, prazendo a Noso Senhor, sera cedo. De todo me manday vos Reposta por Lluis Afonso, se for posyvel. Fernam d'Alvarez a fez, ẽ Evora, a iii dias de fevereiro de 1533. J.

                                               Rey.

Reposta ao comde da Castanheira.
        (On Reverse Side)
        Por elRey.

A dõ Amtonio d'Ataide, comde da Castanheira, Veador de sua fazenda.

46

COMDE, amiguo. Eu, ellRey, vos emvio muito saudar. Eu esprevy a Pero Afonso Dagiar ha dias, que mandase fazer nessa cidade pera dõ Afonso de Lluguo, adiantado das Canaryas, çerta artelharya, que por sua parte me foy Requerydo que se lhe fizese nesa cidade, e por que em Arguy he feyto o que sabeis que se fez a Bras Correa, eu queria que a dita artelharia, que lhe nõ

fezese, nem se podese llevar pera elle d'esa cidade. Emcomendovos muyto que saibais de Pero Afonso se lhe mandou fazer allgũa artelharya, ou se se fez pera o dito dõ Afonso, ou pera outras pesoas das Canaryas, nesa cidade; e achamdo que se fez, a mandareis tomar, e nõ consentireis que se lleve fora d'esa cidade; e mãdareis avysar os artylheyros que, quando quer que pesoas de fora d'estes Reynos lhe mandarem fazer allgũa artelharya, nõ o façam sem o fazerẽ saber a Pero Afonso Dagiar, pera mo fazer saber antes que se faça. E nesto mandareis poer o Recado que sabeis que cõpre, e escrevermeis se he feyta allgũa artelharya pera o dito dõ Afonso, e se he llevada; por que follgarey de ho saber. Fernam d'Alvarez a fez, em Evora, aos iii dias de fevereiro de 1533.   J.
          Rey.

Pera o comde da Castanheira, sobre artelharya.
          (On Reverse Side)
Por elRey.
  A dom Amtonio d'Atayde, comde da Castanheira, veador de sua fazenda.

47

COMDE, amiguo. Eu, ellRey, vos emvio muito saudar. Vy a carta que me escrevestes em que dizeis como vystes a naoo Sam Roque, e que achastes que, Renovando se como se d'antes fazia fundamento, custaria tanto como nova ou mais; e que vos parece mais meu serviço ficar no Rio pera servir em outra cousa; e que depois se podera fazer outra, se necesaria for. Agardeçovos muyto o aviso que me daeis, e vistas as Rezões que apontaes, que me parecerã bem, ey por meu serviço que da dita naoo Sam Roque se nõ faça fundamento pera a India, e fyque hy pera aproveitar este ano ẽ qualquer outra cousa que sobçeder e cõprir; e quando se fizerem outras novas, se poderam aproveitar os mastos e vergas e todo o mais que for pera aproveitar.

  Quanto há Licença que dizeis que he necesaria da emperatriz, minha muyto amada e preçada irmãã, pera o tavoado de Gallizia, Allvaro Mendez de Vasconçellos, que estava de caminho, leva Recado pera ẽviar lloguo a dita Licença. Vos mandareys comprar o dito tavoado, ou fareis d'elle cõtrato como vos milhor pareçer, fazemdo fundamento da dita Licença; porque, tanto que vyer, vollo emviara Fernam d'Alvarez.

Pellas Rezões que me em vosa carta espreveis, ey por bem que Pedro Afonso Dagiar posa llevar os quatro cruzados[1] que Jorge de Vasconcellos e dõ Antonio d'Allmeida levavam dos despenseyros e meyrinhos; e com esta vay provisam minha pera os poder levar. Receby prazer com o que me escreveis de quam bem elle serve seu ofiçio, e asy os oficiaes d'esa casa; e eu senpre follgarey de lhe fazer merce como he Rezam. Fernam d'Alvarez a fez, em Evora, aos iii dias de fevereiro de 1533. J.

Fernam d'Alvarez me dise o que lhe esprevestes sobre o pagamento dos mestres e pillotos, e por nõ ser necesario mandar quaa Recado sobre os pagamentos dos que nesta armada forem, vos envio hũu alvara pera se pagarem as contias que vos bem pareçer. Emcomendovos que llaa vejaes o que se a cada huũ deve, e o dinheiro que ha, e o que se pode pagar, e lhe mandeis pagarse segundo a disposyçam do tempo o que vos bem pareçer; por que, o que niso fizerdes, averey por bem feyto, como ho he em todallas cousas de meu serviço.

A nova que me emviastes daas caravelas da Mina vos agardeço muito. Bem pareçe que nã trazerẽ mais que dez mill dobras; seria pelas Rezões que sprevestes. D'aqui em diante espero que tragam o que as pasadas do tempo d'Estevã da Gama soham trazer; e mais ẽcomẽdovos muyto que mandeis teer cuydado da provysam da Mina. E agora, pois o cõtrato da pimenta he acabado, em que Francisco Lobo tem myll quintaes, concruaes o cõtrato das mercadorias pera a Mina, como estava ordenado e vos mais meu serviço pareçer.

   Rey.

Reposta ao cõde da Castanheira.
  (On Reverse Side)
   Por elRey.
A dom Amtonio d'Ataide, comde da Castanheira, Veador de sua fazemda.

---

[1] Supplied from Palha. Abbreviated in original.

48

COMDE, amiguo. Eu, ellRey, vos emvio muito saudar. Bem creo que teereis sabido como Amtonio de Brito se foy, sem se espedir de mỹ. E depois me foy dito que nõ queria ir este ano há India, por eu teer nomeado capitães moores nesas armadas, ou por outros Respeytos. E por que o tempo he tam curto, e compre tanto a meu serviço proveer a naoo em que elle avia d'yr de capitão, vos emcomendo muyto que saybais d'elle se ha de ir este ano; e se determinar de nõ hyr, o que me pareçe que nom deve de fazer, mo escrevaes pera se proveer de outro capitão na naoo de Fernam Gomez; que ho dito Antonio de Brito avia d'ir ou o apresentar Fernam Gomez, segunda forma de seu cõtrato. E Receberey prazer que ho acomselheis que nom lleyxe d'ir, pois nom tem Rezam de ho fazer. Fernam d'Alvarez a fez, em Evora, aos V dias de fevereiro de VcXXXiii. J.

Rey.

Pera o cõde da Castanheira, sobre Antonio de Brito.
       (On Reverse Side)
       Por elRey.
A Dom Amtonjo d'Ataide, comde da Castanheira, do seu comselho, e veedor de sua fazenda.

49

COMDE, amigo. Eu, elRey, vos envio muito saudar. Avemdo eu Respeito a ter mamdado que todas as pesoas que teverem officios pera a India vão lla nesta armada, e, não imdo, que se percão; e muitas d'elas nã poderem logo ser providas d'eles, por serem dados pera muito tempo; e ẽ quanto la amdarem, nã averem d'aver por ordenança mais que seus soldos ou moradias, segumdo de qua fforem asentados; ey por bem e meu serviço que todas as pesoas que na dita armada fforem, e pera as ditas partes levarem officios, ẽ que por ordenança nã ajam de emtrar logo, senã do dia que lla chegarem a tres anos, ou d'y ẽ diamte (segundo podereis mãdar ver pelos Registos das provisões que nos livros da casa estão), vão de qua asentadas em soldo e moradia, que vemcerã do dia que partirem, ẽ quamto la servirem, e nos ditos ofycios não emtrarem, posto que por ordenança o nã ouvesem d'aver, porque estas taes quero que o ajam pelo dito Respeito. Pelo que vos emcomendo e mãdo, que as mamdeis asy asentar na dita casa; e posto que algũas das taes ja sejam asentadas sem yso, mãdarlhoeis decrarar ẽ seus asẽtos, e pagarlhes o tempo adiamtado da ordenança, a Rezão do dito soldo e moradia; e asy as que pela dita maneira mãdardes asentar. E as pesoas que achardes pelos ditos Registos que am de emtrar nos officios e cargos que levão, demtro dos ditos tres anos do dia que la chegarem, nam averã mais que o soldo ou moradia ẽ que de qua fforem asentadas; por que por averem d'emtrar neles tam cedo, o ey asy por meu serviço. Duarte Gonçalves a fez, ẽ Evora, a V dias de ffevereiro de VcXXXiii. J. Fernam d'Alvarez a fez escrever.

   Rey.

Pera o cõde da Castanheira, sobre as pesoas que vão á Imdia nesta armada, que per lla levã officyos. J.
   (On Reverse Side)
   Por elRey.
A dom Amtonio d'Atayde, comde da Castanheira, e veador de sua fazemda.

50

COMDE, amigo. Eu, elRey, vos emvio muito saudar. Allgũas pesoas das que vão nesta armada Requerem qua pagamento de suas moradias do tempo de Manoel Velho, tesoureiro d'elas; e porque por o tempo da partida da dita armada ser tam curto, as ditas pessoas nã poderã qua vir tirar provisões, pera averem pagamento, porque ẽ irem e virem lhes yra o tempo, ey por bem e meu serviço que mandeis logo chamar o dito Manoel Velho há casa, e lhe mandeis que traga a ela os livros ẽ que as ditas dividas estão; e por hũ officiall mandeis ver o que nelas momta, e o dinheiro que se achar que he, mamdeis emtregar ao dito Manoel Velho, que d'ele dara cõta ẽ forma a Joam Gomez pera sua comta;

e demtro na dita casa, cõ hũ escryvã d'ela, mandeis as ditas pesoas todo o que lhes pelos ditos livros for devydo, mamdando o porem notifficar como o ey asy por bem. Duarte Gonçalves a fez, ẽ Evora, a V dias de fevereiro de VcXXXiii. J. Fernam d'Alvarez a fez escrever.

   Rey.

Pera o cõde da Castanheira, sobre as pesoas que vão há Imdia, a que he devido dinheiro do tempo de Manoel Velho. J.

   (On Reverse Side)
   Por elRey.
A dom Amtonio d'Atayde, comde da Castanheira, do seu cõselho, e veador de sua fazenda.

51

COMDE, amiguo. Eu, ellRey, vos emvio muyto saudar. Vy as cartas que me escrevestes, e agardeçovos muito a nova que me daees d'esas quatro naoos estarẽ tam prestes, que poderam partir sem tomarem muytos dias de março. Os capitães pera elles sam jaa llaa soomente pera a naoo em que veyo Diogo Lopez de Sousa, pera [a] quall vos ira lloguo Recado se ha elle d'ir nella, se Nuno Furtado. E asy manday despachar todollos homẽes que nesa armada ham d'ir, e lhe mamdo que lloguo se partam allgũus que aimda quaa amdem. E as cartas da India iram tambem muy çedo. Bem certo podeis ser que, por despacho que de quaa aja d'ir, nom se detera a armada.

 Quanto ao mestre, e pilloto, e despenseyro da naoo de Jorge Llopez que dizeis que sam Christãoos novos, e asy allgũus marinheiros, e que vos pareçe meu serviço irem há India pelas Rezões que apontaes, ey por bem que todos vam, e asy quaesquer outros homẽes do mar que vos bem pareçer, sem ambargo da provisam que esta na casa da India, por que tenho defeso que nõ vam llaa Christãos novos, e da ordenaçam nova em cõtrario; porque, nos oficiais d'esas naoos e mariantes que vos pareçer que he meu serviço irem, ey por bem que se nõ entendam a dita provisam e ordenaçam.

Vejo o que dizeis que pasastes cõ eses mercadores do cõtrato dos XVI mil[1] quintaes de pimenta, que amdam amedrẽtados cõ as novas que trouxe Antonio Vaaz, e como vos cometeram que queriam fretar hũa naoo de Jorge Llopez pera ir armada, se eu mandase nella carregar a mallageta que estaa na casa; e pois vos pareçe meu serviço fazerse asy, ey por bem que se carrege pera se hir na dita naoo, ou em quallquer outra que vos bem pareçer, toda a mallageta que na casa estaa, nom pasando de myll ate mille quinhentos quintaes; por que, imdo mais camtidade, pareçe que nom tera despacho, e que se daneficara e perdera llaa, e que sera fazer despesa sobre mercadoria imçerta.

Tambem fuy emformado que os ditos mercadores leyxavam de carregar a pimenta que tem, por mingoa de ẽbarcaçam; e que, com Reçeo das armadas, nom achavã aseguradores; e pasandose o tempo ate o verã, sem carregarem, seria grande prejuizo ficar a pimenta na casa pera o cõtrato do ano que vem; pelo que vos emcomendo muyto que vejaes como iso estaa, e o pratiqueis cõ quem vos bem pareçer, e me escrevais se se deve dar allgũa ajuda ou favor aos ditos mercadores de maneira que eu nõ perca, e elles posam milhor carregar. E do que nisto achardes, e vos parecer que se deve fazer, me avysareis.

Fernam d'Alvarez a fez, em Evora, aos V dias de fevereiro de VcXXXiii. J.

       Rey.

Reposta ao cõde da Castanheira.
    (On Reverse Side)
    Por elRey.

A Dom Amtonio d'Ataide, comde da Castanheira, do seu comselho, e veedor de sua fazemda.

52

COMDE, amiguo. Eu, elRei, vos envio muito saudar. Eu vos esprevy o que avieis de fazer sobre Nuno Furtado levar a capitania da naoo Sam Bertolameu de Jorge Lopez, que este anno vay há Imdia. Agora soube como, por algũus imcomvinientes que

---

[1] So Palha has it. The notation in the MS. is not obvious.

ha, que Diogo Lopez de Sousa nam pode ir nela; pelo que ey por bem que o dito Nuno Furtado vaa por capitão da dita naao, sẽ ordenado allgũũ. Muito vos emcomendo que de minha parte ho digais asy ao dito Jorge Lopez, a que tambẽ sobre isto escrevo, dizemdolhe quamto pera iso he o dito Nuno Furtado; e como, aalem de fazer meu serviço, ha de folgar de olhar por sua fazemda, e ter cuidado das cousas de sua naao tam imteiramẽte como lhe a elle cumpre, que por tanto seja comtente de ele ir por capitão d'ella, porque levarey d'iso muyto comtentamento. E vos metereis o dito Nuno Furtado de pose da dita capitania e lha leixareis ir servir sẽ ordenado como dito he; porque eu o ey por bem e meu serviço. Pero Amrriquez a fez, ẽ Evora, a vii dias de fevereiro de mill Vc trimta e tres. J.

Rey.

Pera o cõde da Castanheira, sobre Nuno Furtado de Mendoça ir por capitão da naoo São Bertollameu de Jorge Lopez.

(On Reverse Side)
Por elRey.
A dom Amtonio d'Ataide, comde da Castanheira, veador de sua fazemda.

53

COMDE, amiguo. Eu, elRei, vos emvio muito saudar. Eu ouve por bem que Jorge de Veelho Maçedo fose por capitão moor das duas caravelas aas Ilhas, esperar as naaos da Imdia que parece que imvernarão ẽ Moçãobique; e he jaa d'aquy partido pera Setuvall, a fazer algũuas cousas que lhe cumprem, ẽ que não faraa muita detemça; e de laa se ha de ir a vos. Muito vos emcomendo que mandeis fazer logo de todo prestes as ditas duas caravelas, asy de mantimẽtos como do mais que ouverẽ de levar, e tamto que o dito Jorge Velho laa for, e fizer tempo, ho mandeis partir. E cõ esta vay o Regimẽto e provisões que ha de levar, e hũua carta minha cõ o nome ẽ bramco pera qualquer criado meu, ou pesoa outra, que laa virdes, e vos pareçer que deve de ir por capitão da outra caravela que vay ẽ companhia do dito Jorge Velho. Mandarlheeis dar a dita carta, e o emcaregareis da capitania da dita caravela; por que o que vos niso fizerdes, averey por

bem ffeito. Pero Amrriquez a fez, ẽ Evora, aos vii dias de fevereiro de mill Vc trimta e tres.
   Rey.

Pera o comde da Castanheira, sobre Jorge Velho e o capitão da outra caravela, que ẽ sua companhia ha de ir aas Ilhas.
   (On Reverse Side)
   Por elRey.
A dom Amtonio d'Ataide, comde da Castanheira, veador de sua fazenda.

54

COMDE, amiguo. Eu, elRey, vos emvio muito saudar. Vy a carta que me escrevestes de cĩquo dias d'este mes, em que me daees cõta do que llaa praticastes sobre a vymda de Duarte Coelho hás Ilhas dos Açores, esperar as naoos da Imdia, e como vos pareçe que lhe deve de ir lloguo o Recado, pera aver tempo pera poder hyr a ellas, e asy as Rezões porque vos pareçe que deve d'ir o navio da sua armada da costa da Mallageta ao Brasill, as quaes me pareçeram muy bem; e vos agardeço muyto a dillygença cõ que me de todo avisastes. Eu ey por meu serviço que o dito Duarte Coelho se venha lloguo hás ditas Ilhas, e que emvie da dita costa hũa caravella armada cõ sesenta homẽs pera o Brasyll, ao porto de Pernambuco, e que vaa nella Pallos Nunez, o quall estee por capitão da gente que llaa lleyxou Pero Llopez de Sousa, e da que elle lleva na dita caravella, como me escrevestes. Encomẽdovos muyto que, tamto que esta vyrdes, mandeis avyso d'ysto ao dito Duarte Coelho, cõ o Recado que vay pera Pallos Nunez; o qual vos vereis, e vos ajustareis com o dito Pero Llopez, e cõ quem vos mais pareçer que ho bem ẽtenda; e fareis hũu Regimento do que ho dito Pallos Nunez ouver de fazer bem decrarado. O quall ira asynado por vos, porque eu lhe esprevo que todo o que lhe vos mandardes que cumpra tam imteiramẽte como se fose asynado por mỹ; como vereis pella carta que lhe escrevo; e o trellado me ẽviareis pera o eu ver.

Antonio Vaaz mandarey lloguo despachar, pera se ir nestas quatro naoos. E se se quaa achar allgũa cousa d'esas lletras que dizeis, se fara o que meu serviço e bem de justiça for. Agardeçovos muyto o que mandastes fazer nesta artelharia que se fazia pera dõ Affonso do Llugo; todo foy muy bem feyto.

Os mercadores d'este cõtrato pasado da pimenta escreverã quaa a Fernam d'Alvarez, que me fallase de sua parte, que lhe mandase dar o galleam Trindade pera Frandes a frete, carregamdo nelle allgũa soma da mallageta; e pellas Rezões que dam, fora follgar de lhe fazer merçe, averey por bem que, tomando elles o dito galleam a frete de maneira que todallas despesas que se cõ elle fezerẽ sejam a sua custa, que eu nõ perca mays que ẽprestarlhe artelharia, e o casco ganhe seer frete, como se acostuma fazer. Follgarey que se lhe dee, pera em companhya d'elle poderem ir outras naos seguras, como os ditos mercadores dizem. Ẽcomendovos muyto que ho vejais e pratyqueis llaa, e segundo a necesydade que vyrdes que elles tem, o mandeis fazer como vos milhor e mais meu serviço pareçer; por que ho que niso fezerdes averey por bem feyto.

O feytor da Mina me escreveo esta carta, que vos cõ esta emvio; por o capitão ser doente e por que nela diz a disposyçam em que a Mina fica, e as mercadorias e mãtimentos que nella ha sobejos, e asy os tempos em que devem d'ir as caravelas, volla mãdo pera averdes e mãdardes poer a hordem na casa que meu serviço for, segundo o que se de laa escreve.

O cõtrato de Francisco Lobo estaa muy bem feyto e como compre a meu serviço. Ẽcomendovos muyto que quaisquer outras cousas que nesas casas forem necesarias pera os tratos d'ellas, que se poderem bem aver por cõtratos, se façam antes que per feytorias, porque asy o averey por mais meu serviço.

Pera o tavoado de Galliza ira lloguo o moço da camara, e Jorge Velho he jaa lla, e cõ esta vos vam os seus Regimentos e provisões, e Recado do outro capitão. Emcomendovos que ho despacheis ao tempo que vos pareçer bem e meu serviço. Ao mais de vosas cartas nom ha que Responder. Fernam d'Alvarez a fez, em Evora, a viii dias de fevereiro de 1533.

 J.
   Rey.

Reposta ao cõde da Castanheira.
  (On Reverse Side)
  Por elRey.

A dom Amtonio d'Atayde, comde da Castanheira, e veador de sua fazenda.

55

COMDE, amiguo. Eu, elRey, vos ẽvio muyto saudar. Eu sam ẽfformado que nas armadas da India pasadas ffaleceo muyta gente, asy por ir mall agasalhada, como por ffallta d'aguoa; e que a causa d'iso ffoy daremse muitas camaras a pesoas por meus alvaras, e asy carregarẽse muytas pipas de vinho por minha licença, por homde os homẽs fficaram mall agasalhados e nas naaos se nã pode carregar a agoa e mãtimento a ellas necesarios. E porque minha tençã he, quando dou as taes licenças pera as ditas camaras e vynhos, que as cargas se ffaçam naqueles lugares em que nam ocupẽ nẽ tolhão o gasalhado da gemte, ffazẽdose primeiro pera os ffidallgos e pesoas de calydade, posto que pera iso nã tenhão meus allvaras, e depois pera os outros; e que os vinhos se carreguem depois das naaos terem tomada cargua das mercadorias e mantimentos que hão de llevar, e asy a agoa necesaria. Querendo ora niso prover, ey por bem que vos nã cõsỹtaaes que nas naaos d'esa armada, asy nas minhas como dos mercadores, se carreguẽ vinhos alguũs de liçenças, posto que vos pera iso mostrem minhas provisões, sallvo depois das ditas naaos terem todas as mercadorias, aguoa e mantimentos que ham de llevar; e depois d'ysto asy agasalhado, das liçenças que eu tiver pasadas se carregarão primeiro as das pesoas que me andã servindo na Imdia, e das que na dita Armada vão; e depois d'estas, se se não poderem agasalhar todas as de minhas liçenças, mãdareis agastalhar aquellas que vos pareçer que são de mais obrigação. E quamto aas camaras, vy por bem que vejaes os ffidalgos e pesoas que nestas naaos vão, e a estes mandareis ffazer primeiro as camaras pera seus gasalhados segundo suas calidades, posto que pera iso não tenhão provisões minhas. E depois d'estes agasalhados, avendo hy llugares ẽ que se posã ffazer mais camaras, emtã se ffaçam a aqueles que mostrarẽ minhas provysões, nã pejamdo porem cousa allgũa do gasalhado geraall da gente de maneira que por se fazerẽ camaras sobejas vão os homes mall agasalhados, e posã por iso adoeçer, e ir mall tratados. E isto vos ẽcomendo muito, e mando que façaes asy comprir, sẽ embarguo de quaesquer mais alvaras que laa aja, asy de liçenças pera vinhos como de camaras; porque minha tençã he, quando paso taaes alvaras, não perjudicar ao gasalhado das mercadorias e mantimentos, nẽ se ffazerẽ camaras nos lugares de que Reçeba perjuizo o gasalhado da gemte, nẽ se ffazerẽ aas pesoas de menos calidade, sallvo depois de gasalhados os ffidalgos e pesoas que o mereçã. E esta mãdareis asy noteficar aos meus offiçiaaes d'esas casas, e se Registaraa nellas; a quall mando que se cumpra, asy nesta armada como nas que ao diante se fezerẽ pera a Imdia; e que quaesquer alvaras meus que laa forem de licenças pera as ditas camaras e vinhos não comprão, sallvo na maneira e ordem que nesta carta se contem. Manoel da Costa a ffez, em Evora, a IX dias de fevereiro de 1533. J. Fernam d'Alvarez a fez escrever.

   Rey.

Pera o cõde da Castanheira.
   (On Reverse Side)
   Por elRey.
A dom Antonio d'Ataide, conde da Castanheira, e veador de sua ffazenda.   J.

56

COMDE, amiguo. Eu, ellRey, vos emvio muito saudar. Vy a carta que me escrevestes de viiii dias d'este mes, em que me daes cõta da disposyçam em que estam estas quatro naos que, prazendo a Noso Senhor, ham de ir diamte, e asy da Repartiçam dos mestres e pillotos de todas sete, que tudo estaa tam bem feyto e ordenado como cõpre a meu serviço; e vos agardeço muyto o bõo cuydado que de tudo tendes. E porque Bernalldo Pires nom he quaa, e poys quaa nẽ llaa estaa, pareçe que nom ira este ano; e pareçeme bem ir Agostinho Fernandez; e se for desarrazoado, e diser ou fazer cousa por que vos pareça que mereça Represam ou castiguo, ey por bem que ho mãdeis prender, e ir preso na naoo, ou façaes niso o que vos bem pareçer; e asy a quaesquer outros a que vos pareça necesaryo, trabalhamdo primeiro de ir cõ elles por bem quanto mais poderdes, como sey que ho fareis; e o que niso fezerdes, averey por muy bem feyto, e me averey por bem servido.

Quanto há naoo Bom Jhesus, que dizeis que foy nomeada a dõ Francisco de Noronha, nom se fez, senam pareçe, do que tinheis afyrmado, ir por capitayna a naoo Çirne. Direis de mimha parte a dõ Francisco que vaa naa que lhe nomeardes; porque elle nõ Recebe niso agravo, e deve de ser cõtente de ir na naoo que lhe for nomeada por vos, allem de o eu asy mandar e aver por meu serviço; e asy ey por bem que se faça, e que se nõ mude a Repartiçam que tendes feyta dos mestres e pillotos, por que me pareçeo muy bẽ; e quero que se cumpra como estaa.

Ayres Fernandez vay despachado do seu negoçio que Requeria, e follgey de lhe fazer niso merce; e tambem Requeria que lhe mandase dar trezẽtos cruzados por viajem, posto que estas quatro naoos sejam mais pequenas; e pareçeme que neste elle e os outros tem Rezam, e que, por eu aver por meu serviço de mãdar fazer as naoos mais pequenas, os pillotos e mestres que ho mereçerẽ nõ devẽ de perder os hordenados que senpre ouverã. Por tanto ey por bem que aquelles que sam mestres e pillotos, que acostumẽ de ir em naoos grandes as viajẽs pasadas, ajã agora nestas os mesmos ordenados de grandes, posto que sejam mais pequenas; e vos o mandareis asy cõprir. E a Martĩ Fernandez, pelo que me escrevestes, ouve por bem de fazer merçee de cinquenta cruzados; os quaes lhe mãdareis dar, e cõ esta vay mandado pera serẽ lançados em cõta a João Gomez.

O que pasastes cõ os mercadores estaa muy bem feyto; e por outra carta vos tynha escripto sobre o galleã Trindade. Em todo fareis o que vos milhor e mais meu serviço parecer, fazẽdolhe a elles o favor onesto como seja Rezam.

Agardeçovos muyto o que me escreveis sobre Amtonio Vaaz. Eu mando fazer dilligencia pera se lhe dar o castiguo que mereçe; e como for feyto, vollo escreverey.

Vejo o que pasastes com Antonio de Brito, e como diz que nom quer ir há India. Nom imdo elle, ey por bem que, na naoo de Fernam Gomez ẽ que ouvera de ir, vaa por capitão Antonio Gallvam. Emcomendovos muyto que digaes a Fernam Gomez que lhe teerey em serviço ser d'iso cõtente; e eu lhe escrevo esta carta que lhe dareis; e trabalhareis cõ elle que follge de o fazer, porque Antonio Gallvã he pesoa que, allem de fazer todo o que compre a meu serviço, oulhara por sua fazenda.

Agardeçovos muyto todo o que me escreveis que pasastes com Onorato, e Receby prazer em vos afirmardes que em todo follga de me servir. Eu Respondo ao governador há sua carta, que toda via lhe mando ẽtregar os cinquo Françeses dos que vyeram da costa do Brasill; por que o que se pos na carta, de serem da costa da Mallageta, diz o cõde do Vimioso que foy porẽ erro. Encomẽdovos que, em todo o que vos bem pareçer, o favoreçais de maneira que elle conheça que tenho cõtentamento de seus serviços. Fernam d'Allvarez a fez, em Evora, aos X dias de fevereiro de 1533. J.

     Rey.

Reposta ao Cõde da Castanheira.
   (On Reverse Side)
   Por elRey.

A Dom Amtonio d'Ataide, comde da Castanheira, e veador de sua fazenda.

57

COMDE, amiguo. Eu, ellRey, vos emvio muito saudar. Dom Pedro Mazcarenhas me escreveo, que lhe pareçia que, emquanto Diogo Mendez, irmão de Francisco Mendez, nõ he acabado llivrar dos casos que em Frandes lhe foram postos, nõ devia de tratar tam grosamente como d'antes fazia, nem lhe devia de ir tanta fazenda há naoo; e por quam imcertas sam as cousas d'aquelas partes, me pareçe bõõ aviso o de dõ Pedro, e que nom deve de ir tanta fazenda como vay há naoo do dito Diogo Mendez, pelo Risco que podera correr, em quamto nõ for llivre dos ditos casos. Emcomendovos muyto que mandeis chamar Francisco Mendez, e lhe digaes da minha parte que, por segurança de sua fazenda, nõ deve de mandar tamta há naoo de seu irmão; e que, em quamto nõ tem sentença de llivramento, a deve de Repartyr por outras pesoas; por que, depois que for llivre, o podera fazer como d'antes fazia. E tanbem de vosa parte lho acõselhay; por que, allem de a segurança de sua fazenda ser tanto meu serviço, elle o deve de fazer pelo que lhe compre. Fernam d'Alvarez a fez, em Evora, aos Xiii dias de fevereiro de VcXXXiii. J.

     Rey.

Pera o cõde da Castanheira, sobre Francisco Mendez.
   (On Reverse Side)
   Por elRey.

A dõ Amtonio d'Ataide, comde da Castanheira, e veador de sua fazenda.

58

COMDE, amigo. Eu, elRey, vos emvio muito saudar. Ey por bem que, dos çem mill cruzados que os mercadores d'este derradeiro comtrato sam obrigados pagar amtes da partida da armada da Imdia, lhes sejam tomados ẽ pagamento vinte mill cruzados que tem em Sevilha,[1] e que as letras d'elles se emtregem a Bertolameu Drago, cavalleyro de minha casa, pera os lla ir Requerer.[2] Emcomemdovos muito que mamdeis logo Requerer[2] a Joham Gomez, thesoureiro d'esa casa, as ditas letras, e carregar sobre elle, em Recepta do quall as Recebera o dito Bertolameu Drago, e lhe dey para[3] seu credito[4] atee lhe emtregar o dito dinheiro; e isto mamdares ffazer logo, pera que se nam detenha. Cosme Annes a fez, em Evora, aos Xiii dias de fevereiro de 1533. J. Sam vinte mill cruzados os que ora am de dar ẽ Sevilha.

      Rey.

Pera o cõde da Castanheira, sobre estes XX mill cruzados que os mercadores do cõtrato dã ẽ Sevilha.

    (On Reverse Side)
    Por elRey.

A dom Amtonio d'Atayde, comde da Castanheira, e veador de sua fazemda.

59

COMDE, amiguo. Eu, elRey, vos ẽvio muito saudar. Bẽ sereis lembrado que, quamdo se casou este contrato da pimenta, fficou asentado de os mercadores pagarẽ do dinheiro d'elle ao Ifante dõ Luis, meu muito amado e preçado irmão, todolos seus dinheiros d'este anno, aos tempos e pella maneira que elle ordenase. E porque o Ifante emviara ora laa hũu seu criado sobre

---

[1] Abbreviated *sa.* in the MS. Palha resolves it into *Sevilha*, which accords with the statement at the end of the letter.

[2] R^{er} in the MS. Palha has *Receber*, but it may well stand for *Requerer*.

[3] Difficult place to read. It could easily be *deyxara*, as the *p*'s and *x*'s are very much alike. Palha has it as in the text above, but this is then the first use of *para*. One might suggest *lhe deyxara a seu credito*.

[4] MS. has *cto*. Palha reads it *creto*.

este pagamento, muito vos ẽcomẽdo que mandes loguo chamar Jõ Carlo, Francisco Mẽdez, e Diogo Martines, e asentay com elles o que cada hũ ha de pagar e que lho paguem; e do que asy pagarem, lhes mãdareis por as pagas nos meses que vos bẽ pareçer; e o Ifante, meu irmão, vos espreve sobre isto, e manda Recado da contia do dinheiro que laa toma, de que as provysões irão a Jõ Gomez. Manoel da Costa a fez, em Evora, a Xiii dias de fevereiro de 1533. J.
    Rey.

Reposta ao cõde da Castanheira, sobre estes dinheiros do senhor Ifante dõ Luis. J.
   (On Reverse Side)
   Por elRey.
A dom Amtonio d'Atayde, comde da Castanheira, veador de sua fazenda.

60

CONDE, amiguo. Eu, elRey, vos envio muyto saudar. Vy a carta que me sprevestes, e asy as que sprevia Lopo Sumido a seu pay e cunhado; e porque, segundo diz na de seu pay, parece que spreve outras como me dizes, vos encomendo muyto que vos lhe diguaes, como de vos, que sabes que seu filho lhe spreve algũas cartas, e porque, pera seu descanso e bem de seu filho, he necesario de volas ele amostrar, ou volas dar, pera as eu veer, o que se ele nam quisese fazer, eu averia d'iso muyto desprazer; pelo que lhe Roguaes que loguo volas dee, pera mas enviardes, ou volas amostre, cõ as outras mais palavras que vos pareçer necesarias pera volas dar, ou amostrar, e de maneira que nom Receba niso muyta afronta. E nã o querendo asy fazer, mostrarlheys que faz mall, e pasareys por iso sem outra sua afronta.

E quãto ás cartas que dizes que estam em mão do feitor, que sã de Jorge Rodrigues, que vinhã com a sua que ca me enviastes, vellareys e vereys o que dizẽ, se toquã a este Lopo Sumido, seu irmão, e, se sam de outras pesoas, dem se a seus donos. Pero d'Alcaçova Carneiro a ffez, em Evora, a Xiiii dias de fevereiro de 1533. J.
    Rey.

Reposta ao cõde da Castanheira.
         (On Reverse Side)
A dom Antonio d'Atayde, conde da Castanheira, do seu conselho, e veador de sua fazenda, etc. J.

61

COMDE, amiguo. Eu, ellRey, vos emvio muito saudar. Vy a carta que me escrevestes por Pero Llopez de Sousa, e asy vy o trellado do Regimento que emvyaes a Paullos Nunez, que me pareçeo muy bem; e vos agardeço muyto a presteza cõ que se fez. Pero Lopez me deu cõta do que era necesario sobre Manuel de Braga e Vincente Martines, pilloto, e lloguo mãdey fazer as provysões necesarias, que vos cõ esta emvio. E pareçeome bem o que me escrevestes pella derradeira carta, se nõ ir a provisam secreta, e que Pallos Nunez tomase laa o trellado da de Duarte Coelho; e ao mesmo Duarte escrevo que lha dee e vos tambem lhe emviareis pera iso Recado.

Receby prazer com o que me escreveis de ser jaa casy asentada toda a gente das quatro naoos que ham d'ir primeiro, e pera poderem ir esta semana pera Bayxo tam prestes que se nõ posa dizer o que se dise em allgũas armadas pasadas, que se punham em Bayxo. As cartas pera a India vos iram dentro nesta semana, prazendo a Noso Senhor. Emcomẽdovos muyto que, pois estam tam cedo, prestes trabalheis por nõ perderem tenpo. E dõ Gonçalves Coutinho he jaa llaa, ha quatro ou çimquo dias, e nõ amda quaa pesoa allgũa por que ellas ajam de sperar.

Vy todo o que dizeis que pasastes cõ Fernam Gomez, e asy o que d'amtes tinheis esprito a Fernã d'Alvarez per Symão da Veygua, e a carta que o mesmo Fernam Gomez escreveo a Fernam d'Alvarez; e porque Antonio Gallvã he llaa ido fallar cõvosco, e cõ elle pareçeo Rezam, antes de se dar Reposta a Symão da Veyga, ver outro Recado voso, pera saber se, depois que llaa foy Antonio Gallvã, he Fernã Gomez cõtente que elle vaa na sua nãao. Ecomendovos muyto que, com a moor brevidade que for posyvel, que escrevaees se ha nisto allgũa mudança; e se vyrdes que Fernã Gomez nõ he cõtente de ir o dito Antonio Gallvã, e que tem a neçesydade que dizeis da parte, que Symão da Veygua, ou outro por elle, metem na sua naoo, o diguaes lloguo llaa ao mesmo Antonio Gallvã, pera elle saber que se nõ pode fazer força ao mercador, ẽ teer Rezam de se agravar, e fazer fũdamento de sua ẽbarcaçam a quall lhe vos mandareis dar; e mãdayme lloguo vosa Reposta do que nisto pasardes, pera cõ ella mãdar Respõder a Symão da Veyga, que mandey esperar ate vyr este Recado.

Vy o que dizeis do cabedall d'esta armada; e pela cõta que fazeys devem de ir setenta mill cruzados ẽ todallas sete naoos; e porque, pelas cartas que Nuno da Cunha espreve, como sabeis que ha llaa na India necesydade por as muytas despesas que se fezeram, e por nõ poder falleçer dinheiro pera acarregar e se pagarem allgũas das divydas que se llaa devẽ há gemte, averey por meu serviço que vam oytenta mill cruzados de cabedall, e mais allvaras meus de credito, pera poder llaa tomar atee vỹte mill cruzados, porque tudo me pareçe necesario. Ẽcomẽdovos que façaes fundamento dos ditos LXXX mil cruzados em dinheiro, e que trabalheis por nõ irem menos; e nestas quatro naoos vam eses quarenta e cĩquo mill cruzados; e, podendo ir cĩquoenta mill, Receberey cõ iso prazer, Repartydos por ellas iguallmente, porque vam mais çedo; e nas outras tres iram XXX mill cruzados; e por esta maneira manday fazer, porque asy o averey por meu serviço.

Fernam d'Alvarez me fallou em Affonso Annes Dastim [1] pilloto; e porque na sua petiçam dizia que vençia sua moradia, tinha mandado que se lhe dese e a vencese ẽquanto servise nesta vyajem, ou o que nela mõtase, e pelos llivros das [2] se vyo que era filhado sem moradia nem casamento. Por yso nõ ouve efeyto a merçe que lhe fazia. E pelo que me escreveis, vos ẽvio hũu mãdo pera João Gomez de trinta cruzados, o que vos lhe mãdareis dar; do que lhe faço merçe allem de seu ordenado; e podeis lhe dizer, quando eu tomar outros por meus criados, me llẽbrarey de seu filho.

Tambem me fallou sobre Gonçalvo Moreira, que he preso na cadea d'esa cidade e degradado pera a Ilha de Sam Tome pera senpre, sobre que lhe escrevestes pera lhe mudar o degredo pera a Imdia; e por o caso de sua prisam ser muy grave, que foy por morte de hũu Guaspar Correa, que foy seu capitão de hũu navio,

---

[1] Or *d'Astim* (?).
[2] Palha writes *ita* here, and there must be something wrong; probably *moradias* should be supplied.

e sobre Rezões que ouverã lhe foy posta a sua morte, pareçeo que se lhe nõ devia de mudar o degredo nẽ fazerlhe niso favor.

A Diogo d'Allmeida e Bernabe Drago, que tinham as capytanias das caravellas da India pera Çofalla, mandey dar outras caravellas pera servirẽ nellas na India, e Ronper as cartas que tinham, por o aver asy por meu serviço; e lloguo os mandey despachar pera se tornarem. Quanto ao llanço que vos fazem nos tratos de Guinee, eu averey por meu serviço que se arrendem. Emcomẽdovos muyto que sendo cõ cõdicões que se devam aceytar, o Recebaees cõ allgũus dias, pera me mãdardes primeiro mostrar; ou me ẽviay os apontamentos que sobre yso vos derem, pera o eu ver; e quãdo se Reçeber, seja pera andar em aberto os mais dias que poderdes. E asy follgaria que se emtendese no trato da Ilha de Sam Tome, por cõtrato ou arrendamento. Fernam d'Alvarez a fez, em Evora, aos XVi dias de fevereiro de VcXXXiii. J.

              Rey.

Reposta ao cõde da Castanheira.
  (No Entry on Reverse Side)

62

COMDE, amigo. Eu, elRey, vos emvyo muito saudar. Symão Vãz de Pavya vay lla pera trazer as letras do que os mercadores d'este comtrato sã obrigados pagar em Framdes. Emcomẽdovos muyto que lhe mamdeis empregar letras, por duas vias, do que cada hũu he obrigado pella Repartição que fizerã, pera que o dito Symão Vaz levar a hũa via, e deixar a outra a Fernam d'Alvarez, meu thesoureiro moor, pera ha mãdar por outra vya. E isto mamdareis fazer logo; porque, tamto que ella vier, ha de partir pera Framdes. Cosme Annes a fez, em Evora, aos Xvii dias de fevereiro de 1533. J.

              Rey.

Pera o cõde da Castanheira, sobre as letras pera Framdes d'este cõtrato.

  (On Reverse Side)
  Por elRey.

A dom Amtonio d'Ataide, comde da Castanheira, veador de sua fazenda.

63

COMDE, amiguo. Eu, ellRey, vos emvio muito saudar. Pera allgũus negoçios que comprem a meu serviço sam necesarios na corte da Roma, õdequer que ho noso Santo Padre estiver, quinze mill cruzados, pera serem emtreges a dom Martinho de Portugall, meu embayxdor. Ẽcomendovos muyto que dos herdeiros de Joam Francisco, ou de quaesquer outros mercadores que vos pareçer que ho milhor posam fazer, ajaes lletras de credito pera serem dados na corte do papa ao dito dõ Martinho os ditos quinze mill cruzados, ou a parte que elle d'elles ouver mester; e do que llaa tomar cõ seus conhecimentos se pagarẽ quaa, ou tomarã em cõta do que deverẽ, cõ o cãybo que custarem. E estas letras ẽviay lloguo pela posta, porque estaa o correo despachado e nom espera por outra cousa; e cõ esta vay hũu mandado meu pera os herdeiros de Joam Francisco, se os d'elles tomardes. Porem, vos os tomareis de quem vos milhor pareçer. Fernam d'Alvarez a fez, em Evora, aos XViii dias de fevereiro de 1533. J.

Alem d'estes quinze mill cruzados sam mais necesarios setentos e dezaseis mill e oyto cẽto e quarenta reis pera ordenado de seis meses e meio, de que vam provisões pera Jorge Gomez os dar por lettra em Genoa. Ẽcomẽdovos muyto que ajaes tambem lletra d'elles dos ditos herdeiros de Jõ Francisco, ou de quaesquer outros mercadores, e as emvieis a Fernam d'Alvarez, pera lhas levar o mesmo correo; e ao tempo que vyer o conhecimento do dito dõ Pedro se poderã levar em cõta ao mercador que ho der.

   Rey.

Pera o cõde da Castanheira.
   (On Reverse Side)
   Por elRey.
A dom Amtonio d'Ataide, cõde da Castanheira, do seu comselho, e veador de sua ffazemda. J.

64

COMDE, amiguo. Eu, elRey, vos emvio muito saudar. Meu amo me escreveo a disposyçam em que estavam as obras que mandey fazer nesa cidade, e o que nellas he feyto, e me escreveo que por allgũas cousas que se nellas acrecenteram eram necesarios todo os dous mill cruzados que mandey ẽtregar em Joam Gomez a Francisco Lopez, allmoxarife das ditas obras. E porque eu tynha sprito a Joam Gomez que lhe descontase d'elles cento e oytenta millreis, que Francisco Lopez Recebeo de certos dinheiros que vyerã da Ilha de Madeira, vos ẽcomẽdo muyto que mandeis ao dito João Gomez que lhe ẽtrege todos os ditos dous mill cruzados, sem descõtar os ditos CLXXX milreis, como lhe tinha escrito, por que me espreveo meu amo que todos sam necesarios. Aallem d'isto lhe mandareis mais emtregar dozentos millreis pera hũa nave das terçeenas da Porta da Cruz; por que se acabou agora hũa; e por ser obra tam proveytosa e necesaria, querya que se fezese lloguo outra. E todo este dito dinheiro se entregara por seus asynados, que he neçesario, e asy se decrara nos vosos mãdados. Fernam d'Alvarez a fez em Evora, aos XXiii dias de fevereiro de VcXXXiii. J.

    Rey.

(On Reverse Side)
  Por elRey. J.
A Dom Amtonio d'Atayde, comde da Castanheira, do seu comselho, e veedor de sua fazemda.
Por virtude d'esta carta delRey noso senhor, sprita a Xviii dias d'abryl de 1533, ey mandado pera Joam Gomez dozẽtos millreis a Francisco Lopez; e não foy mays cedo porque não Requeryo mays çedo, nẽ teve necesidade d'eles.

65

COMDE, amiguo. Eu, ellRey, vos emvio muyto saudar. Vy a carta que me escrevestes de XIX d'este mes, e quanto há naoo de Fernam Gomez, pelas Rezões que em vosa carta apõtaes, ey por bem que Symãoo da Veygua vaa por capitãoo d'ella, asy como o dito Fernam Gomez o apresẽtou; e lloguo lhe mandeys fazer a provisam neçesaria. E a Amtonio Gallvam direis da minha parte que, se nom pode quebrar o cõtrato ao mercador, nem tomarselhe a naoo cõtra sua vontade, que follgarey que elle vaa agasalhado em qualquer naoo que quiser, como dantes hya; e vos lhe mandareis dar o gasalhado que lhe for necesario, o milhor que se poder fazer.

O que fezestes com Agostinho Fernandez, pilloto, ouve por muy bem feyto, e Reçeby prazer do bõo modo cõ que se fez; e eu averia por mais meus serviço ir outro pilloto na naoo de Jorge Llopez, se se podese achar, e ella ficar asy como estaa, ate se ver o que se niso deve fazer. E quando nom ouver outro pilloto, fazey niso o que vos bem pareçer; porque o que vos fezerdes, averei por muyto bem feyto, e como cõpre a meu serviço.

O que dizeis d'Antonio Bello e Diogo Nunez me pareçe bem; e, por õtem e oje serem santos, se nom fez quaa a dillegençia cõ Diogo Nunes, a qual se fara amenhãa, terça feyra. Manday ao feitor e ofiçiaes que quarta feyra prendam llaa Antonio Bello; e ao tempo da prisam lhe daram juramento que [decrare][1] toda a fazenda que tem, e os llugares õde estaa, e escrevera toda. E se fara lloguo penhora por minha parte por ficar primeira que as que se fezerem pelas outras dividas; e a mesma decraraçam da fazenda fara quaa tambem o procurador dos meus feytos cõ Diogo Nunez; e como a dilligeçia quaa for feyta, volla ẽviaram.

Pareçeme bem ir Vicente Gonçalves, pilloto, por capitão das naoos em que vay a pimenta dos mercadores, e foy muy bem oulhado tomarse asynado d'elles, como o querem e nomeam. Cõ esta vos envio o allvara de poder pera o obedecerem nesta vyagem.

Fernam d'Alvarez me mostrou a carta que lhe escrevestes sobre a naoo de Jorge Llopez, que tinheis divida de poder ser prestes lloguo pera ir com as primeiras, como estaa asẽtado; e quereis saber se averia por meu serviço, por se as primeiras nõ deterem, fycar esa de Jorge Llopez, pera ir cõ as derradeiras, pelo Reçeo que tinheis da mudança do tempo. E por agora ser tam cedo como he, e o tempo, Deus seja llouvado, estar tam asentado, vos ẽcomẽdo muyto que trabalheis por yrem todas quatro como estava ordenado; porque, ainda que por yso se detemsem allgũus tres ou

---

[1] Supplied from Palha. Almost impossible to be read in MS.

quatro dias mais, Receberey prazer que vam todas quatros. Agardeçovos muyto fazerse asy, porque o averey por muyto meu serviço.

A certydam que emviastes pera os quatro centos mill cruzados de Frandes vynha muy bem feyta; e o que dizeis que hya na carta que vos escrevy, que se pedisem lletras aos mercadores, foy por erro. A vya que ha d'ir nestas primeiras naoos asynarey amenhãa, prazendo a Noso Senhor, e lloguo se emviara. Ao mais de vosas cartas nõ ha que Respõder. Fernam d'Alvarez a fez, em Evora, aos XXiiii dias de fevereiro de 1533.
    J.
     Rey.
Reposta ao cõde da Castanheira.
   (On Reverse Side)
     Por elRey. J.
A dõ Antonio d'Atayde, cõde da Cas., veador de sua fazenda.

66

COMDE, amiguo. Eu, ellRei, vos emvio muyto saudar. Eu, por me pareçer muyto meu serviço, vos emcomẽdo e mãdo que façais fazer nesta armada, que Noso Senhor leve e tragua a sallvamẽto, aos oficiaes da casa da India hũua certidam pera Nuno da Cunha, meu capitaam moor e governador das ditas partes, porque lhe certefiquem e façam certo quamta pimenta e droguas ficam na casa, todas nomeadas por seus nomes, pera se prover do que ouver mais necesidade; a quall certidam ey por beem que mandeis de se fazer pera o dito capitam moor, allem da que se na dita casa faz por ordenança; a quall vos ẽcomendo muyto. Bertollameu Fernandez a fez, ẽ Evora, a XXV dias de fevereiro de 1533. J.
    Rey.

Pera o cõde da Castanheira, sobre certidam que lhe V. A. mãda que faça fazer da espeçiaria aos oficiaes da casa da Ymdia. J.
   (On Reverse Side)
Por elRey.
A dom Antonio d'Ataide, conde da Castanheira, do seu conselho, veador de sua fazenda, etc. J.

67

COMDE, amiguo. Eu, ellRey, vos emvio muito saudar. Vy a carta que me escrevestes do derradeiro de fevereiro, em que me fazeis saber como as quatro naoos estam de todo prestes, que nom esperam senam pellas vias e por tenpo; e que as outras tres o serem tambem muy çedo. As vyas vos emvio per este moço d'estribeira; o tenpo espero em Noso Senhor que he de tall cõ que nõ façam detença, e pera irem todas a sallvamento, pera vos teerdes tamto cõtentamento de voso trabalho, como eu tenho da võtade cõ que sey que ho fazeys, e a dilligencia que se em todo daa. As outras tres vos emcomẽdo que, cõ a moor brevidade que poderdes, llançeis fora esoutras tres, e vos venhaes embora; por que de vosa vỹda ser o mais çedo que for posyvell, Receberey muyto prazer.

Vy o que mandastes fazer sobre a fazemda d'Antonio Bello, e o que se fez estaa bem feyto. Se vos pareçer que he escusado ser preso, averey por bem que se nom prẽda, e que niso se faça o que vos hordenardes; e escreveyme se vos pareçer que se deve de llevamtar a menajem a Diogo Nunes, seu padastro, a quẽ se quaa tomou, pois a divida estaa segura pella fazenda.

Pareçeme bem ir o aviso a Duarte Coelho per hũa caravella pescareza, como dizeis, pois ho tenpo he jaa curto, e se o nom achar na costa da Mallageta. Ira a caravella ate o Brasyll cõ Recado que se cumpram as provisões que lhe vam, e se venha lloguo hás Ilhas sem nemhũa detença. E das duas vias que llaa tendes pera o dito Duarte Coelho, ira hũa pela caravella e outra pelo navio, cõ Recado que quallquer d'elles que ho nõ achara, torne a casa.

Fernam d'Alvarez me mostrou o apontamento que lhe emviastes, que vos deu o doutor Luis Mendez, dos çem quintais de pimenta, de que dara lloguo dous mill cruzados em dinheiro, e o mais nas dividas que diz que lhe devem, e que dara cõsentimento dos mercadores do cõtrato. Averey por bem que, dando elle o cõsentimento dos ditos mercadores, que se faça porem antes de lhe dardes d'iso pallavra. Vos mostrara o dito cõsentimento asynado por elles, e quando vos cõ elle Requerer, lhe mãdareis fazer venda dos ditos cem quintaes, cõ decraraçã que dee lloguo das dividas de Manuel Velho e Bras d'Araujo seus creditos¹ ẽ forma; e os oytenta millreis ẽ outras dividas, e o que d'isto nõ ẽtregar, o pague a dinheiro cõtado.

Das cousas que escrevestes a Fernã d'Alvarez, que sam necesarias pera a armada do ano de VcXXXiiii, mãdey lloguo fazer provisões pera o Porto; e elle ẽvia Recado pera se llaa darem sete myll cruzados por em quanto pareçe que seram pera ellas necesarios. Agardeçovos muyto o cuydado que d'iso tendes, e cõ taes dilligençias sam certo que as armadas, cõ ajuda de Noso Senhor, partiram a seus tempos. E todo o mais que escrevestes a Fernã d'Allvarez pellas cartas que me mostrou vos agradeço muyto; e a lletra de credito do dinheiro pera a corte de Roma vos ẽcomendo que venha lloguo cõ dilligençia, por que compre muyto a meu serviço; e o correo nõ espera ha dias por outra cousa.

Pareçeome bem o que escrevestes sobre se nõ arrendar o Ramo da India; e lloguo mandey fazer provisã pera dõ Rodrigo que ho nõ arrendase. Cõ esta vos vay provisã pera se arrecadar na casa, tanto que se acabar o arrendamento que corre. Fernam d'Alvarez a fez, em Evora, ao primeiro dia de março de VcXXXiii. J. A folha que me ẽviastes da Receita e despesa da casa vos agardeço; ate agora nõ ouve tempo pera a ver toda.

     Rey.

Reposta ao cõde da Castanheira.
   (On Reverse Side)
   Por elRey.
Ao comde da Castanheira, veador de sua ffazenda.

68

COMDE, amiguo. Eu, ellRey, vos emvio muito saudar. Hũu mestre Joam Jorge que fez os moynhos de dõ Garçia de Noronha me dise que da Ponte de Boa Vista, õde estam as casas dos Allemãees, ate a Ponte das Casas de Samtos se poderiam fazer hũus moynhos que moesem cõ quinze pedras ou mais; e porque esta obra pode ser proveytosa e necesaria pera bem da cidade, esprevo a meu amo que veja o sytio que este mestre Joam diz, e

---

¹ The MS. has *ctos*.

o que esta obra podera custar e Render, e que estee cõvosco e pratique todo o que achar. Encomendovos muyto que esteeis cõ elle, e vejaes tambem o mesmo sytio, e o que vos pareçer da obra, e vejaes a carta que lhe sobre ysó esprevo. E em especiall vereis que, fazẽdose estes moynhos, podia perjudicar ao porto d'esa cidade ou nam; porque o mesmo mestre diz que antes lhe fara proveyto. E llevareis a iso Pero Affonso Dagiar, que ho deve d'entender e nam outra pesoa; porque nõ queria que se soubese que mando ver ese sytio, nem fallar nesa obra, ate se tomar asento se se deve fazer ou nam. E agardeçervos ey muyto escreverdes me d'yso o voso pareçer, depois que todo teverdes bem visto e sabydo. Fernam d'Alvarez a fez, em Evora, ao primeiro dia de março de VcXXXiii. J.

    Rey.

   (On Reverse Side)
   Por elRey.
A Dom Amtonio d'Atayde, comde da Castanheira, e veedor de sua ffazenda.

69

CONDE, amigo. Eu, elRey, vos envio muyto saudar. Antre as cartas da India vinha hũua de Vincente Pegado. Devera de ser vista das primeiras por aver nela muytas cousas a que se podera prover este anno; e por ja nam aver tempo, e aver muyta necesidade d'algũũas, vos quis esprever esta antes que á dita carta se Responda, pera verdes se pode aver maneira pera lhe acodir cõ mantimentos, e cõ aquilo que verdes que compre, conformandovos cõ os Registos dos libros da casa e dos almazẽes que se foy a levar ou se levou, algũus annos a, a esta ffortaleza. E ele diz que, por o veador da fazenda da India lhe nõ mandar aquele anno hũu navio, que cada anno lhe ha de enviar, segundo lhe tenho mãdado que o faça, Çofala e Moçanbique estam muy apertados e ẽ grande necesidade; e se o anno que vinha, que he este que pasou de XXXii, lhe nõ mandasẽ o dito navio, que coreria muy grande Risquo de se perder. E nõ declara as cousas que lhe devia de mandar; soomẽte diz que, sendo aqueles fortalezas bẽ providas, ainda pela maldade da terra nõ avia homẽs que podesẽ sobir ao muro, quãto mais sendo tam mal providos, se perderiam de todo; e que por iso era Rezã que lhe mãdasẽ mais algũua gente, porque sempre avia aly necesidade d'ela. Pelo que vos ẽcomẽdo que mandeis a estas naos primeiras, de minha parte, que vã por dentro e toquem Moçanbique, e lhe mandes nelas algũus mãtimẽtos se for posyvell de se nelas poder caber, e nõ podendo se, mandes ao capitã moor que, achando Moçambique ẽ grande necesidade d'eles ou achando nova que Çofala o estaa, que dos que levarẽ nas naos partã com eles todo o que for posivell. E sendo caso que o dito capitã mor nõ toque Moçambique, o que prazera a Deus que nõ sera, e que levarã todos muito bõa viagẽ, e iram todos juntos, mandares a quallquer dos outros capitães que cada hũu o faça asy da sua nao, e lhe dee o mãtimẽto que poder escusar. E asy mesmo mandares ao dito capitã moor de minha parte e por Regimẽto voso, que lhe dares, e asy a cada hũu dos outros capitãs, ẽ que se contenhã todas estas cousas, que se acharẽ que tẽ necesidade de gẽte, que das dytas naos lhe leixẽ a necessaria pera as ditas fortalezas da gente de soldo que levam. E da que ficar ahy, levarã hũu caderno asinado pelos oficiaes, que apresẽtarã ao veador da fazenda, pera os mandar Registar declaradamẽte que ficã ẽ Çofala e ẽ Moçãbique, vencendo seus soldos, e se nõ vẽcerã ẽ duas partes, o que se pode fazer se asy nõ Registarem, se o quiserẽ furtar, o que nõ sera. Emcomẽdovos que nisto dos mãtimẽtos façaes todo o posivell; e se nestas naos nom poderẽ hyr, vã nas deradeiras, pela grãde necesidade em que podem estar d'eles.

O dito Vincente Pegado me spreveo que o seu piloto e o seu mestre levavã cada hũu sua carta, feitas ẽ Lixboa, as quaes hiam desconformes em muitas cousas, pondo as Ilhas e Moçambique e Çofala, hũua em mais graos e outra em menos, e que nenhũua d'elas punha aqueles baixos ẽ que se perdeo Manuel de Lacerda; e ele se vio cõ as ditas cartas ẽ grande confusã; e por acerto achou outra no navio que ha muytos dias que foy feita ẽ Lixboa, a quall tinha os ditos baixos; o que parece que quis Noso Senhor fazer pelo salvar, por que, se a nõ acertarã de levar, erã perdidos nelas como Manuel de Lacerda, dandome aviso do grande cuydado que avia de ter ẽ as cartas serẽ direitamẽte ffeytas. Ẽcomẽdovos que fales cõ Pedro Affonso, e nestas que agora vam façaes todo eixame a que o tempo der lugar, e depois pratiques a maneira que se deve ter d'aquy avante pera se fazerẽ estas cartas como cõvem, pera

com vosa emformaçã, despois que em bõa ora vierdes, o mandar ordenar. E asy me diz no mesmo capitolo que a nao de Manuel de Lacerda varou ẽ hũũas lagoas chãas, e que de baixa mar ficam dous palmos d'agoa soomẽte, de maneira que toda a artelharia, e cobre, e todas as outras mercadorias que cõ a agoa se nõ danasẽ, se podem salvar; e que eu lhe mãdase hũũ piloto pera ele o la mãdar ẽ navio que la tẽ, e se nõ fose, que ele se avia d'aventurar a iso cõ hũu dos pilotos que la tẽ. E porque lhe sprevo, que nã ey por bẽ que se aventure a iso, folgaria se achaseys algũu homẽ de mar, ainda que nõ syrva ainda de piloto,— e ha asy algũus que sabẽ, e no tempo conviniẽte sera muy pouco de fazer yrẽ aly de Moçambique — de lho mandardes ẽderẽcado pera iso; e vede se o que veo da Ilha de Sam Lourenço, que se perdeo cõ Manuel de Lacerda, e vay agora cõ hũu carego la pera a India, abastara pera o saber fazer. E porque esta carta se vio esta menhã, e o tẽpo he tam curto, vos sprevo desta maneira e nõ tam largo como o fizera acerqua de outras cousas que ele tãbẽ apõta, que nã sam tã necesarias. Pero d'Alcaçova Carneiro a fez, ẽ Evora, a viii dias de Março de 1533. J.
    Rey.

Pera o cõde da Castanheira.
  (On Reverse Side)
  Por elRey.
A dom Antonio d'Atayde, conde da Castanheira, do seu conselho, e veador de sua fazenda, etc. J.

70

COMDE, amiguo. Eu, ellRey, vos emvio muito saudar, como aquele que muyto amo. Vy a carta que me escrevestes, em que me daees novas de ser cheguada a naoo Raynha, de que vem por capitão Diogo da Sillveira; e asy de ser pasado Fernam Perez d'Amdrade com toda a armada a sallvamento, de que Receby tanto prazer como he Rezam. E vos agardeço muito a dillygençia com que me emviastes tam boas novas.

Depois me foy dada outra carta vosa sobre o que vos dise Diogo da Sillveira, de se poderem queymar as galles do Turquo que estam em Suez, e o avyso que d'iso deu, e a dilligençia que pos em sua vỹda por vyr a tempo, antes que a armada partise. Lhe agardeço as Rezões que apontaes em vosa carta, e voso cõselho, e pareçeo muy bem de lleyxar o negoçio ao capitão moor, pera o llaa praticar, e fazer como mais meu serviço lhe pareçer; e lloguo mandey fazer hũa carta pera elle, llenbrandolhe o negoçio, e emcomẽdolho muyto pera o teer mandar fazer, segundo a dysposiçam do tempo for.

Este criado voso lleva as vyas pera a India; e segundo o tempo estaa corregido, espero em Noso Senhor que a armada parta cõ elle, e vaa a sallvamento, como vam e vem as que sam feytas por vosa mão. Ao mais de vosas cartas nom ha que Responder, senam que Fernam d'Allvarez me mostrou hũa carta que lhe escrevestes da gerra de Mallaca, e da morte de Joam Rodrigues de Sousa, e de dõ Paullo; e de suas mortes Receby tanto desprazer como he Rezam. Fernam d'Alvarez a fez, em Evora aos X dias de março de VcXXXiii. J.

   Rey.

Reposta ao cõde da Castanheira.
  (On Reverse Side)
  Por elRey.
A dõ Antonio d'Atayde, cõde da Castanheira, veador de sua fazenda. J.

71

COMDE, amiguo. Eu, ellRey, vos emvio muito saudar. Fernam d'Alvarrez me deu cõta como lhe escrevestes que as quatro naoos partiram sesta feira, sete dias d'este mes, e sayram de fos em fora em muyto bõõ tempo. Muyto vos agardeço tam boa nova, e quã boa dilligencia se niso fez. E tambem soube pelo mesmo Fernam d'Alvarez quam marynheiros e bem arrumados hiam, e quam bem feyto tudo foy allem de partyrem ẽ tã bom tempo. Nestoutras tres vos emcomẽdo muyto que mandeis dar toda a presa que for posyvel por partirem e vos vyndes pera mỹ, porque cõ vosa vỹda Receberey muyto prazer.

Quanto ao cõtrato dos escravos que faz Affonso Nunez, eu vy as cõdições que a nova das do cõtrato[1] que estava feyto ẽ Allvito, e

---

[1] The sense of this clause is not obvious.

tambem falley cõ Lucas Gyralldo sobre os quatro mill cruzados que dise ha dias que devia; e porque me pareçe que sera mais meu serviço asentar este cõtrato quaa, vos emcomẽdo muyto que façaes cõ o mesmo Affonso Nunez que ho venha quaa cõcruir; e se venha quaa, porque vos estareis llaa tam poucos dias que depois de vosa vỹda se podera o cõcruir. E se vos pareçer necesario Affonso de Torres pera a cõcrusam do dito cõtrato, tambem lhe direis de minha parte que se venha quaa, pera o tempo que se ouver de tomar nella cõcrusam.

Quanto ha o que dizeis d'Antonio Bello, pareçeme bem nõ se prender; e quaa mãdarey tambem alevãtar a menagem a Diogo Nunez. E asy me pareçe bem o que dizeis, de mãdar que cousa que Antonio Bello faça na fazenda de seus irmãoos nõ seja valliosa; e porque Diogo Nunez me pidia tutor e curador dos filhos d'Antonio Bello hũu Tome de Payva, cavaleiro de minha casa, vos emcomẽdo muyto que saybays d'allgũas pesoas que homem he, e se sera pera yso; e sendo, direis de mynha parte ao corregedor Diogo Rodrigues, que tenho encarregado o dito Tome de Payva de tutor dos ditos horfãos; e nõ sendo pera yso, mandareis saber que pesoa avera nesa cidade que seja pera iso, e o queyra fazer, e o mãdareis nomear ao dito Diogo Vaaz.[1] E eu lhe escrevo que ha pesoa que lhe mãdardes nomear ẽcarrege d'iso; e como for nomeado a dita pesoa, se pobricara que se nõ negoçie cõ o dito Antonio Bello no que há dita fazenda toquar. E porque Diogo Nunes allega quaa, que a divida da casa he menos do que veyo na folha, mandareis lloguo fazer a cõta d'iso, como vos esprevy por hũa carta que elle llaa ẽviou, pera cõ vosa Reposta se acabar de despachar. Fernam d'Alvarex a fez, em Evora, aos XI dias de março de 1533.

O correo pera Bollonha era partydo quãdo as lletras chegaram, e cõ tudo mãdo que se llevẽ a dõ Martynho, porque pareçe que cõ ellas achara o dinheiro por milhor preço e cõ mais vantajem.

Vy o que escrevestes sobre o cõtrato que estava asynado na naoo de Affonso Torres, e o que vos sobre yso dise. A llẽbrança que tem o cõde do Vymioso e Fernam d'Alvarez he que nõ ficarã dias em aberto, depois de asynado, senam que por mão do mesmo Affonso de Torres. Foy Affonso Nunes cõtente de o solltar, e cõ seu cõsentimento e cõtentamento se desfez. Por yso pareçe que

---

[1] Perhaps for *Nunez*, mentioned a few lines previously.

nom ha escrupullo de cõciẽcia ẽ se dar agora a quem mais der, e se llevar a ventajem que fezerẽ. Fernam d'Alvarez a fez, em Evora, a Xi dias de março de 1533.
   J.
     Rey.

Reposta ao cõde da Castanheira.
   (On Reverse Side)
   Por elRey.
A dõ Antonio d'Atayde, cõde da Castanheira, veador de sua fazenda. J.

72

COMDE, amiguo. Eu, elRey, vos emvio muito saudar. Eu esprevy ao ministro da ordem de Sam Francisquo da provĩcia de Purtugall, que buscase allgũus frades que fosem há India nesta armada, por me escrever Nuno da Cunha que aavra necesydade d'eles; e elle me spreveo que hos buscaria e mandaria pera irẽ; e por o tempo ser tam curto, e a armada estar tam prestes, esprevo ao dito ministro que hos frades que tever, que poderem ir nesta armada, os emvie a vos. Emcomẽdovos muyto que, aos que emviar, mandeis dar ẽbarcaçam nestas derradeiras naoos; e asy lhe mandareys dar vestidos, e mantimentos, e livros, e todo o mais que lhe for necesario pera sua viajem, como se deu aos que forã nas armadas pasadas; do que se acharẽ as provisões em poder dos tresoureyros d'esas casas, ou lhe mãdareys dar o que vos bem pareçer; porque por ser o tempo tam curto, nõ poderã quaa vỹr tyrar despachos. E esta carta ẽviareys lloguo ao ministro, ondequer que estever; e lhe escrevereis quam curto he o tempo, pera vos llogo ẽviar os frades que pera esta ida tever ordenados. Fernam d'Alvarez a fez, em Evora, aos Xi dias de março de 1533. J.
                  Rey.

Pera o cõde da Castanheira, sobre estes frades que ham d'yr nesta armada.
   (On Reverse Side)
A dom Amtonio d'Atayde, comde da Castanheira, do seu comselho, e veador de sua ffazenda.

73

Eu, elRey, faço ssaber a vos, comde da Castanheira, veedor de minha fazemda, que eu são emformado que algũus capitães das naaos de minhas armadas que mando a a Imdia, despois de terem Reçebydo na minha casa da Imdia ho dinheiro do cabedall fechado nos cofres ẽ que custuma de ir, abriram os ditos cofres, e tirarão algũu dinheiro pera o depois laa pagarem de suas fazemdas, ho que eu ey por muy mall ffeito, e muyto comtra meu serviço. E querendo niso prover pera que se mais não faça, per este meu alvara defemdo e mando que nenhũu capitão, nem pesoa allgũua outra, a que o dito dinheiro for emtregue na dita casa fechado nos ditos cofres, depois de se averem por emtregue d'eles, não abram nẽ comsintã abrir os ditos cofres, nem tomẽ dinheiro algũu d'eles, posto que esperem de o pagar ẽ chegamdo ha a Imdia; e levem os ditos cofres, asy fechados como os Reçeberem, atee chegarẽ a a feitoria, omde os ouverem de emtregar; e laa os emtreguem e o dinheiro todo por imteiro sem faleçer cousa algũua; salvo quãdo na viagem acometeçese algũu caso tam fortoyto que de necesidade se ouvesẽ d'abrir, pera se do tall dinheiro fazerem algũuas despesas de muito meu serviço. E o que ho contrairo d'isto fizer, pagara loguo ẽ chegamdo há Imdia, sẽ mais delação allgũua, o dito dinheiro de sua fazemda, e mais não servira a qualquer carreguo ou ofiçio de que lhe tiver ffeito merçe, sem outra minha especiall provisão; e se for provido de capitania de naao, seraa sospemso d'ela, e provida outra pesoa da tall capitania, e aalem d'isto avera outra mais pena que minha merçe ffor. Noteficovollo asy, e mando que o mandeis asy noteficar gerallmente e Registar esto nos livros da dita casa da India, e nos do almazem se cumprir, pera a todos ser notoreo. Pero Amrriquez o fez, ẽ Evora, aos XV dias de março de mill Vc trimta e tres. E este se cumprira e guardaraa tão imteiramente como nelle he comteudo, sẽ embarguo de não ser pasado por minha chancelaria e da ordenaçam em contrairo.

Rey.

Alvara pera o cõde da Castanheira, sobre as penas que averão os capitães e pesoas que abrirem os cofres do dinheiro do cabedall das armadas da Imdia pera ver.

(On Reverse Side)[1]

Foy lido de verbo a verbo este alvara a Symão da Veyga, capitã da naoo São Roque, ao qual se noteficou que o cõprise aos XVI dias de março de 1533.

    Symão de Veyga.

Ffoy lido de verbo a verbo este alvara a dõ João Pereira, capitã mor das tres naaos, pera o cõprir; e pera corteza de como lhe foy notefycado, asynou aquy no dito dia.

           João Pereira.

Ffoy noteficado e lido pela dita maneira este alvara a Lourenço de Payva, capitã da naao Sãta Barbara, no dito dia.

           Lourenço de Paiva.

74

COMDE, amigo. Eu, elRey, vos emvio muyto saudar, como aquelle que amo. Eu soube ora do falecimento de voso filho, com que ouve muyto desprazer, e deves de louvar a Noso Senhor, pois se com yso ouve por servido, comformandovos com sua vomtade. E milhor foy em tall ydade, que em outra de que Receberes mais paixam. E por yso o nam deves tamto de sentir como me dizem, que nam pareçe cousa vosa, nem se deve d'esperar de vos. Eu mando João Diaz, meu capelão, a vos vesitar de minha parte; e o que acerca d'isto mais vos diser, lhe dares fe e creença. E muyto vos encomendo que logo vos venhaes o mais cedo que vos for posivell, por que de ho asy ffazerdes averey muyto prazer, e como tall vollo gradecerey muyto. O secretario Francisco Carneiro a fez, Evora, a viii dias d'abrill de 1533. J.

          Rey.

Pera o cõde da Castanheira.
  (On Reverse Side)
  Por elRey. J.
A dom Antonio d'Ataide, cõde da Castanheira, e veador de sua fazenda. J.

[1] All this following is in the hand of Antonio d'Ataide, except the signatures, of course.

75

EU, elRey, faço saber a vos, ffeitor e ofiçiaes da Imdia e Mina, e ao proveidor e ofiçiaes dos meus almazẽs, e a quaesquer outros meus ofiçiaes e pesoas a que o conheçimento d'este pertemçer, que o comde da Castanheira, veedor de minha fazenda, vay ora a a cidade de Lixboa, pera d'ahy despachar a armada da Imdia, que pera laa ha de partir, cõ a ajuda de Noso Senhor, ẽ fim do mes de setembro d'este anno presemte, e dar aviamento a tudo o que cõprir pera a outra armada, que pera a Imdia ha de partir no mes de março do anno que vem. E ey por bem que os capitães, pilotos, mestres, marinheiros e gemte do mar, que nas ditas armadas ouverẽ de ir, sejão asemtados nas ditas casas, cõ aqueles soldos e ordenados que ao dito cõde bem pareçer, e lhes seja paguo d'amtemão todo o que ele mandar, posto que seja mais do ordenado por meu Regimento. E asy lhes serão paguas as dividas que nas ditas casas lhe forem dividas, ou aquela parte d'elas que o dito comde mandar, sem pera iso ser necesario meus mandados, porque por este ey por bem e mando que os que ele pera iso pasar se cumprão e guardem imteiramente como se por mim fose asinados, posto que não sejão comformes a meu Regimento. Notefico-vollo asy a todos em gerall, e a cada huum de vos ẽ especiall, e mamdovos que asy ho cumpraes sem embarguo de este não pasar pela chancelaria, e da ordenção ẽ cõtrairo. Pero Amriques o fez, ẽ Evora, aos quatro dias d'agosto de mill Vc XXXiii. J.

Alvara que leva o cõde da Castanheira pera ver.

76

COMDE, amiguo. Eu, ellRey, vos emvio muito saudar como aquele que muyto amo. Vy a carta que me escrevestes sobre os pilotos, e como dizeis o que pasa sobre Antonio Pires, que estava pera ir nesta armada; e elle me tinha esprito que estava prestes pera ir de qualquer maneira que ho podese fazer. Se ese fazerse ido pera a natureza[1] for por allgũu discontentamento, ẽco-

[1] Obscure passage.

mẽdovos que ho mandeis buscar, e cõ as milhores pallavras que poderdes o façaes ir, e tambem lhe falle dom Pero, pois he seu amiguo, e por seu Respeito follgava de ir. Eu escrevo a Pero Fernandez e a Estevam, diz[1] que venham lloguo quaa, e lhe fallarey. E asy fallarey a Pero Guardado, que quaa estaa; e se podese ser que tomaseis asento cõ estes pilotos pera irem, sem vyrem quaa, Receberey cõ iso prazer; e se nõ poder ser, eu lhe fallarey quando vyerem; e se trabalhara por yrem dous, como me escreveis; e apos este, vos ira Recado do que pasar cõ Pero Guardado. Fernam d'Alvarez a fez, em Evora, aos vii dias de agosto de VcXXXiii.

J.

Rey.

Reposta ao Cõde da Castanheira.
       (On Reverse Side)
       Por elRey.
A Dom Amtonio d'Ataide, comde da Castanheira, veedor de sua ffazenda.

77

COMDE, amiguo. Eu, ellRey, vos emvio muito saudar, como aquele que amo. Depois de vosa partida, praticando cõ algũas pesoas, me diseram que, segundo a a navegaçam que as naoos e navios d'esta armada que mando fazer prestes em setembro podẽ fazer, que nam poderã dobrar o cabo de Boa Esperança senam no mes de fevereiro; e porque eu follgarya de saber o parecer dos pillotos e pesoas que ho entendem que llaa estam, vos emcomendo muyto que pratiqeis lloguo, cõ os pillotos e pesoas que vos bem pareçer, toda a navegaçam d'esta armada, e o tempo em que pareçe que podera pasar o Cabo de Boa Esperança, e asy o tempo em que podera ser no estreyto; e todo o que diseram e no que asentarem me escrevereis, com toda a decraraçã que vos pareçer necesaria, por que follgarey de ho saber.

Receberey prazer mandardes loguo fazer hũu orçamento bem decrarado pera a armada de março, fazemdo fũdamento nelle de tres mill homẽẽs allem dos mill que agora am d'yr, decrarando a embarcaçam que tendes certa e a que falleçer, praticando cõ os

---

[1] Thus abbreviated, possibly for "dizendo."

ofiçiaes, e pesoas que os entendem, domde se podera milhor proveer, e asy os mantimentos e todallas outras cousas necesarias que hy ha e as que falleçem, e dõde se proveram, tudo tam decrarado como sabeis que compre, por que follgarey de ho saber.

O cõde de Vymioso, meu muito amado primo, me mostrou hũa carta de Ruy Fernandez, meu feitor em Frãdes, que lhe escreveo sobre hũu cõtrato de pimenta que lhe llaa cometerã, no qual me pareçe que se deve de praticar, ao menos pera segurar o que os de quaa ouverem de fazer. Emcomendovos muyto que ho vejaes, e cõ o segredo que sabeis que compre me escrivaes voso pareçer, pera cõforme a elle mandar Respõder ao dito Ruy Fernandez. E eu mãdey a Fernã d'Alvarez que vos escrevese mais llargamente sobre este negoçio pera a vosa emformaçam. Ẽcomẽdovos que me escrevaes o aviamento que llaa achastes nesta armada, e o que se nella faz, e ey por muy escusado ẽcomendarvos a dilligençia e presteza d'ella. Fernam d'Alvarez a fez, em Evora, aos viii dias de Agosto de VcXXXiii.

   J.
    Rey.

Pera o cõde da Castanheira.
   (On Reverse Side)
   Por elRey.
Ao comde da Castanheira, veedor de sua ffazenda.

78

CONDE, amiguo. Eu, elRey, vos emvio muyto saudar como aquele que muyto amo. Abrão Benzemerro Requere que lhe seja emtregue o lacar que este ano veio da India pera em comta do seu cõtrato dos pagamẽtos dos lugares d'aalem, por dizer que lhe pertençe por bem do dito cõtrato; e porque ey por bem que se faça niso justiça, vos manday perãte vos vyr o contrato que laa estaa na casa da India; o quall vereis, e asy ouvi o dito Bẽzemerro sobre iso. E do que vos pareçer que se niso cõ justiça deve fazer, me fazey saber por vosa carta. Manuel da Costa a fez, em Evora, a VIII d'agosto de 1533. J.
Fernam d'Alvarez a fez escrever.
      Rey.

Pera o cõde da Castanheira, sobre o lacar que Requere Benzemerro. J.

   (On Reverse Side)
   Por ellRey.
A dom Antonio d'Atayde, conde da Castanheira, vedor de sua fazenda. J.

79

CONDE, amiguo. Eu, elRey, vos emvio muito saudar como aquele que amo. Vy as cartas que me sprevestes de dez e onze d'este mes, em que me daaes conta de vosa cheguada a esa cidade e do que he pasado nesas armadas. E asy vy o orçamento e pareçeres das pesoas com que praticastes, o que vos sprevy que praticaseis, que tudo vem muy bem ffeito. E porque a carta que me ẽviastes de Fernão Perez d'Andrade nam vem cõforme aos pareçeres dos mestres pylotos e outras pesoas do asinado, vos encomendo muito que vejaes a dita carta, e ajunteis o dito Fernão Perez com as mesmas pesoas, ou com as que vos bem pareçer, pera que ellas ouçã as suas Rezões; e depois d'ouvidas e praticadas, se tomem a affirmar no que lhes milhor pareçer; e stprevermeis loguo o que asentarem, pera mais minha ẽformação, nam se deixando porem de fazer cousa algũa do que cumpre a a armada. E tambem vereis o que o dito Fernam Perez aponta, das caravelas que se comprão nam serem taaes como compre pera a navegaçã da India, e andarem d'armaada, pera em tudo se prover como milhor poder ser e mais comprir a meu serviço.

Depois de vosa partida me spreveo Pero Affonso Dagiar, antre outras cousas, que lhe não pareçia meu serviço ir a naao de Jorge Lopez em conpanhia das caravelas, porque as caravelas eram bõas naaos de vela pela bolina, e que a naao as não poderia acõpanhar. E assy me diseram ca allgũas pesoas que devião ir as naaos e navios Redondos por sy ẽ hũa conserva, e as caravelas latynas em outra; e outros diserão que nam era incomviniente irem em cada armada Redondas e llatynas juntas. E porque eu queria que isto se praticase, e se tomase laa niso asento, vos ẽcomẽdo muyto que, com a moor brevidade que poderdes, mandeis perante vos praticar por pyllotos e pesoas que o bem emtendão, como devẽ d'ir estas armadas, e se seraa mais certa e milhor navegaçam irem as naaos e velas Redondas por sy e as caravelas por sy, ou se iram em cada armada duas naaos e cỹquo caravelas sẽ ser incomviniẽte irem as naaos e caravelas em conserva. E depois de tudo bem praticado, tomareis asemto como se faraa que mylhor e mais meu serviço seja; e mandareis fazer loguo hũu Roll de Repartiçã das vellas que devẽ d'ir em cada armada, nomeadas por seus nomes, com decraraçam das que devẽ d'ir primeiro, e das que devẽ d'ir depois, segundo mais prestes estiverẽ, pera pello que de lla ẽvyardes mandar Repartir as capitanias pellos capitães moores, e lhes darem seus depachos; e muito vos ẽcomendo que isto mandeis ffazer com toda a brevidade que ffor posyvell, como sey que se faraa.

A Repartiçam da gente que tendes ordenada me pareçeo muy bem, e pera o galeão d'Obispo enviey outro Recado com dilligençia a Aires da Cunha; e pella nova que d'elle tenho me pareçe que seraa la çedo. E quanto ao galeão Sam Johão, encomẽdovos que tanto que tiverdes praticado o que dizeis que aveys de praticar, pera mais afirmadamente me sprever, mo sprevaes, affirmandonos se seraa meu serviço ir a a India nestas armadas d'outubro, pois tem menos corregimento, pera saber o que se deve fazer.

Pello orçamento d'estas armadas vy que estaa tudo bem provydo. Receberei prazer espreverdesme se vos pareçe que averaa marinheiros em abastança; e o orçamento da armada de março venha com a moor brevidade que pode ser, pera se loguo proverem quaesquer cousas que faleçerem. E loguo agora vay Recado a Andaluzya pera o que sprevestes a Fernam d'Allvarez do bizcouto e vinho; e asy se faraa em tudo o que espreverdes e for neçesario. Manuel da Costa a ffez, em Evora, a XI dias de Agosto de 1533. J. Fernam d'Alvarez a fez escrever.

        Rey.

Manuel Çyrne me spreveo o que laa acha acerqua dos Remos e comitres. Mandovos a sua carta, pera que a vejaes com estes ofiçiaaes, e me sprevais o que a tudo se lhe deve Respomder. J.

                                                          Rey.

        (On Reverse Side)
        Por elRey.   J.
A dom Amtonio d'Atayde, conde da Castanheira, vedor de sua fazenda.

80

CONDE, amiguo. Eu, elRey, vos ẽvio muito saudar como aquelle que muito amo. Eu ey por bem que Nicolaao Jusarte, fidalgo de minha casa, a que tenho ffeito merce da capitania de hũu dos navios que vão pera a India nesta armada d'outubro, vaa no navio do Porto de çem tonelladas, que ha d'ir na dita armada. Ẽcomendovos que lho mãdees dar pera ir por capitão d'elle, segundo forma da provysam que de mỹ tem. Manuel da Costa a fez, em Evora, a Xiii de agosto de 1533. J. Fernam d'Alvarez a fez escrever.

   Rey.

Pera o cõde da Castanheira, que mande dar a Nycolaao Jusarte o navio do Porto de çẽ tonelladas, que ha d'ir nesta armada, pera ir por capitão d'elle, pera a India, segundo forma da provysã que de Vosa Altesa tem.

   (On Reverse Side)
   Por ellRey. J.
A dom Antonio d'Atayde, conde da Castanheira, vedor de sua fazenda. J.

   (And this signature): Nicolao Jusarte.

81

COMDE, amiguo. Eu ellRey, nos emvio muito saudar como aquele que muyto amo. Vy a carta que me escrevestes por Figeyredo, e asy as que escrevestes a Fernam d'Allvarez, em que largamente me daes cõta do que he feyto e se faz nesas armadas. Muyto vos agardeço a dillygençia que em tudo se daa, que he tall como cõpre a meu serviço. Receby prazer de ver a embarquaçam que jaa estaa çerta pera a armada de março, que he muyto mais do que pareçia que podia aver. Espero em Noso Senhor que, com vosa boa dilligençia, posam ir tres mill homẽs que eu queria que fosem. Emcomendovos muyto que mandeis teer Recado quando a ese porto vyerem allgũas naoos pera se averem de comprar; e tanto que quaa vyer Recado dos que sam em Bizcaya e Galliza, vos mandarey avisar do que acham; e por todos os que forem, lhes ira Recado pera cõ mais presteza se despacharem.

Vy o que pasastes com Pero Coresma sobre o pam dos fornos e como sam necesarios dous mill moios de trigo pera a armada de março. Cõ esta vos vam provisões pera as jugadas. Requeryo d'Alcanhaes, Paull de Muya, e Llizeras[1] de oyto centos e trinta moios, fazẽdose quaa cõtar provimento em menos do que pareçe que pode aver; e d'Andalluzia sam mandados vyr mill cafizes de trigo e seis mill quintaes de bizcouto, por omde pareçe que estaa bem provido. Vos mandareis lloguo de llaa pesoas que façam vyr este trigo aos fornos, e se ainda llaa esteverẽ os mosos da camara que foram estar nas naoos da India vos deveis de servir d'elles, asy nisto como em todo o mais que cõpra a esas armadas; e se ainda llaa forẽ, ou quaesquer outros criados meus, lhe mandareis de minha parte que ho façam; e de quaa vay lloguo correo a Andalluzia cõ Recado ao feytor pera poer a moor dilligençia que for posyvell.

Quanto ao galleam Sam Joam, eu mãdarey amenhãa praticar os pareçeres que llaa tomastes cõ os que o quaa cõtrariavam, e vos mandarey lloguo Recado do que d'elle ouver por bem que se faça, e se fareis d'elle fundamento pera esta armada de março.

Encomendovos que mandeis fazer hũu Roll bem decrarado de quanta artelharia vay nestes navios que vam pera ficar na Imdia, cõ decraraça das peças e sortes d'ellas, e da maneira que hos ditos navios vam armados, e asy se fica allgũa nos allmazẽs, pera vos ẽviar Recado; e averey por meu serviço que se faça mais soma d'ella pera ir na armada de março; e escreveyme voso pareçer, se vos pareçe que deve d'ir mais artelharia que a que vay nos ditos navios.

Os pyllotos vos emcomendo muito que trabalheis por mãdar cõtentes o mais que poderdes, como sey que ho fareis; e espreveyme se vos pareçe que avera todos os marinheiros e omẽs do mar necesarios pera esta armada.

Eu vos tinha esprito outra carta que cõ esta vay sobre os capytães d'esta armada, e agora vy os que nomeaes na carta de Fernam d'Allvarez, e d'elles ey por bem que vaa em hũa caravela Lleonel de Llima, e em outra Eytor de Sousa d'Atayde; e quanto a Tristam Viegas e o filho de Francisco Velho agardeçervos ey em-

---

[1] Cf. Letter 93.

formandovos se sam ambos marinheiros, e entendem o maar, e sam tais que devam de ir em tall negoçio; porque como vos pela outra escrevo, queria que as pesoas que fosem nestas caravelas fosem espermentadas, e que jaa amdasem na Imdia. E tanto que teverdes d'estes tomado ẽformaçam, mo esprevey, e asy ha hos outros que sejam mais pera iso; e se iram Diogo Botelho e Bastiam de Myrãda, pera cõ vosa Reposta tomar cõcrusam nos que devem d'ir, ou escreverdes se tendes sabydo e tomada ẽformaçã do filho de Francisco Velho e Tristam Vyegas, porque em vosa carta o nõ decrara.

Todollos outros despachos que sprevestes a Fernam d'Alvarez se fizerã lloguo; e eu ouve por bem de fazer merce ao mestre da carpintaria e dos callafates do terço que lhe esprevestes; e lloguo mãdey despachar cartas pera todollos portos d'Antre Douro e Minho e Aveiro vyrẽ a metade dos carpinteiros e callafates que ouver em cada llugar; e bem podeis estar seguro que nom mandarey escusar nenhũus. Ao mais de vosas cartas nom ha que Responder. Fernam d'Alvarez a fez em Evora, aos Xiii dias de Agosto de VcXXXiii. J. Agardeçovos a llẽbrança que tevestes de me avysar do ordenado que levarã os capitães das caravelas que forã cõ as do almirante; porẽ jaa era dado despacho a allgũus dos dez mill reis por mes que lhe despachey, e pareçe que hos merecem pelo tempo em que vã.

   Rey.
Reposta ao cõde da Castanheira.
  (On Reverse Side)
  Por elRey.
A Dom Amtonio d'Atayde, conde da Castanheira, e veedor de sua ffazemda.

82

COMDE, amiguo. Eu, ellRey, vos emvio muito saudar como aquele que amo. Antes que de quaa partiseis, se nomearã allgũas pesoas pera capitães dos navios e caravelas d'esta armada de outubro; e tenho despachado pera ella, Nicollao Jusarte, e Francisco Ferreira, e Joam de Sousa, e Gonçalo Fernandez, e Balltesar Gonçallves, e Francisco Fernandez Lleme. E porque eu queria que as pesoas que fosem providas das ditas caravellas fosem espermentadas, e taes que soubesem bem servir no negoçio a que vam, vos emcomẽdo muyto que vejaes se ha llaaa pesoas que vos pareçer que nisto devam de servir; por que sam emformado que Bastiam de Myranda, irmãoo d'Antonio de Myranda, sera pera iso, e Dyogo Botelho Pereira, que agora veyo da India; e parecendovos bem, lhe fallareis lloguo; e me espreveis quaesquer outros que vos pareçer que llaa aja antes, pera cõ vosa Reposta saber o que se deve fazer antes de se quaa fallar a outros. Fernam d'Alvarez a fez, em Evora, aos Xiii dias de agosto de VcXXXiii. J. Porque me dyserã que Bastiam de Myranda estaa despachado e em hũa quintãa, e que por este Respeito lhe vyra bem ir nesta armada, vos emformareis d'iso e lhe fallareis se vos bem pareçer.

Rey.

Pera o cõde da Castanheira.
       (On Reverse Side)
       Por elRey.
A dom Amtonio d'Atayde, comde da Castanheira, e vedor de sua fazemda.

83

COMDE, amiguo. Eu, ellRey, vos emvio muito saudar como aquelle que amo. Depois de vosa partida mãdey saber se Antonio de Miranda estaria em disposyçam pera poder ir em hũa d'estes armadas, e fuy certefycado que sua doença lhe nõ dara llugar pera poder ir; pelo quall me pareçia bem ir Symão Gedez, e, antes de lhe niso fallar, follgaria que soubeseis se Fernam Perez d'Andrade estara em disposyçam pera poder ir em hũa d'estas armadas, e como de voso fallaseis cõ elle, se follgara de ir cõ quallquer onesto partido; e pareçendovos que follgara de ir, e estara em disposyçam pera iso, me escrevais o partido cõ que se cõtentara, e o que vos pareçe que niso se deve de fazer, pera cõ vosa Reposta tomar asento se ira elle ou o dito Symão Gedez. Muyto vos encomẽdo que, com a moor brevidade que poder ser, façaes nisto o que vos meu serviço pareçer, e me escrevaes cõ dillygençia, praticãdo cõ o dito Fernam Perez todo o que vos bem pareçer, cõ o esguardo que sabeis que em tall caso cõpre; por que, pelas calledades que nelle ha, follgaria que fose nesta jornada; e nõ estando em disposyçam pera iso, me escrevereis o que vos pareçe de Symão Gedez, ou d'outro que vos llenbrar que pera iso seja.

No negoçio de Framdes se escrevera loguo a Ruy Fernandez, cõforme a voso pareçer; e em tanto nõ lleyxeis de apalpar eses mercadores nas praticas que cõ elles teverdes, pera saberdes o em que estam, e nõ presumirẽ que se trata contrato por outra vya senam ao tempo que cõprir a meu serviço de ho saberẽ; porque se ha de trabalhar de se nõ cerrar sem elles serẽ sabedores, se for posyvel.

Vy o que espreveis sobre a caravella que vos dizem que teera bõo espediente. Fernã d'Alvarez me dise que lhe derã Recado que em Medina se venderia a çẽ cruzados o quintall; porem, pelo que se vyo pelos cõtratos pasados, pareçe que se o cravo estaa abatido e tem pouco espidiente e vallia; que vendendose a canela sem elle, que ficara de todo por vender, e que por este Respeito sera mais meu serviço, se posyvel fose, venderse a canela cõ o cravo, ainda que a canela allgũa cousa abatese. Ẽcomẽdovos muyto que mãdeis poer em pratica o que se dara pela canella por sy soo, e asy o que darã por elle cõ o cravo, e asy cõ as outras drogas; e, praticãdo em todas jũtamente e cada hũa por sy, vereis quall sera mais meu serviço; e asy se fara. E do que niso se achar, vos agardecerey me escreverdes, trabalhando por se fazer d'ellas allgũ cousa em tenpo que se posa aproveytar o dinheiro pera estas necesydades. Ao mais de vosas cartas nom ha que Responder. Fernam d'Alverez a fez, em Evora, aos Xv dias de agosto de 1533.

Receby prazer cõ a carta que me mandastes, que vos deu Jorge Herdes;[1] e vos lho agardecey de minha parte.

Rey.

Pera o cõde da Castanheira.
       (On Reverse Side)
       Por elRey.
A dom Antonio d'Atayde, conde da Castanheira, vedor de sua ffazenda.

---

[1] So it appears to be. Palha has a blank here.

84

Comde, amiguo. Eu, ellRey, vos emvio muito saudar como aquele que muito amo. Vy as cartas que me escrevestes de Xiii dias d'este mes, cõ os asynados dos pareceres e asento que se llaa tomou sobre a partida e navegaçam d'esta armada, depois de praticado cõ Fernam Perez d'Amdrade; e Receby prazer de se afyrmarem todos no que d'antes tinham dito e asentado, de nõ aver incomviniente de partir a armada em outubro, e poder ser na boca do estreyto no mes d'abril. E asy vy a Repartiçam que fazeis da armada, que me pareçeo muy bem, pois nom am por incomviniente irem as caravellas em cõpanhia das naoos. Muyto vos agardeço quam bem decrarado tudo vem, e cõ quanta presteza se faz; e ey por bem que as armadas vam Repartidas como de llaa vem decrarado, e que façaes d'iso fundamento, e que a partida de cada hũa d'ellas seja tanto que for prestes, e com a moor brevidade que for posyvel.

Eu mandey quaa mostrar o asento que se llaa tomou sobre o galleam Sam Joam a Antonio de Salldanha e Duarte Coelho, e praticar myudamente cõ elles e tomar seus pareçeres, e anbos se afirmaram que nõ devia de ir a Imdia agora nem em março, por averem este galleam por navio muy perigoso pera tall viajem, pelas Rezões que pera iso deram, de que vos vay o trellado. E por Duarte Coelho andar nelle tanto tenpo, e emtender tam bem o maar, e Antonio de Salldanha o ver das Ilhas pera quaa navegar, e ser tam bõo marinheiro, e ambos se afirmarẽ tanto em se nom aver d'aventurar nelle a gente e artelharia, me pareçe que se deve d'escusar, e que se nõ deve fazer fundamento d'elle, posto que na India seja tam necesario como he. Emcomẽdovos que nom façaes d'elle fundamento pera esta armada; e depois ao diante se fara do dito galleam o que mais meu serviço for. E tambem dom Pero de Castello Branco, por saber que se [prestaria][1] ẽ o galleam ir nesta armada, dise que arreçearia muyto de ir nelle, por aver o tambem por navio muy perigoso de maar em traves, e por outras Rezões; porem, sem ẽbarguo d'estas Rezões, se tornara a praticar e ver pera a armada de março, e se fara o que mais meu serviço for.

[1] Supplied from Palha; the word is illegible in the MS. On the whole, *praticava* seems more likely.

viagem, e eu lhe Respomdy que lhe iria decrarado em seu Regimento; e com ysto se partyo despachado de todos seus negoçios, pera se partir tamto que ho de laa fose.

Quamto aos marinheiros que dizeis que nam açeitarão de ir polos partidos que soem levar nas naaos da carreira, e que lhe mandareis dar mais dous meses amte mão, aalem dos quatro da ordenamça, seria muy bem se o quisesem açeitar; e quamdo nam quisesem, averey por meu serviço darse lhe mais huum mes morto, como escrevestes a Fernam d'Alvarez. Emcomendovos muyto que os mandeis loguo asemtar, cõ a ventajem que vos bem pareçer e como milhor poderdes.

Os capitãas das caravelas sam jaa de todo despachados, e jaa laa são a moor parte d'eles; e algũs forão por suas casas, e forão avisados que não fizesem detemça.

Quamto aos criados meus que ham de ir nesta armada, eu tomey agora coremta, pouco mais ou menos, pera ir nela, e de poucos mais deveis de fazer fumdamento; e sobre estes mandareis asemtar os homẽs d'armas que vos pareçerem neçesarios.

Vy o trellado da carta que se escreveo da Ilha do Cabo Verde a Afomso de Torres, e polas novas que nela vem, averia por muito meu serviço ir esta armada demandar a dita Ilha do Cabo Verde e d'hy correr a costa da Mallagueta, se niso nam perdese viagem. Emcomendovos muyto que pratiqueis se se pode isto fazer, e mo escrevais, pera se caa decrarar no Regimento de dom Pedro, ou lhe mandar pera iso provisam.

Eu nam tenho Recado de dom Pero Mazcarenhas que falle em vimda do Xarife, e com todo ey por bem que se lhe emviem esas cousas que pede, porque ele nam Requereraa senão o que lhe for neçesario. Emcomendovos muyto que lhas façaes emviar em companhia de dom Joham de Farão, por irem amtes do imverno.

Eu mandey a Fernam d'Alvarez, que vos escrevese os Recados que vieram de Bizcaia e de Amdaluzia e Barçelona, pera saberdes todo o que pasa; e de caa se daa todo o aviamento necesario pera as cousas que cumprem ao aviamento d'esas armadas.

Reçeby prazer com as novas que vos escreveo Aires da Cunha; e pollas cartas de Framdes que vos Fernam d'Alvarez emvia, vereis que casy comformão com estas. Porem, pollas novas que tenho da Imdia, e pelo tempo em que se estes feytos que se escrevem poderão fazer, e virem estes Recados, pareçe dovidoso; prazeraa a Nosso

Senhor que seram verdade. Pero Amrriquez a fez, em Evora, a XXvii dias d'agosto de mill VcXXXiii. J.

             Rey.

Reposta ao comde da Castanheira.
   (On Reverse Side)
   Por elRey.
A dom Amtonio d'Ataide, comde da Castanheira, veedor de sua fazemda. J.

88

COMDE, amiguo. Eu elRei, vos emvio muito saudar como aquelle que muito amo. Ca vy hũũs apomtamentos que Jorge da Costa fez, sobre as cousas do trato que se carregão das Ilhas do Cabo Verde e Samtiago e Ilha de Fogo, nos navios que vem pera Guinee; e porque algũas das ditas cousas que nelles apomta pareçe serẽ de muyto meu serviço, lhe mandey que fose laa pera vos emformardes d'ele, e verdes os ditos apomtamentos que leva; pellos que vos emcomendo muyto que os vejaes com eses oficiaes, e os pratiqueis co elles e cõ pesoas que vos pareçer que niso devem bem de emtender, ouvimdo miudamente ẽ tudo o neles contheudo o dito Jorge da Costa; e depois de avida d'ele a emformação, e praticados os ditos apomtamentos, me escrevereis com quẽ os vistes e o que vos pareçe que se acerqua d'eles deve fazer, pera cõ vosa emformação e Reposta, que me emviareis ho mais prestes que poderdes, mandar niso fazer o que milhor e mais meu serviço for. Pero Amrriquez a fez, ẽ Evora, a ii dias de setembro de mill VcXXXiii. J.

      Rey.

Pera o comde da Castanheira, sobre os apomtamentos que fez Jorge da Costa.
   (On Reverse Side)
   Por elRey.
A dom Amtonio d'Ataide, comde da Castanheira, vedor de sua ffazenda. J.

89

CONDE, amiguo. Eu, ellRey, vos emvio muyto saudar como aquelle que muyto amo. Vy as cartas que esprevestes a Ffermão d'Allvarez, pera me dar conta do que laa pasa nesas armadas, e muito vos agardeço o grande aviamento que se nellas daa. Quanto ao navio de Villa de Conde, que hy tendes, que quereis saber se averey por meu serviço que se ffaça prestes, e vaa nesta armada a allem dos outros, eu não ey por meu serviço que vão mais que as dez caravellas e dous navios que jaa estam prestes, e o galleão d'Obispo, se vyer a tempo que posa ser prestes por todo este mes, como vos jaa esprevy. E eu tenho mandado polla posta a Aires da Cunha, que trabalhe todo o posivell por lançar o dito galeão fora da Villa Nova nestas aguoas de tres d'este mes. Encomendovos muyto que, se ffor a tempo que se posa fazer prestes por todo este mes, que trabalheis quanto ffor posivell por o ẽviar na dita armada; e não podendo ser, iram as ditas dez caravellas e dous navios sem elle como dito he.

Em allgũas praticas que se caa tiveram com allgũus ffidallguos que sabem a India, sobre o Regimẽto de dom Pedro pera esta viagẽ, se apontou se o galleão do Bispo nam viese a tempo pera poder ir nesta armada, deveis de mandar hũa naao de CL atee ii c tonees que ffose em conpanhia d'ela atee a llinha com aguoa e outros mantimentos, pera os la balldear nas caravelas e navios, por irem mais abastados do neçesario, e nam terem neçesidade de tomar agoadas em llugares que lhes posa impedir sua viagem. Emcomedovos muito que pratiqueis laa isto com dom Pedro e com pesoas que o emtendão; e, pareçẽdo neçesario, o mandareis ffazer com tall dilligẽçia e brevidade que se não posa a armada por iso deter; e se pera isto abastar ese navio de Villa do Comde, nam seraa neçesario tomar outro; e espreveime o que niso ffazeys.

Dom Pedro me escreveo ca sobre a naao de Duarte Tristam, e eu lhe Respondo como me escrevestes que se não podia ffazer prestes a tempo, e que tenho mandado que, se o galeão d'Obispo vyer a tempo, que se lhe ffaça prestes e vaa em sua conpanhia, e, não vyndo, que cumpre muito a meu serviço ir com os navios e caravelas, sem ffazer detemça allgũa. Encomendovos muito que ffaleis com elle, e lhe dees todas as Rezões que sabeis que são neçesarias, trabalhando, quanto em vos for, por o cõtentar, porque Reçeberey prazer d'elle ir cõtente e satisfeyto nesta viagẽ.

Reçeby prazer com o que esprevestes de terdes esa armada marinhada dos mareantes neçesarios, com lhe mandardes paguar mais dous meses adiantados sẽ outra avantagẽ de solldo; no que me ey por muy bem servido, e vos agardeço o que se niso fez, que bem sey que avia de ser com trabalho. E se o galleão do Bispo vyer a tempo, vos ẽcomendo muito que pello milhor modo que poderdes, trabalheis de o amarinhar pelo mesmo partydo.

Eu são emformado que os vinhos que vem d'Amdaluzia são todos brancos, e com gesso, e que são prejudiçiaes pera a saude da gente. Encomedovos que laa pratiqueys com eses ofiçiaaes, se he isto assy, e se acostumão d'emviar estes vinhos ẽ outras armadas; e, achando que he prejuizo pera gente, e que se não devẽ d'emviar, avysareis lloguo pera se nã comprarẽ em Andaluzia; e os mandareis conprar ca no Reyno, ainda que custem allgũa cousa mais.

Pareçeome bem o aviso que escrevestes de irem as caravelas da Mina pela costa da Mallagueta. Com esta vão os poderes acostumados, e carta pera Duarte Taveira, que vaa pella dita costa e cunpra ẽ tudo o Regimento que lhe derdes; llaa lhe mandareis o que ouver de fazer.

Eu mãdey ca praticar se seraa incomvenyẽte ir dom Pedro com esta armada pella costa da Mallagueta, e allgũus diserão que era incomvenyẽte pera a viagẽ, e outros que o não era, nẽ perdia viagẽ. Encomendovos muito que o pratiqueis lloguo com eses pillotos e pesoas que o emtendão, e me sprevais o asento que tomarẽ, pera saber o que se lhe deve niso de mandar. E asy praticareis sobre a viajẽ que deve ffazer d'aquy tee o estreito, e mandareis ffazer d'iso hũus apontamentos cõ o pareçer dos pillotos praticado ao mesmo dõ Pedro, pera se ver como se caa praticou, e se asemtar o Regimento como milhor e mais meu serviço ffor; e ysto m'ẽviareis com a moor brevidade que poderdes. Manuel da Costa a fez, em Evora, a ii de setembro de 1533. J.

                                                                               Rey.

Pera o comde da Castanheira.
        (On Reverse Side)
        Por elRey.
A dom Amtonio d'Ataide, comde da Castanheira, e vedor de sua fazenda.

90

COMDE, amiguo. Eu, elRey, vos emvio muito saudar como aquele que muito amo. Caa vy a provisão de Duarte Taveira que lhe mandey pasar pera ir servir a sua capitania da caravela pera a Mina, e asy a Reposta do ffeitor e ofiçiaes d'esa casa da Imdia e Mina, em que dizem que, ao tempo que elle laa foy e a apresemtou, era jaa metido de pose da capitania da dita caravella, ẽ que cabia ir ao dito Duarte Taveira, Amtonio Vaaz, e tinha Recebido jaa as mercadorias que nela ham de ir pera a Mina, e que a ordenamça da casa foy sempre e he que, quamdo quer que os capitães a que couber primeiro ir servir suas capitanias nã acodirem a tempo que posão Receber as mercadorias, que quaisquer outros que forẽ providos das taaes capitanias sejão metidos de pose d'elas, e as vão servir, posto que os outros depois venhão. E porque eu não ey por meu serviço fazer a novação no que se sempre acerqua d'iso usou, vos emcomendo que deixeis ir servir o dito Amtonio Vaaz, pois jaa tẽ Recebidas as mercadorias; e se faça niso o que sempre foy custume da casa, por que eu o ey asy por bem. Pero Amrriques a fez, ẽ Evora aos viii dias de setenbro de 1533.

J.

Rey.

Pera o cõde da Castanheira, que ha Vosa Altesa por bem que Antonio Vaaz vaa servir á capitania da caravella pera a Mina, de que estaa metido de pose, posto que coubese ir primeiro a Duarte Taveira, por ele ter jaa Recebidas as mercadorias, e ser asy uso e custume da casa.

(On Reverse Side)
Por elRey.

A dom Amtonio d'Atayde, comde da Castanheira, vedor de sua fazenda.

91

COMDE, amiguo. Eu, elRey, vos emvio muyto saudar como aquelle que amo. Eu mandey aquy fazer hũũ concerto, que com esta vos emvio, com hũũ Guilhermo Caminer, Bretão, procurador de monseor de Quelcougar, segundo por elle veres; e porque d'isto se ha de fazer hũũa espritura pubrica, pera ficar mais segura, vos encomendo, tanto que esta virdes, que mamdes logo chamar Charles Correa e façaes a dita espritura com elle, segundo vay decrarado neste concerto, com todas as obrigações d'elle. E fares com o dito Charlles que elle aja por depoysytados em sy os tres mill cruzados conteudos na espritura; e ao dito Bretão mandares dar trinta cruzados pera o caminho, de que lhe faço merce; e lhe dires todas boas palavras que vos bem parecer, por que vaa contente; e lhe dires que traga logo os poderes e que, feito ho concerto co elle, vos lhe dares hũũ pote de vinho ao seu serviço. E como tiverdes a dita spritura feita, ma enviares, e escrevermes o que acerca d'isto fizestes. Emcomendovos que logo o façaes asy e tam bem como de vos espero; por que de ho asy fazerdes, vollo terey em serviço, que muyto vos gradecerey.

Se a Vasco Fernandez Cesar comprir algũũa cousa, faloes, pera se fazer bem e da maneira que lhe escrevo; ao quall mando que vos de conta do que lhe escrevo. O secretario Francisco Carneiro a fez, em Evora, a Xi dias de setenbro de 1533.   J.
Rey.

Pera o cõde da Castanheira.
   (On Reverse Side)
   Por elRey.   J.
A dom Antonio d'Ataide, cõde da Castanheira, e veedor de sua fazenda.   J.

92

COMDE, amiguo. Eu, ellRey, vos emvio muito saudar como aquele que muyto amo. Eu mandey ver os apontamentos que me emviastes dos pareceres dos pillotos e pesoas cõ que praticastes sobre a navegaçam d'esta armada, e se cõcertaram cõ o que se quaa praticou cõ os fidallguos cõ que ho mandey praticar; e por desvayrarem em allgũus pontos da naveguaçam, e por Antonio de Salldanha ir pera esa cidade a allgũuas cousas suas, lhe mandey que llevase o trellado d'ambollos apontamentos, pera os praticar com vosco, e llaa asentardes no que milhor e mais meu serviço for. Emcomendovos muyto que, com a moor brevidade que poderdes, vejaes cõ o dito Antonio da Salldanha hũũs apontamentos e outros, e sobre

os pontos em que desvayram, o façaes llaa praticar cõ dõ Pedro e cõ os mestres e pillotos, e ẽ tudo tomeis lloguo asento, e, do asento que se tomar, mandeis fazer outros de novo, bem decrarados, cõ todallas mais lenbranças que parecerem necesarias, e mos emvieis pera por elles se fazer o Regimento; por que pera o despacho d'armada nõ fica outra cousa pera fazer. E esta noyte veyo Recado d'Ayres da Cunha, que ho galleam partio pera esa cidade a viii d'este mes; honde pareçe que jaa hy deve ser, e que a armada, com ajuda de Noso Senhor, fara pouca detença, pois estaa tam prestes como me tendes esprito. Fernam d'Alvarez a fez, em Evora, a xii dias de setembro de VcXXXiii. J.
        Rey.

Pera o cõde da Castanheira, sobre a ida d'Antonio de Salldanha.
  (On Reverse Side)
  Por elRey.
A dom Amtonio d'Atayde, comde da Castaneira, veedor de sua fazenda.

93

COMDE, amiguo. Eu elRey, vos ẽvio muito saudar como aquele que amo. Por me ser devido muito pam das jugadas de Samtarem e dos casaees d'Almeirỹ, Paull de Muja, Leziras, Dazambuja e Vila Framca por Rẽdeiros, lavradores e pesoas outras, asy das Remdas dos anos pasados das ditas jugadas e casaees, Paull e Leziras, como d'emprestemos que mandey fazer aos ditos lavradores pera semearẽ, os quaees atee ora nõ tem paguo suas dividas, semdo os tempos pasados em que as erã obrigados paguar, ouve por bem e meu serviço as mandar a Recadar na novidade d'este ano, por me ser dito que se poderya fazer e sem muita opresam dos devedores; e mandey a iso Nuno Alvarez, cavalheiro de minha casa, pera dar ordem como se as ditas dividas arrecadasem e o dito pam se levase aos moynhos e fornos de Baldezeuro, pera despesa de minhas armadas segundo compridamente levou por meu Regimẽto do modo que nyso avya de ter; e aalem d'iso lhe foy mandado que fose falar com vosquo, pera lhe mandardes o que avia de fazer no trazer do dito pam aos ditos moynhos. E ora o

dito Nuno Alvarez me fez saber que o mandarees prender no castelo d'esa çidade de Lixboa por hũ masto que se diz ẽprestar, sendo almoxarife da Ribeira d'ela, e d'iso fazer auto polo juiz dos feitos de Guinee e Indias, pelo qual ey por bem que façaees vyr perante vos o dito juiz com ho dito auto, e o vejaees cõ elle. E pareçendovos que a calydade da culpa que o dito Nuno Alvarez tem he pera ser solto sobre fiamça, por tempo de dous meses que pode amdar na arrecadaçam das ditas dividas, Respeytando a serẽ de calydade que, se se nõ arrecadarem agora no tempo do Recolher dos pãees, ẽ que os lavradores as podẽ pagar boamẽte, sem lhes ser muyta opresã,[1] ho mandees soltar sobre a fiamça que vos bem e mais meu serviço pareçer, obrygandose por ela a se vyr livrar da dita prisam do dito caso do dia que for solto a dous meses primeiros segimtes, dentro dos quaees se nõ falara ao feyto; e pasado e nõ se metendo na dita prisam, pera se livrar perante o dito juiz, perdera a dita fiamça, e avera a mais pena que por sua culpa mereçer e se achar contra ele por justiça. Gaspar Mendez a fez, em Evora, a xii dias de setembro de mill VcXXXiii. J.
Rey.

Pera o cõde da Castanheira, sobre Nuno Alvarez, etc.

(On Reverse Side)

Por elRey. J.

A dom Antonio d'Atayde, comde da Castanheira, veedor de sua fazemda. J.

94

CONDE, amigo. Eu, elRey, vos ẽvio muyto saudar como aquele que muyto amo. Rodrigo Manhoz, armeiro, m'ẽviou dizer que eu lhe ordenara quinze mill reis de mantimento cadano do mestre das fferrarias de Thomar, e depois, por ay nã aver fferrarias, se pasara por meu mandado aas fferrarias de Barquerena, honde estava avia tres anos, e servira sempre na limpeza das armas do allmazẽ e todallas outras cousas de seu ofiçio, como os ofiçiaaes poderião dizer, pedindome que, por nas ditas fferrarias ser muito neçesario continoadamente hũũ ofiçial, que ouvese por bem que elle o fose, com o mantimento que tinha ẽ Tomar e allgũũ

[1] An elliptical construction; the apodosis is understood.

acrecẽtamento de dinheiro e triguo mais, pera se poder manter; e pera tudo isto allegua as causas e Rezões por homde se lhe deve de fazer, que laa mais largamente vereis por sua petiçam. Ecomẽdovos que a vejaes e o ouçaes sobre iso, e vos ẽformeis de tudo o que diz, e asy de seu serviço e abilidade, e da neçesidade que ha d'elle estar ẽ Barquarena, e me sprevaes tudo o que acerca d'iso achardes, com voso pareçer do que se deve fazer, e do mantimento que seraa Rezão lhe dar, avendo d'elle necesidade ẽ Barquarena como diz. E ẽformarvos eis asy mesmo que mãtimento tem Aguilar, armeiro, que esteve nas ditas fferrarias de Barquarena e com que obrigação. Manuel da Costa a fez, em Evora, a Xiii de setembro de 1533.   J. E asy vos emformareis se serve o dito Aguilar nas ditas ferrarias de Berquerena ou não, e a causa porque, e quanto ordenado tem, e se o vençe quer nelas syrva quer nam.
   Rey.

Per o cõde da Castanheira, sobre Rodrigo Manhoz, armeiro.   J.
  (On Reverse Side)
  Por elRey.
A dom Antonio d'Atayde, comde da Castanheira, vedor de sua ffazenda.[1]

95

COMDE, amiguo. Eu, ellRey, vos emvio muito saudar como aquele que muyto amo. Vy a carta que me escrevestes de XI d'este mes, em que dizeis que tinheis mandado chamar Nuno Vaaz d'Alhamdra, pera ir por pilloto d'esta armada, e que estaveis em concerto cõ elle, e que vos pareçia que vos nom desconcertaryeis. Pela boa emformaçã que d'elle tenho, e pelo que me escreveis, Receby prazer de o terdes pera aver d'ir. Emcomendovos muyto que tomeis cõ elle cõcrusam como vos milhor pareçer, aimda que seja com ventajem, por que todo o que lhe fizerdes e nyso asentardes averey por bem feyto; e, por o tenpo ser tam curto, ey por meu serviço que ho façais llaa como milhor poderdes, sem vyr a mỹ. A quanto ao que dizeis se averey por meu serviço irem dous pillotos, e que dareis as cartas aos que eu escrevy, a esto vos

---

[1] Here are also some additions in the hand of another person which are absolutely illegible. Palha seems to have despaired of understanding them.

Respondo que se vos pareçer que, antre os pillotos que vam nos navios e caravellas, vay allgũũ ou allgũũs que sejam taes que, acõteçendo que Nuno Vaaz falleça, ou lhe sobçeda tall impydimento que nom posa governar, nẽ usar de seu ofiçio, o posam e saybam fazer, nom curareis de tomar outro, nem dar as cartas, e cõ ese soo ira a armada cõ os que tendes tomados; e se vos pareçer que nos que tendes tomados nom ha nenhũũ tall, ẽ tall caso averey por meu serviço que vaa mais hũũ bõõ pilloto, allem do dito Nuno Vaaz; e se pera iso for necesario dardes as cartas aos que tenho esprito, daylhas, e fazeyos llogo vyr pera eu fallar a hũũ d'elles. E esto praticareis llaa cõ quem vos bem pareçer que ho emtenda, pera cõ seu cõselho asentardes o que ouverdes de fazer. E eu sam emformado que Pero Guardado he, allem de mestre, bõõ pilloto. Se achardes que he asy, e vos pareçer que elle cõ Nuno Vaaz abastarã, nõ sera necesario ir outro; por que, quando acõtecese impidimento a Nuno Vaaz, bem se achariam outros pera mestres em lluguar de Pero Guardado; e do que nisto asemtardes, follgarey que me avyseis, e asy do asento que tomardes com Nuno Vaaz.

Quanto ao que dizeis do galleam que tendes novas que he saydo de Villanova, e que esperaes cada dia por elle, e que, se tardase muyto, ou ouvese tanto que fazer nelle que parecese que se nõ podia despachar senam depois de gastado todo este mes de setembro e allgũũs dias d'outubro, se averey por meu serviço que, os dias que a armada no porto d'esa cidade ouvese d'esperar por elle, esperase na costa da Mallagueta. Agardeçovos muyto o avyso que me niso daes, e, por quam bem me pareçerã todallas Rezões de vosa carta, ey por bem e muyto meu serviço que, se o galleã tardar ou tever tanta obra que fazer que vos pareça que gastara allgũũs dias d'outubro, que a armada parta sem elle tanto que for de todo prestes, e vaa esperar o dito galleam há costa da Mallageta, a llugar certo que fycara asentado. E ira llogo na dita armada dom Pedro, e fycara hũũ dos capitães que vos mais auto pareçer pera ir no galeã ate a dita costa, onde se dõ Pedro pasara a elle, pera d'y segir sua viajem, segundo leva pera seu Regimento; e quando asentardes de ho fazer, o direis asy de mynha parte ao dito dõ Pedro, pera o inteiramente cõprir; e tanto que ho galleam hy for, me escrevereis a obra que tem pera fazer, e o que nisto asentaes.

E porque, pera o despacho d'esa armada, cõpre tomarse cõcrusam no Regimento tanto que llaa for Antonio de Salldanha, que oje d'aquy partio, vereis os apontamentos que leva, e fareis o que vos por elle escrevo; por que, tanto que vier vosa Reposta, ira o dito Regimento, e as provisões necesarias pera a viajem, e allgũas cartas que ham de ir há Imdia.

Cõ esta vay hũa carta pera Giam Fialho. Pareçeme que, se llaa nõ tem que fazer, que lhe deveis de mandar que se venha, e asy Antonio Pachequo, por que jaa deve de teer mãdado o [trelado]¹ que avia de mandar; e fareis niso o que vos mais meu serviço pareçer.

No que toca ao cõtrato nõ ha que Responder, senam que Receberia prazer que, se fose posyvel, se posese em ordem de cõcerto antes de vosa vynda. Ẽcomendovos muito que pelos milhores meyos que poderdes, trabalheis niso.

Hũũ Judeu que aqui anda, que se chama Adibe, comete allgũũs cõtratos, e quer comprar llacar, e falla nese que estaa na casa. Emcomẽdovos que me escrevais se achassem ² Benzamerro algũa justiça nese que hy ha, e se ha nele cõpradores, e o preço a que daram por elle, pera se saber o que se Respõdera a este Judeu, pera se tomar concrusam em seu despacho. Fernam d'Alvarez a fez, em Evora, aos Xiii dias de setembro de 1533. J.

Rey.

Reposta ao Cõde da Castanheira, e sobre o lacar.
    (On Reverse Side)
    Por elRey.
A dom Amtonio d'Ataide, comde da Castanheira, vedor de sua fazenda.

96

COMDE, amiguo. Eu, ellRey, vos emvio muito saudar como aquele que muyto amo. Vy a carta que me escrevestes, e com o Recado que me emviastes da vỹda do galleam Receby prazer. Bem sey que por mĩgoa de dilligençia nom ha de lleyxar de ser prestes, pera ir lloguo com as caravellas. E quanto aos pillotos nõ ha que Respõder, senam que façaes cõ elles o que vos

---

¹ Palha suggests *traslado* here, where the reading is not clear; of course, *trelado* is the more likely form.
² Perhaps for *achassem em*.

bem pareçer; e lhe dareis a vantajem, asy em cravo como em cayxas forras, e em todo o all que vos pareçer necesario, segundo a neçesydade e a desposyçam do tenpo; por que, todo o que niso fezerdes, averey por muy bem feyto. Quaa se fazia fundamento de Pero Guardado ir por mestre, por que, por vyr por mestre do junquo, parecia que iria agora milhor por mestre; porem, se vos parecer milhor que vaa por pilloto, mandarlheis que vaa por pilloto; e asy lho direis de mynha parte, se necesario for. Os apontamentos pera o Regimento de dom Pedro vos agardecerey mandardellos lloguo; por que, tanto que vyerem, se fara e ira cõ as cartas pera a India; por que, no que toca a esa armada, pareçe que nom ha quaa outra cousa que fazer. Quanto aos degradados ey por bem que, pois ha gente em abastança, que nom vam, sallvo se vos parecer que ha antre elles algũũ ou allgũũs que posam ser proveytosos ou necesarios pera a vyajem. Jorge Paçanha he partydo pera llaa, pera ir no navio que vay em conpanhia d'armada. Fernam d'Alvarez a fez, em Evora, aos Xvii dias de setembro de VcXXXiii.

J. Rey.

Reposta ao Cõde da Castanheira.
    (On Reverse Side)
    Por elRey.
A dom Amtonio d'Atayde, comde da Castanheira, vedor de sua fazenda.

97

COMDE, amiguo. Eu, elRey, vos emvio muito saudar como aquele que muyto amo. Vy a carta que me escrevestes, em que me daes cõta do que pasastes com Llucas Geralldo, Diogo Martines, e Diogo de Torres sobre o cõtrato, e como vos cometeram cõtrato da pimenta com as drogas juntamente, e nõ os quisereis ouvir senam em cada cousa por sy, o que foy muy bem feyto; e que emtam vos fallaram na pimenta soo, e que, pellas praticas que ate ora com elles tendes pasadas, vos pareçe que vyram a fazer cõtrato como o do ano pasado, e quando niso ouvese duvida, seria nos tempos dos pagamentos, e que seria pouca ou nom seria. Muyto vos agardeço o que tee agora tendes feyto, e a pratica que tendes pasada, que todo vay como compre a meu serviço. E pois estes mercadores jaa se poseram niso, avendo por sem duvida que nom avieis de conçertar sem mo primeiro fazer saber, e vos pareçe que devem de vyr quaa comcruir, vos emcomendo muito que vaades asy praticando cõ elles, em quanto llaa esteverdes no despacho d'esa armada, tirando sempre d'elles o mais que poderdes, e dizendolhe quanto mais favoravel agora he o tempo pera o despacho e preço da pimenta que ho ano pasado, pelo que escrevem de Framdes e d'outras partes do que a pimenta allevantou em Veneza e em Itallia, por nõ vyr nenhũa d'Allexandria e toda a terra estar em paaz; peronde craramente pareçe que teera muyto milhor despacho que os tempos pasados, e por esta Rezam se deve fazer o cõtrato mais favoravel que ho outro. E cõ estas Rezões e as que vos mais pareçer que fazem do negoçio, vos agardecerey que vades afirmãdo mais na pratica, e tyrando d'elles quanto poderdes, ate ho tempo de vosa vymda, pera emtam vyrem cõ vosco ou apos vos, e depois que emboora vyerdes se tomar cõ elles quaa asento e comcrusam. E se vyrdes que emtanto apontam llaa de maneira que vos pareça meu serviço tomarlhe apomtamentos, pera mos emviar, pera se tomar lloguo llaa asento no negoçio, averey por bem que façaeis niso o que vos milhor e mais meu serviço pareçer, cõformãdovos sempre cõ a disposyçam do tempo e necesydades d'elle.

No que com esses mercadores apomtardes vos faço llenbramça, ainda que pera vos nõ seja neçesaria, por quãta llenbrança sey que de tudo tendes, que nos pagamentos de Framdes se nõ deve de tomar tanta contia como foy no cõtrato pasado; e que deveis de mandar fazer primeiro conta do que quaa sera neçesario pera as depesas das armadas e necesydades da casa, e depois de soprida, o mais se deve tomar em Frandes.

Quanto hás drogas Rodrigo de Donas espreveo a Fernam d'Alvarez que a canella vallia em Medina de noventa ate cem cruzados o quintall, e pareçe que deve teer quaa vallia, pois vall a este preço em Castella. E pois na casa ha seis centos quintaes d'ella, como me escreveis, a moor preço se deve de vender do que eses mercadores querem dar, ainda que seja cõ o cravo; por que, o ano pasado, se venderam oyto centos quintaes de cravo, pouco mais ou menos, cõ muyto menos canella; e por este Respeito averia por meu serviço quando se nom poserem, no Rezoado que se faça primeiro, o cõtrato da pimenta, ainda que seja o cõtrayro do que se fez o ano pasado, que foy primeiro das drogas que ho da pimenta. E depois o cravo que hos mercadores tem por vender, que lhe custou o ano pasado a sesenta cruzados a dinheiro cõtado, os obrigara a cõprar o d'este a como for Rezã; e quãdo o nõ fezerẽ, depois de soprida a necesydade cõ a pimenta, se fara das drogas por cõtrato, ou por vendas, o que milhor e mais meu serviço for. Isto sam llenbranças do que quaa pareçe pera vosa emformaçam; e vos nas praticas que teverdes, fareis o que vos milhor pareçer, segundo o que praticarem, e vos cometerem, e vyrdes que cõpre segundo a desposyçam do tempo.

Tambem escreveo Rodrigo de Donas a Fernam d'Alvarez sobre a pimenta que se poderia vender pera Castella. Eu lhe mãdey que vollo escrevese pera vosa emformaçam.

Quanto ao que toca á armada, nom ha que escrever, pois estaa tam prestes como me tendes esprito. Tanto que vyerẽ os apontamentos do que levou Antonio de Salldanha, ira o Regimento. Bem çerto sam que, no desamarrar da naoo de Duarte Tristam, se avya de acudir hás caravellas cõ aquela dilligençia cõ que vos fazeis todalas cousas de meu serviço. Fernam d'Alvarez a fez, em Evora, aos XIX dias de setembro de 1533. J.

               Rey.

Reposta a cõde da Castanheira.
   (On Reverse Side)
   Por elRey.
A dom Amtonio d'Ataide, comde da Castanheira, vedor de sua fazenda.

98

COMDE, amiguo. Eu, elRei, vos emvio muyto saudar como aquele que muito amo. Algũs dos capitães d'esas caravelas da armada da Imdia Requererão caa que lhes dese licemça pera poderẽ levar algũũ vinho pera seu beber; e eu a não dey a nenhũũ d'eles, por não saber se na embarcação que ha averia lugar pera iso. Emcomendovos muito que vos o mandeis laa ver, e avemdo lugar pera poder levar algũũ vinho, polla viagem ser da calidade que sabeis averey por bem que lhes deis pera iso licença pera cada hũũ dos ditos capitais poder levar aquele vinho que vos bem pareçer. Pero Amrriquez a fez, em Evora, aos XXi dias de setembro de 1533.

   Rey.

Pera o comde da Castanheira, que avendo lugar pera os capitães das caravelas d'esta armada da Imdia poderẽ levar algũũ vinho lhes [1] pera iso licença.

  (On Reverse Side)
  Por elRey.
A dom Amtonio d'Ataide, comde da Castanheira, veedor de sua ffazenda.

99

COMDE, amiguo. Eu, elRei, vos emvio muyto saudar como aquele que muyto amo. João Rodrigues de Syqueira me escreveo como dõ João tinha jaa toda sua embarcação, e que soomente deixava de partir por minguoa de dinheiro pera os meos fretes dos navios que ẽ sua companhia vão, pera que averaa mister e serão neçesarios atee ii c Xvii milreis. Emcomendovos muyto que mandeis a Joham Gomez que loguo lhos emtregue, e façaes despachar o dito dõ Joham de maneira que não faça hy nesa cidade mais detença; e, porẽ, sabereis se he neçesario todo o dito dinheiro pera seu despacho, por que pola neçesidade que ha nã ey por bẽ que por agora se emtregue ao dito João Rodrigues mais que aquele que se não poder escusar pera o dito dom João d'ahy poder partir.

Tambem me escreveo o dito João Rodrigues que tinha hũũs corenta moios de milho, e que achava quẽ lho comprava e lhe dava por ele a XXV reis por alqueire; e que ele achava triguo, a XXX o alqueire, bõõ pera o dito dõ João poder levar; e que lhe mandase diser o que niso ffaria. Emcomendovos que vejaes laa iso e se faça acerqua d'elo o que vos pareçer bẽ, e asy o escrevo ao dito João

[1] Palha notes: *ita*. Probably *dee* (*dê*) is to be supplied.

Rodrigues. Pero Amrriques a fez, ẽ Evora, aos XXi dias de setembro de mill Vc trimta e tres.
Rey.

Pera o cõde da Castanheira, sobre o dinheiro pera a embarcação de dõ João, e sobre este milho que João Rodrigues de Syqueira dis que tem.
(On Reverse Side)
Por elRey.

A dom Amtonio d'Atayde, comde da Castanheira, vedor de sua fazenda.

100

COMDE, amiguo. Eu, ellRey, vos emvio muito saudar. Vy a carta que me escrevestes, com os apomtamentos do que se llaa asentou sobre o Regimento da viajem d'esta armada que vyeram muyto bem ordenados. E cõ esta vos vay o Regimento e cartas pera Nuno da Cunha. E pois a armada estaa despachada como dizeis, vos emcomẽdo muyto que a mandeis partir o mais em breve que poderdes, ainda que bem sey que, a quẽm tall dilligençia mãdou poer no despacho d'ella, nõ he necesario emcomẽdarlhe a partyda. Quanto aos pillotos, todo o que niso tendes asentado estaa muy bem feyto; e a Pero Guardado podereis dizer que, quãdo lhe falley nesta ida, me Respõdeo que me iria servir nella cõ muy boa võtade, e por este Respeyto, allem de o elle mereçer por seu serviço, o filhey por cavalheiro de minha casa.

Emcomendovos muyto que, se for posyvell irem nesta armada dez mill cruzados em dinheiro, que hos emvieis, posto que vos tenha esprito que fosem soomente seis mill cruzados; e esto por se poder ẽtregar na India, pera se poderem teer cõprados allgũũs mantimentos pera a gente que ha de ir na armada de março; e pareçeme bem ir emtrege a dom Pedro e carregado em Recepta sobre hũũ criado meu. E no Regimento lhe mãdo poer que o dinheiro que nom ouver mester o emvie há India nos primeiros navios que llaa forem, nom estando o capitão moor no estreyto. E nõ avendo dinheiro prestes, pera poderẽ ir os ditos X mil cruzados, ira o mais que poder ir.

Pareceme bem ir Jorge Paçanha na caravella que ha de ir ate a costa Mallageta como dizeis, e ey por bem que asy se faça.

De Frandes vyeram as cartas que vos cõ esta vam, pera saberdes o que llaa he provido de dinheiro; e asy vereis as novas que de llaa e de Veneza vyeram, que, Noso Senhor seja llouvado, sam muy boaas, e prazera a elle que seram çertas. Emcomendovos que saybais se ha llaa cartas de mercadores que comcertem as novas d'ellas cõ estas de Veneza. Fernam d'Alvarez a fez, em Evora, aos XXVi dias de setembro de mill VcXXXiii.   J.
       Rey.
Reposta ao cõde da Castanheira.
        On Reverse Side)
        Por elRey.
A dom Amtonio d'Ataide, conde da Castanheira, vedor de sua ffazenda.

101

CONDE, amiguo. Eu, elRey, vos envio muyto saudar. Por este vos envio os Regimentos de dom Pedro de Castel Brãco, e hũũa carta pera Nuno da Cunha, e outra pera Pero Vaz, que soomẽte per esta via lhes sprevo. Pareceme que sera bem que a todos os capitães d'eses navios e caravelas mandes dar o trelado do propio Regimento da viagem que mando a dom Pedro, tirando tres capitolos que levam por sinal hũũas cruzes na margem; porque nõ servem as ditas caravelas, por quanto se la se acertasem, sem dom Pedro, o que espero em Noso Senhor que nõ seja, senam que todos leve a salvamẽto. Elas se ham d'yr direitas ao capitã mor, ondequer que estevese, segundo no dito Regimẽto lhe vay declarado. E mando tudo cõ diligencia, por que, ainda que o tempo pareça contrairo, nõ he bem que se perca hũũa ora da partida d'esa armada. Pero d'Alcaçova Carneiro a fez, em Evora, a XXvi dias de setenbro de 1533. Os quaes Regimẽtos yrã asinados por vos; e os Regimẽtos de dõ Pedro veres, e se a armada nõ poder partyr cõ este tempo que faz, me avisares do que vos parecer que se deve neles de acrecentar ou decrarar, parecendovos que ha algũũa cousa pera iso.
        Rey.
Pera o cõde da Castanheira.
        (On Reverse Side)
        Por elRey. J.
A dom Antonio d'Ataide, conde da Castanheira, do seu conselho, e veador de sua fazenda, etc.   J.

102

COMDE, amiguo. Eu, ellRey, vos emvio muito saudar como aquele que muyto amo. Vy as cartas que me escrevestes e muyto vos agardeço as novas que me daes d'armada estar tam prestes. E cõ esta vos ẽvio as sobcesões e outro Regimento por que, cõ a vỹda de dom Pedro de Castello Branco, mandey enmendar o capitollo de que se agravara; e por hũa carta de fora mãdey decrarar o que niso cõpria a meu serviço, como vos por outra esprevo. E elle se tornou lloguo a partir por nom fazer quaa detemça. Ẽcomendovos muyto que, no dar das ditas sobcesões e cartas, façaes o que vos pela outra escrevo. E quanto ao dinheiro, ey por bem que vam soomente os dez mill cruzados que vos tenho esprito, os quaes iram Repartidos pelo galleam e tres navios dos outros, a saber, nos dous em que vam as sobcesões, e outro que vos milhor pareçer, ẽtreges aos capitães d'elles, e cõ Recado voso que, depois que chegarem homde vam, os entregem ao feitor d'armada sobre que hos dytos dez mill cruzados vam em Receita; e este mando asy Repartyr por que, sendo caso que allgũũs navios se apartem na viajem, se achem todos cõ dinheiro pera o que lhe necesario for. E ey por bem que o feitor d'armada seja ese Diogo Botelho que dizeis, e sobre elle vaa o dito dinheiro carregado.

O mais dinheiro que sobejar em ouro vos emcomendo muyto que mandeis quaa trazer, e entregar a Fernam d'Alvarez, ate cinquo mill cruzados, por seram quaa neçesarios em ouro pera allgũas despesas de meu serviço, que cada dia sobçedem, que se nom podẽ fazer em outra moeda.

O que mandastes fazer nos vinhos que se derem aos capitães ouve por muy bem feyto, como sam todallas outras cousas que fazeis de meu serviço. E pois a armada estaa tam prestes, vos emcomẽdo muyto que, tanto que for partyda, lleyxeis em toda a boa ordem que sabeis que compre as cousas d'armada de março, e vos venhaes, emboora; e de vosa vimda ser cõ brevidade Receberey muyto prazer. Agardeçervos ey trazerdes comvosco todo o que mais poderdes tirar dos mercadores do cõtrato. Fernam d'Alvarez a fez, em Evora, aos XXX dias de setembro de 1533. J. E tambem vay o poder e allçada pera dom Pedro.

Fernam d'Alvarez me mostrou o papell que vos mandou o embayxador do Preste.[1] Averey por meu serviço que lhe mandeis Responder que escreva emboora todo o que lhe bem pareçer, e as suas cartas se daram a dõ Pedro de Castell Branco, e depois que as tever, lhas pedireis, e as Recolhereis ha vosa mãoo, e as trareis quando vyerdes.

    Rey.

Reposta ao cõde da Castanheira.
   (On Reverse Side)
   Por elRey.
A dom Amtonio d'Ataide, comde da Castanheira, veedor de sua ffazenda.

103

CONDE, amiguo. Eu, elRey, vos envio muyto saudar. Dom Pedro de Castel Brãco veo ca sobre o capitolo de seu Regimẽto, como me sprevestes, e ainda que nam tinha Rezam, nem devera de vyr a iso, por que espero que me serva bem, lhe quis dar contentamento d'esta maneira, que o capitolo se tyre do Regimento, como se tirou, e que vaa nesas cartas minhas cerradas, as quaes vam per tres vias, pera que ninguẽ nom saiba o que nellas diz. Sendo caso que o tal capitam nom venha, darlhes a que ele ha de llevar, e asy as outras a Nicolaao Jusarte, e a Eytor de Sousa, que nom saveram o que nellas diz. E todas as dares em segredo e dom Pedro vos prometera que, logo em chegando, dee esa ao tall capitam se vier; e asy leva o poder ordinario que ca esqueçeo. E com esta vos envio tambem as sobcesões, as quaes vam per tres vias, a saber, no navio de dom Pedro duas, e no navio de Nicolao Jusarte outras duas, e no navio de Simão Delgado de Brito outras duas; as quaes dares a pesoas certas que as levem, e nam seram os capitães; e quãdo as ouverdes de dar, fares que as daes d'acerto naqueles navios, pera que vão sem endicio de poderẽ cuidar que sam eles os que ham de sobceder, ou de quallquer outra

---

[1] The *Preste* was the ruler of Abyssinia, whom the Portuguese deemed a descendant of Prester John, in accordance with an old and widespread tradition. See the *Crónica* of Francisco d'Andrada, Part II, Chap. IV, where it is said that this Ambassador of the Priest was sent to the Portuguese by his master.

maneira que vos a vos milhor parecer, indo porẽ nos ditos navios, e nam em outros. Pero d'Alacaçova Carneiro a fez, em Evora, ao primeiro dia de outubro de 1533. J.
        Rey.

Pera o cõde da Castanheira.
    (On Reverse Side)
    Por elRey.
A dom Antonio d'Atayde, conde da Castanheira, do seu conselho e veador de sua fazenda, etc. J.

104

COMDE, amiguo. Eu, ellRey, vos emvio muito saudar como aquele que muyto amo. Eu vos tenho [escrito]¹ que mandaseis nesa armada pera a India Amrrique Correa, e por que agora soube d'elle allgũas cousas, por omde nom ey por meu serviço que elle vaa na dita armada, vos emcomendo muyto e mãdo que o mandeis lloguo buscar huũ allcayde d'esa cidade, e o mandeis prender no Limoeyro, e escrevermeis o que se niso faz. Fernã d'Allvarez a fez, em Evora, aos iii dias de outubro de VcXXXiii. J.
        Rey.

Pera o cõde da Castanheira.
    (On Reverse Side)
    Por elRey.
A dom Antonio d'Ataide, cõde da Castanheira, vedor de sua fazenda, etc. J.

105

COMDE, amiguo. Eu, ellRey, vos emvio muito saudar como aquele que muyto amo. Fernam d'Alvarez me mostrou a carta per que lhe escrevestes que a armada foy de foz em fora, sesta feyra pela menhaã, tres d'este mes, e o boõ tenpo que llevava. Muyto vos agardeço a [dilligencia]² cõ que se fez, e o boõ aviamento que se nella deu; em tudo foy obra de vosas mãoos. Espero em

---

¹ The sense requires *escrito*, which is lacking in the manuscript.
² Palha has *ita* here. Perhaps *dilligencia* should be the interpretation of what appears to be a strong contraction in the manuscript.

Noso Senhor que faça tall vyajem que chege toda junta a salvamento, e que, no efeyto do negocio a que vay, cõ a vosa boa dita se façam cousas de tanto serviço de Deus e meu como foy a vontade cõ que fezestes e fazeis todallas cousas de meu serviço. Emcomendovos muyto que vos venhaes o mais cedo que poderdes; por que de vosa vỹda ser cõ brevidade Receberey muyto prazer e cõtentamento. Fernam d'Alvarez a fez, em Evora, aos V dias de outubro de VcXXXiii. J.
     Rey.
Pera o cõde da Castanheira.
  (On Reverse Side)
  Por elRey.
A dom Amtonio d'Atayde, comde da Castanheira, vedor de sua fazenda.

106

COMDE, amiguo. Eu, ellRey, vos emvio muito saudar como aquele que muyto amo. Vy a carta que me escrevestes, em que me daes cõta como Diogo Rodrigues Pinto e Joãa Pinto, seu irmão, sam desaparecidos d'esa cidade, e as dilligẽcias que mandastes fazer nas Ilhas dos Açores e por todollos portos ate a Corunha, que foy muy bem feyto; e vollo agardeço muyto, e eu mãdey lloguo avysar os portos do Allgarve e d'Andalluzia, pera, se llaa forem, teer que os prendam, e lhe tomen suas fazendas. Encomẽdovos muyto que mandeis ver nesa casa o que deviã nella, e asy o que deviã das Rendas das Ilhas dos Açores; e mãdeis lloguo ver as fianças que tinhã dadas a ellas, pera saber quem sam os fyadores, e ẽ quanto cõtia tynham ẽfiado; e tambem mãdareis nellas fazer as dilligençias que vos parecer necesarios, pera boa arrecadaçam de minha fazenda, cõ toda mais ẽformaçam que dos seus negoçios e causa de sua ida poderdes saber. Fernam d'Alvarez a fez, em Evora, a Viii dias de outubro de VcXXXiii. J.
     Rey.
Reposta ao cõde da Castenheira.
  (On Reverse Side)
  Por elRey.
A dom Amtonyo d'Atayde, comde da Castanheira, vedor de sua fazenda.

107

CONDE, amiguo. Eu, elRey, vos envio muito saudar. Depois de vosa partida socedeo huũa cousa de muyto meu serviço. Muyto vos gradecerey, tanto que esta vos for dada, vos tornes a ter aquy o Natal; e folgarey muyto que posaes ser aquy amenham a dormir, crendo que de asy o fazerdes Receberey muyto prazer. Pero d'Alcaçova Carnheiro a fez, em Evora, a XXii dias de dezenbro de 1533. J.
                Rey.

Pera o comde da Castanheira.
      (On Reverse Side)
A dom Antonio d'Atayde, conde da Castanheira, de seu conselho, e veador de sua fazenda, etc. J.

108

COMDE, amiguo. Eu, elRey, vos emvyo muito saudar como aquele que muyto amo. Pera o ordenado de Alvaro Mendez de Vascomcelos, meu embaixador, sã neçesarios atee mill e oyto cemtos cruzados, e asy pera a despesa de correos que lhe mãdo dar, dos quais Cosme Navais, seu criado, leva minha provysã pera João Gomez de iiii centos e viii mill reis e do mays credito[1] de Fernam d'Alvarez de como os d'ele Recebe. Emcomẽdovos muito que, tanto que vos esta for dada, mamdeys aver letras de Lucas Giraldo do dito dinheiro, pera se darem ẽ Castela, omde estiver a corte ao dito embaixador. E com as ditas letras mãdey logo despachar o dito Cosme Navais, por que compre a meu serviço partir logo. Cosme Anes a fez, em Evora, aos XV dias de Janeiro de 1534. J.
E as ditas letras am de ser do que mõta nos papeis que Fernam d'Alvarez ẽvya a Joam Gomez. Fernam d'Alvarez a fez escrever.
                Rey.

[1] The MS. has the abbreviation *cto*, which Palha always resolves as *creto*, a word whose meaning is not obvious; *credito* sometimes fits quite handily. Is *conto* a possible expansion?

Pera o conde da Castanheira, sobre a letra pera Alvaro Mẽdez.
 (On Reverse Side)
 Por elRey.
A dom Amtonyo d'Atayde, Comde da Castanheira, vedor de sua fazenda.
 (And in another hand)
Carta delRey, noso senhor, sobre o ordenado d'Alvaro Mẽdez de Vasconcelos.

109

COMDE, amiguo. Eu, elRey, vos emvio muyto saudar como aquele que muito amo. Vy a carta que me escrevestes por Fernam d'Alvarez, e ele me deu comta de todo o que la pasava, e da desposyção ẽ que achastes todalas cousas nesa cidade, e do destalleçimento que hy da de naaos e navios, e asy de todalas outras cousas que trouxe per lembranças pera me diser. E muyto vos agradeço quam miudamente me de todo mamdastes dar comta. E per esta vos Respomdo a o que agora he neçesario e ey por bem que se faça.

Item: quanto ao que toca á armada da Mina, polas Rezões que me deu Fernam d'Alvarez ey por bem que vaa nela o galeão Sam Joham, nam vimdo a esa cidade outra naao que vos pareça que seja pera iso; por que, vimdo, Receberey prazer que se compre e vaa ẽ lugar do dito galleão. E polla necesydade que ha na Mina, por aver tamto tempo que lhe nam forão navios, vos emcomendo muito que mandeis fazer esa armada prestes com a moor brevidade que ffor posyvell. E vos lhe mandareis dar o Regimento do que na viagem ouverẽ de fazer o capitão moor e capitães, asynado por vos, e eu lhe mandarey provisão minha que ho cumprão imteiramente, como se fose por mĩ asynado. E llaa praticareis a gemte que pareçer que se dever leixar no castello da Mina, e asy se devem laa de ficar alguũas caravellas por alguũ tempo; e no que asemtardes mandareis loguo prover, e lho mandareis decrarar no Regimento; porque, o que vos niso fizerdes, averey por bem ffeito, por que sey que o aveis d'olhar como cumpre a meu serviço.

Item: tambem me deu Fernam d'Alvarez comta da diligemçia que mandastes fazer na naao Sam Roque, e como a mandastes ver pera se correger e aparelhar pera ficar no porto; o que me pareçeo muy bem ffeito e neçesario. Emcomendovos muyto que, com a moor brevidade que for posyvell, a mandeis correger, e aparelhar, e muyto bem armar d'artelharia e todo o neçesario pera estar nese porto prestes pera o que comprir a meu serviço. E vimdo algũa naao que posa servir na armada da Mina, Receberey praser que esa naao Sam Roque e o galeão São João estem ambos aparelhados, armados, e prestes nese porto, pera acodir ao que sobçeder e neçesario ffor.

Item: tambem me deu o dito Fernam d'Alvarez comta do que tinheis laa praticado sobre nam ir o jumco há Imdia nesta armada, e irem soomente as tres naaos novas, e as duas de Duarte Tristam, e como depois tornastes niso a dovidar pola carta que vos escreveo Jorge de Barros do que se dezia da armada do Turquo; a qual carta eu vy, e pelo que nela diz nam parece nova autemtica nem comjumção pera o Turquo aver de mandar tam çedo há Imdia, comprindo lhe mais de ir a Çoram, e asy o que diz na mesma carta da guerra que tem com o xequesmaell.[1] E por estes Respeitos, e polla nova que por outras partes os dias pasados veyo, e polla necesydade que caa ha de se fazer a armada de Framdes e outras armadas, ey por bem que o jumquo fique este anno e não vaa há Imdia, e fique tambem Ayres da Cunha, pera me caa servir d'elle no que a meu serviço cumprir; e eu lhe ffaço merce dos mill cruzados que avia d'aver do ordenado da viagem; e eu lhe escrevo como ey pour bem que fique. E vos tambẽ lhe falareis de minha parte, e lhe direis que lhe agradecerey ser comtemte de ficar, com as mais pallavras que vos bem pareçer; e mandareis acabar toda a obra do jumquo, e fazer de todo prestes com diligemçia, pera poder ir a Framdes com a pimenta e droguas, ou omde cõprir.

A gemte pera a Imdia que ha de ir nesta armada ey por bem, pelos mesmo Respeitos, que sejam quinhemtos homẽs e mais não; e d'estes fareis fundamento, como estava ordenado e vollo tinha dito.

Quamto ao comçerto que se ha de fazer com os mercadores dos cõtratos da pimenta e drogas, pera se lhes aver de dar armada ẽ que levem suas fazemdas seguras, eu, pollo que agora sobçede, averey por meu serviço de se lhe mandar dar armada a frete e lhe

---

[1] That is, *o xeque Ismaell*.

mandar segurar pollos preços, e como se fez nos comtratos pasados. E Fernam d'Alvarez me dise que, atee sua partida, nam tinham pasado comvosco praticas do que se devese de lamçar mão. Emcomendovos muito que, tamto que virdes tenpo desposto, e vos fallarem os ditos mercadores, pratiqueis com eles e tomeis niso asemto como vos milhor e mais meu serviço pareçer; e quallquer comçerto ou asemto que fizerdes, mandareis asemtar nos livros d'esa casa, asynado por vos e por eles; o quall se imteiramente cõpriraa; e se neçesario for, mandareis treladar este capitollo no dito livro, e escrevermeis o asemto que cõ eles ffizerdes, pera saber a armada que se ha de fazer pera Framdes, e emviar pera ela de caa o capitão moor, e capitães, e todo o mais que pera ela comprir.

Item: Receby prazer com o que me Fernam d'Alvarez dise das seis caravellas que mandastes fazer a Piniche. E loguo vam cartas ao Algarve, a Amtonio de Campos, que mande a esa cidade duas caravelas, e as quatro fiquem pera a armada do estreyto como laa asemtastes. Emcomendovos muyto que mandeis dar presa a esas que se fazẽ ẽ Piniche; e se ao porto d'esa cidade vierem alguũas naaos que vos pareça sejão pera servir nesas armadas, as mandeis comprar; e tambem mandey escrever a Bizcaya a Amtonio de Paiva, pera cõprar as que escreveo que se laa acharia.

Item: Ffernam d'Alvarez me dise da nova que tinheis do armado que andava nesa costa, que deu caça a huũ navio que emtrava pela barra do porto d'esa cidade; e pareçeome muy bem a diligemçia que mandastes fazer em mandar a Atouguia saber que armados aviã na Berlemgua. Emcomendovos muito que, emquamto laa estiverdes, quando tiverdes novas d'armados que amdem pera esa costa das Berlemgas atee o cabo de Sam Vincente, trabalheis, quamto em vos for, por mandar apos elles, e emviareis a iso quaesquer caravelas e navios que hy estiverem armados, ymdo aqueles que vos pareçer que seguramente posão pellejar e tomar os ditos armados, segumdo a nova d'eles teverdes. E pera isto mandareis laa Fernam Rodrigues Barba, emquamto hy estiver, e quaesquer outros criados meus e pesoas outras que vos bem pareçer. E vimdo tall caso que seja neçesario irem fidallguos, ho direis de minha parte aos que vos pareçer bem, e fareis niso todo o que a meu serviço cumprir, segumdo as novas tiverdes; e quamdo ouverem de ir fora, lhe dareis Regimento do que am de fazer, mandandolhe nelle que trabalhem por fazer amainar os ditos armados e os tomem, ffazemdolhe o menos dano que poderem, sallvo quando eles quiserem pellejar de maneira que se não posa escusar.

Pareçeome bem o aviso que dizeis que deve de ir há Imdia de mandarem vimte e cimquo mill quimtaes de pimenta, e d'hy pera cima e nam pera baixo, e que pera os anos que vem se devem de fazer laa huum par de naaos, pera nam falleçerem pera a carregua. Eu o mandey poer em lembrança, pera se escrever ao tempo que forem as vyas.

Quamto a as despesas que laa ha, de caa se pasarão os menos despachos de paguamentos que for posyvell; e dos que sam pasados, mandareis cumprir amtes da armada os que vos pareçer que se não posam escusar. Ao mais das lembranças que Fernam d'Alvarez trouxe nam ha que Respomder; soomente que vos agradeço muito as dilligemçias que mandastes fazer na artilharia que se mandou fazer, e em todallas outras cousas, e asy vos agredecerey darse presa no galleão Trimdade, e na naao de Jorge Lopez, pera poderẽ servir pera Framdes, e pera omde mais cumprir. Pero Amrriques a fez, em Evora, aos XV dias de Janeiro de VcXXXiiii.

J.

Fernam d'Alvarez a fez escrever.
Reposta ao conde da Castanheira.

110

COMDE, amiguo. Eu elRey, vos emvio muito saudar como aquelle que muito amo. Diogo de Sepulveda me emviou pidir por merçe que lhe mandase fazer paguamento dos quinhemtos cruzados que lhe sã devidos nesa casa, pera Manuel de Sousa, seu filho, se fazer prestes pera a Imdia, omde me este anno vay servir; e pela necesydade que me Fernam d'Alvarez, meu tesoureiro moor, dise que laa ha de dinheiro, nam ouve por meu serviço de lhe mandar paguar mais que trezemtos cruzados soomente, dos quaes o dito Manuel de Sousa leva provisão. D'estes vos emcomendo que lhe mandeis fazer boõ pagamento, por que eu Receberey d'iso prazer. Pero Amrriques a fez, ẽ Evora, aos XIX dias de Janeiro de 1534. J.

Rey.

Pera o cõde da Castanheira, sobre o paguamento dos iii c cruzados de Manuel de Sousa, filho de Diogo de Sepulveda.
    (On Reverse Side)
    Por elRey.
A dom Amtonio d'Atayde, comde da Castanheira, vedor de sua fazenda.
    (And in another hand)
Sobre o pagamẽto dos iii c cruzados de Manuel de Sousa, filho de Diogo de Sepulveda.

III

COMDE, amiguo. Eu, ellRey, vos emvio muito saudar como aquele que muyto amo. Vy a carta que me escrevestes de XX dias d'este mes, em que me daees cõta do que he feyto nesas armadas, e muyto vos agardeço a dilligemçia que se em todo daa. E quanto á armada que vay pera a Mina, pareçeme bem ir o galleam Sam Joam nela, e que fique pera a costa a naoo Sam Roque, e galleam Trimdade, e o jumquo e naoo de Jorge Lopez pera servirem no que for necesario. Muyto vos emcomẽdo que, com a moor brevidade que for posyvell, as mandeis fazer prestes, pois sabeis quanto cõpre a meu serviço. E cõ esta vam os poderes e provisões necesarias pera Fernam Rodrigues Barba; vos lhe mãdareis llaa fazer o Regimento do que ouver de fazer, como vollo tenho esprito.

Receby prazer com o que pasastes cõ Ayres da Cunha, e elle ser cõtente de ficar, e da merçe que lhe fiz dizerlheis de minha parte que llaa ajude em todo o que for necesario no aviamento d'esas naoos, porque, quando for tempo, follgarey de me servir d'elle.

Vy o que tendes pasado cõ eses mercadores do cõtrato da pimenta, e pelas Rezões que me escreveis me pareçe bem mamdarem elles as tres naoos e hũa caravella, que querẽ mandar cõ os dous myll quĩtaes da pimenta, cõ tanto que nõ se asegure nellas cousa allgũa por minha parte. E vos lhe mandareis emprestar a artelharia que vos bem pareçer, e dar todo favor e ajuda que cõprir pera seu aviamento; por que eu Receberey d'iso prazer. E quanto ao mais que ham de carregar, pera que pareçe que sera necesario darselhe armada e asegurar, ẽcomẽdovos que nisto tomeis cõ elles asento o mais breve que poderdes, e pera saberdes lloguo a armada que sera necesaria, e quanto cãtidade ham de carregar nella, e em que tempo ha de partyr, pera fazerdes des agora fundamẽto das naoos que ouverẽ d'ir, e do mais que for necesario, e pera a dita armada cõprir, e tambem pera cõ tempo ser d'iso avisado o feytor de Framdes pera os mantimentos¹ que ouver de proveer e cousas que ouver d'ẽviar.

Quanto ao que se cometeo ao feitor de lhe cõprare a malageta e o timcall, pareceme bem venderse pelos milhores preços que poder ser. Emcomendovos que mãdeis emtender niso, e eu ey por bem que tudo se vemda pelos preços e da maneira que vos milhor parecer. E todo o que niso mãdardes fazer, averey por bem feyto; e Fernã d'Alvarez vos ẽvia o preço a que a mallageta vale em Framdes pera milhor ẽformacã vosa e do feytor. E quanto ao tincall manday que esperem por Abrão Bemzamerro, porque elle prometia quaa a XXV cruzados por todo e a trinta por cem quintaes; e como llaa for, podera ser cõpetidor d'esoutros que ho llaa cõprã, o qual parte d'aquy a dous ou tres dias.

Receby prazer do que me escreveis da nova do navio dos corsayros nom ser certa. Ẽcomẽdovos que digaes a dõ Affonso d'Atayde, que mande teer vygia pera vos avysar, se vyerẽ hás Berllengas teer allgũs ladrões armados, pera mãdardes a iso acudir como vos pareçer necesario.

Quanto há caravella que quereis emviar ao Brasyll, pareçeome bem o Regimento que tinheis feyto pera Vicente Martins e a carta pera Paullos Nunez, porem eu queria llogo despachar pera irem cõ ho dito Vicente Martins. E Pero Lopez de Sousa ira lla estar cõvosco, e vos dira da maneira que ey por bem que se faça; ẽtanto mãday sobrestar na partyda d'elle. Fernam d'Alvarez a fez, em Evora, aos XXiii dias de Janeiro de 1534.

   Rey.

Reposta ao cõde da Castanheira.
  (On Reverse Side)
  Por elRey.
A dom Amtonio d'Atayde, comde da Castanheira, vedor de sua fazenda.

 ¹ MS. has *mtos*, which Palha resolves as *muitos*.

112

COMDE, amiguo. Eu, ellRey, vos emvio muito saudar. Vy a carta que me escrevestes, em que dizeis que antes de vosa partida vos tinha dito que da minha parte diseseis a Francisco Mẽdez e Amtonio Jorge, que nõ curasem de teer negociações em Roma, porque de mỹ aviam de Receber a justiça, favor, merçee que me pareçese que se lhe devya fazer, e que d'outra allgũa nom aviam d'usar, e que, por depois asentar em mãdar chamar mestre Jorge pera lho dizer, nom fallareis asy agora a elle nem a Francisco Mendez. Eu nõ o mãdey chamar porque me pareçeo que levaveis Recado pera lhe fallar, e pois vos llaa estaes, me pareçe escusada a vỹda do dito Mestre Jorge. Emcomendovos muyto que falleys a ambos de minha parte, e lhe digaes todo o que vos tinha dito que lhe diseseis, com as mais boas Rezões que vos necesarias parecerẽ, segundo a calledade do negocio; e escrevermeis o que pasardes e vos Respõderem. Fernam d'Alvarez a fez, em Evora, aos XXiii dias de Janeiro de 1534.
   Rey.

Reposta ao conde da Castanheira.
  (On Reverse Side)
  Por elRey.
A dom Amtonio d'Atayde, conde da Castanheira, vedor de sua fazenda.

113

COMDE, amiguo. Eue, ellRey, vos emvio muito saudar como aquele que muyto amo. Vy a carta que me escrevestes de XXiii dias d'este mes, e quanto aos bateeis que dizeis que vos dizem que sera meu serviço andarem na costa da Mina, a saber, hũu que foy na rivada da Mallageta e outro que se devia de fazer na Ilha de Sam Tome, e que estariam varados o tempo que nam fose necesario, pareceme bem. E lloguo mandey chamar Vicente Lourenço, pera me niso servir d'elle. Emcomẽdovos muyto que me escrevaees a gente que pareçe que pera eses dous bateis sera neçesaria, e se fazeis fundamento de ser da mesma que servio na

Mina, ou, d'outra de novo que pera este efeyto aveis de mãdar, e a despeza que vos pareçe que se niso fara, por que follgarey de ho saber.

Receby prazer cõ a carta que me emviastes de Jorge de Barros pelas boas novas que nella vynham; e as lletras de Sevilha lleva Bertollameu Draguo que lloguo parte, e lleva Recado pera vyr com a moor brevidade que for posyvell.

Fernam d'Alvarez me dise como lhe escrevestes que os moedeiros nom llavrarão na moeda. Eu mãdey jaa ver os seus privillegios, e lloguo ira Recado do que ey por bem que se faça.

Francisco Lopez emviou quaa hũa carta que lhe escreveo Jorge Fernandez, pilloto, a qual vos cõ esta vay. Emcomẽdovos muito que a vejaes, e vos emformeis do dito Francisco Lopez; e, se vos pareçer bem ẽviar recado ao dito pylloto, pera se vyr pera este Reyno, mo esprevereis pera se fazer. Fernam d'Alvarez a fez, em Evora, aos XXVi dias de Janeiro de 1534.

Rey.

Reposta ao conde da Castanheira.
    (On Reverse Side)
    Por elRey.
A dom Amtonio d'Ataide, comde da Castanheira, veedor de sua ffazenda.

114

CONDE, amigo. Eu, elRey, vos ẽvio muito saudar como aquele que muito amo. Antonio de Canpos me stpreveo do Allgarve a obra que he ffeita nas caravelas, que se laa fazem, como vereis pella mesma carta que vos Fernã d'Allvarez emvia; aa qual lhe mamdey Responder que avia por meu serviço que as caravelas se acabasẽ com a menos opresão do povo que poder ser, posto que se nã podesẽ acabar senã pera abrill, como elle diz; e porem, que duas d'ellas se acabasẽ ẽ fevereiro, e se posese nellas toda a dillygemçia posyvell como lhe jaa tinha estprito. E por que elle stpreve que se podião fazer pera o verão mais caravelas, imdolhe o Recado com tempo, como vereis por sua carta, vos o praticay com eses oficiaes, e vede se sam neçesarias, e se seraa meu serviço fazerẽse;

e stpreveyme o que vos d'iso pareçe, pera com vosa Reposta mandar Respomder ao dito Antonio de Canpos. Manuel da Costa a fez, em Evora, a XXvii de Janeiro de 1534. J.
            Rey.

Pera o conde da Castanheira, sobre o que Amtonio de Canpos stpreveo das caravellas.
   (On Reverse Side)
   Por elRey.
A dom Amtonio d'Atayde, comde da Castanheira, veedor de sua ffazemda. J.

115

COMDE, amiguo. Eu, ellRey, vos emvio muito saudar como aquele que muyto amo. Allguũs fidallguos da minha casa e outros criados meus que foram despachados pera ir nesta armada há Imdia me emviarão dizer, que hos nõ mandareis asentar em solldo, por que nom foram dentro no mes de Janeiro, segundo forma da noteficaçam que foy feyta e posta há porta d'esa casa da Imdia; e por que allguũs foram agora despachados, que nom poderam ir a tenpo, vos emcomẽdo muyto que mãdeis asentar todollos criados meus que nesta armada ouverem d'yr com seus homeẽs segundo ordenãça e suas provisões, posto que o tromco dos quinhentos homeẽs, que mãdey que se asentasem, seja cheo; por que, allem d'elles, averey por meu serviço que vam todollos criados meus que quiserem ir e se nas naoos bem poderem agasalhar. E nõ mandey pasar provisam a nenhũũ d'elles, pera o asentarem, por que me pareçeo milhor escrevervollo, pera o mandardes fazer.

 De framdes vyeram cartas do feitor, que escrevem o partido que llaa acham da mallageta, e quamta se podera despender. Emcomendovos muyto que ho mandeis llaa praticar, pera se lhe Responder o que deve fazer; por que eu Receberia prazer que o Terço[1] fose bem provido de mercadorias de llaa, da maneira que fose mais meu serviço, e os moradores podesẽ ser bem pagos, como o ate ora foram. E Fernam d'Alvarez vos escrevera sobre ysto mais llarga-

[1] Abbreviated in the MS. The resolution is Palha's. The preceding word looks more like *do*, but Palha reads it as *o*.

mente. Fernam d'Alvarez a fez, em Evora, aos XI dias de fevereiro de 1534.
    Rey.
Pera o conde da Castanheira.
   (On Reverse Side)
   Por elRey.
A dom Amtonio d'Atayde, comde da Castanheira, veedor de sua ffazenda.

116

COMDE, amiguo. Eu, ellRey, vos emvio muito saudar como aquelle que muyto amo. Por que queria fallar comvosco allgũas cousas que muyto comprem a meu serviço, vos emcomendo muyto que, com a moor brevidade que poderdes, venhaes a mỹ. E se vos pareçer que a armada da Imdia estaa em tall ordem que se posa bem despachar, e partir sem vos llaa estardes, fareis fundamento de vyrdes pera nom tornar ao despacho d'ella. E se vos pareçer que cõpria muyto a meu serviço tornardes pera o despacho e partida d'ella, estareis quaa çimquo ou seis dias, e tornarvos eys pera acabar de despachar a dita armada. E de vosa vỹda ser o mais ẽ breve que poderdes, Receberey prazer, e muyto vollo agardecerey. Fernam d'Alvarez a fez, em Evora, aos XI dias de fevereiro de 1534.
E porem vosa vỹda sera por vosas jornadas e nom pollas postas.
    Rey.
Pera o conde da Castanheira.
   (On Reverse Side)
   Por elRey.
A dom Amtonio d'Atayde, comde da Castanheira, veedor de sua fazemda.

117

COMDE, amiguo. Eu, elRey, vos emvio muyto saudar como aquelle que muyto amo. Eu fiz merçe a Lourençno de Sousa dos ofiçios de sobre Rolda e porteiro moor da cidade de Goa por ser mall emformado, os quais vemdeo e trespasou a Afomso Vaaz

Pestana. E porque ora são emformado que os ditos ofiçyos numca se atee quy derão, por serem muyto perjudiciais e comtra meu serviço, tamto que esta vyrdes vos emcomẽdo muyto e mando, que mamdeis chamar o dito Afomso Vaaz, e lhe peçais a carta dos ditos oficios, e ma emviareis; e eu lhe mandarey tornar todo o dinheiro que por elles tiver dado. E não queremdo dar o dito Afonso Vaaz a carta, não lhe mamdareis dar embarcacão. Cumpri o asy com diligemcia. Manuel de Pomte a fez, em Evora, aos XXvii dias de fevereiro de mill VcXXXiiii. J.

Rey.

Pera o cõde da Castanheira, sobre os oficios de Afonso Vaaz Pestana.

  (On Reverse Side)
  Por elRey.
A dom Amtonio d'Atayde, comde da Castanheira, vedor de sua fazenda.

118

CONDE, amiguo. Eu, elRey, vos ẽvio muyto saudar como aquele que muyto amo. Mestre Johão Caro, que ora estaa preso no castello d'Alcobaça, como sabees, he condenado por seu juiz em degredo pera sempre, pera a ffortaleza de Çofala; e porque ey por bem que vaa nesta armada, mãdey a Manuel Allvarez, meirinho d'esta çidade, que ffose por o dito mestre Johão a Alcobaça, e o levase a esa çidade preso e a bõ Recado. Ẽcomendovos muito que, tamto que hy for, o mandeis ẽtregar a huũ capitão d'esas naaos; ao quall mandareis de minha parte que o leve a boõ Recado, e tanto que, com a ajuda de Noso Senhor, for em Moçabique, o emtregue preso a Vicẽte Peguado, capitão de Çofalla, se hy estiver, e, não estamdo hy, ao alcaide moor e feytor do dito Moçãbique, pera que o emvye ẽtregar em Çofalla ao dito Vicente Pegado, pera hy conprir seu degredo. E ao capitã a que o asy entregardes, mandareis dar as cartas que com esta vão pera o dito Vincente Pegado e alcaide moor de Moçãbique; e deixaraa seu conheçimento de como se ẽtregou o dito mestre Jom, e se obriga de o levar e emtreguar ẽ Moçãbique pella dita maneira, e trazer ou emviar certidam autentica d'iso, por que se desobrigue da obri-

gaçam que agora fizer. E por que folgarey que o dito mestre Johão vaa bem tratado, e provido de tudo o que ouver mester pera sua viagẽ, emcomẽdovos muito que, aimda que seja tam tarde, lhe mamdeis dar o mylhor gasalhado que poder ser, e asy mãtimento, e tudo o que vos pareçer que mais avera mester. Manuel da Costa a fez, em Evora, a XXviii de fevereiro de 1534. J. E porque o provymcial da orden de São Domingos stpreve ao vigario de Çofala sobre o dito mestre João, e lhe manda a sentença de sua cõdenaçã, mãdareis ẽtregar sua carta e a sentença ao dito capitão, pera ẽtregar tudo com o dito mestre João pella maneira sobre dito. E se for caso que, quando elle a esa cidade chegar, a armada nã estee tã apique, mãdaloeis ẽtregar ẽ São Domĩgo ao mesmo provincial, pera que o tenha a bõ Recado atee ser tempo de se ẽbarcar; e tudo fareis com aquele Recado que sabeis que niso cumpre que aja.
    Rey.

Pera o cõde da Castanheira, sobre mestre João Caro.
  (On Reverse Side)
  Por elRey.
A dom Antonio d'Atayde, conde da Castanheira, vedor de sua ffazenda. J.
  (And in another hand): Carta delRey, noso senhor, sobre João Caro.

119

CONDE, amiguo. Eu, elRey, vos ẽvio muyto saudar como aquele que muyto amo. Eytor de Coimbra, que amda na India, me emvia de laa pedir que lhe ffaça merce do ofiçio de pilloto e patrão moor das ditas partes que vagou por faleçimento de Joham de Lixboa, e Tristão da Cunha me stpreveo sobre yso; e porque o dito Johão de Lixboa não era pilloto moor da India, e somente o era ca do Reyno, e asy me pareçe que algũas pesoas outras me Requererã ja o dito ofiçio, se não tomou niso determinaçã, por pareçer que não era neçesario. E porque folgarey de saber se o he, vos ẽcomẽdo muito que vos ẽformeis d'iso, e saybaes tambem se he o dito Eytor de Coimbra auto e sofiçiẽte pera o dito ofiçio, e se ha outras pesoas que sejão mais antiguos, e que o milhor mereçam, e mais autos sejão; e me esprevaes tudo o que acerqua d'iso achardes com voso pareçer. E de Pedro Afonso Daguiar e dos outros

ofiçiaaes podereis aver d'isto ẽformação; e Tristão da Cunha vos falaraa acerqua d'iso. Manuel da Costa a fez, ẽ Evora, a dous de março de 1534. J.
             Rey.
Pera o conde da Castanheira, sobre a ẽformação que ha de tomar d'este ofiçio que Requere Eytor de Coimbra.
             (On Reverse Side)
             Por elRey.
A dõ Antonio d'Atayde, conde da Castanheira, vedor de sua ffazenda.[1]

120

COMDE, amiguo. Eu, elRey, vos emvio muito saudar como aquele que muito amo. Gonçalvo Mendez Caçoto me escreveo de Tamger de como tinha nova que elRei de Fez mandava fazer gemte prestes, pera vir sobre a dita cidade, por ter nova que estava despejada pollo impidimento d'ella, como vereis por sua carta que vos com esta emvio. Polo quall averey por muito meu serviço fazerse loguo prestes a armada do estreito, que se ha de armar no Allgarve, pera loguo aver de servir; e por aquy não ser Simão de Meello, que estava ordenado que fose capitão moor d'ella, mandey que o fose Jorge de Lima, que aquy amda, que logo mandarey despachar. E porque vos de caa levastes huũ Roll da artelharia que avia no Alguarve, que de laa mãdou Antonio de Campos, vos emcomendo muyto que, comformando vos com elle, vejaes a que se lhe deve de mandar pera as quatro caravelas do Alguarve, aalem das duas do estreito, com toda a outra monição e aparelhos, pera se de todo armarẽ e serẽ prestes, fazemdo fundamento de dous bombardeiros sobre salemtes ẽ cada caravela, aalem dos ordenados. E tudo o que dito he, e o mais que virdes que he necesario, fazey cõ diligemcia fazer prestes, e lho manday loguo; e de caa iraa huũ dos capitães que ouverẽ de andar nas ditas caravelas, que todas esas cousas leve ao Alguarve, com Recado voso pera Amtonio de Campos do que ouver de fazer. Pero Amrriques a fez, ẽ Evora, a iii dias de Março de mill Vc trinta e quatro. E os bõbardeiros sobre sallentes sam pera se llançarem em terra, e servirem

[1] Palha has a note here, calling attention to the importance of João de Lisboa as an authority on Portuguese navigation of the time.

na cidade, em quanto forem necesarios, pelo que escreveo o adayll moor. Fernam d'Alvarez a fez escrever.

>   Rey.

Pera o comde da Castanheira, sobre a armada do estreito.
> (On Reverse Side)
> Por elRey.

A dom Amtonio d'Atayde, comde da Castanheira, veedor de sua fazemda.

121

COMDE, amiguo. Eu, elRei, vos emvio muito saudar como aquele que muito amo. Eu sam emformado que o numero da gemte que ordeney que fose na armada d'este anno pera a Imdia he cheyo, e que aimda ha muitas pesoas que se querem asentar ẽ solldo pera averem de ir nella; e porque minha temção he que a gemte vaa bem agasalhada, e não vaa mais que aquela que bem poder ir, vos emcomendo muyto que não comsintaes nẽ mandeis que se asemte ẽ soldo mais pesoa algũũa salvo atee aquele numero que estava ordenado que fose, e os que atee ora forẽ asemtados, posto que vos pera iso mostrem meus alvaras; por que, sẽ embarguo d'eles, o ey asy por bẽ e meu serviço.

Fernam d'Alvarez me dise o que lhe escreveis sobre huũ Daguiar que la foy com provisão minha pera lhe ser dado embarcaçam, imdo ẽ companhia de huũ seu irmão, e que ao pee d'ella estaa huũ postilha, ẽ que diz que o deixem ir, posto que não prove ser aquele homem seu irmão. Por não ter hy prova d'iso, e pollo que vos d'iso semtis e temdes alcamçado, pela emformação que tomastes, ey por bem que ele não vaa á Imdia, sem embargo da dita provisão que asy tem, salvo quamdo provase que era seu irmão como diz. Pero Amrriquez a fez, ẽ Evora, aos V dias de março de mill Vc XXXiiii. J.

Fernam d'Alvarez a fez escrever.

>   Rey.

Pera o conde da Castanheira.
> (On Reverse Side)
> Por elRey.

A dom Amtonio d'Atayde, cõde da Castanheira, vedor de sua fazenda.

122

COMDE, amiguo. Eu ellRey, vos emvio muito saudar como aquele que muyto amo. Eu soube ora como a caravella que vay pera o cabo de Gee,[1] de que vay por capitão Jorge Vyeyra, tornara cõ tempo; e por que, depois de vos ter esprito estoutra carta, pera mãdardes fazer prestes duas outras caravelas pera irem ao socorro de Çafim, me vyeram cartas de laa que tem nova certa que ho xarife vem sobre elle, vos emcomẽdo muyto que, tanto que esta vyrdes, mãdeis ao capitão da dita caravella que se vaa direitamente há dita cidade de Çafim, e estee sobre elle ate ir outro socorro. E vos esprevereys a Ruy Freyre, que llaa estaa por capitão, que lloguo iram esoutras caravellas cõ o dito socorro; e tanto que asemtar a pesoa que ira por capitão, vollo escreverey, pera o mãdardes cõ dillegẽcia despachar. Fernã d'Alvarez a fez, em Evora, aos Vii dias de março de 1534.

Rey.

Pera o conde da Castanheira.
    (On Reverse Side)
    Por elRey.
A dom Amtonio d'Ataide, comde da Castanheira, vedor de sua fazenda.

123

COMDE, amyguo. Eu, ellRey, vos emvio muito saudar como aquele que muyto amo. Eu vos tenho escrito que mãdaseis lloguo fazer prestes duas outras caravelas armadas, pera irem ao socorro da cidade de Çafim, por teer novas que vem o xarife sobre ella, e asy que mãdaseis que a caravella que hya pera o cabo de Geez partise lloguo cõ muyta brevidade, e se fose poer davamte da dita çidade; e por que Ruy Freyre, que nella fycou por falleçimento de dõ João, que Deus perdoe, he muyto moço, emvio ora llaa Luys do Loureiro, cavaleiro fidalgo de minha casa, por se lloguo partyr e estar por capitaõõ em quanto nom mandar outra pesoa. Emcomẽdovos muyto que ho despacheis com a moor brevidade que for posyvell, e se hy aimda for a caravella que vay ao

---

[1] Note the variant spellings of this name: Gee, Geez, Guee, etc.

cabo de Geez, se ira nella sem fazer detença allgũa; e semdo jaa partyda, lhe mãdareis llogo armar duas caravellas, e emviareis nellas cem besteiros e espyngardeiros e todo o bizcouto e carvã que poderem llevar ate seiscentos quintaes de bizcouto e trezẽtos sacos de carvã; e mais lhe ẽviareis tres ou quatro quintaes de pollvora d'espingarda e quatro ou cĩquo mill reis de setas, ou as que vos bem parecer, por que escreve que as nom ha no allmazẽ da dita cidade; e esto sera cõ a moor brevidade que for posyvell, e como sabeis que cõpre pera socorrer a hũa cidade ẽ tall tempo. E se a caravella de cabo de Geez ainda hy estever, ira nella o dito Luis do Loureyro cõ o que lloguo poder llevar cõsygo, e apos elle mãdareis o que fallecer nas outras caravellas; e Francisco Aranha, cavaleiro de minha casa, ẽvio llaa pera ir por capitão de hũ d'ellas, e na outra poereis quem vos bem parecer.

A mỹ me parece que nestas caravellas se deve vyr dona Isabell Freyre, molher que foy de dõ João, por ser embarcaçam segura; e em boõ tempo vos o dyreis de minha parte a Llopo de Brito, seu cunhado, pera lhe poder mandar o que lhe necesario for, e asy no seu recado que de lla veyo. Muyto vos ẽcomẽdo que nisto se dee tall presa como sabeis que compre; e espreveyme o que se faz, e quando parte o dito capitão, e as caravellas. Fernam d'Alvarez a fez, em Evora, aos viii dias de março de VcXXXiii. E mandareis dar Regimento aos capitães das caravellas que estem sobre a dita cidade, emquanto lhe o capitão diser que he necesario, e, tanto que hos espidyr, se venham, e tragam dona Isabell cõ toda sua casa.

 Rey.

Posto que digua que falleys a Llopo de Brito, eu ordeno que dona Isabell nom venha agora senam na embarcaçam em que ha de ir o capitão que espero de mandar; por que nõ curareis de fallar cõ o dito Llopo de Brito; e nas caravellas poereis os capitães que vos bem parecer, por que Francisco Aranha vay ao estreito como estava ordenado.
   Rey.

Pera o conde da Castanheira.
  (On Reverse Side)
  Por ElRey.
A dom Amtonio d'Atayde, conde da Castanheira, vedor de sua ffazemda.

124

CONDE, amiguo. Eu elRey vos envio muyto saudar como aquele que amo. Por nom acertar d'estar ca os nomes das pesoas que forã nomeadas nas sobcesões que foram de Palmela, cuydando eu que estavã e nom aver ja tempo pera mandar por eles, tive esta maneira pera nam aver efeito poder ser Garcia de Saa gobernador, por que por aguora por alguũs justos Respeitos o nõ averia por meu serviço. Pelo qual vos encomẽdo que vejaes cõ o secretario do meu conselho se he Garcia de Saa nomeado ẽ alguũa das sobcesõees que tenho mãdadas á India. E sendo nomeado nelas, entam mandareys estas cartas a Pero Vaz, meu veador da fazenda, por pesoas muy certas, por duas vias, e dares estoutra a Fernam Rodrigues de Castell Branco. E achando que nõ he nomeado em nenhuũa das ditas sobcesões o dito Garcia de Saa, Rompelas eys todas tres. Pero d'Alcaçova Carneiro a fez, ẽ Evora, a viii dias de março de 1534. J.

       Rey.

Pera o cõde da Castanheira.
   (On Reverse Side)
   Por elRey.
A dom Antomio d'Ataide, conde da Castanheira, do seu conselho, e veador de sua fazenda, etc. J.

125

CONDE, amiguo. Eu, elRey, vos envio muyto saudar como aquele que amo. Estas cartas mandava por que ca se nom podia sabeer se estava aquele homẽ nomeado nas sobcesões. Espreviavos se estivese nomeado, que fosem as cartas; e se o nam estivese, que nam fosem. E pois que la nõ ha sobcesões e nom se acham ca, fiqua a mesma duvida, que pode ser que he nomeado; pelo qual devẽ d'yr as cartas e volas torno a mandar. Mãdayas asy como vos tenho sprito. E nisto nõ ha mais que dizer, se nam que prazera a Noso Senhor que dara amenhã tam bõa mare que se pora em obra vosa diligencia. Este chegou ca oje as nove oras

d'amenhã e parte logo. Esta carta que neste mais vay pera dõ Estevã cares ao doutor Fernã Rodrigues, e lhe dires que a leve a todo boõ Recado pera, como prazendo a Noso Senhor chegar á India, a mãdar a dõ Estevam, e que a pesoa a que a ẽtregar seja certa e segura, pera que lha dee na sua mão, por cõprir asy a meu serviço. Pero d'Alcaçova Carneiro a fez, ẽ Evora, a X dias de março de 1534. J.
    Rey.

Pera o conde da Castanheira.
   (On Reverse Side)
   Por elRey. J.
A dom Antonio d'Atayde, conde da Castanheira, do seu conselho e veador de sua fazenda. J.

126

CONDE, amiguo. Eu, elRey, vos emvio muito saudar como aquele que muito amo. Por que averey por muyto serviço de Deus e meu, que Rosaales e Benzemerro, e quaesquer outros judeus que nesa cidade andarem, se despachem e vam de meus Reynos o mais ẽ breve que poder ser, vos ẽcomendo muito que os mandeis perante vos vyr, e saibaes que despachos tem, dizendolhes de minha parte que ordenem de por em obra sua partida; e vos os manday despachar laa naquelas cousas que tiverẽ por despachar na casa. E sprevermeis o que niso se ffizer, e quando se poderão partir, e o que tem por despachar, pera lhes loguo mandar dar despachc ẽ se irem. Manuel da Costa a ffez, ẽ Evora, a XX de maio de 1534. J.
    Rey.

Pera o conde da Castanheira, sobre estes Judeus.
   (On Reverse Side)
   Por elRey.
A dom Amtonyo d'Atayde, comde da Castanheira, vedor de sua fazenda.

127

CONDE, amiguo. Eu elRey, vos ẽvio muyto saudar como aquele que muito amo. O doutor Symão Afonso, que por meu mãdado anda ẽ Castella, como sabeis, Requerendo o pagamento do dinheiro que deve Johão Fernandez de Castro dos spravos,[1] emviou ora hũa carta Requisydoria do juiz do caso com hũas interrogatorios, pera por elles se tirarem testemunhas, como mais inteiramente vereis pella dita carta e interrogatorios e outros papeis que com esta vão; e porque esta prova e dillegemcia se ha de fazer nesa cidade, por hy estarem os oçiaes da casa da India, que são os que do caso tẽ mais ẽformaçam, vos ẽcomendo muito que, tanto que esta vyrdes, ffaçaes perante vos vyr o llicienciado Denis Gonçalves, procurador dos meus ffeytos de Guinee, ao quall mandareis de minha parte que emtenda lloguo niso, e faça a dita prova e dillegemçia cõforme a a dita carta e interrogatorios. E pera milhor poder ser ẽformado do caso, aalẽ da ẽ formaçã que tomaraa dos ditos oficiaes da casa, lhe vay o feyto que se tratou amtre o meu procurador dos feytos de Guynee e o dito Johão Fernandez, e asy a carta que vos o dito Symão Afonso spreveo. E eu escrevo tambem ao dito Denis Gonçalves sobre isto. E vos lhe mamday que se faça com toda dilligemçia, de maneira que seja tudo ffeito e acabado dentro no tempo que na carta vem lembrado. Manuel da Costa a fez, em Evora, a XX de maio de 1534.   J.

Rey.

Pera o conde da Castanheira, sobre esta prova e dilligemcia que ha de mandar fazer ao licenciado Denis Gonçalves, procurador dos vosos ffeytos de Guinee, no caso de Johão Fernandez de Castro, com os papeis que lhe vão.

      (On Reverse Side)
      Por elRey.

A dom Amtonio d'Atayde, conde da Castanheira, vedor de sua ffazemda.   J.

---

[1] Palha reads *dos spravos*. Is it not really *dos scravos*, i.e. *dos escravos?* So in *esprever*, *estprever*, one wonders whether the symbols seeming to be *pr, tpr* are not really for *cr*.

128

COMDE, amiguo. Eu, ellRey, vos emvio muito saudar como aquele que muyto amo. Quamdo d'aquy partistes, fostes com fũdamento de vos ir o Roll dos fidallguos e pesoas que eu mãdava que fosem a este socorro de Çafim; e por que depois soube que se foram muytos fydallguos sem meu mãdado, que nõ estavam no dito Roll, e que sam llaa Requerer sua embarquaçam pera partirem d'esa cidade, mandey que se nõ fallase a alguũs dos que estava ordenado que fosem. E por que eu nom ey por meu serviço que vam agora cõ dom Garcia de Noronha mais que os quinhentos ate seis centos omees que vos quaa dise, vos emcomẽdo muyto e mãdo que, dos ditos fidallgos e outros criados meus que llaa forem, nom mandeis dar embarcaçam nem cõsyntaes ir mais que ate os ditos seis centos homẽs; e ate esta contia iram dos que primeiro foram ou dos que vos milhor e mais meu serviço parecer; por que asy o ey por meu serviço. E com esta vos emvio as cartas d'apercebimento que se fizeram pera alguũs fidallgos e outros criados meus que estam nesa cidade; e por que me pareçe que, pera esta gente que agora quero que vaa, se poderam escusar a moor parte d'ellas, vos mandareis dar as que vos bem pareçer, ou fareis niso o que vos mais meu serviço pareçer.

Pedro Afonso Dagiar me escreveo que dom Inacio, filho do conde Linhares, meu muito amado primo, e Afonso d'Allboquerque se ofrecerã e se faziam prestes cõ gente pera me irem servir neste socorro; vos direys de minha parte ao dito cõde, e asy a dõ Inacio, e a Afonso d'Alboquerque, que lhe agardeço muyto a võtade cõ que sey follgam de me servir, porem que por agora ey por escusada sua ida, e que nõ façam d'iso fundamento, nem façam despesa allgũa; que, quando a meu serviço cõprir, eu lhe mandarey Recado; e nõ cõsentereys que vam, sallvo quamdo vyrdes pera iso meu Recado.

Tambem direis a Fernam Perez d'Andrade, que lhe agardeço o que me escreveo Pero Afonso Dagiar, que se ofereçeo llaa me ir servir neste socorro. Depois da vosa partida nõ veyo nova nem Recado. Emcomendovos muyto que quallquer que llaa vyer teer me mandeis cõ dilligençia e brevidade, e asy o tempo em que podera partir dõ Garcia e toda esta gente; por que follgarey de ho

saber. Fernam d'Alvarez a fez, em Evora aos XX dias de mayo de 1534. J.
        Rey.

Pera o conde da Castanheira.
        (On Reverse Side)
        Por ellRey. J.
A dõ Antonio d'Atayde, cõde da Castanheira, vedor de sua fazenda.

129

CONDE, amiguo. Eu, elRey, vos ẽvio muyto saudar como aquele que muito amo. O conde dom Johão, capitão da vila d'Arzilla, me stpreveo ora esa carta que vos com esta ẽvia Fernam d'Alvarez. E por que nella diz que tem muita neçesidade de quatro bonbardeiros, vos ẽcomendo muito que lhos mamdeis ir na mais prestes ẽbarcaçam que poder ser. E porque os besteros e espimgardeiros se proverão d'Amdaluzia por Vicente Pirez, e do Algarve lhe forão os tiros que laa estavão, nom lhe mandareis senão os ditos bonbardeiros. Manuel da Costa a ffez, em Evora a XXiii de maio de 1534. J.
        Rey.

Pera o conde da Castanheira, sobre estes quatro bonbardeiros que ha de mandar a Arzylla.
        (On Reverse Side)
        Por elRey.
A dom Amtonio d'Atayde, comde da Castanheira, vedor de sua fazenda.

130

CONDE, amiguo. Eu, elRey, vos ẽvio muyto saudar como aquele que muito amo. Eu mandey ver as cartas que me stpreveo dom Gotera do cabo de Guee, que jaa eram vyndas antes que de ca partistes; e por que com ellas veyo huũ Roll das cousas que pede pera defensão da villa e provimento d'ella, e mantimentos da gente, vos ẽcomendo muyto que vejaes o dito Roll, o qual vos com esta emvio; e conformandovos com a necesidade que a dita villa pode ter das ditas cousas, e com a disposiçam do tempo, ordenareis que se lhe emviem aquelas cousas que bem poder ser, como se milhor poder fazer; e ẽformarvoseis tambem das cousas que lhe forão na caravella da qual eu tenho Recado que foy ter a Çafim, e de laa se avya d'ir pera o cabo de Guee, e asy vos lembro que, vyndo boa nova de Çafim, como prazera a Noso Senhor, se pode prover a dita villa das cousas que pera Çafim estavão hordenadas. E vede huũ e outro, por que tudo deixo em vos, que ffaçaes niso o que vos milhor e mais meu serviço pareçer, ffazemdose com aquella presteza e dilligençia que sabeis que cumpre ẽ cousas d'esta calidade. E apos esta iraa Francisco Calado, que as ditas cartas trouxe, pera ir com as cousas que se ouverẽ de llevar. Manuel da Costa a fez, ẽ Evora, a XXiii de maio de 1534.

J.

Rey.

Pera o conde da Castanheira, sobre estas cousas que hão d'ir a o cabo de Guee. J.

(On Reverse Side)

Por elRey.

A dõ Antonio d'Atayde, conde da Castanheira, vedor de sua fazenda.

(And in another hand): Cabo de Gez.

131

COMDE, amiguo. Eu, ellRey, vos emvio muito saudar como aquele que muyto amo. Por outra vos Respondo ha vosa carta, e esta he soomente pera vos avysar que ey por muyto meu serviço que, aimda que venha nova de Çafim, que prazera a Noso Senhor que nom vyraa, com que seja necesario ir dom Garcia de Noronha e quallquer outro *soco*,[1] que vos nom bullaees cõvosco pera aver de ir vosa pesoa, e o vollo emcomendo muyto e mãdo que ho façaes, por que asy o ey por muyto meu serviço. Por Castanho soube que estaveis malldisposto, o que devia de ser trabalho do caminho e negocios que cõ tanta presteza se fazem. Muyto vos

[1] Palha notes *ita*. It is probably for *socorro;* cf. Letter of June 17, 1534.

emcomẽdo que me escrevaes como vos achaes de vosa desposyçam e saude, por que com toda boa nova que me emviardes Receberey prazer, e vollo agardecerey. Fernam d'Alvarez a fez, em Evora, aos XXiii dias de mayo de VcXXXiiii.

Rey.

Pera o conde da Castanheira.
(On Reverse Side)
Por ellRey. J.
A dõ Antonio d'Atayde, conde da Castanheira, vedor de sua fazenda.

132

COMDE, amiguo. Eu, ellRey, vos emvio muito saudar como aquele que muyto amo. Vy a carta que me escrevestes, em que me daees conta da partida d'armada de Symão de Mello, e asy dos fidallguos que depois d'elle foram. Muyto prazer Receby cõ a boa dillygencia que se niso fez, que foy tall como sempre acustumam de ser as obras feytas por vosa mãoo. E pella conta da gemte que foy nos navios, que em vosa carta dizeis que sam partidos, pareçe que ate a feytura d'ella sejam dozentos homẽs, allem dos d'armada da Symã de Mello e afora os do filho do capitam dos ginetes; e porque do Allgarve aviam de ir trezentos homẽes, afora os d'armada de Jorge de Llima, que jaa devẽ ser partidos, pareçe que seram jaa idos a este socorro mill homẽes ou d'hy pera cima; os quaes, Noso Senhor seja llouvado, llevam tam boõ tempo que muyto çedo devem llaa ser. E cõ a dillygençia que fizestes da caravela pescaresa que mandastes com a vosa carta a Lluis do Lloureyro, que me pareçeo muy bem, nom deve tardar nova e Recado da necesidade que em Çafim ha, e por estes Respeytos ey por bem que dom Garcia de Noronha nom parta, nem vaa mais gente que a que ate agora for partida, ate verdes outro Recado meu; e porem estaram todollos navios e gente prestes a verga alta, pera como vyrdes meu Recado poderem partir, sem aver detença nem dillaçam; e com a primeira nova que vyer, vos ira Recado do que se ouver de fazer. E se vos pareçer que de mantimentos e moniçães, ou quaesquer outras cousas necesarias, avera necesydade d'isto, lhe mandareis o que vos bem parecer. Benzamerro nõ he ate agora vỹdo. Tamto que vyer, o ouvirey e vos emviarey Recado do que se ouver de fazer no negoçio que dizeis que me vem dar conta. Fernam d'Alvarez a fez, em Evora aos xxiii dias de mayo de 1534.

    Rey.
Reposta ao conde da Castanheiro.
Eu soube que se foram llaa dõ Francisco, filho de dõ Fernando de Farão, e dõ Fernam Martins, filho do capitão dos ginetes. Vos lhe direis de minha parte que ey por bem que se tornẽ, e nõ vam, nem lhe mãdareis dar embarcaçam; e asy o direis a quaesquer outros fidalgos mãcebos que vos parecer que nom devem d'ir; por que ey por escusada sua ida neste socorro.

    Rey.

  (On Reverse Side)
  Por ellRey. J.
A dõ Amtonio d'Atayde, cõde da Castanheira, vedor de sua fazenda.

133

COMDE, amiguo. Eu, ellRey, vos emvio muito saudar como aquele que muyto amo. Eu vos esprevy que diseseis de minha parte a dom Fernam Martins Mazcarenhas e a dõ Francisco, filho de dõ Fernando, que avia por meu serviço que nõ fosem a este socorro de Çafim, nẽ lhe mãdaseis dar embarcaçam, e asy a allguũs outros fidallguos mançebos que vos parecese; e por esquecimento, ao tempo que partio Castanho, vos nõ esprevy sobre dom Martim Gonçallves d'Atayde. Eu ey por bem que elle nõ vaa a este socorro, nem lhe mãdareis dar embarcaçam, e asy o direis de minha parte a dõ Affonso d'Atayde, seu pay, e a elle, e que lhe agardeço muyto a võtade cõ que follgava de me servir, que ficara pera quãdo mais necesario for. Fernam d'Alvarez a fez, em Evora, aos XXVi dias de mayo de 1534. Pera o conde da Castanheira.

  (On Reverse Side)
  Por elRey.
Ao comde da Castanheira, vedor de sua ffazemda.

134

COMDE, amiguo. Eu, ellRey, vos emvio muito saudar como aquelle que muito amo. Vy a carta que me escrevestes acerqua de me quererdes servir neste socorro, e por muy certo tenho que nenhũa outra cousa a iso vos moveria senam parecer vos que era mais meu serviço que as que me quaa fazeis. Receby prazer do que soube que ha iso tenheis prestes, por que a võtade pera o fazerdes por muy certa a tenho. Ainda que eu sayba que me ouvereis llaa de servir como nas outras cousas o fazeis, ouve por milhor e mais meu serviço de vos nom dar esta licença, aimda que sayba quanto vos d'iso ha de desprazer, e porem que querereis mais aquillo que eu ey por milhor. Fazey fundamento que nõ aveis d'yr, como vos jaa ontem escrevy que o façaes, por que vos nom ocupe ese pensamento, pois o nõ hey por bem nem meu serviço; e nas cousas d'ese socorro, ordenay tudo como vyrdes que compre e eu sey que o aveis de fazer.

D'Arzilla me escreveo o conde do Redondo, de dous dias d'este mes de Junho, e asy de Tangere por huũ bergantim, que ho feitor Manuel Cirne a iso lla mandou, que ellRey de Fez vinha a Allcaçire, e se dizia que vem cerquar Tangere ou Arzilla.

E escreveram me o conde e Gonçalo Mendez que ho campo era cheio de mouros. Segundo os synaes, o chamavam os homeẽs do campo; e ainda que pareçia, se vyer, que seraa por lhe comer ou tallar os pães, he de cuydar que pode vyr cerquar por este cerquo do xarife, parecendolhe que teera milhor tenpo e llugar. E jaa a que devera ser Recado, se allgũa cousa fose; por que este que veyo, ha quatro dias que chegou. E cõ tudo he bem que eses que ficam em Llixboa estem asy prestes, por que podera vyr a ser necesario acodir a cada huũ d'estes llugares, porem elles nõ cuydem nẽ saybam senam que he pera Çafim; e eu espero em Noso Senhor que nom sejã necesarios. E sem dar d'isto cõta, fareis este fundamento pera quando cõprise pera a embarcaçam, quando fose necesario, como pera todallas outras cousas que pera o caso se Requer, nõ se tyramdo por yso do que ey por bem que dom Garcia lleve, por que esta he a mais evydente necesydade. Soomente vos quis avysar do que pasa d'estoutros llugares, pera quallquer cousa

que poder sobçeder. Fernam d'Alvarez a fez, em Evora, aos X dias de Junho de 1534. J.
       Rey.

Pera o conde da Castanheira.
      (On Reverse Side)
      Por ellRey. J.
A dõ Antonio d'Atayde, cõde da Castanheira, vedor de sua fazenda.

135

COMDE, amiguo. Eu, ellRey, vos emvio muito saudar como aquele que muyto amo. Por que tardaram as cartas que me trazia Pero Gill, e pellas outras que vyeram pareçia que nom era necesario ir mais socorro a Çafim do que llaa tera, sobre estive ate ontem, que vyeram as que trouxe o dito Pero Gill e as que trouxe o allmocadem. E ambos chegarã juntamente e o dito allmocadem partio de llaa a XXX dias de mayo; e pelo trellado d'ellas que vos emviou Fernam d'Alvarez, e asy pela carta que vos ontem escrevy, teereis sabydo o que ey por bem que se faça, e que parte lloguo dom Garcia; e por cõprir tanto a meu serviço ser sua partida com gramde brevydade, vos nom escrevo tam llargamente como cõpria, soomente que pello seu Regimento que vos emvio, pera lho dardes, vereis a sustançia do que quero que se faça. E porque em tall caso, e que tanto importa, nõ he necesario emcomendarvos o aviamento de sua partida e presteza d'ella, ey por escusado dizervollo pelo que toca no Regimento do que se deve proveer. Eu follgaria que fosem cõ dom Garçia todos os quatro centos homẽs que vos escrevy; porque, ainda que me tenha esprito o feitor d'Andalluzia, que em oyto dias se fariam prestes sete ou oyto mill solldados, pode ser que avera allgũa mais detença; porem dom Garçia se nõ deve de deteer hũa soo ora por se emcher o numero dos iiii centos homeẽs. E pelo Roll que vos ontem foy, cõ a carta que vos escrevy, vereis os fydallguos que quero que vam. E porem, nom estando tanta gente prestes, e vos parecer que poderam ir allguũs espermentados, asy como Amtonio Correa e Amtonio Ferreira e allguũs outros d'esta calledade, por que estes taes vallem muyto nos taes casos, e podem llevar allgũa boa cõpanhia, dizerlheis de minha parte que follgarey que me vam servir neste socorro. E porẽ, se cõ estes vyrdes que nom se acrecenta a gente pera chegar a este numero, ou sem elles o ouver, averey por escusado irem, porque llaa ha muytos fidallguos, e agora vam taees pesoas que nom sam mais necesarias soomente pela necesidade de levarem gente.

Porque sera necesario fazerse em Çafim allgũa paga aos solldados que vam d'Andalluzia, me pareçe que devia de llevar dom Garçia tres ou quatro mill cruzados, e asy pera se pagarẽ huũs poucos que estam em Çafim. Emcomẽdovos que, ainda que laa aja tanta necesidade quanta eu sey que ha, trabalhaes por se averem, e os mãdeis ẽtregar a hũa pesoa pera os despender por mandado de dom Garcia nos pagamentos e despesas necesarias.

Ontem vos esprevy o que teereis visto por minha carta acerqua do que aveis de dizer ao conde de Llinhares. Emcomẽdovos muito que lhe digaes como lho eu agardeço cõ todallas boas pallavras e cõtentamento que deve de ser, segundo o que eu d'iso tenho, e porque lho vos aveis de dizer escrito, de lho escrever; e asy o direis aos outros fidallguos e pessoas que vos parecer que cabe, e que estam prestes; e todo fareis como vos milhor pareçer.

Pelos trellados das cartas que llaa tendes, vereis como pedem pollvora e outras monições. Ẽcomendovos muito que, cõformãdovos cõ ellas, lhe mandeis todo o que vos bem pareçer, de maneira que antes posa sobejar que fallecer. E de piques lhe mãdareis trezemtos ou quatro centos, e outros tantos corpos d'armas de peytos, espalldeiras, cervelheiras, e barbotes, com todas suas pertenças pera armadura d'omens de pee, pera se llaa poderẽ dar sobre os solldos, ou emprestar a quem necesario for. Fernam d'Alvarez a fez, em Evora, aos X dias de Junho de 1534. J.

                                                              Rey.

Pera o conde da Castanheira.
    (On Reverse Side)
    Por ellRey.
A dom Antonio d'Atayde, conde da Castanheira, vedor de sua fazenda.

136

COMDE, amiguo. Eu, ellRey, vos emvio muito saudar como aquele que muyto amo. Vy a carta que me escrevestes com as novas que me ẽviastes das naoos da India, que, llouvores a Noso Senhor, sam muy boas; e cõ ellas Receby muyto prazer e cõtentamento. A dilligençia cõ que mas mandastes, e tudo o que na vosa dizeis, vos agardeço muyto. A mĩ pareçe que segundo a desposyçã do tenpo, e por nom aver novas d'armados, que estas duas naoos que sam chegadas se devem lloguo de vyr. Emcomẽdovos muyto que mandeis llogo Recado ao corregedor e a Pero Anes, que as façam vyr sem esperarẽ pelas outras naoos, nem fazerem outra detença; e mãdareis que, pera vyrem mais seguras, se meta nellas a gente da terra que pareçer necesaria, e asy pollvora e artelharia, se lhe fallecer, e pera iso vos cõformareis cõ a que tendes mãdada hás Ilhas, pera mãdar mais se cõprir. E pareçe que as naos d'este ano devẽ vyr milhor armadas que as dos anos pasados, pelo Recado que sabeis que foy a Nuno da Cunha. E em tudo hordenay e fazey o que vos milhor e mais meu serviço pareçer, mãdando llogo este Recado ao corregedor e Pero Anes do Cãto, asy pera estas duas naoos e sobre as que se esperam, pera todas vyrem pella mesma maneira de duas ẽ duas, asy como chegarem hás Ilhas. E eu escrevo aos ditos Pero Anes e corregedor que façam e cũpram tudo o que lhes escreverdes e mãdardes. E cõ este Recado deveis de mãdar hũa caravela pescaresa cõ grande dilligençia, pera que as naoos nom façam detenca e elles saybã o que ham de fazer. Fernã d'Alvarez a fez, em Evora, aos X dias de Junho de 1534.

   Rey.
Reposta ao conde da Castanheira, sobre as naoos da India.
   (On Reverse Side)
   Por ellRey. J.
A dõ Antonio d'Atayde, conde da Castanheira, vedor de sua fazenda.

137

COMDE, amiguo. Eu, ellRey, vos emvio muito saudar como aquele que muito amo. Vy todallas cartas que me ate agora tendes escritas, e asy as que escrevestes a Fernam d'Alvarez, em que largamente me daes conta de todo o que he feyto neste socorro da cidade de Çafim, e de todollos mãtimentos, polvora, monyções, e outras cousas que llaa tendes mãdadas, e asy a partida de dom Garçia de Noronha, cõ os quatro centos homẽes, e cõ todo o mais que levou. Todo o que neste socorro he feyto e provido vay de maneira, e cõ tanta presteza e dillgençia, e a tall tempo, que espero em Noso Senhor que ho xarife se allevante de sobre a dita çidade com muito seu dano. Muyto vos agardeço quãto trabalho sey que niso tendes llevado; por que taees obras, e cõ tanta brevidade, e em tenpo de tantas necesydades, nõ se podem fazer sem elle. Ate agora nom tenho Recado d'Andalluzia do que he feyto nos solldados que de llaa mãdey ir. Tanto que vyer, e cõ a primeira nova de Çafim, — prazera a Deus que vyra tall como eu espero — vos vyreis ẽboora; e emtanto me pareçe que sera meu serviço estaar o que nesa çidade fycou asy prestes como estaa; porque, como a primeira nova vyer, que nõ pode muyto tardar, vos mãdarey Recado.

Com as boas novas que me emviastes da chegada das naoos da India Receby prazer. Ecomẽdovos muyto que mãdeis llogo partyr a pesoa que traz a vya que nellas vem, porque pareçe que Ruy Brãdam nom partio cõ ellas, como vos tinham dito.

Vy a carta que o Ruy Lopez, christão novo, esprevya a Rafaell Rodrigues a Çafim, e por allgũas cousas que dizia no capitollo d'ella, que apõtastes na vosa, me pareçe bem e meu serviço vyr elle lloguo quaa. Ecomẽdovos muyto que mãdeis a huũ corregedor d'esa cidade que ho prenda, e dee sobre fiança pera vyr perante mi, ou sobre carcereiros;[1] e se vos pareçer que vyra milhor sollto, vos mãday fazer niso o que vos bem pareçer. E mãday o vyr cõ a moor brevidade que poder ser, por que Receberey d'iso prazer; e a dilligẽçia que mandastes fazer no tomar d'estas cartas vos agardeço muito; foy muy bem feita.

[1] Abbreviated in MS.

A carta que mãdastes do Judeu mãdey trelladar; e nõ dizia nella cousa allgũa que fose perjudiciall, nem fallava senam na sua marearia. O Roll, que me escrevestes que me avieis d'ẽviar de todo o que he ido a este socorro,[1] vos ẽcomendo que emvieis, porque follgarey de ho ver. Á Andalluzia mandey escrever que fose lloguo a pollvora d'espingarda, e todo o mais que ẽ vosas cartas apontaveis que se escrevese. Fernam d'Alvarez a fez, em Evora, aos Xvii dias de Junho de 1534.
     Rey.

Reposta ao conde da Castanheira.
  (On Reverse Side)
  Por ellRey. J.
A dõ Antonio d'Atayde, conde da Castanheira, vedor de sua fazenda.

138

COMDE, amiguo. Eu, ellRey, vos emvio muito saudar como aquele que muyto amo. Vy os Roees que me emviastes das cousas que d'eses almazẽes tendes mãdadas a este socorro de Çafim, e asy dos mantimentos; que tudo foy tambem feyto, e em tanta abastança, e cõ tanta brevidade, que se nom pode mais dizer; o que vos muyto agardeço. Espero em Noso Senhor que tudo aproveyte de maneira que ho xarife se allevante cõ muyto dano seu. Eu follgara muyto de vos mãdar lloguo vyr; porem, pollas cartas que me agora trouxe Vicente Reynell, que partio de Çafim nos Xi d'este mes, e pollo que elle diz do xarife estar de vagar, cõ sua opiniã me pareçe neçesaria e muyto meu serviço esperardes llaa, ate vyr o primeiro Recado de dõ Garçia, e isso que estaa prestes nesa cidade estar como estaa. E segundo os tempos foram booa, asy pera ir como pera vyr, nõ pode lleyxar de vyr Recado, cõ ajuda de Deus, nesta semana; e cõ elle vos escreverey lloguo o que se deve fazer.

Porque me pareçeo muy necesario tomarse lloguo asento da maneira que deve de ficar a çidade de Çafim, pera estar segura e fora de todo perigo, escrevo a dõ Garcia estas cartas, que vereis

---

[1] MS. has *soco* which Palha reads *soo*. Cf. Letter of May 23, 1534, No. 131.

pelos trellados d'ellas. E cõ ellas ey por meu serviço que va Lluis Fernandez Pedreiro, morador nesa çidade, que jaa llaa foy cõ Pero Mazcarenhas. Emcomẽdovos muyto que, cõ a moor brevidade que for posyvell, o mãdeis chamar, e lhe mãdeis de minha parte que vaa, e que lloguo se parta, e ho despacheis cõ as cartas pera o dito dõ Garçia. E lhe mãdareis dar Regimento, asynado por vos, do que deve fazer nesta viajem, comformãdovos cõ o que eu escrevo ao dito dõ Garçia. E vos tambem lhe escrevereis, asy sobre o mesmo negoçio, como sobre os mantimentos e monyçoes, o que vos parecer necesario. E ao dito Pedreiro mãdareis dar embarcaçam e dinheiro pera sua despesa. Fernam d'Alvarez a fez, em Evora, aos XXiii dias de Junho de 1534.

   Rey.

Pera o conde da Castanheira.
  (On Reverse Side)
  Por ellRey. J.
A dõ Ātonio d'Atayde, cõde da Castanheira, vedor de sua fazenda.

139

COMDE, amiguo. Eu, ellRey, vos emvio muito saudar como aquele que muito amo. Depois de teer despachadas as cartas que cõ esta vam, chegaram as de Çafim que vos vyeram por Ayres Fernandez, pilloto, pela caravella pescaresa que llaa mãdastes, e na mayor parte vem cõformes hás que trouxe Vicente Reynell e ao que elle dise. E porque tudo estaa tam bem provido, como tenho visto pellos Roees que quaa emviastes, nõ ha que Respõder, soomente emcomẽdarvos muyto que de llaa lhe mãdeis o que vos pareçer que mais pode ser necesario, cõformãdovos cõ estas cartas que vos esprevem; aimda que me pareça que tudo estaa tam bem provido que nom pode ser milhor. E como dom Garçia llaa for, e vyer Recado seu, se vera mais no çerto o que he neçesario. Eu tenho mãdado que d'Andalluzia nõ vam mais que mill solldados, porque faziam muyta despesa, e pareçe que nom eram mais necesarios; os quaes vam pagos por dous meses; e, segundo o que me escreveo, dõ Rodrigo de Crasto e o feitor devem de ser jaa partidos. Fernam d'Alvarez a fez, em Evora, aos XXiii dias de Junho de 1534. Pareceme muy bem o avyso que quereis mãdar sobre o cabo de Guee. Ēcomēdovos muito que asi o façais.

Rey.

Reposta ao conde da Castanheira.
(On Reverse Side)
Por ellRey.
A dõ Antonio d'Atayde, conde da Castanheira, vedor de sua fazenda.

140

CONDE, amiguo. Eu, elRey, vos envio muyto saudar como aquele que amo. Eu sam certeficado que na nao Sam Roque, que veem da India, traz hũ Dieguo Lopez, comdestabre da dita naao de Symam Ferreira, secretario de Nuno da Cunha, doze alcatiffas muyto fynas, e hũa duzia de corjas de synabafos fynos em huũa caixa, e dez anees, a saber, oyto de dyamães e dous de Robỹs, e que huũ dos dyamães custou la oyto cẽtos cruzados, e mais cemto e vỹte perlas; e que este meesmo Dieguo Lopez, cõdestabre, entregou de sua mãao ao comdestabre da naao Samta Barbara outra caixa de beyrames de ladrilhos muyto fynos, e huũa leetra de dous mill cruzados, que la deu o dito Symam Ferreira pera huũa naao d'armadores. E porque ey por meu serviço que todo o que dito he seja por minha parte socrestado e embargado, vos emcomẽdo muyto que, se estas naaos sam da cõpanhia das tres que sam vymdas, se faça loguo diligencia pera tudo se aver, e achar, e se secrestar, e ẽbargar; e se sam das outras que veem atras, que Noso Senhor trara a salvamento, se faça a meesma diligencia, e tudo se socreste e embargue por minha parte, e se faça de tudo ỹvẽtairo e estee hy na casa em todo boõ Recado, atee eu mandar o que ouver por meu serviço que se faça. E se alguũa das ditas naaos ou ambas sam d'estas que ja sam vymdas, ponhase grande diligencia em se nam sovegar cousa alguũa das sobre ditas; e se nam sam vymdas, loguo como chegarẽ se preveja de modo que se nam posa soveguar neem aredar cousa alguña. E muy ỹteiramẽte se faça o que mando, e nam ey por necesario emcomẽdarvolo mais, pois he cousa de meu serviço. E do que nyso se

feser, me farees saber por vosa carta. Sprita em Evora, a XXvi dias de Junho, o secretario a fez, de 1534. J.
                                    Rey.

Pera o conde da Castanheira, sobre o socresto e ẽbarguo que se faça das cousas nesta carta cõtyudas, que vem da India, de Symam Ferreira nestas duas nãos.
      (On Reverse Side)
      Por elRey. J.
A dom Amtonio d'Atayde, comde da Castanheira, veeador de sua fazemda, etc. J. Pera loguo muito de presa. J.

141

COMDE, amiguo. Eu, ellRey, vos emvio muito saudar como aquele que muito amo. Oje vos escrevy que, por Respeyto da nova que me escreveo o corregedor do Allgarve, que dizia que ho xarife tornara sobre Çafim, me pareçia meu serviço esperardes llaa por o primeiro Recado que vyese; e porque oje me escreveo o feitor d'Andalluzia que dõ Rodrigo de Crasto era partido cõ mill soldados, o qual partio sesta feira, XXVii dias de junho, ey por meu serviço que, o mais çedo que poderdes, vos venhaes, e tudo o que nesa çidade esta prestes se desarme. E direis da minha parte ao conde de Llinhares, meu muito amado primo, e a seus filhos, e a Afonso d'Alboquerque, e a dõ Crasto, filho do marques, e a dõ Denys d'Allmeida, e a dõ Fadrique, e a Ruy de Sousa, e a dõ Afonso, filho do conde de Penella, que lhe agardeço muyto a võtade cõ que sey que follgavam de me servir neste socorro, e asy a quaes quer outros fidallguos e pesoas que pera iso estavã prestes, dizẽdo a cada huũ as pallavras de contentamento como vos parecer necesario, segundo sua calledade, despesa, e serviço. E tanto que esto teverdes feyto, vos encomẽdo muito que vos venhaes, porque cõ vosa vỹda Receberey prazer, e muito vollo agardecerey. Fernam d'Alvarez a fez, em Evora, ao primeiro dia de Julho de 1534.
                                    Rey.

Pera o conde da Castanheira.
      (On Reverse Side)
      Por ellRey. J.
A dõ Antonio d'Atayde, conde da Castanheira, vedor de sua fazenda.

142

DOM JORGE. Eu elRey, vos emvio muyto saudar. Eu sprevo a dom Garçia de Loronha, vosso tyo, que, como minha carta lhe for dada, se embarque loguo no navio, por que lha mando, podendo tomar o porto d'esa cidade, ou em qualquer outra ẽbarcacã que mais prestes achar, se o dito navio hy nam poder tomar, e se venha loguo a mỹ como compridamẽte lho sprevo. E ey por muyto meu serviço que vos vos embarquees e venhaes com elle. Muyto vos emcomendo e mando que ho façaes asy, e muyto volo gradecerey. E porque, por vymda do dito voso tyo e vosa, mando pera ficar no careguo da capitanya e gover- nãça d'esa cidade dom Rodrigo de Castro, fidalguo de minha casa, o quall podera seer que nam sera ainda la quando minhas cartas foreem dadas a voso tyo pera sua vymda, e podera seer que se podera loguo ẽbarcar, e vyr neste navio que pera yso lhe mando, ou em quallquer outro em que loguo se posa ẽbarcar e vyr, se- gundo que compridamente lho escrevo; e neste caso ey por bem e meu serviço, pela muita cõfiança que de vos tenho, que vos me fiques servỹdo na capitanya d'esa cidade atee la cheguar o dito dom Rodrigo; ao qual a emtregares loguo ẽ elle chegando, pellas provisões minhas que pera yso leeva; e como lha entreguardes, vos ẽbarquay em quallquer ẽbarcaçã que mais prestes achardes, e vos vymde a mỹ como por esta volo mãdo. Noteficovolo asy, e vos mãdo que me servaes na dita capitanya no modo sobre dito, e asy beem como de vos o cõfyo que sera por poucos dias, porque dom Rodrigo nam tardara muyto. E ficandovos na dita capitanya, mãdo por esta ás justiças d'esa cidade, e a todos meos oficiaes da fazenda, e aos moradores, e fromteiros, e a todas outras pesoas, que vos obedeçam em todo e por todo como a meu propio capitam o devem fazer em todas as cousas ẽ que useys da juridiçam que ao capitam d'esa cidade teenho dado. Sprita em Evora, a XXii dias de novembro, o secretario a fez, 1534. J.

Rey.

Pera dõ Jorge de Loronha, sobre sua vymda a vosa alteza, e o caso em que fique na capitanya de Çafỹ.

(On Reverse Side)
Por elRey.   J.
A dom Jorge de Loronha, fidalguo de sua casa, que ora estaa por seu serviço em Çafỹ.   J.
Outra via.

143

DOM FERNANDO, amiguo. Eu, elRey, vos emvio muyto saudar. Eu sprevo a dom Garcia de Loronha, voso tyo, que como minha carta lhe for dada, se embarque lloguo no navio, por que lha mando, podendo tomar o porto d'esa çidade, ou em qualquer outra ẽbarcacã que mais prestes achar, se o dito navyo hy nam poder tomar, e se veenha loguo a mỹ, como compridamente lho sprevo. E ey por muyto meu serviço que vos vos embarquees e veenhaes com elle. Muyto vos ẽcomẽdo e mando que o façaes assy, e muyto volo gradecerey. Sprita em Evora, a XXii dias de novembro, o secretario a fez, de 1534.   J.
                                Rey.

Outra tal pera dõ Fernando de Loronha, pera sua vỹda.
(On Reverse Side)
Por elRey.   J.
A dom Fernãdo de Loronha, de seu conselho, que ora estaa por seu serviço em Çafỹ.   J.
Outra via.

144

DOM GARCIA, amiguo. Eu, elRey, vos emvio muyto saudar. Pella experiencia de vosos serviços e merecimentos d'elles, e pela booa conta que sempre destes de vos nas cousas em que fostes encaregado, e por cõfiar que naquelas em que de vos me quyser servir me servires com toda fieldade, boõ cuidado, e diligencia, e assy beem e honrradamẽte que Receba de vosa pesoa e serviços muyto cõtentamento, e por folguar de vos fazer nisto mercee, vos escolhy pera me servir de vos na capytanya moor e governança das partes da Imdia, que he careguo de tanta homrra e inportançia, e em que cõsiste tamto meu serviço, como vos sabees, que por yso escuso de mais vollo particularizar, e pera em boõa ora vos partyrdes e yrdes nas naaos da armada do anno que veem. Porque esprevo e mando a Nuno da Cunha, meu capitam moor e governador, que nellas se veenha; pello quall vos ẽcomẽdo muyto e mando que, loguo como esta vyrdes, vos ẽbarques no navio por que esta carta vos emvio, asy hy nese porto de Çafỹ, se lhe fezer tempo pera hy tomar, e nele vos embarcardes, como em quall quer outro navyo em que loguo vos posaes embarcar; porque, nam podendo ser neste que pera iso emvio, por o tempo lhe nam dar lugar de hy aportar, mando que tome o porto de Mazagam, e que d'y vos seja emviada esta carta. E por quallquer maneyra e lugar por omde mais prestes vos posaes ẽbarcar e vyr a mỹ, folguarey muyto que vos veenhaes. E porque me pareceo que serya muyto meu serviço ireem em vosa cõpanhia ha me servir dom Jorge e dom Fernando, vosos sobrinhos, por terem tamtas bõas calidades como teem pera iso, lhe sprevo que se venham ãbos cõvosquo, se ja la for dom Rodrigo de Castro, fidalguo de minha casa, que ordeno ficar nesa çidade com ho careguo da capitanya d'ela, pela muyta cõfiança que d'elle teenho. Daylhe a ambos minhas cartas, que pera eles com esta vos emvio, pera asy se virem cõvosquo, e lhe direes como vos sprevo que vos mando vyr pera me irdes servir no dito careguo e d'eles em vosa cõpanhia; e dizelhe, tomandolhe suas fees, que ho tenhã em segredo. E a vos emcomẽdo e mando que tambem tenhaes em segredo o mandarvos chamar pera me irdes servir no dito careguo; porque, ate chegardes a mỹ, o ey assy por meu serviço por algũs Respeitos; e entam vos mandarey o que nisso façaes. E porque podera seer que, quando esta carta vos for dada, nom seera aimda ca dom Rodrigo pera ficar no careguo da capitanya, em tall caso, aveendo embarcaçã em que lloguo vos posaes ẽbarcar e vyr, vos ẽbarcares e vyres como dito he, e leixares na capytanya d'esa cidade a dom Jorge, vosso sobrinho, que ey por beem e meu serviço que neela fique atee chegar o dito dom Rodrigo, a que a ẽtregara pelas provisões minhas que pera isso lleva. E nõ aveendo ẽbarcaçã em que lloguo vos posaes embarcar e vyr, vos e vossos sobrynhos, e aimda la vos achase o dito dom Rodriguo, estarees vos na capitanya como estaaes; e como vos ẽbarcardes, vos e vossos sobrinhos, ha

ẽtregares ao dito dom Rodrigo, e vos vyrees ẽ boa ora. E muyto vos ẽcomendo que, quanto vos for posyvell, trabalhees porque vos veenhaes muyto em breve, porque ho teempo he tam curto, como vedes, pera vos despachardes. Sprita em Evora, a XXii dias de novembro, o secretario a fez, 1534. J.
      Rey.
Pera dõ Garcia de Loronha, sobre sua vynda.
   (On Reverse Side)
   Por elRey, J.
A dom Garcia de Loronha, do seu conselho, que ora [a][1] por capitam e governador da cidade de Çafy. J.
   Outra via.

145

CONDE, amiguo. Eu, elRey, vos ẽvio muyto saudar como aquelle que muyto amo. Porque atee ora nam he feyto contrato de pimenta, como sabees, e a armada que ha d'ir aa Fframdes poode fazer detença, ey por meu serviço que, avendo nesa çidade allgũas naaos ou urquas que ajam d'ir pera Fframdes, mandeis carregar em cada hũa d'ellas aquela cantidade de pimenta que a vos e ao feytor e oficiaaes da casa bem pareçer, mandando primeiro ver as taaes naaos ou urquas, se sam taaes em que a dita pimenta posa seguramente ir; e sprevermeis o que se niso fyzer. Manuel da Costa a ffez, em Evora, a XXii dias de dezembro de VcXXXiiii. J. Asy se fara nas naoos ou urcas que vyeerem ao porto d'esa cidade, ate a dita armada ser despachada, carregandose em cada hũa a cantidade que vos bem pareçer ate mill quintaees; e mandareis avisar o feitor de Frandes do que se pera llaa carregar. Fernam d'Alvarez a fez escrever.
     Rey.
Pera o conde da Castanheira, sobre a pimenta. J.
   (On Reverse Side)
   Por elRey.
A Dom Amtonio d'Atayde, comde da Castanheira, do seu comselho, e veedor de sua ffazemda.

[1] The verb *a* (*ha*) is often suppressed by scribes when an adjacent word ends or begins with *a*.

146

EU, ELREY, ffaço saber a quamtos este meu alvara virẽ que, por ser emformado ser necesario e muyto proveitoso o Regimemto da arte do navegar que ora Symão Fernandez, meu cosmografo e estronamo, tem feyto, ey por bem lhe dar llicença que o posa mamdar emprimir. E por tamto o noteffico asy a quaesquer justiças, offiçiaes e pesoas a que este for mostrado e o comhecimemto pertemcer, — e mamdo que leixem emprimir o dito Regimento, — e a quallquer imprimidor a que Requerer, que ho imprima por o que se costuma levar. Cosme Annes a fez, em Evora, aos XXiii de dezembro de mil VcXXXiiii. J. E este se comprira posto que não vaa pasado pela chancelaria. J. E da feytura d'esto a dez annos nom podera pesoa algũa empremir o dito Regimento sob pena de o perder e mais coarenta cruzados pera o dito Symão Fernandez.

Rey.

Ha vosa alteza por bem que se imprima o Regimento da navegaçã que Symão Fernandez ora tem feito, e a qualquer imprimidor a que Requerer que o faça por o que se costuma de levar, e este nam pase pela chancelaria.

147

COMDE, amiguo. Eu, elRei, vos emvio muyto saudar como aquele que muito amo. Eu escrevy a Pero Afonso Daguiar, mandãdolhe que tivese pratica com alguũs pilotos sofiçientes na arte do naveguar sobre huũ Regimento que novamente fez Symão Fernandez, meu estronamo e cosmografo, da maneira que se deve de fazer a comta de tomar do soll ẽ quallquer parte que se acharem os que naveguão. Ele me Respomdeo que tivera a dita pratica, da maneira que vereis por esa sua carta, que vos com esta mando. Emcomendovos que com o dito Pero Afonso, e da maneira que vos parecer bẽ, pratiqueis no dito Regimento, e asy na Regra que os pilotos hão de ter no tomar da altura, de que a dita carta tambẽ faz menção; e parecemdovos bem, e meu serviço, e bẽ do

Reino, o dito Regimẽto e Regra que asy tẽ feito, vos o mandeis ẽprimir per vertude do meu alvara que pera iso vos com esta vay. Pero Emrriques a fez, ẽ Evora, aos XXiiii dias de dezembro de VcXXXiiii.

     Rey.

Pera o comde da Castanheira, sobre o Regimento de tomar do soll e Regra do tomaar da altura que Symão Fernandez novamente fez.

  (On Reverse Side)
  Por elRey.

A Dom Amtonio d'Atayde, comde da Castanheira, vedor de sua fazenda.

148

COMDE, amiguo. Eu, ellRey, vos emvio muito saudar come aquele que muyto amo. Vy as cartas que escrevestes a Fernam d'Alvarez por Vasco Fernandez, e pareçeome muy bem a sua ida ao Allgarve. Lloguo o mandey despachar por nõ fazer detença. E a Andalluzia iraa lloguo Recado de todo o que escreveis que de llaa he neçesario. Quanto ao cõtrato, ate agora se nom fallou quaa cõ Llucas, ate ver voso Recado, pera saber o que se llaa praticava; agora tenho mãdado a Fernam d'Alvarez que falle cõ elle, e vos avyse do que pasar pera vosa emformaçam. Encomendovos muito que por vosa parte trabalheis por se fazer o milhor que poder ser; por que averey por mais meu serviço fazerse quallquer Rezoado cõtrato que carregarse a pimenta por minha. Muyto vos agardeço a dillygençia que me dise Vasco Fernandes que em tudo se daa. Quanto ao dinheiro, Fernam d'Alvarez vos escreve o que se pode aver. Fernam d'Alvarez a fez, em Evora, aos XXiiii dias de dezembro de 1534.

     Rey.

Reposta ao conde da Castanheira.

  (On Reverse Side)
  Por elRey.

A dom Amtonyo d'Atayde, Comde da Castanheira, veador de sua fazenda.

149

COMDE, amiguo. Eu, ellRey, vos emvio muito saudar como aquele que muito amo. Vy a carta que me escrevestes sobre a despesa que se ha de fazer no negoçio que sabeis, a qual ey por bem que se faça, e vos encomendo muyto que a mandeis lloguo fazer, e como for feyta mo escrevereis. Fernam d'Alvarez a fez, em Evora, ao primeiro dia de Janeiro de 1535. J. E esto se fara da maneira que me escrevestes que se devia de fazer.

   Rey.

Pera o conde da Castanheira.
   (On Reverse Side)
   Por elRey.
A Dom Amtonio d'Atayde, comde da Castanheira, do seu comselho, e veador de sua fazenda.

150

COMDE, amiguo. Eu, ellRey, vos emvio muito saudar como aquele que muyto amo. Vy a carta que me escrevestes, em que me daees conta do que ate agora tendes pasado cõ os mercadores sobre o contrato; e como vos diseram que vos dariam Reposta por toda esta semana do que poderiam fazer; e que, por os achardes frios, vos parecia que devia de mandar chamar dous ou tres d'elles pera cõ Nuno Amrriquez, que quaa estaa, praticarem no cõtrato. E porque eu nõ tenho cartas das novas que vyeram de Framdes nas caravellas que agora vierã, porque hũas cartas de Jorge de Barros que seu irmãoo emviou de Llixboa eram segundas vias das que vos vistes ao tempo de vosa partida, vos emcomendo muyto que me escrevaes as novas que nestas caravellas vyeram de Framdes, asy da pimenta e drogas que estavam por vender, como dos preços a que valliam; e que com ellas me escrevaes a Reposta que vos os mercadores deram, pois ho am de fazer nesta semana. E cõ ella me escrevereis se vos parecer que hos devo de mandar chamar, e o que se niso deve de fazer, pera mandar fazer o que mais meu serviço for. E em quanto, se nõ toma cõcrusam cõ os ditos mercadores, averey por meu serviço mandardes daar presa á armada de Framdes e em sacar a mais pimenta que poder ser, pera se nõ perder tempo; e eu mandarey lloguo despachar Antonio de Miranda e os capitães pera as naoos, pera serem llaa na semana que vem.

Muyto vos agardeço o aviso que me destes sobre os cristãoos novos; e a provisam que dizeis faça pera o porto d'esa cidade me pareçeo muy bem, e lloguo a mandarey fazer. Fernam d'Alvarez a fez, em Evora, aos V dias de Janeiro de 1536.[1]

Rey.

Reposta ao conde da Castanheira.
    (On Reverse Side)
    Por ellRey.
A dõ Antonio d'Atayde, conde da Castanheira, vedor de sua fazenda, etc.

151

COMDE, amiguo. Eu, elRey, vos emvio muyto saudar como aquele que muyto amo. Jacoo Rosales leva huũa provisão minha pera o ffeitor e ofiçiaes da casa lhe Receberem os papeis que tem de seus descontos, e lhe fazerem paguamento do que por bem de conta se lhe deve, sem embargo da duvida que lhe poem por o dito Rosales nam cumprir as comdições de seu comtrato. Emcomendovos muyto que ho mandeis despachar na casa cõ toda brevidade que poder ser, porque queria que se fose e não andase mais neste Reino. E porque ele diz que na casa o agravão ẽ huũ quarto de cruzado que lhe mais carregão ẽ cada quintall de lacar, pelas Rezões que vos laa apontaraa, e asy nos preços de cravo e canella, ey por bem que, asy niso como em quaesquer outras duvidas que na casa tiver ẽ seu despacho, ho ouçaes e o mandeis despachar como vos bem e justiça pareçer, pera se de

---

[1] In the copy some one has written 1536, and another hand has erased the 6 and written 5. The MS. has plainly 1536. In Palha's copy *seis* has been crossed out and *cinco* added over it, in a different ink.

laa poder ir, sẽ mais vyr a mim. Pero Amrriques a fez, ẽ Evora, aos viii de janeiro de mill VcXXXV. J.
                                                            Rey.

Pera o conde da Castanheira, sobre o despacho de Rosales.
        (On Reverse Side)
        Por elRey.
A Dom Amtonio d'Ataide, comde da Castanheira, veedor de sua fazenda.

152

CÕDE, amiguo. Eu, ellRey, vos emvio muito saudar como aquele que muyto amo. Vy a carta que me escrevestes, em que me daees conta do que he feyto nesa armada de que vay por capitão moor Antonio de Salldanha, e asy por elle soube quanto ate agora he feyto, e o avyamento que se nella e na da India daa, o que vos muyto agardeço. E espero em Noso Senhor que, cõ a boa dilligençia que em tudo mandaes dar, as armadas partã a tempo que se faça muyto serviço seu e asy meu. E quanto aos dous galleões que estam nesta Ribeira, que vos pareçe que se devẽ fazer llarguos, nom vỹdo outros navios a tempo, ey por bem que nyso, e em todo o mais que llaa ffaçaes, mandeis fazer o que vos bem pareçer; por que o que vos fezerdes sera o milhor e mais meu serviço. O que tendes mandado ao Porto, e a Tougia, e ao cabo de Gee me pareçeo tudo muy bem ordenado. Eu mãdey lloguo Recado a Andalluzia pera vyr a caravella de Joam das Neves, e asy pera o feitor teer prestes o bizcouto, e pollvora, e [vestidos],[1] como escrevestes.

Eu queria ordenar de mãdar Joam Martins ao estreyto com dous ou tres navios de Remo, e com elles se poderã escusar as caravellas que dizeis que se devẽ de mandar, e asy as duas do estreyto. Tanto que tever niso tomado asento, vos avisarey do que se ordenar e fazer.

Os capitães pera esta armada tenho jaa nomeados, e agora lhe fallarey, e os mãdarey partir; e asy se ira Antonio de Salldanha, e se partira d'aqui a tres ou quatro dias, porque nõ quero que elle nem os capitães façam aqui detença.

[1] MS. has *vos*., which Palha expands as above.

Quanto aos tolldos, pareceme bem que ho galleam e as caravellas os llevem, e que sejam de pano de coores, cõ allguũs antretalhos que pareçam bem e de pouco custo, e cõ as minhas armas ou devisa se vos bem parecer; e o tolldo do galleam sera inteiro que chege ate a agoa, e os das caravellas soomente ate a madeira, porque isto parece que abasta; e de bandeiras vos emcomẽdo muyto que lhe mandeis fazer todas as que vos bem pareçer, e de maneira que vam embandeyradas.

Quanto ao contrato, ate agora nõ he praticado nella cousa allgũa, porque Llucas dise que esperava pelos parceiros; e antes que vyese o voso derradeiro Recado, me parecia bem irse Llucas pera se fazer llaa; e quando escrevestes que vynham os mercadores, o mandey estar. Francisco Lobo he jaa aqui, e esperam por o outro que vem, e lloguo se praticara e tomara cõcrusam o mais em breve que for posyvell. E trabalharse ha que nam se faça armada pera Framdes, por que, pelas Rezões que me escreveis, me parece muyto meu serviço; e jaa Llucas tem dito a Fernam d'Alvarez que se podera a dita armada escusar.

Receby prazer cõ ser feyta a despesa que vos mandey, e cõ esta vay mandado pera ser o dinheiro lançado em conta ao thesoureiro.

Agora me deu conta Fernam d'Alvarez como fizestes vyr de llaa Jorge Llopez; e follgey com sua vymda, porque me pareçe que ha de ser proveytoso pera cõpytyr e fazer vyr os outros ao que for Rezam. Fernam d'Alvarez a fez, em Evora, aos viii dias de Janeiro de 1535.[1]

        Rey.

Reposta ao conde da Castanheira.
      (On Reverse Side)
      Por elRey.
A Dom Amtonio d'Atayde, Comde da Castanheira, veedor de sua ffazemda.

[1] The MS. seems to show a final 6, over which, in the same ink, a 5 has been written. Palha's copy writes *cinco*.

153

CONDE, amiguo. Eu, elRey, vos ẽvio muyto saudar como aquele que muito amo. Eu tenho hordenado que as pesoas abaixo decraradas vam por capitães d'estes navios, a saber:

    Pero Llopez de Sousa
  E Bellchior de Bryto
  E Anrrique de Maçedo
  E Fernão Rodrigues Barba
  E Christão de Mello d'Aabreu
  E Manuell Brandão
  E Anrrique de Sousa Chichorro
  E Manuell de Bryto
  E dom Anrrique d'Eça
  E Antonio da Azamambrya
  E Balltesar Lobo de Sousa
  E Simão de Vasconcellos
  E Nuno Fernandez Ffreyre
  E Martin de Ffreytas
  E Symão da Veigua
  E Francisco, homẽ que veio da Imdia
  E Francisco de Vasconcellos
  E Nuno Fernandez Coguominho
  E Gomez de Souto Mayor.

A estas pesoas nomeareis os navios e os Repartyreis por ellas como vos bem pareçer, metendoas ẽ pose das capytanias com as quaes vemçerã e averão o hordenado contheudo ẽ meu Regimento. E isto mandareis asy comprir por esta carta somente, posto que vos as ditas pesoas não mostrem provisões minhas de como lhes faço merce das ditas capitanyas. E por que Symão de Vasconcellos e Symão da Veigua e Gomez de Souto Mayor estam nesa çidade, lhes sprevo que me vão servir nisto. Mandarlheis dar minhas cartas, e apos esta vos spreverey quem seraa o capitão que falleçe. Manuel da Costa a fez em Evora, a XI de janeiro de VcXXXV. J.

    Rey.

Pera o conde da Castanheira, sobre os capitães pera esta armada.
       (On Reverse Side)
       Por elRey.
A dom Amtonyo d'Atayde, Comde da Castanheira, veador de sua ffazemda.

154

COMDE, amiguo. Eu, ellRey, vos emvio muito saudar como aquele que muyto amo. Vy a carta que me escrevestes sobre os capitães d'esa armada, e asy sobre a gente d'armas que nella deve d'ir que vos pareçe que deve d'yr sem solldo. Muyto vos agardeço a llembranca que me d'iso fezestes. Os capitães estavã jaa nomeados, como vereis por outra carta que vos cõ esta escrevo; e lloguo mandarey apontar os mais criados meus que poder ser, os quaes ey por bem que nom ajam solldo, soomente suas moradias e mantimento; e asy ey por bem que nam ajam solldo os omeẽs que hos capitães llevarem, soomente seus mantymentos; e por esta maneira os mandareis asentar, por que asy o ey por meu serviço.

Eu sam emformado por allgũas pesoas que sabem a navegaçam de llevante, que hos ventos que cursam no mes d'abrill sam contrayros pera pasar os gollfãoos que ha no maar de llevante. Encomendovos muyto que mandeis lloguo praticar com o patrano Symão Vaaz, que foy llaa muytas vezes, e com quaes quer outras pesoas que vos bem parecer, e saybaees em que tempo deve esa armada de partyr pera boa e segura navegaçam, e pera poder ir a tempo pera quallquer feyto que lhe posa sobçeder, no lluguar omde for. E todo o que achardes me escrevey, pera saber o fundamento que se deve fazer, e o poder escrever ao emperador, meu irmão. Fernam d'Alvarez a fez, em Evora, aos Xi dias de janeiro de 1535.[1]

                              Rey.

Pera o conde da Castanheira.
       (On Reverse Side)
       Por elRey.
A Dom Amtonio d'Ataide, Comde da Castanheira e veedor de sua fazenda.

---

[1] It is absolutely impossible to read this last numeral, as there are strokes and a blot that completely obscure it. Palha's copy has the final numeral as *oito*, which is stricken out and, in another ink, *cinco* is written over it.

155

COMDE, amiguo. Eu, elRey, vos emvio muyto saudar como aquele que amo. Pareçeome beem sopricar ao Samto Padre que proveja aquela pesoa que estaa em Nosa Senhora da Pena d'aquelas igrejas que o comde de Marya Alva, que Deus aja, meteo no seu morgado de Meedelo, como creo que sabees, pera, em quanto nam for teempo de ele comer as Remdas d'elas, se gastarem naquellas cousas que forem de mais serviço de Noso Senhor. E porque amtes de seer provydo, ha de seer primeiro crismado, e lhe serem dadas hordeẽs meenores, e tãbem legytymado, por se Requerer asy de direito, se ainda nam for partydo pera homde sabees, nam se parta atee mo spreverdes e aveerdes minha Reposta; porque se nam for partydo, se proveera hy ẽ Lixboa em todas as tres cousas pello cardeal; e vos ẽviarey as provisõees necesarias pera ysto. E se ja for partido pera homde hia, vollas emviarey do Ifante dom Amrrique pera se fazer em Braga; e gradecervosey muyto de loguo me responderdes a esta carta, porque cõveem de se fazer ysto loguo, antes que minha sopricaçã seja em Roma, pera omde loguo despacho. Sprita em Evora, a Xiii de aneiro de 1535. J.

   Rey.

Pera o conde da Castanheira.
   (On Reverse Side)
   Por elRey.
A dom Antonio d'Atayde, conde da Castanheira, do seu conselho, e veador de sua fazenda, etc.   J.
   Pera loguo de presa.

156

COMDE, amiguo. Eu, ellRey, vos emvio muito saudar como aquele que muyto amo. Vy a carta que me escrevestes, e o asẽto que tomarã os pillotos e pesoas a que preguntastes do tempo em que devia de partir a armada pera llevãte, e asy vy todallas cartas que escrevestes a Fernan d'Alvarez pera me dar cõta do que llaa he feyto nesas armadas, e do que pasa nos negoçios. Muyto vos agardeço o que se em todo faz, e Receby muyto prazer d'estar tudo tam prestes como tenho visto; e porque ha principall parte do despacho cõsyste no cõtrato, e os mercadores d'elle, ao çerrar, apõtam allgũas cõdições fora das pasadas, mãdey a Fernam d'Allvarez que vollo escrevese. Ẽcomẽdovos muito que lloguo despacheis este, e me escrevaes o que vos pareçe que se deve fazer, por que Jorge Llopez nõ quer fazer sem se lhe daar a Refeyçam na pimenta e todallas drogas. E tanto que vyer vosa Resposta, se tomara cõcrusã, sem niso aver dellaçam. Fernam d'Alvarez a fez, em Evora, aos XIX dias de Janeiro de 1535. J.

Rey.

Pera o conde da Castanheira.
       (On Reverse Side)
       Por elRey.
A Dom Amtonio d'Atayde, comde da Castanheira, e veedor de sua ffazemda.

157

CONDE, amiguo. Eu, elRey, vos envio muyto saudar como aquele que muyto amo. Com esta carta vos envio huũa llegitimaçã pasada pelo Ifante dom Anrrique, meu muyto amado e preçado irmão, como governador do arcebispado de Bragua, pera ser llegitimada aquela pesoa que sabes, e asy outra carta sua pera huũ bispo Danel, que estaa em Braga, o hyr crismar e dar ordẽes menores ao moçteiro da Costa junto de Guimarães, onde ora estaa cõ o padre frey Jorge d'Evora, prior do moçteiro de Nosa Senhora da Pena, ao quall vos emcomẽdo muyto que logo envies a dita legitimaçã e carta que vay pera o dito bispo; e lhe sprevee de minha parte que lhe encomẽdo muyto que, logo cõ muy grande diligẽcia, ẽvie a dita carta ao dito bispo, pera vyr crismar a dita pesoa, e lhe dar as ditas ordẽs, e fazer niso o que lhe o Ifante, meu irmão, spreve e manda. E como vos tenho sprito, compre que ysto se faça cõ toda a diligencia que seja posivell, pelo respeito que vos sprevy. Sprevee ao dito padre priol que vos spreva o que nisto se fez, pera vos mo spreverdes; e o que vos sprever me fazee

saber. Pero d'Alcaçova Carneiro a fez, em Evora, a XIX dias de janeiro de 1535. J.
     Rey.
Pera o conde da Castanheira.
   (On Reverse Side)
  Por elRey.
A dom Antonio d'Atayde, conde da Castanheira, do seu conselho, e veador de sua fazenda, etc. J.

158

COMDE, amiguo. Eu, elRey, vos envio muito saudar como aquele que muyto amo. Vy a carta que me escrevestes de XViii d'este mes, e por ella vejo quam prestes estam esas armadas; do que Receby muyto prazer, e vos agardeço muito a dilligencia que se em tudo daa. Eu tenho jaa vystas todas as cartas da India, e o secretario estaa fazendo as Repostas que se faram cõ tall brevidade que, pelo despacho que de quaa ha d'ir, nam fara a armada da India detença allgũa. O cabedall queria que fosem ao menos oytenta mill cruzados, se fose posyvell, ainda que allguũ se tomase a cãybo; porque eu escrevo ao capitãoo moor e vedor da fazenda que do dito cabedall d'este ano, depois de feyta a carrega d'elle, apartem trinta mill cruzados de que se nõ faça despesa allgũa, por especiall que seja; os quaes seram pera se cõprar a pimenta do ano seginte; e estes queria que andasem sempre de sobre sallente, pera se cõprar a pimenta boa e em comta de huũ ano pera outro, por ser tam necesario e proveytoso como sabeis. E por este Respeito vos emcomendo muyto que trabalheis, quanto em vos for, por ir o mais cabedall que poder ser ate os ditos oytenta mill cruzados, ainda que se tome a cãybo a parte que se nom poder escusar; e Fernam d'Alvarez me dise que mãdara trazer de Castella trinta mill cruzados em dobrõees pera a India do dito cabedall; e Receberey prazer escreverdesme o que se niso podera fazer.

 Pareceme bem o que dizeis que mande estar prestes no porto de Santa Maria dozentas pipas de vinho e mill quintaes de bizcouto com os cem quintaes de pollvora. Lloguo mandey escrever ao feitor d'Andalluzia, que tevese tudo prestes pera quando a naoo fose nõ fazer detenca allgũa, e asy os quatro mill cruzados pera levar em dinheiro. Ẽcomendovos muyto que mandeis ir a naoo diãte, como dizeis, porque me parece asy muy bem feyto por nõ poder aver causa que a armada se posa deteer. Nesta vos emvio hũa carta pera Llucas Geralldo dar o credito que lhe Requererdes pera llevar o feitor d'armada; vos lho pedireis da comtia que vos bem parecer.

Pela vosa carta vy que sam llaa quĩze capitãees, e eu tinha despachados ha dias todos os que aviam de ir, e pelas mudanças que ouve d'allguũs se achou quaa pollo Roll d'elles que fallecerã tres; e dos dezasete despachados nõ he ainda llaa Francisco, omẽ que jaa de quaa he partydo, e deve llaa de ser. E se Francisco Botelho, a que escrevy a Santarẽ que me fose servir em hũ caravella, ainda nõ for nesa cidade, ẽcomendovos que ho mãdeis chamar; porque Pero Botelho, seu irmãoo, dise quaa que estava pera partyr pera esa cidade. E pera os tres que fallecem faço fũndamento de Inacio de Bulhões, pera que vos envio hũa carta, e Nuno Vaaz de Castell Branco, e João Rabello, os quaes lloguo mãdarey despachar e partyr cõ a moor brevidade que poder ser. E do mais que toca a esta armada nam ha que Respõder, senom que sam muy certo que ella ira tam bem cõcertada e aparelhada, como sam todallas cousas feytas por vosas mãoos, e que Noso Senhor lhe dara tanta vytoria cõtra imfyeis como he a võtade cõ que o vos fazeis. Fernam d'Alvarez a fez, em Evora, aos XX dias de janeiro de 1535. J.
    Rey.
                      Reposta ao conde da Castanheira.
    (On Reverse Side)
    Por elRey.
A Dom Amtonio d'Ataide, comde da Castanheira, veedor de sua ffazemda.

159

CONDE amiguo. Eu, elRey, vos ẽvio muyto saudar como aquelle que muyto amo. Eu tenho ordenado que todolos direitos d'asentamẽtos e tenças que se tee ora pagarão na casa da India por cartas geraaes se paguẽ d'aquy ẽ diamte pello Rendimento de Rendas do Reyno e se levantẽ da casa. Ẽcomẽdovos muyto que mandees loguo Riscar d'ella os ditos direitos, asy os dos asẽtamẽtos da Rainha, minha sobretodas muyto amada e preçada molher, e do Iffante dõ Luis, meu muyto amado e preçado irmão, como quaesquer tenças de pesoas que as tenhão asẽtadas na dita casa por cartas ou provisões geraaes; cujos Registos se Riscarão, com decraraçã que, do primeiro dia de janeiro d'este ano presente de quinhẽtos trinta e cinquo em diamte, nam hão mais d'aver pagamento dos taaes direitos na dita casa, e que lhe hão de ser paguos ca ẽ minha fazenda pelo Rendimento das Rendas do Reyno como dito he. E de como asy forẽ Riscados, com a dita decraraçã, mãdareis pasar hũa certidã ẽ forma ẽ que decrare as pesoas que sam, e os direitos que tẽ, e a calidade d'elles; a quall certidam ẽviareis a Fernã d'Allvarez, meu thesoureiro moor, e mandareis que se digua na casa, ás partes que vyerẽ Requerer seu pagamento, que poderão trazer ou emviar seus padrões a minha ffazenda, pera se lhe hordenar o dito pagamento nos lugares em que o ouverẽ d'aver. Manuel da Costa a fez, em Evora, a XXi dias de janeiro de 1535. J.

E os direitos que asy ey por bem que se Risquem será somente os que vereis por huũ Roll, que vos com esta ẽvio. Fernam d'Alvarez a fez escrever.

   Rey.

Pera o conde da Castanheira, sobre os asentamentos e outros direitos de cartas geraaes que ha de mandar Riscar da casa da India.

   (On Reverse Side)
   Por elRey.

A dom Antonio d'Atayde, cõde da Castanheira, vedor de sua ffazenda. J.

160

COMDE, amiguo. Eu, elRey, vos emvio muyto saudar como aquele que muito amo. Eu ey por bem que Joham Martinez de Briteiros, cavaleiro fidalgo de minha casa, arme os dous navios de Remo seus que tem ẽ Tavila, e me vaa neles servir como vos ele daraa comta. Diz que lhe he necesaria a artelharia, emxarcea, Remos, e outras cousas que vereis pelo Roll que vos cõ esta vay.

Muyto vos emcomendo que pratiqueis com o dito João Martinez sobre o que lhe he necesario pera aperceber os ditos seus navios; e o que virdes que se nã pode escusar lhe mandeis dar. E iso que ouver de ser lhe mandareis levar a Tavilla, omde os ditos navios estão. Pero Amrriques a fez, em Evora, aos XXi dias de janeiro de 1535.

    Rey.

Pera o conde da Castanheira, sobre estas cousas que ha de mandar dar a João de Briteiros, pera armar os seus navios.
  (On Reverse Side)
  Por elRey.
A Dom Amtonio d'Ataide, comde da Castanheira, vedor de sua fazenda.

161

COMDE, amiguo. Eu, ellRey, vos emvio muito saudar como aquele que muyto amo. Vy a carta que me escrevestes sobre o contrato da especiaria, e asy vy as que escrevestes a Fernam d'Allvarez, e muyto vos agardeço todallas Rezões que nellas apõtastes, que foram taees como cõpria a meu serviço. E pelos fundamentos que me esprevestes, ouve por bem de se fazer o contrato dos trez e mill quintaes de pimenta e mill de molhada com as drogas, como vereis pelo contrato. Encomendovos muyto que mandeis lloguo poer bandeiras na casa da India e allmazães, e pagar solldos a esas armadas, pera se despacharem como a moor brevidade que for posyvell. Por allem de quanto compre a meu serviço o despacho d'ellas, por vosa estada llaa ser o menos tempo que poder ser, Receberey d'iso prazer. Todas as provisões que escrevestes que eram necesarias pera o Allgarve, e pera as outras partes, se fezeram lloguo; e asy se fara todo o mais que de quaa compre pera o despacho das ditas armadas. Fernam d'Alvarez a fez, em Evora, aos XXVi dias de janeiro de 1535.   J.
                 Rey.
Pera o conde da Castanheira.
  (On Reverse Side)
  Por elRey.
A dom Amtonio d'Ataide, comde da Castanheira, e veedor de sua fazenda.

162

COMDE, amiguo. Eu, elRey, vos emvio muyto saudar como aquele que muyto amo. Eu sam ẽformado que certas pesoas querem emtender no trato d'Arguỹ, emtrando nele o Rio de Çanaga; e por que averey por bem que se faça niso o que mais meu serviço for, vos emcomendo muyto que mandeis chamar Fernam d'Alvarez, escrivão d'esa casa, e saibais d'ele quamto he o que o dito trato e Ryo tem Remdido, os anos pasados, e as despesas que se neles fez, e asy que pesoas são as que niso querem emtender, e de que maneira, porque ele he d'iso sabedor, ẽformãdovos miudamente do comçerto e partido que querẽ fazer; e me escrevaaes voso parecer do que do dito trato devo mandar fazer. Pero Amrriques a fez, ẽ Evora, aos XXVi dias de Janeiro de mill VcXXXv. J. Fernam d'Alvarez a fez escrever.

Rey.

Pera o conde da Castanheira, sobre o trato d'Arguỹ.
    (On Reverse Side)
    Por elRey.
A dom Amtonio d'Ataide, comde da Castanheira, veedor de sua fazenda.

163

CONDE, amiguo. Eu, elRey, vos ẽvio muito saudar como aquele que muyto amo. Eu mandey ver a Reposta que o ffeytor e ofiçiaaes da casa da India, com Afonso de Torres, deram aos apontamentos de Jorge da Costa sobre as cousas que sabeis da Ilha do Cabo Verde; e segundo a dita Reposta pareçe que a moor parte das ditas cousas sam de muito meu serviço, e que se devem de prover da maneira que Jorge da Costa apõta. E porem, porque ẽ allgũa d'ellas se contradizẽ os ofiçiaaes com elle, me pareçeo bem mandar la o dito Jorge da Costa com todos os papeis, pera que, em quanto agora laa estaaes, se tome concrusam neste negoçio. Ẽcomendovos muyto que mandeis ajuntar o feytor e ofiçiaaes da casa, e asy Afonso de Torres, com o dito Jorge da Costa, e lhes mamdeis ver todos seus papeis e praticar seus apontamentos miudamente, ouvindo o sobre iso; e no que forẽ conformes se

espreveraa e asẽtaraa loguo por capytolos de Regimento, com todalas decrarações necesarias; e o em que ouver duvida hiraa a vos, e vos darã todos d'iso conta, pera o determinardes e asẽtardes como vos milhor e mais meu serviço parecer. E isto vos ẽcomendo que mandeis fazer com a mor brevidade que poder ser, poys sabees o tempo que ha que Jorge da Costa anda neste negocio, e quãto cunpre a meu serviço tomarse nelle comcrusão. Manuel da Costa a fez, ẽ Evora, a XXIX de janeiro de 1535. E o que se ẽ tudo asẽtar se espreveraa, e mo ẽvyareis, pera se ffazerẽ as provisões necesarias. J.
  Rey.
    Fernam d'Alvarez a fez escrever.
Pera o conde da Castanheira, sobre os apontamentos de Jorge da Costa. J.
  (On Reverse Side)
  Por ElRey.
A dom Antonio d'Ataide, conde da Castanheira, vedor de sua ffazenda. J.

164

CONDE, amigo. Eu, elRey, vos ẽvio muyto saudar como aquele que muyto amo. Eu provi ora allgũs capitãaes pera os navios d'esa armada, em llugar dos que sabees que tinha providos, que nam podem servir pello inpedimento que tem, e d'estes que provi he huũ d'elles, Antonio de Mãcelos, ffidallgo de minha casa, que vos esta daraa. Ffaçovolo asy saber pera que o metaaes ẽ pose da capitania de huũ dos ditos navios, e lla leixeis ir servir, por que asy o ey por bem. Manuel da Costa a fez, em Evora, a XXX dias de janeiro de 1535. J. Fernam d'Alvarez a fez escrever.
  Rey.

Pera o conde da Castanheira, sobre Antonio de Mãcelos, que vosa alteza ẽcarrega da capitania de huũ dos navios da armada d'Antonio de Saldanha. J.
  (On Reverse Side)
  Por elRey.
A dom Antonio d'Atahyde, conde da Castanheira, vedor de sua ffazemda. J.

165

COMDE, amiguo. Eu, ellRey, vos emvio muito saudar. Os testamenteyros de Francisco Mendez me mandarã pidir huũ alvara, pera sua molher e elles nõ fazerem emventairo de sua fazenda, nestes quatro anos que o dito Francisco Mendez lleyxou em seu testamẽto que a casa estevese junta nos negocios. O quall alvara lhe eu nõ cõcedy, por me parecer que podia ser em perjuizo da orfãa, filha do dito Francisco Mẽdez. E por que queria d'isto saber voso parecer, vos emcomẽdo muyto que vos emformeis do Respeyto por que hos testamenteiros do dito Francisco Mendez nõ querem fazer emventairo, porque allegam quaa que, fazendose, sera grande descredito da casa, e que nõ poderam fazer os negocios como se d'antes faziam. E pareçe que nõ deve ser por o que elles dizem, senam por outros allgũus Respeytos, que seram em prejuizo da orfãa. E de todo vos ẽcomẽdo muyto que me escrevaes o que se deve fazer, por que, ate ver vosa Reposta, lhe mandey dar hũ mes, pera se nom fazer o dito inventairo. Fernam d'Alvarez a fez, em Evora, aos XXX dias de janeiro de 1535. J.

Rey.

Pera o conde da Castanheira.
    (On Reverse Side)
    Por ellRey. J.
A dõ Antonio d'Atayde, conde da Castanheira, veedor de sua fazenda.

166

COMDE, amiguo. Eu, elRey, vos emvio muito saudar como aquele que muito amo. Jorge Lopez me dise que tinha muita necesidade do dinheiro que lhe nesa casa da India devem de Reste dos fretes d'ambas as suas naaos, asy pera as acabar de forneçer e fazer prestes do necesario pera sua viagem, como tambem pera mandar nelas alguũas mercadorias pera a despesa que as ditas naaos na India ham de fazer, pidindome por merce que lhe mandase paguar. Pelo que vos emcomendo muito que lhe mandeis fazer conta do que liquydamente he devido dos ditos fretes, e, descomtandolhe o que ele, Jorge Lopez, deve, lhe mandeis paguar a demasia segundo forma de seu comtrato. Pero Amrriques a fez, ẽ Evora, aos iiii dias de fevereiro de VcXXV. J. E por quamto o dito Jorge Lopez nam pode ir de caa mais cedo, por alguũas cousas de meu serviço sobre que veyo como sabeis, e ora vay a acabar de fazer prestes e aviar suas naaos pera a India, pera que o tempo he tam curto como vedes, vos emcomendo muyto que ẽ todo o que lhe cumprir, e necesario for, pera despacho das ditas naaos, o mandeis ajudar, e o favoreçaes, pera que posam partir ẽ companhya das outras; por que Reçeberey d'iso prazer.

Rey.

Ao Comde da Castanheira, que mande fazer comta a Jorge Lopez do que lhe devem liquidamente na casa da India de Reste dos fretes das suas naaos, e, descomtandolhe o que ele deve, lho mande paguar a demasya, pera as fazer prestes segundo forma de seu comtrato.

    (On Reverse Side)
    Por elRey.
A Dom Amtonio d'Ataide, comde da Castanheira, vedor de sua ffazenda.

167

CONDE, amiguo. Eu, elRey, vos envio muyto saudar como aquele que amo. Nas cousas de que Nosso Senhor se ha servido, sey que vos conformares tanto cõ sua vontade, como em todas suas obras sabes que se deve fazer, e do modo que nom seja necesario lenbrarvos as graças e llouvores que lhe avees de dar pelo falecimento de vosa filha, de que Receby tanto desprazer, como he a muyto bõa vontade que vos tenho. Ele que asy o ouve por seu serviço vos dara, e á condesa, vosa molher, a consolaçã que, por sua piedade, sempre daa a quem o llouva assy inteiramente como ey por certo que nisto ambos o fares. E muyto vos gradecerey o fazerdes asy, como he Rezam que o façaes, e como de vos confio que o fares, e asy de me spreverdes como estaes vos e a condesa, que averey muyto prazer de saber que he muy bem.

Pero d'Alcaçova Carneiro a fez, em Evora, a Viii dias de fevereiro de 1535.   J.
   Rey.

Pera o conde da Castanheira.
    (On Reverse Side)
   Por elRey.
A dom Antonio d'Atayde, conde da Castanheira, do seu conselho, e veador de sua fazenda, etc.   J.

168

COMDE, amiguo. Eu, ellRey, vos emvio muito saudar como aquele que muito amo. Por que queria mandar Recado ao emperador, meu muito amado e preçado Irmãoo, do tempo em que podera partyr esa armada de que vay por capitão moor Antonio de Saldanha, e asy a artelharia e monições que leva, vos emcomẽdo muyto que, tanto que esta vyrdes, cõ muyta brevidade mandeis fazer huũ Roll de todo o que a dita armada lleva, asy de navios como d'artelharia, e monições, e todallas outras cousas que vos pareça que nelle devam de vyr, e me esprevereis o tempo em que podera ser prestes. E há ora que ho dito Roll for feyto mo emviareis pella posta, porque tenho mãdado escrever pera o emperador, meu Irmãoo, e nõ se pode despachar ate vyr o dito Roll, e saber o tempo em que a dita armada podera ser prestes.

 Fernam d'Allvarez me mostrou a carta que lhe escrevestes, que Fernã de Moraes e outras pesoas que vam nesta armada da Imdia vos Requerem pagamento d'allguũ dinheiro, porque lhe foy quaa dito que vos lhe mandarieis pagar o que vos bem parecese, o que nam fazeis por nõ teerdes pera iso Recado meu. Eu ey por bem que vos mandeis pagar ao dito Fernam de Moraes, e a quaesquer outras pesoas das que vam na dita armada, as contias que vos bem pareçer, cõformandovos cõ a disposyçam do tempo e cõ a callidade das pesoas e dividas que se lhe deverem, e cõ a obrigaçam e necesydade de cada hũa; e do que mandardes pagar pasareis vosos mandados pera o thesoureiro d'esa casa o comprir.

 Bem sereis llenbrado como ha muitos dias que tinha mãdado fazer eysame e ensayo dos ducados de fora de este Reyno, pera se cotejar a ventajem que tem os cruzados do Reyno em lley d'ouro e em peso de todollos, pera os mandar quaa emmemdar pera se nõ llevarẽ juntos pera fora do Reyno; e pelos Respeytos que sabeis que se pratycavã, e porque queria agora mandar tomar niso cõcrusam, vos emcomẽdo muyto que mandeis lloguo ao thesoureiro e oficiaes da moeda que façam ensayo dos ducados de Castella e d'Aragam, e dos llugares de Itallia, e quaes outros que vos bem parecer, e asy dos escudos de França, e façam de cada huũ d'elles pauta bem decrarada da lley d'ouro, e peso da moeda, e da vallia que cada hũa teera ao Respeito dos cruzados de Purtugall. E tanto que for feyta, ma ẽviareis, e me escrevereis o asento que vos pareçer que se deve de tomar na moeda d'ouro d'este Reyno.

Tristam Vyegas estava despachado pera ir cõ dõ Fernando de Llima por feitor da sua armada; e porque o dito Fernãdo nom vay, pidio o dito Tristam Viegas o cargo de cõprar a pedraria em Narsymga que levou Agostinho Preto; e porque, antes de lhe mandar Respomder, queria tomar d'isto voso pareçer, pela emformaçam que tem (*sic!*) sabida do dito Tristam Vyegas, e asy do dito cargo, vos emcomẽdo muito que me escrevaes se vos pareçe que tem callidades pera se lhe dar, e se me devo nyso de servir d'elle, ou em que cargo vos pareçer que podera milhor servir; e todo me emviay vosa Reposta. Fernam e'Alvarez a fez, em Evora, aos Viii dias de fevereiro de VcXXXV.

       Rey.

Pera o conde da Castanheira.
    (On Reverse Side)
    Por elRey.
A Dom Amtonio d'Ataide, Comde da Castanheira, e veador de sua fazenda.

169

CONDE, amigo. Eu, elRey, vos ẽvio muito saudar como aquele que muito amo. Fernã d'Allvarez me deu conta do que lhe stprevestes sobre o Castelhano de Maluco, a que se deve na casa o soldo da viagẽ; e ey por bem que lhe mandes pagar, do que lhe asy for divido, aquyllo que vos bem pareçer. Manuel da Costa a fez, em Evora, a IX de fevereiro de 1535. J. Fernã d'Alvarez a fez escrever.

   Rey.

Pera o conde da Castanheira, sobre o que se deve a este Castelhano do soldo da viagẽ, que lhe mande pagar o que lhe bẽ parecer. J.
   (On Reverse Side)
   Por elRey.
A dom Antonio d'Atayde, conde da Castanheira, vedor de sua ffazenda. J.

170

CONDE, amyguo. Eu, elRei, vos ẽvio muito saudar como aquelle que muyto amo. Eu pasey hũa provisão a Isabel Daguiar, pera que podese yr pera a India ẽ conpanhia de huũ seu yrmão. E porque sam çerto que me não foy acerqua d'iso dada verdadeira ẽfformação, ey por bem que vos a não leixeis ir pera a India, nẽ lhe mandeis dar embarcação, sem ẽbargo da dita provisão que tem, a quall lhe não compryreis. Manuel da Costa a ffez, em Evora, a IX dias de fevereiro de 1535. J. Fernã d'Alvarez a fez escrever.

   Rey.

Pera o conde da Castanheira, sobre esta molher que a não leixe ir há India sẽ ẽbargo da provisão que tẽ pera poder ir.
   (On Reverse Side)
   Por elRey.
A dom Antonio d'Atayde, conde da Castanheira, vedor de sua ffazemda.

171

COMDE, amiguo. Eu, elRei, vos emvio muito saudar como aquele que muito amo. Eu ey por bem que se paguem aos fidalgos e outros criados meus, que me vam servir nesa armada de levamte, seis meses adiamtados de sua moradia. E ey por mais meu serviço que o pagamento d'eles se lhe faça laa na casa da Imdia, ao tempo que se ouverem de asemtar ẽ soldo, que não caa ẽ Manoell Velho, thesoureiro da moradias. E tenho mandado a Fernam d'Alvarez, meu thesoureiro moor, que pase escritos seus das comthias que montar nos ditos seis meses a cada huũa das pesoas que me na dita armada vão servir, pera Gonçalo Fernandez, thesoureiro da dita casa, lhe paguar e descomtar ao dito thesoureiro moor de quall quer dinheiro que lhe ouver d'emtregar. Muyto vos emcomendo que aos criados meus, que os taaes escritos de Fernam d'Alvarez levarem, mandeis fazer paguamẽto do que neles montar de suas moradias, por que eu o ey por bem e mais meu serviço. Pero Amrriques a fez, ẽ Evora, aos XI dias de fevereiro de VcXXXV. J. E os ditos espritos sam do que he devido hás ditas pesoas de suas moradias e dos ditos seis meses adiamtados. Fernam d'Alvarez a fez escrever.

Pera o comde da Castanheira, sobre os Vi meses adiamtados de moradia, que vosa altesa manda paguar aos criados seus, que vam na armada de levante.
      (On Reverse Side)
      Por elRey.
A dom Amtonio d'Ataide, comde da Castanheira, vedor de sua ffazemda.

172

COMDE, amiguo. Eu, ElRey, vos emvio muito saudar como aquele que muito amo. Vy a carta que me escrevestes, e asy as que escrevestes a Ffernam d'Alvarez, e os Roees que me emviastes da gente, artelharia, e monições que vam na armada de que vay por capitão moor Amtonio de Saldanha, que vem muy bem decrarados. E muito vos agradeço cam prestes amballas armadas estam, do que Reçeby prazer; e loguo mando despachar correo pera a corte do emperador, meu muito amado e preçado Irmão, pera com a Reposta que vier se fazer o Regimento e provisões.

Item: quamto a armada da India, eu mandarey dar presa aas cartas e despachos que pera laa am de ir, e se acabaram a tenpo que nam aja por eles detença. A Fernam Perez escrevo que se despache em tamta presteza que a armada se nam posa deter huum soo dia por ele, e que nam cure de vir caa, por que pera o seu Regimento nam he neçesario, e semdolhe neçesario, venha loguo pera poder tornar a tenpo. E aos outros capitães vos emcomendo muito que diguaes de minha parte que se despachem todos de maneira que por eles se não posa deter a armada, e se alguũ ainda caa vier, o mandarey logo tornar.

Item: pareçeme bem ir por capitão do galeão Trindade há Mina Christovam de Meello d'Aabreu. Eu lhe escrevo que o faça e vaa nelle. E ey por bem que em seu lugar vaa por capitão de hũa caravela Francisco Chamorro, e com esta vos emvio huũa carta pera ele, que lhe mandareis dar.

Item: vy o que escrevestes a Ffernam d'Alvarez sobre Tomaas de Bairros e Belchior Soarez irem nas naaos dos mantimentos. Ey por bem que asy se faça, e que eles vão nelas. Vos lho mandareis de minha parte.

Item: nos sorogiães que sam neçesarios pera a India, e pera esa armada, falarey como o sorogiam moor, e loguo se farão prestes; e pareceme bem ir mestre Afonso com Amtonio de Saldanha. Eu lho mandarey dar.

Item: com o Ytaliano que trouxe Gomez Paaez se tomaraa concrusão, tanto que aquy for, comforme ao que escreveis, que me pareçeo muy bem.

Item: pela carta de Fernam d'Alvarez vy que vos parece que o feitor d'Amdaluzia deve de mandar a esa çidade toda a polvora que tiver. Ele escreve que tem çem quintaes d'ela. Pareçeme que, pois a armada ha de ir ter a Malega, que seraa milhor levar d'esa cidade çem quintaes menos de polvora, e tomar laa os que tem o ffeitor, por escusar de vir huũa caravela cõ ela de Malega a esa cidade. Se niso não ouver ẽcomviniente, emcomendovos muito que mo escrevais, pera escrever ao feitor o que niso deve de fazer. E pellas suas cartas vereis o bizcouto e vinho que tem, sobre que tambẽ se mandaraa Recado do que ele ha de fazer, cõ voso pareçer. Pero Amrriques a fez, ẽ Evora aos Xiii dias de fevereiro de VcXXXV. Rey.

Reposta ao conde da Castanheira.
   (On Reverse Side)
   Por el Rey.
A dom Amtonio d'Ataide, comde da Castanheira, vedor de sua fazenda.

173

Comde amiguo. Eu, elRei, vos emvio muito saudar como aquele que muito amo. Amtonio de Miranda d'Azevedo, fidalgo de minha casa, tem alvara pera lhe terem pagos çimquo mill cruzados de dinheiro do primeiro comtrato d'espiciaria que se fizese, e isto do que lhe for devido liquidamente na casa da Imdia, como por ele vereis. E porque Receberey prazer de lhe ser feito seu paguamento, segundo forma do dito alvara, vos emcomendo muito que lhe façaes paguar os ditos V mill cruzados do dinheiro que os mercadores do contrato dos Xiii mill cruzados, que se ora fez, sã obrigados pagar, e isto da maneira que virdes que milhor posa ser, segundo a desposyção do tempo e das cousas a que de necesidade se deve acodir. Pero Amrriques a fez, ẽ Evora, aos XVi dias de fevereiro de VcXXXV. J. Fernam d'Alvarez a fez escrever.

    Rey.

Pera o conde da Castanheira, sobre o paguamento dos V mill cruzados que vosa altesa tem despachados a Antonio de Miranda por o alvara que tem, pera lhe serẽ pagos do dinheiro do primeiro comtrato que se fizese.

    (On Reverse Side)
    Por elRey.

A dom Amtonio d'Ataide, comde da Castanheira, vedor de sua ffazemda.

174

Comde, amiguo. Eu, elRei, vos emvio muito saudar como aquele que muito amo. O emperador, meu muito amado e preçado Irmão, me escreveo ora que pera a armada que manda fazer contra o Turco avia neçesidade de muitas velas, e que ele as manda pera iso ajumtar, e que os mestres d'alguũas naaos e navios byzcainhos, temdo ha asy por nova, se Recolhião e detinhão ẽ alguũs dos portos de meus Reinos, por não serem emprazados pera a dita armada; e asy ho escreveo a Luis Sarmento, seu embaixador, pera que de sua parte me dese d'isto conta e pidise que lhe mandase emprazar as ditas naaos e navios. Pelo que vos emcomendo muito que, tamto que esta virdes, mandeis correr todo ese porto de Lixboa e saber que naaos e navios hy estão dos Reinos e senhorios de Castella, e por huũ dos ofiçiaes d'esse almazem, ou por quallquer outra pesoa que vos milhor pareçer, mandeis falar aos mestres d'eles, dizemdolhes de minha parte que por quamto o emperador, meu Irmão, tem muyta necesiade das ditas naaos e navios pera a dita armada, e ela ser pera cousa de tamto serviço de Noso Senhor e seu, que eles se devem logo partir caminho da cidade de Malega, omde se a dita armada apreçebe e ajunta, e hy se vão apresemtar cõ suas naaos e navios ao marques de Mondejar, provedor gerall da dita armada, pera servirẽ no que lhes mandar; por que farão niso muito serviço ao emperador, meu Irmão, e a mim prazer. E tamto que se asy fizer, mandareis fazer huũ Roll das taaes naaos e navios, e dos mestres d'eles, a que se asy noteficar e dizer, o quall me emviareis pera per ele se caa dar Reposta ao dito embaixador; e isto vos emcomendo que mandeis asy fazer com muyta dilligençia. Pero Amrriques a fez, em Evora, aos XVii dias de fevereiro de VcXXXV.

Rey.

Pera o conde da Castanheira, sobre esta dilligencia que ha de mandar fazer acerca de . . . .[1]

(On Reverse Side)
Por elRey.

A Dom Amtonio d'Ataide, comde da Castanheira, veedor de sua ffazenda.

175

COMDE, amiguo. Eu, elRey, vos emvio muito saudar como aquele que muito amo. Antonio Bispo, bombardeiro, mestre de fazer polvora, me veyo pidir que lhe mandase fazer paguamento de seus jornaes de tempo de cimquo anos que lhe erão dividos, pouco mais ou menos, a Rezão de sesemta reis por dia, que he outro tamto como diz que tenhão seus amteçesores. E eu ey por bem, e vos emcomendo muito, que vejaes laa se lhe pertemçe aver liquidamente os ditos LX reis por dia de seus jornaes como diz.

[1] The bottom of the MS. is cut off, and one line is thus missing.

E achamdo que lhe devem de ser pagos, lhe mandeis fazer sua comta liquyda do tempo que os tem vemcidos, e do que niso montar lhe mandeis fazer paguamẽto, mandando que se ponhão primeiro as verbas que necesarias forem. Pero Amrriques a fez, ẽ Evora, aos XViii dias de fevereiro de VcXXXV. J. Fernam d'Alvarez a fez escrever.

Rey.

Pera o conde da Castanheira, sobre estes pagamentos que Amtonio Bispo, bombardeiro, pede de seus jornaaes que diz que tem vemcidos.

  (On Reverse Side)
  Por elRey.
A Dom Amtonio d'Atayde, comde da Castanheira, veedor de sua ffazemda. J.

<h1 style="text-align:center">176</h1>

COMDE, amiguo. Eu, ellRey, vos emvio muito saudar como aquele que muyto amo. Vy o que me Respondestes sobre o carguo da cõpra da pedraria que me Requeria Tristam Vyegas, e pollas Rezões que me escrevestes, eu follgara de lhe fazer niso merce. Porem, quãdo agora vy as cartas da India,[1] pelo que me de llaa escreveram ouve por meu serviço de mandar defender que pesoa allgũa nõ fose a Narsymga cõprar pedraria, nem se cõprase pera mỹ; e por este Respeyto nõ pode ser provido o dito Tristam Vyegas do que pidia. E porque elle praticou cõ o Ifante dom Luis, meu muyto amado e preçado irmãoo, sobre huũ contrato que se poderia fazer dos esterlles cõ as pesoas d'esa cidade, e de Setuvall, e d'Allcacere do Sall, que tem sall pera vender, ou cõ as camaras da dita cidade e villas, pera lhe venderem hũa grande soma de sall cadanno pera os ditos esterlleys poderem teer d'elle certeza por preço certo, e vyrem cõ suas urcas, e tambem os moradores dos ditos llugares teerem certas suas vemdas; no quall negocio eu queria mandar emtender, por me pareçer que sera de meu serviço e bem dos ditos llugares. Emcomendo vos muyto que falleis cõ o dito Tristam Viegas, e lhe digaes como eu mãdo defender a cõpra da dita pedraria, e que por yso lhe nõ poso fazer

---

[1] The text has *Indias* and Palha notes *ita* here.

merce do cargo que pidia, que eu follgaria, se elle nõ Recebese perda, que ficase este ano pera ir negoçiar este negoçio do sall; e que pera o ano que vem podera ir, e pera entam podera aver cousa em que posa Reçeber merce que eu follgarey de lhe fazer. E se por ventura o dito Tristã Vyegas tever sua fazenda empregada, e estever de maneira que nõ posa lleyxar d'ir nesta armada, pratycareis cõ elle este negoçio do sall que elle praticou cõ o Ifante, meu irmãoo, e tomay d'elle a mais llarga emformaçam por escrito que poderdes, pera poder nelle mãdar entemder e escrever mais o que se¹ niso *pasardes*,² e se vay o dito Tristam Viegas ou nã. Mandey ver o Roll dos capitães das caravelas d'armada, e por que nõ vam Martim de Freytas e Estevã de Melo, e asy por se escusar Nuno Fernandez Freyre, mandey nomear outros tres. E porque me parece que no voto d'elles me podera servir niso Ynacio de Bulhaes, lhe escrevo que me vaa servir por capitão de hũa caravella. Emcomẽdovos muyto que lhe mandeis dar a carta, e lhe digaes de minha parte que me vaa niso servir. Fernam d'Alvarez a fez, em Evora, aos XIX dias de Fevereiro de 1535. Fernam d'Alvarez me deu conta de hũu llãso que lhe quaa fezerã nos açuquares que me pareceo bem. Ẽcomendovos muyto que mandeis tomar cõcrusam no contrato d'elles.

    Rey.

Pera o conde da Castanheira.
  (On Reverse Side)
  Por ellRey. J.
A dõ Antonio d'Atayde, conde da Castanheira, veador de sua fazenda.

177

CONDE, amiguo. Eu, elRey, vos envio muyto saudar como aquele que amo. O que mandey a Alvaro Mendez de Vascõcelos, do meu conselho e meu enbaixador, que falase ao emperador, meu irmão, sobre o negocio de França pera que o mandey vyr, foy conforme ao que sabes que se praticou e asentou. A que me

---

¹ A blot or scratch here, which Palha takes as an erasure, and so erases it from his copy. It seems wrong.

² Palha questions this reading. The MS. is badly blurred and blotted here, and one can make little of it.

Respondeo como veres pelo trelado do memorial que d'iso lhe foy dado, e das palavras que alem d'ele dise que vos envio; a que lhe Respondy o que veres pelo trelado que tanbẽ vos ẽvio de minha Reposta. Aguora me spreveo Alvaro Mendez tres cartas, de que tanbẽ vos envio os trelados, que sam da sustancia que por eles veres; e chegou o coreyo que as trouxe, terça feira, pasada XVI dias d'este mes. E porque me parece que lhe devo a elas Responder com brevidade, por a partida do emperador aver de ser tam prestes como pelas ditas cartas veres, e pelas materias de que sam, ouve por meu serviço de vos mandar os trelados de huũas cousas e das outras. E vos encomendo muyto que, ainda que tenhaes muytas ocupações, os vejaes logo, e me sprevaes se vos parece bem o modo em que lhe respondy ao parecer e conselho que me deu no negocio de França, ou se vos parece que fora milhor d'outra maneira e quejando vos parece que devera ser, e a estas tres cartas deradeiras o que vos parece que lhe devo responder, dizendo me declaradamente o fundamento que tomardes pera o que vos parecer que acerqua de cada cousa das ditas tres cartas lhe devo responder. E vos gradecerey muyto de o mais em breve que vos seja posivell o fazerdes, porque nam tarde minha reposta, nem vaa fora de tempo. Pero d'Alcaçova Carneiro a fez, em Evora, a XX dias de fevereiro de 1535. J.
        Rey.

Pera o conde da Castanheira.
  (On Reverse Side)
  Por elRey. J.
A dom Amtonio d'Ataide, comde da Castanheira, veeador de ssua fazenda. J.

178

COMDE, amiguo. Eu, ellRey, vos envio muito saudar como aquele que amo. Este correo que vay pella posta vos emtreguara as vias de minhas cartas que vão pera a India, pera o capitam moor e governador, e pera o vedor de minha fazenda, e das quaaes deve llevar a primeira via Fernam Perez, e a segumda quall quer capitão das naaos que vos bem pareçer e que milhor as levara; e tambem leva os Regimentos dos capititããs da

viagẽ pera os asinardes e lhos dardes. E lenbrovos que o veedor da fazenda me escreveo que lhe nom foy dada vya nenhuũa, soomente cimquo cartas que lhe mandou dar Nuno da Cunha, que foy muito meu desserviço. Aquele a que derdes as vias lembray e manday de minha parte, que ha via do dito veedor da fazenda lha emtregue em sua mãao, e que a nõ dee a outrem senom a elle; e seria bem saberdes, se for posivell, a quem se deu a via do dito veador da fazenda, pera se lhe pedir d'iso comta. Pero Fernandez a fez, em Evora, ao primeiro dia de março de 1535. J.
                 Rey.

Pera o conde da Castanheira.
   (On Reverse Side)
   Por elRey.
A Dom Antonio d'Atayde, conde da Castanheira, do seu conselho, e veador de sua fazenda, etc. J.

179

CONDE, amiguo. Eu, elRey, vos emvio muito saudar como aquele que amo. O viguairo jerall da Imdia me escreveo pelas naaos da armada do anno pasado, amtre outras cousas, que elle mãdara de llaa preso hum frade da ordem de Sam Francisquo, um tall que avia vinte e dous annos, que llaa andava como lleiguo e fazemdo obras de mais que leiguo, e que o emtreguara presso ao capitam da naao Ajuda, pera o emtreguar a seu prelado com os autos de suas culpas. E porque nom tenho sabido se o emtregou, vos gradecerey muito de saberdes do dito capitam da dita naao, se o emtregou a seu prelado, ou o que d'ele fez; e o que niso achardes me escreve. Pero Fernandez a fez, em Evora, ao primeiro dia de Março de 1535. J.
                 Rey.

Pera o conde da Castanheira, sobre este frade que veio preso da India, de que saiba, etc.
   (On Reverse Side)
   Por elRey.
A dom Antonio d'Ataide, conde da Castanheira, do seu conselho, e veador de sua fazenda, etc. J.

180

COMDE, amiguo. Eu, elRey, vos emvio muyto saudar como aquelle que amo. Estas duas cartas que vos emvio pera o doutor Pero Vaaz, veeador de minha fazenda na Imdia, sam sobre huũa cousa de muyto meu serviço, que se ofereçeo depois de serem idos de ca os saquos das vias que agora vos nam sprevo, por seer secreto e se poder esta carta perder. Encomendovos muito que as emtregues ás pesoas que levam as vias, e as mãday coser nos saquos das ditas vias do dito veeador da fazenda, de maneira que se nam perquam, nẽ posam esqueçer ca neem lla, e que lhe sejam dadas em sua mão, porque Relevam muito a meu serviço. E fazee que vão em todo boõ Recado porque, se se perdessem, perderrya muyto. Sprita em Evora, a ii dias de março, o secretario a fez, 1535. J.
    Rey.

Pera o conde da Castanheira, sobre estas duas cartas que lhee emvia, que vão pera o veeador de fazenda da Ỹdia.
    (On Reverse Side)
    Por elRey.
A dom Antonio d'Atayde, conde da Castanheira, do seu conselho, e veador de sua fazenda, etc. J.

181

COMDE, amiguo. Eu, elRei, vos emvio muito saudar como aquele que muyto amo. Fernam d'Alvarez me dise que Jorge Lopez escrevera que, por Bernaldo Perez estar doente, nam podia ir por este ano a a India, na sua naao Sam Bertolameu, como lhe escrevy que fisese; e que me pedia que quisese escrever a Manoel Alvarez, piloto, que quisese nela ir; e que ele o satisfaria com a ventajem dos outros pilotos. E porque Fernam Perez d'Amdrade deseja levar na sua naao o dito Manoel Alvarez, segundo me Fernam d'Alvarez dise que lhe ele disera, por ser mais sofiçiente e espermẽtado na carreira da India que ho Martỹ Vaaz que ele cõsygo leva, escrevo ao dito Manoell Alvarez, encomendandolhe

que me vaa este ano servir nesa armada da India, e que, por estaar tã apique, vaa logo ffalar comvosco e faça o que lhe mandardes. Por tamto vos encomendo muyto que, se vos bem pareçer ir ele na naao de Fernã Perez, façaes de maneira que o Martỹ Vaaz se pase a a de Jorge Lopez, e se nam vaa na naao do dito Jorge Lopez, pois esoutro jaa estaa nesoutra nao, como vos milhor pareçer. E eu o leixo a vos, porque o que vos niso fizerdes averey eu por mais meu serviço, damdo presa ao dito Manoell Alvarez que, pera aver de ir ẽ hũa ou outra, se faça prestes com toda diligencia posyvell pera poder ir ẽ companhia d'esoutras naaos, sẽ esperarẽ por ele. Pero Amrriques a fez, ẽ Evora, aos iii dias de março de mill quynhentos trimta e cimquo. J.
      Rey.

Pera o conde da Castanheira, sobre Manoell Alvarez, pilloto.
  (On reverse side)
  Por elRey. J.
  A Dom Amtonio d'Atayde, cõde da Castanheira, vedor de sua fazenda.

182

COMDE, amiguo. Eu, ellRey, vos emvio muito saudar como aquele que muyto amo. Vy as cartas que escrevestes a Fernam d'Alvarez, pera me daar conta como a armada da India estaa de todo prestes e as naoos jaa em Bellem e que, ainda que nom venha a tempo o dinheiro de Castella, se poderaa llaa Remedyar e aver pera nom fazer por yso detença; e asy que a armada de que vay por capitão moor Antonio de Salldanha sera prestes por toda a somana que vem, e que lloguo mandase de quaa as cartas pera a India, e asy os capitães pera outra armada, pera partyrem e se nõ poderem deteer. Muyto vos agardeço tantas e taes dilligencias como se no despacho d'esas armadas fez e faz, e cõ quanta provisam tenho sabydo que tudo estaa feyto, esperandose tanto pello contraryo em tempo de tantas necesidades, e que parecia casy imposyvell averse tanto dinheiro em tam breve tempo. A estas cousas nõ ha que Responder, senam que se fizerã estas armadas como vos acostumaes de fazer todallas cousas de meu serviço, de que tenho Reçebydo tanto prazer como he Rezam.

Do comcerto e abastança das cousas que lleva a armada d'Antonio de Salldanha nõ he necesario sabello eu por nenhũa pesoa que ho vyse, que bem çerto sam que, pois foy tudo hordenado e feyto por vosa mãoo, que nom podera ir a llugar õde se posa glosar cousa que nella vaa; e porque ho emperador, meu irmão, ha de ver tudo em Barcellona, Recebo d'yso contentamento.

As vyas pera a India sam jaa llaa, e cõ esta vam outras cartas que fycavam a Antonio de Salldanha. Escrevo que venha lloguo a mỹ, pera lhe mandar dar seu Regimento e provisões necesarias. Ẽcomedovos muyto que ho façaes lloguo vir, e tanto que quaa for, o mandarey despachar sem fazer detença; e asy mandarey lloguo partir dous capitães, que ainda quaa estam, e quaesquer pesoas que se quaa acharem que ajã d'ir na armada.

Fernam d'Alvarez me dise o que lhe escrevestes sobre Domĩgos Lourenço, pilloto, que estaa preso. Eu ey por bem e meu serviço que elle vaa a Imdia nesta armada. Emcomendovos muyto que ho mandeis nella, e que lhe mandeys ordenar dar o que vos bem pareçer e asy pera aver llaa na India o ordenado que vos pareçer bem; e escrevereis ao governador e vedor da fazenda o em [que]¹ se d'elle devem de servir. Fernam d'Alvarez a fez, em Evora aos iiii dias de março de VcXXXV. J.
    Rey.
Pera o conde da Castanheira.
   (On Reverse Side)
   Por elRey. J.
A dom Amtonio d'Atayde, conde da Castanheira, veedor de sua fazenda.

183

COMDE, amiguo. Eu ellRey, vos emvio muito saudar como aquele que muito amo. Eu vos tinha escrito que mandaseis oytenta mill cruzados de cabedall, e por vosas cartas vy como os tinheis prestes pera poderem ir. Porem, cuydando depois nas necesidades de quaa, e pelas Rezões que me escrevestes, me pareçeo bem e meu serviço nom irem mais de sesenta mill cruzados de cabedall em dinheiro, e ir provisam minha pera llaa tomarem todo

¹ *Que* omitted in the script.

o que podesem aver ate cinquoenta mill cruzados, pera llaa teerem sempre dinheiro sobejo pera cõpra da pimenta. E escrevo ao doutor, Pero Vaaz, que trabalhe por aver na India todo o mais dinheiro que poder pera, os anos adiante, se poder escusar allgũa parte do que vay em dinheiro de cabedall, como vereis pella carta do dito doutor. Emcomẽdovos muyto que, ainda que tenhaes os ditos LXXX mill cruzados juntos e prestes, e que estem entreges aos capitães, que nom emvieis mais de sesenta mill, e os outros fiquem pera outras despesas, ou pera se pagarem a quem vollos emprestou; e eu espero em Noso Senhor que o que agora vay abaste, e lla se ache dinheiro pera nõ poder fallecer, e d'aquy em diante ir menos cabedall.

Fernam d'Alvarez me mostrou agora a carta que lhe escrevestes por Antonio Dinis, em que dizeis que as naaos estam prestes pera poderẽ partir amenhaã, sabado, ou atee domỹguo a mais tardar; de que Receby muyto prazer, e espero em Noso Senhor que as lleve a sallvamento, e façam tam bõa viajem como he a vomtade cõ que as vos despachaees. Mandayas partyr ẽboora, sem esperarem por Recado meu. Fernam d'Alvarez a fez, em Evora, aos V dias de março de 1535. J.
     Rey.

Pera o conde da Castanheira.
  (On Reverse Side)
  Por elRey. J.
A dõ Antonio d'Atayde, conde da Castanheira, vedor de sua fazenda.
   (Derradeira.)

184

CONDE, amiguo. Eu, elRey, vos envio muyto saudar como aquele que amo. Estas duas cartas que vos envio pera Nuno da Cunha, meu capitã mor e governador da India, sam das novas que tenho d'armada do Turquo, que tem feita em Suez, e ainda se faz pera contra a India, que vio pesoa que a iso ffoy detriminadamẽte, e nõ a outra cousa; e pareceome meu serviço avisalo d'elas, posto que pareça que ele as deve la saber, pelo grande cuydado que deve ter de cousa que tanto importa a meu serviço. Dayaslás pesoas que levã as vias, ou lhas manday coser nos saquos muy bẽ, e que vaão a grande recado, e nom lhe digaes a sustancia de que sam, porque asy o ey por milhor e maior seguridade do que niso compre a meu serviço. Pero d'Alcaçova Carneiro a fez, em Evora, a Vi dias de março de 1535. J.

Rey.

Pera o conde da Castanheira.
     (On Reverse Side)
     Por elRey.
A dom Antonio d'Atayde, conde da Castanheira, e veador de sua fazenda, etc. J.

185

COMDE, amiguo. Eu, ellRey, vos emvio muito saudar como aquele que muyto amo. Fernam d'Allvarez me mostrou a carta que lhe escrevestes, em que dizeis que he chegado a esa cidade dom Joam de Crasto, que se veyo de Tamjere, pera me ir servir nesta armada com Antonio de Salldanha; de que Receby prazer, e ey por bem que elle vaa, e que lhe mandeis daar hũa caravella; por que mandey a Joam Rebello, que estava pera hyr nella, que nom fose; e cõ esta vos emvio hũa carta pera o dito dõ Joam, agardecendolhe a võtade cõ que follga de me servir; e vos tambem lho dizey de minha parte. Fernam d'Alvarez a fez, em Evora, aos Viii dias de março de VcXXXV. J.

Rey.

Pera o conde da Castanheira.
     (On Reverse Side)
     Por elRey.
A dom Amtonio d'Ataide, comde da Castanheira, veedor de sua ffazenda.

186

COMDE, amiguo. Eu, elRei, vos emvio muyto saudar como aquele que muito amo. Miguel Estevão apresemtou ẽ minha fazenda os apomtamẽtos que vos cõ esta envio, asynados por Fernam d'Alvarez, meu thesoureiro moor, por que diz que daraa çerta soma de corall lavrado cadano, por tempo d'algũs anos, como mais compridamente polos ditos apomtamentos podereis ver. E porque, amtes de niso mandar tomar alguum asemto, quero primeiro saber o corall que na casa da India se despende cadano, e o que se averaa mester, e a que preço se compra, vos emcomendo muito que vejaes os ditos apomtamentos, e o que vos Fernam d'Alvarez sobre iso escreve, e o pratiqueis com os ffeytor e oficiaes da dita casa, e me escrevaes o que vos parecer a vos e a eles que nisto devo mandar fazer. Pero Amrriques a fez, ẽ Evora, aos Viii dias de março de VcXXXV.

Rey.

Pera o conde da Castanheira, sobre os apomtamentos de corall de Miguel Estevam.
    (On Reverse Side)
    Por elRey.
A Dom Amtonio d'Atayde, comde da Castanheira, veador de sua fazenda.

187

COMDE, amigo. Eu, elRey, vos emvio muito saudar como aquelle que muito amo. Eu fuy ora emformado que, nesa armada que este presente ano com ajuda de Noso Senhor emvio a levante, vam alguũs frades da orden de Samto Agostinho; e por que eu nã ey por serviço de Deus nem meu elles irem na dita armada, escrevo sobre yso a Antonio de Saldanha pera que os nã comsinta hir nella. Muito vos emcomendo que ffales com elle, e asy com todollos capitães da dita armada, e lhe digaes de minha parte que nã levẽ os ditos frades em seus navios; e se alguũs ja llaa estiverẽ, que loguo os lançem ẽ terra, posto que vam por licença do seu proviçiall ou de quallquer outro superior seu; porque asy ho ey por bem, e agardeçervosey muito fazerdelo asy. Amrriques da Mota a fez, ẽ Evora, aos IX dias de março de 1535. J.

Rey.

Pera o conde da Castanheira.
    (On Reverse Side)
    Por elRey.
A dom Amtonio d'Ataide, comde da Castanheira, veedor de sua fazemda, e do seu conselho.

188

COMDE, amiguo. Eu, ellRey, vos emvio muito saudar. Vy as cartas que me escrevestes pera Antonio de Salldanha, e Receby muyto prazer e contentamento com a nova que emviastes de ser partida a armada da India, e de ir tam bem aviada e aparelhada como sey que vay. Espero em Noso Senhor, que, asy como parte em boõ tempo, lhe de tall vyajem que vaa e venha toda a sallvamento. Fernam d'Alvarez me mostrou o Roll das pesoas que vos emprestaram dinheiro pera o cabedall. Cõ esta vos emvio cartas d'agardecimento pera ellas. Pareceme que do dinheiro que tirastes do çabedall, deveis de mandar pagar has que vos bem pareçer, e has outras como vyerem ás caravellas da Mina, por que follgem outras vezes de ho emprestar; o que eu sey que follgaram de fazer, cada vez que lho vos Requererdes.

Quanto há armada de que vay por capitão moor Antonio de Salldanha, por o emperador, meu irmãoo, ser jaa partido pera Barcellona, compre nysto a meu serviço que se despache e parta cõ a moor brevidade que for posyvell. Lloguo amenhaã partira Antonio de Salldanha, e cõ esta vos vam cartas pera os capitães das caravellas se fazerẽ lloguo prestes e se Recolherem quando lho diserdes. Nõ vos quero emcomẽdar a brevidade do despacho da dita armada, porque sey quam escusado he, e que tudo se ha de fazer milhor do que se de quaa pode escrever.

Eu queria que se dese vestido de libres das minhas coores a todolos bonbardeiros d'armada, pera poderem servir em terra em hordenança cõ seus arcabuzes. Emcomẽdovos muyto que lhe mandeis lloguo fazer vestydos de gibões e callças de tiras de maneira que vos milhor pareçer; e se o tempo for curto, cortarse hã lloguo, e pelo maar iram acabãdo; e mandarlheis dar os atambores e pifaros que vos pareçer que sam necesarios pera sayrem em ordenãça; o que mãdareis fazer cõ a brevidade que sabeis cõpre. Fernam d'Alvarez a fez, em Evora, aos XI dias de março de VcXXXV. J.

Antonio de Salldanha me dise que tinha necesidade de duas caravellas pescarezas, pera mãdar com Recados e pera outras cousas necesarias. Ẽcomẽdovos muito que lhas mãdeis dar. Pera o conde da Castanheira.

Aos bonbardeiros vos encomẽdo muyto que mandeis tambem dar as bandeiras que vos parecerem necesarias, pera a ordenança que ham de fazer quãdo sayrem em terra; e Belchior Soarez iraa por capitão d'elles, cõ os capitães ou cabos d'escoadras que mais forem necesarios.

Emcomẽdovos muito que de minha parte encomendeis aos capitães das caravellas e hás outras pesoas que vos bem parecer, que tenhã muyto grande Recado na gente que llevã que nõ ajam brigas cõ a gente do emperador, meu irmãoo, nem cõ outra nenhũa, de maneira que nom posa aver descõcerto nem maoo Recado antre huũs e outros; por que de ho asy fazerẽ, Receberey prazer e lho agardecerey; e Antonio de Salldanha vay d'iso muyto avysado.

Rey.

O emperador, meu irmãoo, me espreveo que compria muito ser esa armada em Barcellona perto de este mes de março, e por este Respeito dise quaa a Antonio de Saldanha quanto compria a meu serviço a brevidade e presteza de sua partyda. Elle me Respõdeo que, terça feira, XVi dias d'este mes, iria dormir dentro no galleam de todo prestes pera poder partyr. Encomẽdovos muyto que mandeis lloguo Recolher a gente, e digaes aos capitães de minha parte quanto importa e cõpre a meu serviço nom aver detença por nenhũ d'elles.

Rey.

(On Reverse Side)
Por elRey. J.
A dom Antonio d'Atayde, conde da Castanheira, vedor de sua fazenda.

<h2 style="text-align:center">189</h2>

CONDE, amigo. Eu, elRey, vos emvio muito saudar como aquele que muyto amo. Fernam d'Alvarez me deu conta que lhe sprevereis sobre hũa naao nova de quinhentos e tantos tonees, que Francisco da Rua e Johão de Deus tem ffeita no Porto, a quall elles querem vender; pollo que ey por bem que vejaes se he a dita naao necesaria pera meu serviço, e o pratiqueis com os ofiçiaaes do allmazem; e parecendovos que ha neçesidade d'ella, ffareis na cõpra

da dita naaõ e preço d'ella tudo o que vos milhor e mais meu serviço parecer. Manoel da Costa a ffez, em Evora, a Xii dias de março de 1535.
   Rey.

Pera o conde da Castanheira, sobre esta naao nova que Francisco da Rua e João de Deus tẽ ao Porto.
   (On Reverse Side)
   Por elRey.
A dom Antonio d'Atayde, conde da Castanheira, veedor de sua ffazenda. J.

190

COMDE, amiguo. Eu, ellRey, vos emvio muito saudar como aquele que muyto amo. Vy a carta que me escrevestes sobre o vestido dos bombardeiros, que vos tinha escrito que se dese das minhas coores e ha minha custa. Pareçeme muyto bem o que diseis, que he milhor darẽ lhe os ditos vestidos os capitães das caravellas, pois jaa allguũs tem começado de ho fazer. E quanto ao que dizeis que sam allguũs proves que teeram necesidade de se lhe fazer pera yso merçee, ey por bem que vos mandeis daar a cada huũ dos ditos capitães que vos pareçer, que d'iso tem neçesydade, a cõtia que vos bem pareçer; e pasareis vosos mandados pera o thesoureiro da casa lho dar. A bandeira mandareis tambem lloguo fazer, a quall sera cõ a cruz de Crystos, como se sempre nas taes armadas acostumou de fazer.

Quanto ao fysyco, porque ate aqui se fez fundamento de o mãdardes de llaa proveer, nõ ho mandey ir de quaa, encomẽdovos muyto que ho mandeis tomar nesa cidade, e lhe mãdeis fazer o partido que vos bem pareçer; porque asy o averey por meu serviço. Mestre Afonso, çoregiam, he jaa llaa ha dias, que tambem me dizem que podera servir de fisyco. Fernam d'Alvarez a fez, ẽ Evora, aos XV dias de março de 1535. J.
   Rey.

Reposta ao conde da Castanheira.
   Por elRey. J.
A dom Antonio d'Atayde, conde da Castanheira, vedor de sua fazenda. Parte d'aqui, segunda feira, hás dez oras.

191

CONDE, amiguo. Eu, elRey, vos emvio muito saudar como aquele que muito amo. Ffernam d'Alvarez me deu conta do que lhe stprevestes acerqua do caravelão que foy tomado a Domingos Lourenço, pylloto, quando ffoy preso; e como pella ẽformaçam que tomaareis, achaveis que o dito caravelão hera de huũ Genoees que não tinha cullpa allgũa na sospeita que avia de Domingos Lourenço, e se lhe devia de pagar o dito caravelão, por os ofiçiaaes da casa o terẽ mandado ẽ meu serviço; pelo que ey por bem que vos lhe mandeis pagar o dito caravellão, sẽ ẽbarguo d'estar embargado pelo caso do dito Domingos Lourenço, e carregarse ha ẽ Receita sobre o oficiall a que pertencer; na quall Receita se pora verba de como a parte ouve pagamento d'elle por voso mandado. Manoel da Costa a fez, em Evora, a XV dias de março de 1535. J.
Rey.

Pera o conde da Castanheira, sobre este caravelão que ha de mandar pagar.
   (On Reverse Side)
   Por elRey.
A dom Antonio d'Atayde, conde da Castanheira, veedor de sua ffazemda. J.

192

COMDE, amiguo. Eu, ellRey, vos emvio muito saudar como aquele que muito amo. Eu me emformey por dom Garcia de Noronha da gente que pareçia que devia de ficar em Çafim e Azamor pera este verano; e por seu pareçer e pratica que sobre iso teve, asentey que ficasem oyteentos omẽs em Çafim e outros oyteentos ẽ Azamor, e que toda a outra gente se vyese. E pera yso emvio a Çafim Fabiam de Mota, meu moço da camara, cõ huũ Regimento que vos mostrara, no quall mãdo que, tanto que chegar a Çafim, se mandem pera este Reyno dozẽtos e setenta solldados; e fyquem ate o mes de mayo cemto, e emtam se venham com toda a mais gente que hy ouver, allem dos ditos oytentos homeẽs. Emcomẽdovos muyto que vejaes o dito Regimento, e lhe mãdeis ẽtregar os seis mill cruzados que sam necesarios pera pagamento dos ditos solldados e gente que se ha de vyr, e falleis cõ dõ Rodrigo, e estando prestes pera se partir, o façaes lloguo partyr, e llevar cõsyguo o dito Fabiam da Mota; e estando de vagar, lhe mãdareis dar outra embarcaçam em que posam vyr os ditos ii c LXX solldados, cõ o mãtimento necesario pera elles pera a vyajem, e esto cõ tall brevidade que, se fose posyvell, fosem espedidos em Çafim ate a fim d'este mes, por nõ vencerẽ o d'abrill; por que sam emformado que como entra o mes se lhe paga todo. Na embarcaçam, em que depois for dõ Rodrigo, poderam vyr os que mãdo que partam de llaa no mes de mayo.

Tambem escrevo a dõ Allvaro que mande lloguo espidyr os solldados, e que lhe page Gomez Paez todo o que lhe for devido, que he de janeiro pera quaa, e que llogo espeça toda a outra gente que de quaa foy, que nõ foy nem mais que as ditas viii c Reções. Ecomẽdovos muyto que mãdeis ẽtregar há pesoa que llevar pera iso minha provisam quatro mill cruzados, pera pagamento dos ditos solldados, e dous meses da gente que espiderẽ, e lhe mãdeis lloguo daar ẽbarcaçam e mantimento pera a vỹda; e iraa tambem Rodrigo de Mollina, capitão dos ditos solldados, que veyo Requerer o pagamento d'elles; e cõ a moor brevidade que for posyvell vos emcomẽdo muito que lhe mandeis dar despacho, por nõ se pagar mais tẽpo solldo há dita gente; e nem lhe dareis mays enbarcaçam que o navio em que vam, por que sam emformado que em Azamor ha muytos navios que estam na pescaria dos saveis, em que podera toda a gente vyr cõ pouca despesa. E estes dez mill cruzados pera ambollos llugares me parece que deveis de mandar dar do dinheiro que ficou do cabedall d'armada; e hás pesoas que os ẽprestaram mandareis depois pagar do ouro das caravellas da Mina ou d'outro dinheiro, se ho hy ouver, ou como vos milhor parecer. Fernam d'Alvarez a fez, em Evora, aos XV dias de março de VcXXXV. J.

       Rey.

Pera o conde da Castanheira, sobre Çafim e Azamor.

193

CONDE, amiguo. Eu, elRey, vos envio muyto saudar como aquele que amo. Quando o emperador, meu muyto amado e preçado irmão, partio pera Barcelona, mo escreveo e fez saber Alvaro Mendez de Vasconcelos, meu enbaixador, e que avia d'yr ter a somana mayor a Nosa Senhora de Monsarat. E envyou cõ suas cartas huũ coreyo, o quall nam mandey despachar, pera mandar por ele Recado ao dito Alvaro Mendez do dya em que minha armada partio d'esa cidade, pera o dizer ao emperador, meu irmão, e o saber por ele primeiro do que por outrem. Polo quall vos encomendo muyto que, o propio dia em que a dita armada partir, e for de fora, mo escrevaes e façaes saber em grande dilligencia pera cõ este Recado mandar despachar o dito coreyo; e venha a posta que trouxer a carta cõ grande prestesa, e muyto volo gradecerey. Sprita em Evora, oge, quarta feira, pela menhã, XVi dias de março, Pero d'Alcaçova Carneiro a fez, de 1535. J.

Rey.

Pera o conde da Castanheira, sobre o recado que mande da partida d'armada.

(On Reverse Side)
Por elRey. J.
A dom Antonio d'Atayde, conde da Castanheira, e veador de sua fazenda, etc. J.

194

COMDE, amiguo. Eu, ellRey, vos emvio muyto saudar como aquele que amo. Com esta vos envio o Regimento e despachos d'Amtonio de Salldanha, os quaes lhe day, e lhe dizee de minha parte que lhe emcomẽdo muito e mando que se parta loguo, e vaa muito em bõa ora, e se nam detenha mais por cousa allgũa; e a vos emcomendo muito que lloguo o façaaes partir; porque, quamto mais cedo for, mais servido serey. E ca pareçe o tempo muy boõ, e asy deve ser lla. Pero Fernandez a fez, em Evora, a dezasete dias de março de 1535. J.

Rey.

Pera o conde da Castanheira, sobre os despachos d'Amtonio de Saldanha que lhe dee.
    (On Reverse Side)
    Por elRey. J.
A dom Antonio d'Ataide, conde da Castanheira, e veador de sua fazenda, etc. J.

195

CONDE, amiguo. Eu elRey, vos envio muyto saudar como aquele que amo. Com esta vos envio huũa provisam, por que declaro a pesoa que sobceda e fique na capitania mor da armada com que ajudo o emperador, meu muyto amado e preçado irmão, pera contra Barba Roixa[1] e sua armada, falecendo Antonio de Salldanha, que vay por capitam mor d'ella, que Deus nam mande, a quall provisam ey por meu serviço que entregues secretamẽte a Nuno Vaz de Castell Branco, fidalgo de minha casa, pera a levar. E lhe day juramẽto dos santos evangelhos que nam diga a nenhuũa pesoa que leva a dita provisam, e a tenha em todo segredo, porque asy o ey por muyto meu serviço. Pero d'Alcaçova Carneiro a fez, em Evora, a dezasete dias de março de 1535. J.

                                Rey.

Pera o conde da Castanheira, sobre a sobcesã d'Amtonio de Saldanha.
    (On Reverse Side)
    Por elRey.
A dom Antonio d'Atayde, conde da Castanheira, e veador de sua fazenda, etc. J.

[1] Cf. Andrada, *Cronica*, Part III, Chap. XV, fol. 20: "Andando o Emperador Carlos quinto ocupado no que cũpria ao bẽ e quietação de seus reynos e vassallos o anno de 1534, em que nunca para estas cousas ouve descuido, lhe chegou embaixador de Muley Hadcem, Rey que fora de Tunez, a quem Hairedim Barbaroxa, famosissimo cossayro d'aquelle tẽpo, tomara o reyno por força de armas."

196

CONDE, amiguo. Eu, elRey, vos envio muyto saudar como aquele que amo. Com esta vos envio as provisões que sam necesarias pela mudança que se fez do nome d'aquella pesoa que sabes, que estaa naquela casa da Costa. Folgarey de as mandardes o mais ẽ breve que seja posivell. Pero d'Alcaçova Carneiro a fez, em Evora, a dezasete dias de março de 1535. J.

                Rey.

Pera o conde da Castanheira, sobre as provisões que ha de mãdar pera o que toca á pesoa que estaa no mosteiro da Costa.
     Por elRey. J.
A dom Antonio d'Atayde, conde da Castanheira, e veador de sua fazenda, etc. J.

197

BERTOLLAMEU FERRAAZ, eu, elRey, vos emvio muito saudar. A meu serviço cumpre muito que vos me vades servir nesta armada de levante; pello que vos ẽcomendo e mando que ainda que a armada estee tão apique, vos façaes loguo prestes e vos metaaes nella. E o cõde da Castanheira vos diraa o em que me syrvaaes, e o cuydado e carguo que avees de ter. Ẽcomendovos que o façaes asy, e me syrvaaes nesa viagem asy bem e como o de vos cõfio; e a presteza e diligẽcia vos agardeçerey e terey muyto em serviço. Manuel da Costa a fez, em Evora, a XViii de março de 1535. J. Fernã d'Alvarez a fez escrever.
    Rey.

Pera Bertollameu Feraaz. J.
    (On Reverse Side)
    Por elRey.
A Bertollameu Feraaz d'Amdrade, cavaleiro ffidalguo de sua casa, e seu capitão e coronell da gẽte d'ordenança. J.

198

CONDE, amyguo. Eu, elRey, vos emvio muyto saudar como aquele que muyto amo. Vy a carta que me stprevestes, em que dizeis que são neçesarias alguũas pesoas esprimẽtadas pera ir no galeão, e terem cuidado da artelharia, pollvora, e ffoguo nos tempos neçesarios; e pareceme que seraa asy muito meu serviço, pellas Rezões que apontaaes. Ca se acharão Dioguo de Lizcano, Jorge Coutinho, e Johão Fernandez, capitãees da ordenança, aos quaes mamdey que me ffosem servir niso, por serem pesoas que me serviram jaa ẽ armadas e tẽ esperiẽcia. A amenhaã, que he sesta feira, seram nesa cidade. Ẽcomẽdovos muito que lhes mandeis dar as armas que ouverẽ mester, e lhes diguaaes o em que hão de servir, e a maneira a que niso hão de ter. E porque Bertollameu Feraaz e Jorge Paçanha estão nesa çidade, se vyrdes que tambem são neçesarios, mandaloseis chamar e darlheis as cartas que vos cõ esta emvio, ẽ que lhe mando que me vão servir nesa armada da maneira que lhe vos ordenardes. E asentando que vam estes dous, mandarlheis laa dar dinheiro,[1] a cada hũ aquyllo que vos bem parecer, e asy armas como aos outros; e se vyrdes que allgũ criado meu outro poderaa niso bem servir, emcarregaloeis, e fareis niso tudo o que vos bem parecer.

Fernam d'Alvarez me dise o pejo que tinhees a mandar fazer la algũs pagamentos a capitães e pesoas que vão na armada, por não terdes pera iso minha provisã; pello que ey por bem que vos mandeis fazer todolos pagamẽtos que quiserdes a as pesoas da dita armada, d'aquelas contyas e pela maneira que vos bem parecer; e pasareis d'iso vosos mandados pera o thesoureiro lhes pagar. Manuel da Costa a fez, em Evora, a XViii de março de 1535. Fernam d'Alvarez a fez escrever.

Rey.

Reposta ao conde da Castanheira.
       Por elRey.
A dõ Antonio d'Atayde, cõde da Castanheira, vedor de sua Fazẽda.

[1] Palha has *de merce* here, but it seems to be the usual abbreviation for *dinheiro*.

199

CONDE, amiguo. Eu, elRey, vos emvio muyto saudar como aquelle que amo. Frey Jorge, que estaa no moesteiro da Costa com aquella pesoa, me spreveo que ho provÿciall lhe mandara que se viesse a Belem ao capytolo, que se agora aly ha de fazer, e que mudarse d'aly avia por cousa muy perjudiciall e de grande torvaçã pera aquella pesoa; e eu sprevo ao provÿciall, ẽcomẽdandolhe muyto que lhe mãde loguo recado pera que nam veenha, neem o ocupe em outro cargo neem ocupacã com que d'aly se saya. Gradecervosey muyto dardeslhe minha carta; e alem d'ella lhe dizee de minha parte que lhe Roguo muyto que asy o faça; e seu Recado ẽviay ẽ grande diligẽcia a frey Jorge com a carta, porque lhe Respondo á sua; e loguo lho ẽviay, porque elle me sprevia que avia de partir á deradeira oytava, se lhe nõ fose Recado do provÿciall pera ho nõ fazer. Sprita em Evora, a XXi dias de março, o secretario a fez, de 1535. J.
                   Rey.

Pera o conde da Castanheira.
  (On Reverse Side)
  Por elRey.
A dom Antonio d'Atayde, conde da Castanheira, veador de sua fazenda, etc. J.

200

COMDE, amiguo. Eu, ellRey, vos emvio muito saudar como aquele que muyto amo. Vy a carta que me escrevestes, em que me daees conta da partida d'armada de que vay por capitão moor Antonio de Salldanha, e de quam bem cõcertada e avisada vay, e quam boõ tempo lleva; de que Receby muyto prazer, e vos agardeço muyto o cuydado e dilligencia cõ que sey que se faz. E espero em Noso Senhor, que elle seja servido nesta viajem de maneira que me venham novas de tanto contentamento como foy a võtade e presteza cõ que a vos mandastes fazer. Fernã d'Allvarez me dise, de vosa parte, quanto vos compria estar llaa este mes d'abryll, ate a cõdesa vosa molher parir, e pellas causas que me de

vosa parte mostrou, da necesidade que d'iso tendes, ainda que eu Recebera muyto contentamento de vosa vynda, e cõpria a meu serviço ser mais cedo, ey por bem que esteis llaa ate a condesa parir; e prazera a Noso Senhor que a allumiara, e ficara tam bem desposta que podereis lloguo vyr. E estes dias que llaa ouverdes d'estar, Reçeberey prazer que esteis nos llugares em que mais follgardes, pera milhor poderdes descansar dos trabalhos das armadas pasadas; que tenho bem sabido quam grandes foram. Fernã d'Allvarez a fez, em Evora, aos V dias de abrill de VcXXXV. J.
Rey.

Pera o conde da Castanheira.
    (On Reverse Side)
    Por ellRey. J.
A dom Antonio d'Atayde, cõde da Castanheira, veedor de sua fazenda, etc.

201

CONDE, amiguo. Eu elRey vos emvio muito saudar como aquele que muito amo. Eu sam ẽformado que allguũs meus criados, que forão apontados pera me ir servir na armada de levante, nã vam nella, nẽ forão escusados por mĩ. Ẽcomẽdovos muito que mandeis fazer Roll de todos os meus criados que vão na dita armada, e mo emvyees, pera o ca mandar cotejar com o Roll dos que se apontarão, e prover niso como ouver por bem. Manuel da Costa a ffez, em Evora, a V de abril, 1535.

Receby muito prazer com o que me stprevestes da caravella que mandaes aas Ilhas, em que vai Pero Gill por Çafim, com o dinheiro pera o pagamento dos soldados; e asy do Regimento que emvies a Peres Anes do Canto; e foy muy boa a lembrança que d'iso tevestes, que vos muito agardeço. E por que os soldados e gente que ha de vyr de Çafim não tem la outra ẽbarcação em que venhã senão a que ha de levar dom Rodrigo, ẽcomẽdovos muito que faleis co elle, e lho digaes de minha parte que loguo se parta, mandandolhe dar toda ajuda e aviamento que compryr, pera se partir e despachar como toda brevidade posyvell; e eu lho esprevo tambem. E quanto ao negoçio das Ilhas, eu tenho Recado de Ruy Fernandez, que não tem la nova algũa d'armados; por honde pareçe que sera escusado hir este ano hás Ilhas armada com capitão moor. Ēcomendovos muito que vejaes se serão mais necesarias algūas duas ou tres caravelas, aalem das que mandaes e se irão de ca, ou se se poderā tomar la nas Ilhas, indolhe de ca o necesaryo, com Recado a Peres Anes que ande laa por capitão moor d'ellas, e venha com as naaos quando ēbora vierē. E de tudo o que vos nisto parecer me stprevey, pera mandar as provisões necesarias; e asy me stprevereis se daaes Regimento ao capitā do galeão Trindade pera vyr pelas Ilhas ē companhia das ditas naaos.

                    Rey.

Pera o conde da Castanheira, sobre o Roll que ha d'emviar a vosa altesa dos criados seus que vão na armada de levante. J.

   (On Reverse Side)
   Por elRey.
A dom Antonio d'Atayde, comde da Castanheira, vedor de sua ffazenda.

202

COMDE, amiguo. Eu, ellRey, vos emvio muito saudar como aquele que muyto amo. Eu ordeno ora de dar casa ao Ifante dō Amrrique, meu muyto amado e preçado irmãoo; e por que Affonso Allvarez Dagiãa, seu veeador, he mamcebo e de pouca esperiençia, aja o Ifante, meu irmãoo, outra pesoa que lhe soubese poer sua casa em ordem. E por me pareçer que Ruy Figueira seria muito pera yso, por sua idade e esperiençia do tempo que governou a casa da eycellēte senhora; e por ser tio da molher do dito Afonso Allvarez, e que lhe deu ofiçio, poderia milhor servir de veedor ao Ifante, meu irmãoo, e com menos descontentamento e escandallo que houtra pesoa. E porque me pareçe que, quando fordes há Castanheira, vos ira hy ver, vos emcomēdo muyto que, como de voso ou de minha parte, como vos milhor pareçer, lhe fallees e trabalheis cō elle, que queyra aceytar de servir neste cargo o Ifante allguū tempo, que sera o que ho dito Ruy Figueira quiser, pera nelle aprender e tomar esperiençia o dito Afonso Allvarez. E se vos pareçer bem fallarlhe lloguo de minha parte, e darlhe carta minha, cō esta volla emvio, na quall lhe escrevo, emcomendandolhe que faça o que de minha parte lhe diserdes. Reçeberey

prazer que isto se faça pela maneira que vos milhor pareçer, por que follgaria que Ruy Figueira quisese aceytar este cargo, pelo tempo que quisese, pera poer neste começo a casa de meu Irmãoo ẽ hordem; e do que nisto pasardes vos emcomẽdo muyto que me escrevaes, e emvieis dizer voso pareçer, e, se for milhor, mãdallo chamar, pera lhe eu quaa fallar. Farey niso o que me escreverdes. Fernam d'Alvarez a fez, em Evora, aos Vi dias de abrill de 1535.
  J.
  Rey.

Pera o conde da Castanheira.
  (On Reverse Side)
  Por ellRey. J.
A dõ Antonio d'Atayde, conde da Castanheira, vedor de sua fazenda.

203

COMDE, amiguo. Eu, ellRey, vos emvio muito saudar como aquele que muyto amo. Vy a carta que me escrevestes, em que dizeis o que pasastes cõ dom Rodrigo, e que vos pareçe que Fabyam da Mota deve de fazer os pagamẽtos por sua ordenãça aos solldados, e os mais avisos que me escreveis do desconto dos mãtimẽtos; e da mais emformaçam que tomastes, me pareçeo muy bem, e vollo agardeço muyto. Eu escrevo a Fabiam d'Amota que tudo faça cõ o dito dõ Rodrigo, e pera sua ordenança, e o que lhe vos mandardes; e porque a brevidade da partyda de dõ Rodrigo compre tanto a meu serviço, como sabeis, porque cõ sua detença seria causa de custarem muyto mais os solldados e a outra gente que mando vyr de Çafim, vos emcomẽdo muyto que mãdeis dar grande aviamẽto ẽ sua embarcaçã, de maneira que lloguo se parta; e eu lhe escrevo que trabalhe por se lloguo partyr. Porem, vos nõ lleyxareis de pos ir há Castanheira ou há Foz por sua partyda; soomẽte lleyxareis emcomẽdar seu despacho a Pero Afonso Dagiar e aos outros oficiaes. A nova que me enviastes de quam bem aviada vay a armada da India, e de irem as naoos todas juntas, vos agardeço muyto, e espero em Noso Senhor que, pois foram emviadas por vos, que todas vam e venham a sallvamento. Fernam d'Allvarez a fez, em Evora, aos Vi dias de abrill de VcXXXV.

Porque eu escrevo a dõ Rodrigo, que veja o Regimẽto de Fabiam d'Amota, e se lhe pareçer que sse deve nelle d'acrecẽtar algũa cousa, vollo diga, emcomẽdovos muyto que, se vos parecer que he necesario acrecentar lhe allgũa cousa ou allgũa mais decraraçam, lhas mandeis poer e decrarar.   Rey.
Pera o conde da Castanheira.
       (On Reverse Side)
       Por ellRey.
A dõ Antonio d'Atayde, conde da Castanheira, vedor de sua fazenda, etc.

204

CONDE da Castanheira, amiguo. Eu, elRey, vos emvio muyto saudar como aquele que muito amo. Porque Diogo Vaaz, thesoureiro do allmazem de Guinee e Indias, ora ha de dar conta dos annos que tem servido, ey por bem que Llopo Ferreira, seu genrro, ffidalgo de minha casa, que o dito offiçio por minha carta tem, seja metido em pose d'elle, e o syrva d'aquy em diante. Notifficovolo asy, pera que lhe mandeis dar a dita posse, e asy juramento que syrva bem e verdadeiramente. Manuel da Costa a ffez, em Evora, a Viii de abrill de VcXXXV. J. Fernam d'Alvarez a fez escrever.
       Rey.
Pera o conde da Castanheira, sobre o ofiçio de thesoureiro d'allmazẽ, que vosa altesa ha por bem que syrva Lopo Ferreira, por Diogo Vaz ora aver de dar sua conta.
       (On Reverse Side)
       Por elRey.
A dom Antonio d'Atayde, conde da Castanheira, vedor de sua ffazenda.   J.

205

COMDE, amiguo. Eu, elRey, vos emvio muyto saudar como aquelle que amo. O secretario me dise o que lhe sprevestes, como era vymdo ao capitolo frey Jorge, e que ho nam topara o Recado que lhe hia pera nam vyr. E a carta que vos dise frey

Jorge que era necesaria que espevese ao capitolo, pera ho nam ocuparem ẽ nẽhuũ oficio neem careguo da ordem, vos emvio com esta. Muyto vos gradecerey a mandardes loguo dar ao provỹciall e padres do capitollo, e averdes a provisam, e a dardes a frey Jorge, pera loguo se partyr, e nam fazer hy detença; porque eu lhe sprevo pela carta, que com esta vay, que lhe mãdareis dar, emcomẽdandolhe muyto que asy o faça; e vos fazee que loguo se parta. Sprita em Evora, a nove dias d'abrill, o secretario a fez, 1535. J.

O secretario me dise que lhe sprevestes que meus Recados vos achariam na Foz, pera omde hyeys; e por ysso nam he necesario vos tornardes ha Lixboa, senam por outra cousa. E manday as cartas a quem as dee, e aja a provisam, e a dee a frey Jorje, e ẽcaminhayo o milhor que poderdes.

Rey.

Pera o conde da Castanheira, ssobre frey Jorge.
      Por elRey.
A dom Amtonio d'Ataide, comde da Castanheira, veeador de sua fazenda, etc.

206

COMDE, amiguo. Eu, elRei, vos emvio muito saudar como aquele que muyto amo. Fernam d'Alvarez me deu comta de como lhe escrevestes, que vos pareçe meu serviço servirme de Pedre Anes do Camto, nesa armada das Ilhas, de capitão moor d'ela. E por me pareçer asy bem, e me querer d'ele niso servir, lho escrevo, e vos emvio com esta sua carta e Regimento do que ha de fazer, e as provisões que pareçerão necesarias. Emcomendovos muyto que vejaes o dito Regimento, e se vos pareçer que devem de ir nelle alguũas mais decrarações, lhas mandeis por per capitollos por vos asynados, porque eu lhe mando que os cumpra inteiramente. E ey por bem que Joam das Neves vaa por capitão da outra caravela; mandalloeis logo fazer prestes e partir com diligemçia; e ele, ou quem vos milhor pareçer, levaraa o dito Regimento e provisões ao dito Pedre Anes do Canto, pera me nisto servir como lhe mando. Pero Amrriques a fez, em Evora, aos Xii dias de abrill de mill VcXXXV. E mandareis nas caravelas, que pera as ditas Ilhas forẽ, a artelharia, monições, e todallas outras cousas que necesarias forẽ, pera se laa poder fazer o que a meu serviço cumpre, e pelo dito Regimento mando ao dito Pedre Anes que laa faça.

Rey.

Pera o conde da Castanheira.
       (On Reverse Side)
       Por elRey.
A dom Amtonio d'Ataide, comde da Castanheira, veedor de sua ffazenda.
(Esta carta he sobre as caravelas que hão de yr ás Ylhas)

207

COMDE, amigo. Vos levaes huũ Roll das pesoas que mando pera o Ifante dom Luis, meu muyto amado e preçado irmão, pera o servirem em quanto ele andar nas cousas pera que sabes que vay. E porque ey por por muyto meu serviço que nam vam mays pesoas pera ele que as que vam no dito Roll, vos mando que se algũas outras pesoas forem, lhe diguaes e mandes de minha parte que se torneem, e nam vaão mais adiante, por que o nom ey por meu serviço; antes me deserviram muyto, se o contrairo fizerem, e por modo algũu nam iram mais que os que levaes pelo dito Roll. E podereis mostrar este meu mandado áqueles que forem que nam vaão no dito Roll, pelo quall lhe mando que cumpram e façam niso o que de minha parte lhe mandardes; por que do contrairo, que d'eles nom espero, Receberey muyto descontentamento. E se vos pareçer que algũus podem hyr por outro caminho, manday a eles huũa pesoa com o trellado d'este por vos asinado; á quall pesoa manday que diga aos que nom forem no dito Roll, que lhe mando que nam vaão, por que assy o ey por muyto meu serviço. E aos sobreditos mãdo pelo dito trelado d'este que cumprã e façam niso o que lhe de minha parte mandardes. Sprita em Evora, a Xiii dias de mayo, Pero d'Alcaçova Carneiro a fez, de 1535. J.

Rey.

Que ha de levar o conde da Castanheira.

208

COMDE, amiguo. Eu, elRey, vos emvio muyto saudar como aquele que amo. Frey Jorge, prior de Nossa Señora da Pena, veyo a mỹ e me deu conta d'aqueela pessoa que sabees, e do que aproveytaria em seu ẽsyno. E me disse que era necesario lhe mandar dar d'este anno de quinhentos e trinta e cimquo o que lhe tenho ordenado pera cada anno, que he o que vos sabees, e pera certa obra que diz que he necesario que se faça no moesteiro, pera estar milhor agasalhado do que estaa, çem cruzados, e pera se paguar huũ escravo, que diz que ja he comprado, doze mill reis que custou. Emcomendovos muyto e mando que lhe mandeis logo paguar todas estas adições. E asy lhe mãday emtreguar dous castiçaes de llatam e duas calldeiras pera aguoa, e duas bacias, tudo de latam e da gramdura que elle disser; e quanto mais çedo ffor de tudo ysto despachado, tamto seera milhor pera loguo se tornar. Sprita em Evora, a XV dias d'abrill, o secretario a fez, 1535. J.
  Rey.

Pera o conde da Castanheira, ssobre este dinheiro e cousas que loguo mãde dar a frey Jorge.
  (On Reverse Side)
  Por elRey.
A dom Antonio d'Atayde, conde da Castanheira, veador de sua fazenda, etc.

(Esta carta he sobre o dinheiro que se a de dar a frey Jorge.)

209

COMDE, amiguo. Eu, ellRey, vos emvio muito saudar como aquele que muito amo. Eu soube agora como a condesa, vosa molher, parira huũ filho, e que do parto ficara muyto bem desposta, Noso Senhor seja llouvado; de que Reçeby muyto prazer e contentamento. E porque, pera alguũs negoçios d'importançia que quaa sobçedem, cõpre muyto a meu serviço vosa vỹda, vos emcomẽdo muyto que vos venhaaes o mais çedo que poderdes; e de vosa vynda ser cõ brevydade Receberey prazer, e muyto vollo agardecerey. Fernam d'Allvarez a fez, em Evora, aos XXVi dias de abrill de 1535. J.

E esto, ficando a condesa em tall desposyçam, que ho posaes bem fazer.

       Rey.

Pera o conde da Castanheira.
       (On Reverse Side)
       Por ellRey. J.
A dõ Antonio d'Atayde, conde da Castanheira, vedor de sua fazenda.

210

CONDE, amiguo. Eu, elRey, vos ẽvio muyto saudar como aquele que muyto amo. Eu mandey a Fernão d'Allvarez e a Afonso Mexeja que vos stprevesem sobre o contrato da naao do Porto que Requerem Joham de Deus e Francisco da Rua, como sabeis; os quaes vam laa a iso. Emcomendovos muito que vejaes o que vos stprevem e, parecendovos bem ffazerse contrato, mandaloeis laa fazer como vos bem pareçer, sem me mais sobre iso stpreverdes, nem se vyr confirmar a minha fazenda, por que assy o ey por bem. Manuel da Costa a ffez, em Evora, a X de desembro de 1535. J.

       Rey.

Pera o conde da Castanheira, sobre o que lhe stprevem Fernam d'Alvarez e Afonso Mexya do contrato da naao do Porto, e que elle o mande laa fazer da maneira que lhe bem pareçer.
       (On Reverse Side)
       Por elRey.
A dom Antonio d'Atayde, comde da Castanheira, veedor de sua ffazemda.

211

CONDE, amiguo. Eu, elRei, vos ẽvio muito saudar como aquele que muito amo. Eu temho ordenado, como sabees, que das mercadorias e cousas que tem de Rendimento a allfamdegua d'esa cidade, se emtreguẽ ao thesoureiro e casas da India, e Mina, e allmazeẽs aquellas que servem pera as ditas casas e thesouro, e que se nellas gastão. E porque quero ora mandar arrendar, pera os anos que vem, as outras mais cousas, afora estas que fficão de Rendimento na dita allffamdegua, e he necesario saberse que cousas sam as que de lla vem que se gastou e podem gastar e despender nas ditas casas da India, e Mina, e allmazeẽs, porque as do thesouro se sabem, muito vos ẽcomendo que mandeis logo fazer dous Rooes, huũ nas casas da India e Mina, e outro nos allmazeẽs, das mercadorias e cousas que se da allfamdegua podem aver, e despemder nas ditas casas; nos quaes Rooes vyrão todas as ditas cousas, cada hũa por sy, e as calidades d'ellas muy decraradamente, e sẽ ffaleçer cousa allgũa por quanto se ham de decrarar assy nos arrendimentos dos Rendeiros, pera todas as mais cousas que fficarem de fora dos ditos Rooes ficarem com ellas. E ẽcomẽdovos muito que os mandeis ffazer com a moor brevidade que poder ser, e os ẽvyes. Manuel da Costa a fez, em Evora, a Xi de dezembro de VcXXXV. J. E viram assinados pello ffeitor e ofiçiaes das casas, e provedor e oficiaes dos allmazeẽs. J. Fernam d'Alvarez a fez escrever.

      Rey.

Pera o conde da Castanheira, sobre os Rooes que ha de mandar fazer das mercadorias da allfamdegua, que servẽ pera as casas da India, e Mina, e allmazẽs.

    (On Reverse Side)
    Por elRey.
A dom Antonio d'Atayde, conde da Castanheira, vedor de sua ffazeemda.

212

COMDE, amiguo. Eu, ellRey, vos emvio muito saudar como aquele que muyto amo. Fernam d'Alvarez me mostrou a carta que lhe esprevestes sobre o contrato da naoo Samtantonio, que quer tomar Diogo Gill, filho de Duarte Tirstam, pela maneira e condições do contrato de Vicente Gill; o que me pareçe meu serviço, porque no contrato do dito Vicente Gill diz que elle vaa por capitão todallas vyajeẽs se quiser. E por alguũs justos Respeitos que me a iso movem, queria que o contrato se fizese pera eu mãdaar poer os capitães como o faziam os das naoos do Porto. Ecomendovos muyto que, se poderdes acabar cõ o dito Diogo Gill, ou cõ outra pesoa, que tome a dita naoo cõ as ditas cõdyções, soomente que mande eu poer os capitães, que ho mandeis llaa fazer, e asentar nos llivros da casa a que pertençer; e nõ o querẽdo fazer, vejaees se seraa mais meu serviço armarse a dita naoo Santantonio por minha, nõ avemdo de vyr a pycadeyros, como sam emformado que se poderaa fazer, ou fazerse contrato cõ Francisco da Rua e seus parceiros sobre a naoo do Porto, metendo a, esta primeira vyajem, no lugar da minha, pera se lhe daar primeiro carrega que há de Vicente Gill; e de huũ ou outro façaes llaa o que vos milhor e mais meu serviço parecer.

Fernam d'Alvarez me dise que Afonso de Torres nom quer daar mais pelos tratos de Ginee que oyto mill cruzados por ano, e que por este preço os tomara pelos anos que eu ouver por bem; e por que, antes de se niso tomaar cõcrusam, follgarey de tomaar voso pareçer, vos emcomẽdo muyto que pratiqueis este negocio cõ o feitor e oficiaes, ou cõ quem vos bem pareçer, e me escrevaees se seraa meu serviço daarse lhe os ditos tratos por este preço, e por quanto anos se deve de fazer cõ elle contrato, pera cõ vosa Reposta se tomaar lloguo niso concrusam. Fernam d'Alvarez a fez, em Evora, aos XVI dias de dezembro de VcXXXV. J.

                  Rey.

Pera o conde da Castanheira.
   (On Reverse Side)
   Por elRey. J.
A dõ Antonio d'Atayde, conde da Castanheira, vedor de sua fazenda. J.

213

COMDE, amiguo. Eu, ellRey, vos emvio muito saudar como aquele que muito amo. Vy as cartas que escrevestes a Fernam d'Alvarez sobre os contratos das naoos do Porto e Santantonio, e antes que vyese estas cartas, vos tynha escrito que, querendo Diogo Gill solltar a capitanya da naoo Santantonio, fizeseis cõ elle contrato; e pelas Rezões que agora escreveys, averey por bem e meu serviço que, fazemdose contrato cõ o dito Diogo Gill, como vos tenho escrito, vam seis naoos, e se faça tambem cõ os da naoo do Porto; e a huũs e outros fareis llaa os contratos cõ as cõdições que vos bem pareçer, ẽprestando ao dito Diogo Gill dinheiro a Risco do cofre, como em vosa carta dizeis. E no querendo Diogo Gill solltar as capitanyas, parecendovos meu serviço ir a naoo Santantonio por minha, a mandareis muy bem armar, como vos tenho escrito, pera irem as ditas seis naoos; e nõ vos parecendo meu serviço ir por minha, nẽ querendo Vicente Gill solltar as capitanias, todavia fareis contrato cõ as do Porto, e sobre a naoo Santantonio me escrevereis o que pasardes, pera sobryso mandar o que meu serviço for, escrevendome ẽ tudo voso pareçer. Fernam d'Alvarez a fez, em Evora, aos XX dias de dezembro de 1535. J.
   Rey.
Reposta ao conde da Castanheira.
  (On Reverse Side)
  Por ellRey. J.
A dom Antonio d'Atayde, conde da Castanheira, vedor de sua fazenda.

214

COMDE, amiguo. Eu, ellRey, vos emvio muito saudar como aquele que muito amo. Dom Rodrigo de Castro me escreveo que tinha novas que ho xarife era partido de Marrocos, e que vynha cerquar a cidade de Çafim, pedimdome que ho mandase proveer de gente e d'allgũas cousas necesarias. E porque em Azamoor estam mill homeẽs, pouco mais ou menos, como sabeis, escrevo a dõ Allvaro de Branches que lhe mande lloguo trezẽtos homeẽs dos que lhe foram de solldo, e mais os criados meus que d'aquy mandey e que fiquem na dita cidade d'Azamor, seiscẽtos homeẽs; por que, nõ tendo tanta gente, mande soomente os que tever mais dos ditos seiscentos. E este socorro pareçe que abasta agora pera Çafim; o qual mando que lhe vaa, aimda que hos capitães de Mazagam e do Cabo de Gee me escrevem que ho xarife estara fora de vyr cerquar nenhũ llugar, pelas deferenças que tem cõ ellRey de Fez e outras Rezões que a iso dam.

Emcomẽdovos muito que mandeis loguo há dita cidade dous navios de madeira, a mayor parte de vygas, e nelles cinquoenta duzias de tavoado e seis quintaes de pollvora de espimgarda e d'allquetram, e Rodas de bastante a cantidade que vos bem pareçer, por que nõ pede cousa certa; e estas cousas iram lloguo com muyta brevidade. E mandareis avysar os mestres dos navios que, se lhe o tempo servir, vam por Mazagã, e a d'i hyrem ẽ cõpanhia da gente que d'Azamor mando ir, e llevarẽ allgũa d'ella nos ditos navios.

Dõ Rodrigo me escreve que ho caravellão que lhe llaa mãdastes se veyo pera o Allgarve, e eu escreveo a Francisco Fernandez que, se llaa estever, ho faça lloguo tornar. Ẽcomẽdovos que mãdeis saber se veyo a esa cidade; e se hy for, o mandeis llogo tornar há dita cidade, e allem d'elle mandeis fazer outro prestes e marinhado, e o mandeis há dita cidade de Çafim, pera estarem llaa ambos pera quaesquer avysos que cõprem. E mãdalloseis por Mazagam, pera tambem d'y llevarem gente e quallquer Recado ou avyso que cõprir.

Tambem manda pidyr dõ Rodrigo huũ fysico, por que diz que tem dous çorogiães, que tem cada huũ vỹte e quatro millreis d'ordenado, e nenhuũ fisyco, avendo d'elle muyta necesydade. Ẽcomendovos muyto que mandeys buscar por esa cidade huũ fysyco, e o mandeis há dita cidade, cõ allgũas cousas de botyca que ho mesmo fysyco llevara, pera as llaa daar aos moradores por seu dinheiro; e avysareis dom Rodrigo que asente o fysyco ẽ llugar de huũ dos çorogiães, que llogo espidyraa; e asy o avysareis de todo o mais que vos parecer necesario. E tudo isto mandareis comprir cõ a brevidade que sabeis que comvem. E a Pero Affonso Dagiar escrevo que, se vos jaa nõ fordes nesa cidade, que veja esta carta e inteiramente a cumpra. Fernam d'Alvarez a fez, em Evora, aos XXIi dias de dezembro de 1535.

Tambem pede dõ Rodrigo dous synos; que diz que sam necesarios pera a cidade, e que hũ mandou jaa quebrado a ese all-

mazẽ. Ẽcomẽdovos que, avendoos feytos, lhos mandeis da grandura que vos bem parecer.
   Rey.
Pera o conde da Castanheira, sobre as cousas pera Çafim.
   (On Reverse Side)
   Por elRey.
A dom Amtonyo d'Atayde, Comde da Castanheira, veador de sua fazenda.

215

EU ellRey vos emvio muito saudar. Eu estprevo ao conde da Castanheira, que de minha parte vos falle sobre frey Lluis, que veyo da Imdia. Emcomẽdo vos muyto que façaes d'elle todo o que vos o dito conde de minha parte diser com muyta brevida[de][1] e boõ Recado, porque he cousa de muyto serviço de Noso Senhor, e que muyto cõpre a meu serviço, como vos escrecreverey, tanto que souber que he feyto o que vos o conde dyraa. E de se esa obra fazer com o esguardo e Recado que de vos cõfio, vollo agradecerey. Fernam d'Alvarez a fez, em Evora, aos XXVii dias de dezembro de VcXXXV. J.

Pera . . .   Rey.
   (On Reverse Side)
   Por ellRey. J.
A = = = = =[2]

216

COMDE, amiguo. Eu, ellRey, vos emvio muito saudar como aquele que muyto amo. Vy a carta que me escrevestes sobre o que pasastes cõ frey Lluis, e muyto vos agardeço o avyso que me daees do que se deve de fazer cõ elle; e pareçeme bem que seja lloguo preso, e posto a boõ Recado no carçere do moesteiro. E escrevo ao padre frey Joam d'Allboquerque, que agora he comysayro, que faça todo o que lhe vos diserdes sobre o dito frey Lluis. Emcomẽdovos muyto que lhe deis minha carta, e lhe digaes de

---
[1] The MS. has *brevida*.
[2] This unaddressed letter is that to which Letter 216 refers.

minha parte que lhe agardecerey mandallo lloguo meter no carçere, em ferros a muito boõ Recado, damdolhe pera yso as Rezões que vos parecer necesarias; e tanto que for preso, mo fareis saber, pera tomaar asento no que se cõ elle fara. E se frey João d'Allboquerque nõ for nesa cidade, dareis outra carta, que vos emvio, ao menistro; e, se hy nõ for, ao guardiam; e a qualquer d'elles direis que façam o mesmo que o comisayro ouvera de fazer. Fernam d'Alvarez a fez, em Evora, aos XXviii dias de dezembro de Vc-XXXV. J.
   Rey. (On Reverse Side)
     Por ellRey. J.
A dom Amtonio d'Atayde, conde da Castanheira, veedor de sua fazenda, etc.

217

CONDE, amiguo. Eu, elRei, vos emvio muito saudar como aquele que muito amo. Dona Guiomar de Menesses, molher que foy de Simão Fogaça, me emviou dizer que Joam Fogaça, seu filho, anda nesa cidade de Lixboa ẽ algũs maoos viçios, e ha desobedece e desacata de maneira que lhe daa muyta paixão, pidindome que o mandase a algũa parte ẽ meu serviço. E por que eu averey por bem que me vaa servir há India nesta armada, vos emcomendo muyto que lhe faleis niso, por algũa vya como nã posa syntir o Respeito porque se lhe faz; e, querendo elle ir, o mandareis asentar cõ soldo e moradia que ey por bẽ que vença, ẽ quanto me na India servir, e asemtarlhe am dous homẽs seus. E quando virdes que o nã poderse mover a que vaa na dita armada por sua vontade, mandareis ao governador esa carta minha, que vos cõ esta vay, por que lhe mando que mande levar preso o dito João Fogaça a hũa das ditas naaos, que sera a que vos milhor parecer, e levaraa seu soldo e moradia de qualquer maneira que for. Pero Amrriques a fez, ẽ Evora, aos XV dias de fevereiro de VcXXXVi.
    Rey.
Pera o conde da Castanheira, sobre Joham Fogaça.
   (On Reverse Side)
    Por elRey.
Ao Comde da Castanheira, veedor de sua ffazemda.

218

COMDE, amiguo. Eu, ellRey, vos emvio muito saudar como aquele que muito amo. Vy a carta que me escrevestes sobre os capitãees pera as naoos de Duarte Tirstam, e como dizeis que tevestes duvida de os apresentaar llaa, por nõ teerdes conheçimento de Gaspar d'Azevedo, e nom iram fidallgos nem pesoas narmada pera sem pejo o poderdes fazer. E eu quisera mandaar de quaa pesoas pera irem nellas por capitãees, e, por ser tam tarde, pareçeo que nõ poderiã ir; pelo que vos emcomendo muyto que vos escolhaes llaa capitãees pera a ida, como vos milhor parecer; a saber, parecendovos bem irem os filhos de Duarte Tirstam por capytãees das ditas naoos, e há vynda vyrem as pesoas que eu mandar ou o governador llaa proveer, averey por bem que ho façaes. Ou se os pillotos ou mestres d'elas, ou de cada hũa d'ellas, sam taes pera poderem ir por capitãees, tambem o averey por bem, e poderam ir com ellas Gaspar de Azevedo em hũa e Duarte Barreto em outra, pera os ajudarem no que comprir; e nõ vos pareçẽdo cada hũa d'estas meu serviço, averey por bem que emcarregeis as pesoas que vos bem pareçer de capitães das ditas naoos, posto que nom sejam das que vam narmada; e lhe dareis os ordenados que vos bem pareçer, e pagas ẽ caxas como aos outros. As quaes pesoas queria que fosem pera a ida soomente, pera poder vyr Pero Vaaz ẽ hũa e hũ dos fidallgos, que nesta armada ham de vyr, em outra; ou, ao menos, fose certa a de Pero Vaaz. E tudo lleyxo a vos, que sam certo que, segundo a disposiçã e brevidade do tẽpo, escolhereis o que milhor e mais meu serviço for; e o que niso fezerdes averey por muy bem feyto.

Quanto ao cabedall d'armada, ey por bem que vaa outro tanto como foy o ano pasado, entrando niso o dinheiro que se empresta dos cofres. E porque mando escrever que se trabalhe por vyr a mais soma de drogas que poder ser, pollas poucas que vyeram no ano pasado, follgaria que fosem mais dez mill cruzados, podendose aver sem se vender juro; e nõ podendo ser, iraa outro tanto como o ano pasado. Muyto vos agardeço a dilligençia que se pos narmada, e quam prestes estaa. Trabalhar se ha a que as cartas vam a tẽpo que nõ espere por ellas. Fernam d'Alvarez a fez, em Evora, aos XX dias de fevereiro de 1536.

   Rey.

Reposta ao conde da Castanheira.
   (On Reverse Side)
   Por elRey.
A dom Amtonio d'Ataide, comde da Castanheira, veedor de sua fazenda.

219

COMDE, amiguo. Eu, ellRey, vos emvio muito saudar como aquele que muito amo. Vy a carta que me escrevestes, em que dizeis que a armada da Imdia podera ir pera Bellem por todo este mes, e partir ao tempo que soem partir as outras que vos mandastes fazer. Muyto vos agardeço o aviamento que nella mandastes dar, e bem pareçe obra vosa, pois em tam poucos dias se fez tanto que estaa jaa tam prestes. Eu verey lloguo as cartas da India, e mandarey Responder ao que for necesario; e trabalharse ha que a armada nom espere por ellas. Receby prazer cõ o que me screvestes de trabalhardes por se escusar agora de vender juro, acudindo o dinheiro do emprestemo e allguũ do llancamento. Eu tenho mandado cartas pelo Reyno pera se daar presa a vyr o dinheiro do llançamento. Encomẽdovos muyto que o que se poder escusar da venda do juro, se escuse cõ tanto que a armada da Imdia, e as cousas que sabeis que sam necesarias e se nõ podem escusar, se nom lleyxem de fazer; porque, nom acudindo dinheiro pera ellas, se vemdera a cantidade do juro que pera isso cõprir, como estaa ordenado.

Quanto aos capitães das naoos de Duarte Tirstam, vy os Regimentos que vos fez, e Repostas que lhe mandastes daar, nas quaes se cõprio cõ elle mais do que era necesario; e porque eu nõ ey por meu serviço que por agora vam seus filhos por capitães, vos encomẽdo muyto que llaa provejaes de capitães as pesoas, que vos bem pareçer pera a ida, das que vam narmada, por irem sem hordenado; e com esta vos vam cartas cõ os nomes em branco, pera as mãdardes daar a quem vos bem pareçer. E pera a vinda, faço fũdamento que em hũa das ditas naoos vyraa o doutor Pero Vaz, e na outra dõ João Pereyra, ou huũ dos outros fidalgos que estam pera vyr este ano.

Receby prazer cõ a nova que me emviastes dos navios da Mina, que vyeram a muy boõ tempo, pella ajuda que faram ao cabedall d'armada; e porque eu queria que fose em ouro a mais soma que fose posyvell, vos emcomẽdo muyto que o que nestes navios vem de partes o mandeis pagar em prata, e o ouro fique pera o cabedall. Muyto vos agardeço nom mandardes partir os navios como estava ordenado. Eu espero que, com estas provisões e outras muitas que sey que se llaa fazem, se pagem muy cedo as dividas de Framdes. Eu mandarey daar presa a Christovam de Mello pera que se faça prestes no mes d'abrill, como dizeis.

A menajem que se tomou a Bastiam Pestana foy muy bem feyta, e ey por bem que este asy preso na pousada, em quanto eu nõ mandar o contrario.

Pelas Rezões que me escreveis, ey por bem que mandeis emprestar a Vicente Gill do dinheiro do cabedall tres mill cruzados, ou o que vos bem parecer; e asy ey por bem que se emprestem a Ambrosyo do Regno e a Jana Mendez Botelho trezentos cruzados a cada huũ do dito dinheiro do cabedall pelo que me Fernam d'Alvarez dise que lhe escrevestes; e faram obrigaçam de os pagarem na India ao tempo que hos pagam os mercadores. E o que se ẽprestar a Vicente Gill iraa a seu Risco, e daara a iso a segurança que vos bem pareçer; e o que se ẽprestar a Ambrosyo de Rego e a Jana Mendez iraa a Risco das naoos em que elles vam; por que, por lhe fazer merce, o ey asy por bem.

Agardeço vos a dilligençia que mandastes fazer sobre Artur Amrriques, allmoxarife dos mantimentos. Eu ey por bem que, tanto que a armada for partida, entrege a casa; e porque he provido do Recebymento d'ella Pero Machado, jenrro de Ruy Garçia, tesoureiro que foy da espeçearia da casa da India, mandarlheis que vos mostre a provisam que tem, e mandarlhaeis cõprir, e entregar a dita casa, depois que armada for partyda.

Fernam d'Alvarez me dise como lhe escrevestes de certas mercadorias que Rodrigo de Donas mandou de Frandes pera o thesoureiro; e por que elle nõ tynha pera iso Recado meu, nem do dito Fernam d'Alvarez, vos emcomẽdo muito que mandeis aos oficiaes da casa que as mandem á allfamdega, pera hy pagarem os direitos, e as Recolher seu dono e as vender a quem quiser. E os cinquo mill e tantos cruzados que mandou pagar na casa da feira d'outubro pasada se pagaram como vos milhor parecer, por que ho fez por meu mãdado do dinheiro que Manoel Cirne tomou pera a dita feira; e pera iso vay provisam minha pera o thesoureiro os pagar.

A provisam pera mandardes pagar aos que vam nesta armada vos emviou jaa Fernam d'Alvarez, e sem ella podereis mandaar pagar haos mestres e pillotos e outras pesoas que vam o que vos bem parecer. Fernam d'Alvarez a fez, em Evora, aos XXV dias de fevereiro de VcXXXVi.

   Rey.

Reposta ao conde da Castanheira.
   (On Reverse Side)
   Por ellRey. J.
A dõ Antonio d'Atayde, conde da Castanheira, vedor de sua fazenda.

220

COMDE, amiguo. Eu, elRei, vos emvio muito saudar como aquele que muito amo. Por que neste mes de fevereiro choveo tanta agoa, Noso Senhor seja louvado, que a terra se Remedeou, e as sementeiras se fazẽ ẽ toda a parte, e ha esperança de boas novidades, esprevy ao ffeitor de Frandes, pollo correo que levou o Recado do comtrato, que não comprase triguo nem centeio como lhe tinha mandado, sẽ ver outro Recado meu; e que, se Jorge Lopez ou outras pesoas fosẽ partidas pera Damsyque ou outras partes, se tornasẽ loguo; e se alguũ triguo ou centeyo fose comprado, e se podese tornar a vender sem perda, se vendese laa. E isto mandey por o pão se poder caa por aguora escusar, e pollo desejo que tenho de se paguarẽ as dividas de Frandes, ho que se poderia mall fazer tomandose de novo dinheiros a caynbo. E aguora me escreveo Ruy Fernandez, meu embaixador em França, a carta que vos cõ esta mando; e por ela vereis como tem avida saca delRey de França, e começou de mandar loguo comprar; no que tem feyto muy boa diligemçia. E por que eu averia por mais meu serviço darse esta saca a mercadores de Lixboa, que se obriguasẽ de trazer o trigo a a terra, e o darem a preço que não pasase do que fose justo, ou por quallquer outro milhor modo que vos pareçese bem, pera se a terra prover sem se acupar cabedall meu, vos emcomendo muyto que o pratiqueis laa cõ alguũs mercadores; e, querendo ho fazer, vos comcerteis cõ eles sobre isto, como vos milhor pareçer; e, não se podendo fazer por esta via, me escrevereis voso pareçer do que se deve fazer pera se aproveitar a dita saca, tomando primeiro laa ẽformação dos mercadores que trazem triguo de Bretanha do preço a que laa vall, e o que poderaa custar posto em Lixboa, e se deve de ir pesoa como estava ordenado, pera cõ voso pareçer mandar niso prover como mais meu serviço for. E ey escrevo a Ruy Fernandez ẽ Reposta da sua, que tire loguo as provisões da saca pelo mais larguo tenpo que poder, e que nã mande comprar triguo sem meu espiçial mandado; e que, se o seu soubrinho, que mandava a Bretanha, for partido, ho avise que não compre, e que eu mandarey Recado do que se ouver de comprar.

Tambem veyo huum correio de Manoell Cirne, e me escreveo esa carta que vos mando pera mais ẽformação vosa, e saberdes de que maneira a Andalluzia estaa, pera milhor vos determinardes no que se ouver de fazer no trazer do triguo de Bretanha, e tambẽ me escreverdes se vos parece que devo de mandar tornar o dito Manoell Cirne. Porque, pois o tempo, Noso Senhor seja louvado, melhora cada vez mais, e o que fallece pera a provisam dos lugares da allem, que he pouco, se pode prover d'Andaluzia, parece que por agora se pode tambem escusar sua yda, e quando cumprise, poderia ir pera a novidade d'este ano. De tudo vos emcomendo muito que me escrevaes voso pareçer, com a moor brevidade que poderdes; e emviarmeis as mesmas cartas, pera se Respomder a ellas. Pero Amrriques a fez, ẽ Evora, ao derradeiro dia de fevereiro de mill VcXXXVi.

Rey.

Pera o conde da Castanheira.
       (On Reverse Side)
       Por elRey.
A Dom Amtonio d'Ataide, conde da Castanheira, veedor de sua fazenda.

221

CONDE, amiguo. Eu, elRey, vos envio muyto saudar como aquele que amo. Vendo aguora as cartas da India que vieram a anno pasado pera a elas Responder, em huũa das cartas que me escreveo Martym Afonso de Sousa vinha huũ capitolo sobre a navegaçam que lhe pareçe que devem fazer as naos d'armada que vão pera a India, de que dentro nesta vos emvio o treslado; o quall vos encomendo muyto que logo vejaes com os pilotos da India que vos parecerem mais soficientes; e praticãdo cõ eles muy bẽ sobre iso, e parecendovos a vos e a eles que se deve fazer a navegaçã das naos d'armada polo caminho e no modo que pareçe a Martym Afonso, o manday asentar em huũ capitolo pera ficar na casa, e se asentar d'aquy por diante nos Regimentos da viagem que se dam aos capitães das naos asinados por vos; e asy no regimẽto do capitã moor da armada. E asentandovos vos e os ditos pilotos que asy se deve fazer, manday asentar logo o dito capitolo nos Regimentos que nesta armada ham de levar os capitães. E se niso nam asentardes cõ os ditos pilotos, me escrevee a causa ou causas por que a vos e a eles parece que se nom deve fazer pela maneira que pareçe a Martym Afonso, porque folgarey de o ver; e tambẽ, se niso asentardes cõ o pareçer de Martỹ Afonso, mo escreve, e os nomes dos pilotos cõ que o praticastes, tomãdo porẽ por fundamento que ey por maior segurança de meu serviço as naos d'armada yrẽ por dentro do que por fora. E do em que asentardes me escreve compridamente. Pero d'Alcaçova Carneiro a fez, em Evora, a iii dias de março de 1536. J. E posto que diga que me esprevaes o que nisto asentardes, nam mo espreveres; por que, quando em bõa ora vierdes, me dares d'iso conta.

         Rey.

Pera o conde da Castanheira.
   (On Reverse Side)
   Por elRey.
A dom Antonio d'Atayde, comde da Castanheira, e veador de sua fazenda, etc.

221 a[1]

DEPOIS que escrevy a Vosa Alteza da costa de *Guinee*,[2] Deus seja muyto louvado, trouxemos muyto bõa viagem, sem temporaes e sem doenças, nem outra nenhuũa necesidade das que nesta viagem soem d'aver, ainda que foy muy vagarosa por acharmos tempos contrairos e muytos levantes na costa do Cabo de Bõa Esperança, que nos trouxe muytos dias em pairo. E verdadeiramẽte he o mor emgano do mundo em cuidar que ha hy mõcão de levantes e ponẽtes como he fora dos tropicos, por que, agora que diziam que era a força dos ponẽtes, payrey vinte dias cõ levantes muyto Rijos. E ysto mesmo achey no Brasil, que tambẽ me diziam que avia hy monções; mas os homeẽs enfadanse d'esperar o tempo, e arribam, e emtam nam tem outra escusa senã dizerẽ que ha hy estas moncões; asy que eu ey que em todo tempo se pode vir a India, vindo per fora da Ilha de Sam Lourenço, porque por dentro, quando as naos vẽ tarde, chama o canall o vento asy, e a hy sempre levantes, ainda que per dentro he muyto mais segura a navegaçã. E os mais dos erros que estes pilotos nestas navegações fazem, he por nam quererẽ aver vista da terra do Cabo de Bõa Esperança, asy pera hyr por fora como por dentro. As vezes cuydã que levam huũa Rota, e eles vam muy desviados d'ela; e avẽdo vista da terra, se trazẽ alguũ erro, ẽmendañ o; e d'aly se marquã pera fazerẽ seu caminho pera a India certo, ou ao menos cõ pouco erro. E ysto deve vosa alteza de mandar dar Regimẽto aos pilotos, que ajam vista d'esta terra em toda maneira, porque he cousa que compre muyto a voso serviço. E por que eu tive ca esta pratica cõ eles, e alguũs me diziã que, imdo per fora, se nam ouvesem vista d'esta terra, avelayam da Ilha de Sam Lourenço, pera d'aly se marquarẽ; e ysto nam val nada, porque muytos se fizeram ja por fora da ilha, e erã por dẽtro, e outros por dentro, e erã por fora; e todo este erro vẽ de nam aver vista da terra. E nam pase Vosa Alteza por isto, e mãde o poer em pratiqua dos pilotos; por que nenhũ mao recado se faz senam por isto. Nam se espante Vosa Alteza

---

[1] This is the copy of the letter from Martim Affonso, relative to the route to India, mentioned in the preceding letter.
[2] MS. has *gee*; Palha reads *geem*.

de vos falar tam soltamente nas cousas da navegaçam, porque eu cuydo que tendes poucos em Portuguall que a emtendam milhor que eu; e mais trabalho muyto pola saber, pois he pera vos servir com yso.

222

COMDE, amiguo. Eu, ellRey, vos emvio muito saudar como aquele que muyto amo. Vy a carta que me escrevestes, em que dizeis que vos pareçe que devem d'yr por capitãees das duas naoos de Duarte Tirstam Gaspar d'Azevedo e Duarte Barreto, e que por, na carta que vos escrevy, dizer que estes deviam d'ir em companhia dos mestres ou pillotos, se fosem por capitães, os lleyxareis d'encarregar sem meu mandado; e por que minha tençam da dita carta foy que vos proveseis os ditos capitães das naoos de Duarte Tirstã como vos bem pareçese, ey por bem que vam os ditos Gaspar d'Azevedo e Duarte Barreto, ou quaeesquer outros que vos bem pareçer, por que eu o lleyxo em vos que ho façaes como vos mais meu serviço parecer.

Quanto ao cabedall, pelas Rezões de vosa carta eu ey por bem que vam setenta mill cruzados e mais nam, ẽtrando neles o dinheiro que se empresta dos cofres aos armadores e outras pesoas, pera se na India carregar.

Quanto há ida de Manoell Cirne, parece me bem todo o que em vosa carta apontaes; e eu lhe escrevo que nom vaa por agora, e estee em Andalluzia ate ver outro Recado meu. E lhe mando avyso das naoos que se esperam de Cizillea, pera cõprar d'ellas allguũ triguo, se neçesario for. E porque Vicente Perez se partio oje pera esa cidade, jaa despachado pera Andalluzia, e ey por bem que por agora nõ vaa, lhe escrevo que se torne aqui. Emcomẽdovos muyto que lhe mandeis daar a minha carta, tanto que llaa for, e lhe digueis que se torne. E quanto há saca de França, por huũ correo, que pera llaa mandey despachar, escrevy que tyrasẽ lloguo as provisões da mais cantidade que podesẽ, e pelo mais llargo tempo que fose posyvell, e se nõ comprasẽ ate ver outro meu Recado; e o que fose cõprado, se mandase lloguo a Lixboa, ao tesoureiro da casa da Mina, de maneira que tudo estaa provido conforme a voso pareçer. A pratyca que pasastes cõ Llucas vos agardeço muito. E porque os lugares estam por agora providos, ey

por escusado cõprarse pam pera elles nesa cidade. Cõ o Recado que vyer de Manuel Cirne de como em Andalluzia sobcedeo o tempo e o preço do pam, se podera cõprar ou fazer o que mais meu serviço for. Fernam d'Alvarez a fez, em Evora, aos iii de março de VcXXXVi.   J.
   Rey.
Reposta ao conde da Castanheira.
   (On Reverse Side)
   Por ellRey.
A dõ Antonio d'Atayde, conde da Castanheira, e veedor de sua fazenda.

223

COMDE, amiguo. Eu, ellRey, vos emvio muito saudar como aquele que muito amo. Pela carta que me emviastes de Pero Afonso Dagiar vy como foy tomada hũa caravellinha, que hya d'esa cidade de Lixboa pera o Porto, e que o mestre d'ella dysera que vyra hás Berllengas sete naoos de corsayros que preguntavam pelas naoos da India; e allem d'isto tenho por nova que ao Cabo de Sam Vicente andam allgũas naoos de corsayros, e que tomarã hũa naoo de Castelhanos que vynha das Antilhas. E porque ho Recado e segurãça das naoos da India cõpre tanto a meu serviço, como sabeis, vos emcomẽdo muyto que, com a moor brevidade e presteza que for posyvell, mandeis armar os mais navios que se poderem fazer prestes, que seram aqueles que vos pareçer que devem de ir pera defemçam das ditas naoos da India, que nom seram menos de çimquo e, podendo ser mais, seram ate oyto, podendose armar sem niso aver detença. E nelles ey por bem que vaa por capitãoo moor Pero Llopez de Sousa, e por capitãees dos navios tomareis nesa cidade dos meus criados, ou outros que vos pera iso mais autos parecerem; aos quaes o vos direis de minha parte, e asy aos mais que vos parecer que na dita armada devem d'ir. E por que sam emformado que nesa cidade ha allgũas naoos, asy naturais como estrangeiras, se vos pareçer que pera mais presteza se poderam milhor e mais em breve armar cõ a gente que teverem, metendo lhe a que mais for necesaria, averey por meu serviço que as mandeis tomar. Porem, isto e todo o mais lleyxo a vos que ho façaes como vos milhor e mais meu serviço parecer, e de maneira que esta armada parta cõ a presteza e brevidade que sabeis que em tall tempo cõpre. E porẽ, segundo a grandura dos navios for, e a nova que teverdes, asy seraa o numero d'elles que se ouverẽ de armar, que seraa o que vos bem pareçer.

E vos mandareis daar o Regimento ao dito Pero Llopez e aos capitães, por que eu lhe escrevo que me syrva nesta armada, e cumpra todo o que lhe mandardes. E vos praticareis llaa as parajẽis omde ha de ir esperar as naoos da India, e todo o mais que ouver de fazer, e lho dareis por Regimento.

Emcomendovos muyto que mandeis lloguo cõ muyta dilligẽçia hũa caravella pescaresa, cõ huũ omem de Recado que dee avyso a Pedre Anes do Canto e a Ffernam Pirez d'Andrade dos armados que hy ha pera vyrem, cõ Recado e vygia que compre, e vos lhe escrevereis o que devẽ de fazer, e os avysareis d'armada que lhe emviaes, e das parajẽis que ha de llevar. E se for posyvel ir a caravella pescaresa pela Rota que has naoos acostumã de trazer, seria muito meu serviço.

Eu ey por bem que se vendam as casas do tesouro a dõ Pero de Meneses. Ẽcomendovos que vos cõcerteis cõ elle, pelo que vos bem pareçer; e mandareis Receber o dinheiro d'elle, e eu lhe mandarey fazer sua carta pelo que llaa asentardes. Pero Afonso Dagiar me escreveo sobre allgũas cousas necesarias aos allmazẽis; e sobre a armada da India eu lhe escrevo que vos dee conta de tudo, pera o mandardes proveer. Fernam d'Alvarez a fez, em Evora, aos V dias d'agosto de VcXXXVi.   J.
                  Rey.

Reposta ao conde da Castanheira.
   (On Reverse Side)
   Por ellRey.
A dõ Antonio d'Atayde, conde da Castanheira, vedor de sua fazenda.

224

COMDE, amiguo. Eu, ellRey, vos emvio muito saudar como aquele que muito amo. Vy a carta que me escrevestes, em que me daees conta do que he feyto e se faz narmada que mandey fazer prestes, pera ir em guarda das naoos da Imdia, e que esperaees que parta por toda esta somana. Muyto vos agardeço a dilligençia e presteza cõ que se faz, que he tall como sempre sam as cousas de meu serviço que se fazem por vosa mãoo. E Receby prazer de saber as naoos e caravellas que mandaes, e os capitães que nellas vam com Pero Llopez. Espero em Noso Senhor que vam a tempo, e me syrvã de maneira que tragam as naoos da Imdia muy çedo a sallvamento. Fernam d'Allvarez me mostrou as cartas, que lhe escrevestes, do que era pasado depois de vosa chegada a esa cidade, e do que vos escreveo Pero Collaço da Torre, e da dilligẽcia que niso era feyta, e vy com quanta presteza se socorria; o que vos muyto agardeço. E Receby muyto prazer de saber a võtade cõ que se fazia, e as pesoas que a isto hyam; de que me ouvera por muy bem servido.

Quanto ao Regimento de Pero Llopez, emcomẽdovos muyto que lhe deis o da viajem da maneira que vollo tenho escrito, asynado per vos. E llaa praticareis a Rota e parajẽes que deve de llevar. E avisareis de minha parte o dito Pero Llopez, per pallavra e em segredo, que, do dia que d'esa cidade partir, ate a ela tornaar, nom cometa nenhuũas naoos de cosayros, ainda que hos ache pera aver de pellejar com elles, sallvo quando os cosayros o cometesẽ; por que, cometendo o, nom tem soomente se defemder d'elles, mas ofemdellos ha quanto bem poder; e nõ ho cometendo, como dito he, elle iraa sua viajem pela Rota e parajẽes que lhe derdes por Regimento, sem cometer nenhuũs armados pera aver de pellejar com elles. Porque minha võtade he nõ ir esa armada agora a outra cousa senam pera trazer as naoos da Imdia seguras, e se trabalhar niso quanto for posyvel. E porem, acomteçendo que achase a dita armada allguũs cosayros Roubando allguũ navio ou navios de Portugeses, em tall caso trabalharam por os sallvar; e niso faraa Pero Llopez quanto nelle for, ainda que seja cõ cometer e ofender os ditos cosayros. E o que ey por bem que faça, da maneira que vollo por esta carta escrevo, lhe nõ dareis por escrito, soomente lho direys por pallavra em segredo, porque asy o ey por meu serviço.

Pareçeome muyto bem o que dizeis que, topando Pero Llopez Pedre Annes do Canto no caminho cõ as naoos da India, e nõ sendo chegado Tome de Sousa, que se torne com tres caravellas esperar por elle na parajem das Ilhas, ate XV de setembro; e cõ esta vos emvio hũa carta pera o dito Pedre Annes o fazer. Vos lhe escrevereis mais llargamente o que vos parecer necesario e a Pedro

Llopez mandar daar por Regimento do que niso deve de fazer.
Fernam d'Alvarez a fez, em Evora, aos X dias de agosto de 1536.
>Rey.

Reposta ao conde da Castanheira.
>(On Reverse Side)
>Por ellRey.   J.

A dom Antonio d'Atayde, conde da Castanheira, e vedor de sua fazenda, etc.

225

CONDE, amiguo. Eu, elRey, vos ẽvio muyto saudar como aquele que muito amo. Eu sam ẽformado que nas feytorias da India ha muita soma de cobre, e que vall laa barato; e porque, sendo isto asy, averya por muito meu serviço que nam ffose a a India cobre allguũ na armada do ano que vem, ou que fose muito menos do que foy nos anos pasados, muito vos ẽcomendo que vos ẽformees d'isto loguo, e o pratiqueis com o feytor e ofiçiaes da casa da India, e com quaesquer outras pesoas que vyerẽ da India que vos parece que o devẽ de saber. E, avida esta ẽformação, asentareis no que se deve de fazer, como vos milhor e mais meu serviço parecer; e stprevermeis o que niso achardes com voso pareçer. Stprita ẽ Evora, a X d'agosto, Manuel da Costa a fez, de 1536. J. Fernam d'Alvarez a fez escrever.
>Rey.

Pera o conde da Castanheira, sobre o cobre pera a India e ẽformação que d'iso ha de tomar.
>(On Reverse Side)
>Por elRey.

A dom Amtonyo d'Atayde, comde da Castanheira, veador de sua ffazemda.

226

COMDE, amiguo. Ey, ellRey, vos emvio muito saudar como aquele que muyto amo. Vy a carta que me escrevestes, em que me daees conta do asento que se tomou na parajem em que deve d'andar Pero Llopez de Sousa cõ armada, esperando pelas naoos; e asy vy o asynado dos pillotos e pesoas cõ que o praticastes, e como todos asentaram que deve d'andar atraves da Berllemga em XXXIX graaos e meio, XXV ou XXX llegoas ao maar, com as mais decrarações de vosa carta. E dizeis que vos espreva, se averey por meu serviço que ande na dita parajem, ou que vaa caminho das Ilhas, sem embargo do que dizem os pillotos. Eu ey por bem que o dito Pero Llopez, com a armada, ande na dita parajẽ, e mandeis inteiramente comprir o dito asento. E vos lho dareis asy por Regimento, por que asy o ey por meu serviço, avemdo Respeito hás Rezões que me sobre yso escreveis, que todas me parecerã muy bem. Ao mais de vosa carta nõ ha que Responder, senam agardeço vos muyto a dilligençia e presteza cõ que se esta armada fez, e bem sey quam trabalho se avia de ser. E as provisões que dizeis que seram necesarias pera outra armada, vos emviarey quando as mandardes pidir. Fernam d'Alvarez a fez, em Evora, aos Xii dias de agosto de 1536.

Rey.

Reposta ao conde da Castanheira.
      (On Reverse Side)
      Por ellRey. J.
A dõ Antonio d'Atayde, cõde da Castanheira, veedor de sua fazenda.

227

COMDE, amiguo. Eu, ellRey, vos emvio muito saudar como aquele que muyto amo. Vy a carta que me escrevestes, e o Roll que me emviastes da artelharia que ha neses allmazẽs, e Receby prazer de ver tanta soma d'ella. E pareceo me muyto bem a que mandaes fazer de ferro, por aver tam pouco cobre na casa; e lloguo mandey fazer as cartas pera Jorge de Baarros mandar os dez mill quintaes que dizeis, e os trezentos quintaes de sallitre. E cõ esta vos emvio carta minha, pera a pratica que aveis de teer na casa sobre nõ ir cobre na armada do ano que vem, ou ir menos soma; a qual pratica me pareçe que seraa proveytosa, e de muyto meu serviço. Se vos parecer necesario mãdardes a caravella pescaresa llançar huũ omem em Imgraterra, parecendovos que iraa segura dos armados, averey por bem que ho façaes. Por huũ cor-

reo que d'aqui partio foram duas vyas a Allvaro Mendez de Vascõcelos, pera as emviar da corte do emperador, meu irmão. Ao mais de vosas cartas nõ ha que Responder. Fernam d'Alvarez a fez, em Evora, aos Xii dias de agosto de 1536.
                 Rey.

Reposta ao conde da Castanheira.
   (On Reverse Side)
   Por ellRey. J.
A dom Amtonio d'Atayde, conde da Castanheira, veedor de sua fazenda, etc.

228

COMDE, amyguo. Eu, elRey, vos ẽvio muyto saudar como aquele que muyto amo. Da alfamdegua de Lagos veyo certa soma de ouro e prata, que se dezimou, que mãdo levar a esa çidade. Ẽcomẽdovos que loguo ho mãdeis levar há moeda, pera se fazer em moeda, a quall mãdares gastar naquelas cousas de que mays necesydade ouver pera meu serviço. Domĩgos de Payva a fez, ẽ Evora, a XIX d'agosto de VcXXXVi. E mãdares loguo ẽsayar o dito ouro e prata, de que se fara comta, e do que se nela mõtar mãdares ca hũa certydam, pera se saber ho que ẽ tudo mõtou. J.
  Rey.

Pera o conde da Castanheira, sobre ho ouro e prata que veyo da alfamdegua de Lagos.
   (On Reverse Side)
   Por elRey. J.
A dom Amtonio d'Ataide, conde da Castanheira, vedor de sua fazenda. J.

229

COMDE, amiguo. Eu ellRey, vos emvio muito saudar como aquele que muyto amo. Vy a carta que me escrevestes de XVii dias d'este mes, e jaa tinha visto o Roll que me emviastes da gente, e artelharia, e monições, e todo o mais que llevou a armada em que foy Pero Lopez de Sousa; e Reçeby muyto prazer de ver quam boa gente llevou, e quam bem aparelhado foy de todallas cousas, o que vos muyto agardeço. E quanto ao que dizeis que vos pareçe que deve d'andar em guarda da costa, ate todo o mes de Novembro, e que posestes no Regimento que llevou que, quando chegase com as naoos da India a Cascaeis, as mandase com duas caravelas pescaresas com pillotos da terra, e elle com a armada ficase na Baya de Cascaes, ate lhe mandardes o Recado do que eu ouvese por bem que fizese, Receby muyto prazer de tudo o que niso tendes feyto, e ey por meu serviço que Pero Llopez nom entre no porto d'esa cidade, e mande as naoos da maneira que lhe tendes dado por Regimento; e ande em guarda d'esa costa pelas parajẽes e llugares que milhor pareçer, ate todo o mes de Novembro. E vos lhe mandareis a Cascaes os mantimentos que forem necesarios e Regimento do que na guarda da costa ouver de fazer, cõforme aos Regimentos que sempre llevaram os capitães que foram ẽ guarda d'ella, o quall iraa asynado por vos. E eu escrevo ao dito Pero Llopez que faça todo o que lhe de minha parte escreverdes e mandardes. E mandareis teer prestes o galleam que dizeis, em que veyo Symão Ferreira, pera se Pero Llopez pasar a elle como me escreveis.

Receby prazer cõ o que me escrevestes das naoos e caravellas que dizeis que se fazem prestes pera qualquer outra armada que eu ouver por meu serviço que saya fora ao maar, e asy de Jorge Llopez armar a sua naoo Santa Crara pera me nella servir se cõprir; ao qual direis de minha parte que lhe agardeço a vomtade cõ que follga de me servir. E todo o mais que sobre esta materia me screveis vos agardeço muito, porque tudo he muy bem oulhado, e a seu tempo se fara o que mais meu serviço for. Pareçeo me bem mandardes a Sacavem pelo galleam Trimdade e pelo junco. Emcomendovos muito que os mandeis fazer prestes pera poderẽ servir no que for neçesario, e follgarey de saber se o galleam Trimdade estaa pera poder navegar sem vyr a picadeyros, e se se faraa d'elle fundamento.

Vy o que pasastes cõ os vereadores d'esa cidade sobre a gente que lhe tenho escrito que vos desem pera servir nesas armadas, e todo o que niso fezestes estaa muy bem feyto. E vos lhe direis de minha parte que lhe agardeço a võtade cõ que follgã de me servir. E quanto ao que ham d'aver os que nas ditas armadas forem, vos direis aos ditos vereadores que lhe ha de ser dado mantimento ho tempo que servirem, e que todos devem de ser contentes, pois as armadas sam por pouco tempo; e que eu as mando fazer pera defensam da costa, e poderem todos seguramente navegar cõ suas fazẽdas. E escrevermeis a gente que vos deram, e o que cada huũ niso fizer; e mandareys daar há gente o dito mantimento e mais nam.

Com esta vos emvio as cartas pera o mestre, meu muito amado e preçado primo, e pera dõ Luis de Castro, pera vos mãdarẽ os homeẽs do maar que lhe mandardes pydir. Mandar lheis as cartas ao tempo que vos parecer necesario.

Fernam d'Alvarez me mostrou o Roll das cousas que vos parece neçesario vyrem de Frandes e de Bizcaya, e tambem vy a carta que lhe escrevestes, em que apontaes as Rezões por omde se as ditas cousas devem de mandar trazer, que me pareceram muyto bem, e vos agardeço muyto o cuydado e llembrança que d'iso temdes. E lloguo mandey escrever a o feytor de Frandes e aos que estam em Byzcaya, que com muyta dillygençia cõprasem tudo, e o emviasem, e a Byzcaya se provee o dinheiro neçesario. Ao mais de vosas cartas nõ ha que Responder, por que todallas cousas de meu serviço se fazem por vosa mãoo milhor do que se podem de quaa escrever. Fernam d'Alvarez a fez, em Evora, aos XXii dias de agosto de VcXXXVi. J.
     Rey.

Reposta ao conde da Castanheira.
  (On Reverse Side)
  Por ellRey. J.
A dõ Antonio d'Atayde, conde da Castanheira, vedor de sua fazenda.

230

COMDE, amiguo. Eu, ellRey, vos emvio muito saudar como aquele que muyto amo. Vy a carta que me escrevestes, em que me daes nova de quam bem o cardeall, meu muito amado e preçado irmãoo, dise a misa de pontificall nesa cidade, e asy como em todallas outras cousas compre inteiramente o que he obrigado;

de que Receby muyto prazer; e prazera a Noso Senhor que sempre esas obras iram em tanto creçimento como eu espero. Muyto vos agardeço a llembrança e cuydado que tevestes de mo escrever, por que cõ vosa carta Receby muyto cõtentamento. Fernam d'Alvarez a fez, em Evora, aos XXV dias de agosto de 1536.

Rey.

Reposta ao conde da Castanheira.
       (On Reverse Side)
       Por ellRey. J.
A dõ Antonio d'Atayde, cõde da Castanheira, vedor de sua fazenda.

231

CONDE, amiguo. Eu, elRey, vos emvio muyto saudar como aquelle que amo. Vy a carta que me sprevestes sobre o que la vos fallou o Ifante, meu muyto amado e preçado irmãao, acerqua de nam teer Respondido ao emperador, meu irmãao, ao que disse a Alvaro Mendez, que me sprevese, como de seu, sobre o ẽbaixador de França, e sobre nam mandar despachar pera la coreo. E todas as lenbrãcas que nisso me fazees vos gardeço muyto. E eu nam Respondy como vos dise o Ifante, porque ouve sobre ysso em meu conselho opinyões contrairas; neem mandey despachar coreo, por parecer que nam podia tardar o coreyo que cada dia ja se espera, pello quall pareçia que Alvaro Mẽdez podia tornar a sprever sobre ysso, se fose cousa de que o emperador, meu irmãao, tevese tanto cõtẽtamẽto. E, por nam estar beem lẽbrado do que dizees sobre iso que me disestes, vos emvio neesta carta o trelado do capitollo da carta d'Alvaro Mendez, que niso falla, que veo ẽ cifra, pera o verdes. E vos ẽcomẽdo muyto que me sprevaes o que vos parece que nisso devo fazer; e parecendovos que devo responder a ysso, folgarey de me spreverdes como vos parece que deve seer, e as Rezoes que vos movem, e asy mesmo sse vos parecer que se pode escusar; porque, das que vos moverem pera huũa parte e pera a outra, folgarey de mas spreverdes comprydamẽte, e me ẽviardes vossa reposta ho mais em breve que for posyvell.

Sprita em Evora, a XXViii dias d'agosto, o secretario a fez, de 1536. J.
    Rey.

Pera o conde da Castanheira.
        (On Reverse Side)
        Por elRey.
A dom Amtonio d'Atayde, comde da Castanheira, veeador de sua fazenda, etc. J.

231 a

DISEME o emperador que eu, como de mỹ, sprevese a vosa alteza como, mandando elle vyr seu ẽbaixador, que estaa em França, cam pouca necesidade vosa alteza tynha de teer aly o seu, neem de tratar com queem mantinha tam pouca verdade em tudo, e fazia a vosa irmãa o que elle tynha feyto; e que, quamto ao dano que por o mar vos podia fazer, que estamdo vosa alteza e elle aliados com Ingrateerra, ou sem Ingrateerra, lhe dariam tamto em que cuydar, que nõ tevese lugar de vos anojar; e que isto sprevese eu como de mỹ. E que, por cyma de tudo, me dizia que do que vosa alteza fizesse serya elle contẽte, pello muyto amor que vos teem.

232

CONDE, amiguo. Eu, elRey, vos ẽvio muito saudar como aquele que muito amo. Porque em minha fazenda se moveram certas duvidas, por parte dos tratadores da Ilha de Sã Thomee, a se aver d'arrematar o lanço das seisçẽtas peças d'escravos que os ditos tratadores aviam de dar pera o trato da Mina, ey por bem que mandeis sobtestar na arrematação do dito lanço atee quīze dias do mes de setembro que vem, posto que por comdiçam d'elle se ouvese de fazer na fim d'este mes d'agosto, pera neste tempo se determinarem as ditas duvidas. Manuel da Costa a fez, em Evora, a XXIX d'agosto de 1536. J.
        Rey.

Pera o cõde da Castanheira, sobre a arremataçã do lanço dos escravos, que os tratadores da Ilha de Sã Tomee aviã de dar pera o trato da Mina, que mãde sobrestar nella atee quinze dias de setembro, posto que se ouvese de fazer no fim d'este mes.

  (On Reverse Side)
  Por elRey.   J.
A dom Amtonyo d'Atayde, comde da Castanheira, vedor de sua fazenda.

  (And in another hand):
Que esta arremataçam ha de ser amenhãa, derradeiro dia d'agosto.

233

COMDE, amiguo. Eu, ellRey, vos emvio muito saudar. Vy a carta que me escrevestes, cõ as novas que me emviastes da vỹda das naoos da Imdia; de que Receby muyto prazer, e muyto vos agardeço a dilligencia e presteza cõ que ha emviastes. Espero em Noso Senhor que muy çedo sejam davante d'esa cidade. Jaa vos tinha emviado Recado pera Pero Llopez de Sousa se tornar com a armada, pera andar em guarda da costa ate fim do mes de novembro. Emcomẽdovos muyto que lhe mandeis daar aviamento, pera se lloguo tornar com a naoo Regoçeza,[1] ou cõ o galleam, como vos milhor parecer.

Pela outra carta vy o que tendes feyto cõ os navios que achastes pera navegar pera fora, e a ordem que lhe destes pera sua segurança, que todo he muy bem feyto. E pelas cartas que escrevestes a Fernã d'Alvarez tinha visto os que ate agora eram partidos. Emcomendovos muyto que, d'aqui em diante, em quanto nesa cidade esteverdes, mandeis daar a todos os que forem pera fora a milhor ordem que poderdes, pera seguramente poderem navegar, porque Receberey d'iso muyto prazer.

Vy o Roll que me emviastes dos navios que nesa cidade estam pera navegarem, e pelas Rezões que me escreveis, que me parecem muy bem, ey por meu serviço que lhe mandeis daar licença pera segirem suas viajẽis; e asy o fareis a quaesquer outros que ao diante ouverem d'yr, pera qualquer parte que seja, da maneira que

---

[1] Palha reads *Recoçeza*, but it looks more like *Regoçeza*.

vos bem pareçer, sem ser necesario Recado meu. Por que, o que vos niso ferzerdes, averey por muy bem feyto.

Pareçe me muy bem o que dizeis, de y vyrem os navios que agora ham d'ir há Mina pela Ilha de Sam Tome, pera trazerem em sua companhia os navios que acharẽ. Ẽcomendovos muyto que asy o deis per Regimento aos capitães d'elles, cõ todo o mais que na sua viajem vos parecer necesario, segundo a disposyçam do tempo.

A nova que me escreveis dos navios que hos Framceses tomarã, carregados do pastell, e que lhe vyeram as cartas de fretamento e nõ Roubarã o que era de Purtugesses, o que seria porque ho trazeram asy por seus Regimentos e imstrucões. Porem, ainda que asy seja, eu ey por bem que as armadas amdem em guarda da costa, como vollo tenho escrito; por que me pareceo bem niso voso conselho. Fernam d'Alvarez a fez, em Evora, aos XXX dias d'agosto de 1536.

   Rey.

Reposta ao conde da Castanheira.
  (On Reverse Side)
  Por ellRey. J.
A dom Antonio d'Atayde, conde da Castanheira, vedor de sua fazenda, etc.

234

COMDE, amiguo. Eu, elRey, vos emvio muito saudar como aquele que muito amo. Fernão d'Alvarez me mostrou a petição que vos deu Jorge Ervet, e porque nella não decrara a calidade do neguocio ẽ que me quer servir, vos ẽcomẽdo muito que faleis cõ ele, e vos digua a calidade do neguocio, e vos de d'ele conta, e volo decrare. E eu ey por bem que, parecẽdovos que sera cousa de meu serviço, e que se deva nele d'ẽtemder, vos cõcerteis cõ ho dito Jorge como vos bem parecer; e tudo o que niso ffyserdes, e lhe outorgardes, averey por muito bem ffeito, e o mãodarey imteiramente cõprir. Alvaro de Avelar a ffez, ẽ Evora, aos XXX dias d'agosto de VcXXXVi.

   Rey.

Pera o conde da Castanheira, que fale cõ Jorge Ervet na calidade do negocio ẽ que quer servir V. A.; e sẽdo cousa do serviço de V. A., se cõcerte cõ elle.
   (On Reverse Side)
   Por ellRey.
A dõ Antonio d'Atayde, conde da Castanheira, vedor de sua fazenda.

235

COMDE, amiguo. Eu, ellRey, vos emvio muito saudar como aquele que muyto amo. Pela carta que escrevestes a Fernam d'Alvarez vy como as duas naoos da India sam chegadas davamte d'esa cidade, de que Receby prazer. E porque eu queria fallar allgũas cousas cõ Fernam Perez d'Andrade, lhe escrevo que venha a mỹ. Ẽcomẽdovos muyto que ho façaes lloguo vyr, cõ a mais brevidade que poder, e mandareis Recolher as vias e todallas cartas que pera mỹ vyerem, e mas emviareis por elle. Muyto vos encomẽdo que me escrevaes o que fizerã as tres caravellas que Pero Lopez de Sousa mandou apos as naoos de cosayros, que tomarã o navio de Vella de Conde, e o que niso sobcedeo. Fernam d'Alvarez a fez, em Evora, aos XXX dias de agosto de VcXXXVi.
   J.
   Rey.
Pera o conde da Castanheira.
   (On Reverse Side)
   Por ellRey.
A dõ Antonio d'Ataide, conde da Castanheira, veador de sua fazenda.

236

COMDE, amiguo. Eu, ellRey, vos emvio muito saudar como aquele que muyto amo. Vy a carta que me escrevestes, e Receby prazer da comta que me daees de quam bem tratados foram os Portugeses da naoo de Vella de Conde, que tomarã carregada d'açuquares, e como lhe nom tomaram cousa allgũa. E eu tenho por nova que outros navios, que foram tomados, os lleyxeram, sem lhe tomarẽ cousa que fose de Portugeses. E quanto há mais nova que vos deram, das naoos que sam saydas de Framça, emcomẽdovos muito que mandeis avysar aos que d'esa cidade sayrem, da maneira que devem de navegar, como o ate agora tendes feyto.

Quanto aos marynheiros e grometes que vam há Mina, pareceo me bem nõ averem os marynheiros mais de quatro millreis por vyajem, e os grometes solldo ha llivra; e muyto vos agardeço a llenbrança que d'iso tendes, e cõ esta vos emvio provisam pera se asy cõprir. E ao mais de vosa carta nõ ha que Responder. Fernam d'Alvarez o ffez, em Evora, aos iiii dias de setembro de 1536.

Rey.

Reposta ao conde da Castanheira.
            (On Reverse Side)
            Por elRey.   J.
A dom Amtonyo d'Atayde, Comde da Castanheira, veador de sua fazenda.

237

CONDE, amiguo. Eu, elRey, vos ẽvio muito saudar como aquele que muito amo. Eu mandey ffazer a Fernam d'Alvarez, esprivão da casa da India, os livros dos thesoureyros da dita casa, com ffumdamẽto que poderiam servir d'arrecadações de suas cõtas, e que por elles se lhes poderião tomar com brevidade. E porque eu o averia por muito meu serviço, se se podese fazer asy com bõ Resgardo e segurança de minha fazenda (e a çerteza d'iso se nã pode bem ver, senam tomandose primeiro allgũa das ditas contas polos ditos livros, pera, pella esperiencia do que se fezer, se poder conhecer o fructo que se d'iso pode tirar, e se tomar asemto pera o diante), vos ẽcomendo muyto que mandeis tomar hũa das cõtas dos ditos thesoureiros, quall pareçe que mais ẽ breve se poderaa acabar. E pera iso vay laa Pero da Moota e Afonso de Miranda, que ca vyram os ditos livros, e de que confio que niso me saberã bem servir. E Fernã d'Alvarez me dise que a comta de Johão de Figueyredo, thesoureiro da especearia, se devia loguo de começar de thomar, por ser de pouco trabalho e se poder acabar em menos tempo.

E por que, em algũas praticas que jaa acerqua d'este negoçio e contas se tiveram, se apomtou que seria meu serviço, e bõa arrecadaçã de minha fazemda, nam terem os thesoureiros da espeçearia obrigaçam de dar conta do dinheiro que os mercadores paguão das espeçearias que comprão por comtratos, e se ha d'arrecadar a tempos, e que, despendẽdo as taaes espeçearias por minhas provisões, e pella maneira que devem, se lhe devião de llevar ẽ despesa, e que o dinheiro que dos contratos se ouver d'arrecadar se carregue ẽ Receita por lembrança sobre o thesoureiro do dinheiro que o costuma arrecadar, e a quẽ com mais Rezão pertemçe a arrecadação d'elle, muito vos ẽcomendo que pratiqueis laa isto, e, parecendovos que se deve de fazer asy, ordenareis que asy se faça d'aquy em diante. E poder se ha loguo começar de fazer na cõta do dito Johão de Figueyredo, lançandose aos thesoureiros do dinheiro em seus livros em Receita por lembrança o dinheiro que cada hũ dos contratos valeo, com decraraçã das espeçearrias que se nelles despẽderão, e da parte que a cada huũ dos mercadores parceiro do contrato cabe pagar, e dos tempos em que são obrigados de fazer seus pagamẽtos, com as mais decrarações que vos parecerẽ necesarias, pera, quando se comprir, se poder ver pella arrecadaçã da comta do tall thesoureiro a dilligençia que fez, e como cada mercador comprio sua obrigação. E ao dito Afonso de Miranda mandareis dar os livros e papees necesarios pera se tomar a dita comta, e mandareis ao feytor e ofiçiaes que lhe dem todo favor e ajuda que lhe for necesaria, pera me niso cõ mais brevidade poder servir. Manuel da Costa a fez, ẽ Evora, a Vi de setembro de mill quinhẽtos trimta e seis. J. Fernam d'Alvarez a fez escrever.

Rey.

Pera o conde da Castanheira.
        Por elRey.
A dom Antonio d'Atayde, conde da Castanheira, vedor de sua fazenda.

238

CONDE, amiguo. Eu, elRey, vos emvio muyto saudar como aquele que amo. Folguarey de saberdes quãtos navios ha nesa cidade que sejam dos moradores d'ela; e de quantas toneladas he cada huũ; e quãtos sam de gavia; e quantos caravelas; e quanto tempo ha que sam feitos; e quantos sam de senhorios sẽ outrem ter parte neles; e, se sam de partes que neles tenham qui-

nhões, quantas sam as partes em cada navio, e que pesoas sam as que tem as ditas partes. E saberes se alguũas pesoas começam a fazer navios, e de que sortes, e em que ponto estam, e quando se poderam acabar; e asy se ha alguũas pesoas que estem em preposito de fazer alguũs navios, e quantas pesoas sam as que os querem fazer, e de que sortes e grandura seriã; e quantos homẽs de mar ha nesa cidade. E saberes que armas e artelharia trazẽ os senhorios e mestres nos seus navios, asy nos grandes como nos pequenos. E de tudo manday fazer huũ caderno bem declarado, e mo emviay. Muyto volo gradecerey. Pero d'Alcaçova Carneiro a ffez, em Evora, a XV dias de setembro de 1536. J.
Rey.

Pera o conde da Castanheira.
       (On Reverse Side)
       Por elRey.
A Dom Antonio d'Atayde, conde da Castanheira, veador de sua fazenda.

239

COMDE, amiguo. Eu, ellRey, vos emvio muito saudar como aquele que muyto amo. Pelas cartas que escrevestes a Fernam d'Alvarez vy como mandaes há Ilha Terceyra artelharia, e pollvora, e todo o mais que he necesario pera a naoo Gallega, que, com ajuda de Noso Senhor, se espera da Imdia, e asy o aviamento que se daa nesas armadas e nos outros negoçios; de que Receby prazer e muyto vollo agardeço. Eu escrevo a Pero Anes do Canto que tenha cuydado da guarda e vygia da dita naoo, e de a fazer vyr a boõ Recado, e compra imteiramente todo o que lhe escreverdes. A Manoell Corte Reall escrevo que nõ entemda nella, e lleyxe fazer ao dito Pero Anes o que lhe tenho mandado. Emcomẽdovos muyto que mãdeis lloguo a artelharia e pollvora, e todo o mais que compre; e, depois de tomado o asento que dizeis, da maneira que ha dita naoo nas Ilhas ha de seer provida, lhe escrevais o que ha de fazer, por que elle ey por bem que ho faça como lho escrevo.

Com esta vay provisam pera os moedeiros nom pagarem no llançamento dos cem mill cruzados, da maneira que se fez no outro da emperatriz, minha irmaã; e Amdre Pirez lhe escreve sobre a casa do sonbreyreyro, por que niso parece que nom tem Rezam. Ecomendovos muyto que trabalheis cõ elles que llavrem o ouro e prata que hy ha, por que muy çedo estarey nos seus privillegios, e se tomara nelles tall asento que nem aja duvidas ao diante.

Se Fernam Perez ainda llaa for, dizeylhe de minha parte que se venha lloguo, e traga as cartas que lhe tenho mandado; e asy a Diogo Lopez de Sousa, que tambem mandey chamar. Fernam d'Alvarez a fez, em Evora, aos XViii dias de setembro de Vc-XXXVi. J.
   Rey.

Reposta ao conde da Castanheira.
   (On Reverse Side)
   Por ellRey. J.
A dõ Amtonio d'Atayde, conde da Castanheira, vedor de sua fazenda.

240

COMDE, amiguo. Eu, elRey, vos emvio muito saudar como aquelle que muito amo. Manuel Memdez, tratador dos açucares da Ilha da Madeira, me emviou dizer como ha muitos dias que tem hũa naao fretada, pera ir á dita Ilha carregar os ditos açucares, a quall lhe mamdareis embarquar; no que Recebia muita perda por não poder navegar os açucares. Pello que vos emcomemdo muito que, semdo vimdas ao porto d'esa cidade allguũas naoos, por que vos pareça que possaes esta escusar e lhe devais dar liçemça pera fazer sua viagem, o façais; porque Receberey prazer em nam aver imcomviniente porque o dito Manuell Memdez e seus parçeiros deixem de navegar seus açucares, no tempo que lhes pareçer que devão de fazer seus proveitos. Manuel de Ponte a fez, em Evora, aos XXii dias de setembro de VcXXXVi.
   Rey.

Pera o conde da Castanheira.
   (On Reverse Side)
   Por elRey.
A dom Antonio d'Atayde, conde da Castanheira, veedor de sua fazemda.

241

COMDE, amiguo. Eu, ellRey, vos emvio muito saudar. Vy as cartas que me escrevestes, e os Roes que me emviastes das armas que ha no allmazem, e da artelharia e monições que mandaes a Llagos, que tudo vem muy bem feyto e decrarado; e vos agardeço muyto a dilligençia e presteza cõ que se fez. E lloguo mandey fazer carta pera Nuno Rodrigues Barreto me ẽviar Roll de todo o que ha nos allmazẽis dos llugares do Allgarve, e do que estaa nas caravellas que se llaa armaram. E pois dizeis que tendes mandado fazer Roeis dos outros allmazẽis, Receberey prazer que, tanto que forem feytos, mos ẽvieis.

Quanto ao que dizeis do dinheiro que he necesario pello Roll do thesoureiro da casa, que me Fernam d'Allvarez mostrou, pela carta que com elle me screveis vy como ate agora se nom tomou dinheiro a cãybo pera as despesas que sam feytas; e segundo as neçesydades sam grandes, me pareçia que nõ podereis fazer o que tendes feyto, sem ser tomada soma d'ella a cãybo. Bem pareçe que, da võtade e obra cõ que follgais de me servir, achais dinheiro em tempo em que se tam mall pode aver. Ẽcomendovos muyto que o dinheiro do dito Roll, ou quallquer outro que agora for neçesario e se nõ poder escusar, mandeis tomaar a cãybo; e eu tomarey muy çedo asento na gente que ouver de ir há India, e na armada que se pera llaa ouver de fazer; e emtam, segundo as despesas ouverem de seer, asy se dara ordem de como se averaa o dinheiro. E se venderam juros, se neçesario for, os quaes, pelas Rezões de vosa carta, follgaria d'escusar quanto fose posyvel; porem, quando cõpre, e a soma for mayor, vos mandarey Recado pera que se vendam.

Emcomendovos muito que trabalheis pera aver verdadeira emformaçam dos navios de França, que dizeis que foram achados na Ilha do Cabo Verde, que diziam que hiam há costa da Mallageta, e mo escrevaes cõ voso parecer do que vos pareçer que se sobre yso deve de fazer, por que follgarey de o saber.

Fernam d'Alvarez me mostrou as cartas de Pedre Anes do Canto, e o Regimento que deu aos mestres da viajem; e asy vy os que deu aos que vyeram cõ os naoos da India; e por ellas vy quam bem me tem servido, e asy vy a artelharia e pollvora que pede; e por que vos tendes ja niso provido por Manoel Corte Reall, que me he dito que he partido, nõ ha agora que Responder, soomente mandarlhe agardecer seu boõ serviço, que se fara pelos primeiros navios que forem. Ao mais de vosas cartas nõ ha que Responder. Fernam d'Alvarez a fez, em Evora, aos XXVI dias de setembro de 1536.

Pella carta que escrevestes a Fernam d'Alvarez vy que vos pareçe meu serviço llevar Balltesar Rodrigues os cynquo mill cruzados por terra ao Allgarve, pera d'y ir em hũa das caravellas d'armadas; pareceo me muy bem o que niso asentais. Ecomendo vos que ho mandeis lloguo partir, e eu escrevo a Duarte Allvarez da Costa, que lhe dee hũa caravella d'armada, pera o poer em Çafim.

   Rey.

Reposta ao conde da Castanheira hás suas cartas.
  (On Reverse Side)
  Por ellRey. J.
A dõ Antonio d'Atayde, conde da Castanheira, vedor de sua fazenda.

242

COMDE, amiguo. Eu ellRey, vos emvio muyto saudar como aquele que muyto amo. Vy a carta que me escrevestes, em que dizeis que Afonso d'Alboquerque vos dise que dous ou tres omeẽs, que estam nesa cidade, sabiam que na Mina estam emterrados em huũ certo llugar dezoyto ou vynte mill cruzados ou pesos d'ouro, e que, fazendose cõ elles allgũ cõnçerto do que fosem cõtentes, diriam logo o llugar omde o ouro estava, e que vos apontavã em darem o quinto. Muyto vos agardeço a dillgencia cõ que me avisastes, e o que niso tendes feyto, e o que me em vosa carta sobre este negoçio apõtaes. Emcomẽdovos muyto que façaes cõ as pesoas que niso fallam, ou cõ quem cõvosco praticar, o concerto que vos bem parecer, no qual lhe nõ deveis de daar mais da metade do que se achar; e aimda, nõ semdo elles os propios que ho Resgataram e emterraram, porem niso fareis o que vos bem e meu serviço parecer; e todo o que fezerdes mandarey imteiramente cõprir. E a Afonso d'Allboquerque direis de minha parte que lhe agardeço muito o aviso que vos deu, por que he como de pesoa que tanto deseja de me servir; e que lhe ẽcomendo que, no cõcerto que se fezer, trabalhe cõ esas pesoas que cõ elle fallam, que se cõtentem cõ o que for justo, pois o ouro he meu, e o nõ podem llevar nem teer de boõ titolo. E, tanto que acabardes o concerto, avisareis mestre d'Alboquerque do que ouver de fazer, como sabeis que em tall negoçio cõpre. Fernam d'Alvarez a fez, em Evora, aos XXVi dias de setembro de 1536.

   Rey.

Reposta ao conde da Castanheira.
   (On Reverse Side)
   Por ellRey.
A dõ Antonio d'Atayde, conde da Castanheira, vedor de sua fazenda.

243

CONDE, amiguo. Eu, elRey, vos ẽvio muito saudar como aquele que muito amo. Eu sã ẽformado que Nuno da Cunha, meu capitão moor e governador nas partes da India, foy laa Requerido pollos bombardeiros, que nas ditas partes servem, que lhes dese licença pera venderẽ suas quĩtilladas de gengibre, ou os deixase vyr pera o Reino, por ja terẽ acabado de servir os tres anos que são obrigados de andar laa; e que o dito capitão moor vemdo seu Requerymento, e por o asy aver por meu serviço, lhes concedeo que vendesẽ suas quintiladas, posto que fose defeso por mĩ, por escusar de lhes dar licença pera se vyrẽ, e pela necesidade que na India dos ditos bombardeiros avia pera meu serviço. E por que Fernã de Moraes e allgũas pesoas outras conpraram os ditos quintilladas aos ditos bombardeiros, por licença do dito capitão moor, eu, avendo Respeito aa causa que elle teve de lha dar, ey por bem e meu serviço que, mostrando o dito Fernã de Moraes e pesoas outras como comprarã as ditas quintiladas por licença do dito Nuno da Cunha, e lhe pertemçẽ, lhe sejam despachados, como se despachaarã, se eu nam tivera defeso que se nam dese a dita licença. E mandareis Registar esta carta na casa da India, pera se asy comprir por este ano soomente. Manuel da Costa a fez, em Evora,

a XXVi dias de setembro de 1536. J. Fernam d'Alvarez a fez escrever.
> Rey.

Pera o conde da Castanheira, sobre as quintiladas de gẽgybre que V. A. ha por bem que se despachẽ a Fernã de Moraes e aas outras pesoas que as cõpraarã na India de bonbardeiros, por licença de Nuno da Cunha, posto que seja defeso por V. A., e esto por este ano somente.
Registada na casa da India, a ffolhas 138, em tres dias de outubro de 1536.
> Frey Geronymo, Dom.
> (On Reverse Side)
> Por elRey. J.

A dom Amtonyo d'Atayde, Comde da Castanheira, veador de sua ffazemda.

244

CONDE, amiguo. Eu, elRey, vos ẽvio muito saudar como aquele que muito amo. Eu tenho mandado que, por este ano somente, se despache o beijoim que allgũas pesoas trouxeram da India, pagando d'elle os direitos segundo forma do capitolo de hũ Regimento que elRey, meu senhor e padre, que santa groria aja, deu a Lourenço Moreno, quando foy pera a India, por feytor de Cochim, o ano de dez; e esto, trazẽdo as taaes pesoas çertidam do doctor Pero Vaz, vedor de minha fazenda na India, de como carreguarão o dito beijoim, segundo se mais inteiramente contem na provisam que, acerca d'iso, tenho emviada ao feytor e oficiaes da casa da India. E porque sam ẽformado que as ditas pesoas nam trazẽ certidã do dito Pero Vaaz, e se não proverão de a trazerẽ por na India estar em costume de carreguarem o dito beijoim como cousa que nam era defesa, ey por bem que por este ano se despache o dito beijoỹ a todas as pesoas que o trouxeram, segundo tenho mandado, posto que nam trouxesem a dita certidã de Pero Vaz; e vos mandareis Registar esta carta na dita casa, pera os oficiaes d'ella o comprirem asy. Manuel da Costa a fez,ẽ Evora, a XXVii de setembro de 1536. Fernam d'Alvarez a fez escrever.
> Rey.

Pera o conde da Castanheira, sobre o beijoỹ que V. A. ha por bem que se despache aas partes, posto que nã tragã certidã de Pero Vaz de como o carreguarã segundo V. A. tynha mandado. Registada na casa da India, a folhas 138, a tres dias de outubro de 1536. J. Frey Geronimo, Dom.

    Por elRey.

A dom Amtonyo d'Atayde, Comde da Castanheira, veador de sua fazenda.

245

CONDE, amiguo. Eu, elRey, vos ẽvio muito saudar como aquele que muito amo. Eu tenho mandado que, na casa da India, se nam posa trespasar direito[1] de hũa pesoa em outra, nẽ se Receba nem ponha ẽbarguo allguũ a Requerimento de partes, posto que pera iso mostrẽ mandados da justiça, sem minha licença, por evytar vemdas e cõluyos que sam ẽformado que se fazẽ nestes direitos da dita casa. E por que allgũas trespasações e ẽbarguos d'estes se fazem verdadeiramente, e as partes Recebem opresão em vyrẽ Requerer pera iso provisam a minha fazemda, ey por bem que vos dees laa licença, pera se fazerem e Receberem na dita casa aquelas trespasações e ẽbarguos que vos parecer que sam feytos como devẽ, e ẽ que não aja sospeitas de conluyo ou vemda. Manuel da Costa a fez, ẽ Evora, a XXVii dias de setembro de 1536. Fernam d'Alvarez a fez escrever.

       Rey.

Pera o conde da Castanheira, sobre as trespasações e ẽbarguos do dinheiro da casa da India, pera que V.A. ha por bem que elle la de licença naquelas que lhe parecer que sã feytas como devẽ, e ẽ que não aja sospeita de vemda ou conluyo.

Registada na casa da India, a ffolhas 138, oje, tres dias de outubro de VcXXXVi. Frey Geronymo, Dõ.

   (On Reverse Side)

    Por elRey.

A dom Amtonyo d'Atayde, comde da Castanheira, veador de sua fazemda.

---

[1] The MS. has d^{ro}, which Palha expands into *dinheiro* in the three cases in this letter.

246

COMDE, amiguo. Eu, ellRey, vos emvio muyto saudar como aquele que muito amo. Vy a carta que me escrevestes, em que me daees conta da naao dos Franceses que tomou Pero Llopez de Sousa, que trouxe ao porto d'esa cidade, e da maneira que pellejou com ella e cõ as outras naoos francesas, e como o negoçio pasou. Muyto vos agardeço de quam miudamente me destes d'iso conta, e Receby prazer de saber como se Pero Llopez com elles ouve, que foy cõ tanto esforço e Recado como he a cõfiança que d'elle tenho, e asy dos que em sua companhia foram. Pareçeo me muy bem a dilligencia que fezestes com o chanceller, pois hy nõ era o governador, pera mandar poer os Franceses a Recado, e se lhe fazerem as preguntas e autos necesarios, pera se saber se sam cosayros, e se tem Roubados allguũs navios de Portugeses. Emcomendovos muito que, tanto que forem feytas as dilligençias necesarias, me emvieis o trellado dos autos, pera os eu ver e mandar sobre o despacho dos ditos Françeses o que me bem e justiça parecer. E eu escrevo ao chanceller que vos emtrege os ditos autos, pera mos emviardes.

Quanto ao que dizeis do dano que Recebeo o galleam, e que o mandaes corregeer e fazer prestes pera tornar a sayr fora, se o eu ouver por meu serviço, ẽcomendovos muyto que o mandeis correger e fazer prestes, porque eu ey por meu serviço que Pero Llopez torne a sayr e amde fora cõ a mesma armada que trazia todo este mes d'outubro, como estava ordenado, servĩdo o tempo pera iso. E eu escrevo a Pero Llopez, agardecendolhe o que tem feyto, e emcomẽdandolhe que torne a sayr o mays ẽ breve que poder ser. E vos direys de minha parte aos capitães dos navios, e asy aos fidallgos e outros criados meus da dita armada, que lhe agardeço quam bem o ate agora tem feyto, e que tornem cõ Pero Llopez, por que d'iso me averey por bem servido d'elles e dos mareantes e omeẽs d'armas; trabalhareis por armaar e aviar o milhor que poderdes. Emcomendovos muyto que me escrevaes quando a armada podera sayr, e asy toda a mays emformaçam que teverdes sabydo d'eses Franceses, e se tem Roubado allguũs navios de Portugeses, por que, allem do que vyer nos autos, follgarey de o saber por vosa

carta. Fernam d'Alvarez a fez, em Evora, aos ii dias de outubro de VcXXXVi. J.
 Rey.

Reposta ao conde da Castanheira, sobre a naoo dos Franceses e armada de Pero Lopez.
 (On Reverse Side)
 Por ellRey.
A dõ Antonio d'Atayde, conde da Castanheira, vedor de sua fazenda.

247

COMDE, amiguo. Eu, ellRey, vos emvio muito saudar como aquele que muyto amo. Ontem vos escrevy sobre a naoo que Pero Llopez de Sousa tomou aos Franceses que, tanto que as dilligenças fosem feytas, me emviaseis os autos. Por esta carta que me agora escrevestes, vy o que os corregedores tem feyto, e o que acham pelas preguntas que aos Franceses fizeram, e como aviam aimda de tirar imqueriçam pollos Portugeses. Muyto vos agardeço quam decraradamente me daees conta de todo o que he feyto, e vos emcomendo que, tanto que as imquerições forem tiradas, e todas as dilligencias feytas, me façaes emviar os autos, como vollo tenho escrito.

Vy todo o que pasastes cõ Pero Afonso Dagiar, e cõ o patrã moor e Vasco Fernandez, sobre se devia de sayr a armada fora ou nã; e como vos pareçe que, avemdo eu por meu serviço que toda vya saya, que devem de seer antes caravellas que ho galleã nem a naoo Cirne; e porque pareçe que ho tempo estaa asentado, e que na costa amdarã ainda as naoos que Pero Llopez achou de cosayros, ou outras, averey por meu serviço que se façam prestes oyto caravellas, cõ as que Pero Llopez trazia, e que com ellas, sem o galleã nẽ a naoo Cirne, saya, tanto que poderem seer prestes, e amde fora este mes d'outubro. E darlheeis por Regimento que, quando vyr o tempo contrairo, ou tall que nõ posa andar no mar, trabalhe por tomaar antes o porto de Llixboa que outro nenhuũ. E isto vos emcomẽdo muito que mandeis fazer prestes, cõ a presteza e brevidade cõ que sey que ho aveis de fazer. E se llaa fallecerem pesoas pera capitães das caravellas, que se agora ham d'armaar, escrevey mo, e iram lloguo de quaa, se necesario for.

Receby prazer do que me escreveis, que ho galleam Sam João podera seer prestes pera Janeiro, e asy o galleam em que agora amdava Pero Llopez, e a naoo Cirne. Emcomendovos muyto que vos mandeis todos corregeer e aparelhar pera quallquer cousa que for necesario, de janeiro por diante. Fernam d'Alvarez a fez, em Evora, aos iii dias de outubro de 1536.

Rey.

Reposta ao conde da Castanheira, sobre os Franceses e a armada da costa.
   Por ellRey. J.
A dõ Antonio d'Atayde, cõde da Castanheira, vedor de sua fazenda.

248

COMDE, amiguo. Eu, ellRey, vos emvio muito saudar como aquele que muyto amo. Vy a carta que me escrevestes por Francisco d'Alvaremga, criado de Ruy Fernandez, sobre o embaixador dellRey de França, que he chegado a esa cidade, e como dizeis que ho mandastes vysitar. Queryeis saber de mỹ o que com elle mais deveis de fazer. Pareceme bem irdello vysytar a sua casa, como vos a vos pareçe, e que deve de ser cõ aquelas pallavras e cõprimentos que se nõ poderem escusar, e que, segundo a disposysam do tempo, se deverem de fazer. Agardecervos ey escreverdes me o que vos d'elle pareçer, e o que mais poderdes saber de que vos pareça que deva ser avysado. Fernam d'Alvarez a fez, em Evora, aos iiii dias de outubro de 1536.

Rey.

Reposta ao conde da Castanheira sobre o embayxador de França.
   (On Reverse Side)
   Por ellRey. J.
A dõ Antonio d'Atayde, conde da Castanheira, vedor de sua fazenda.

249

COMDE, amiguo. Eu, ellRey, vos emvio muito saudar como aquele que muyto amo. Eu vos tenho escrito que mandaseis fazer prestes oyto caravellas armadas, e que nellas tornase Pero Llopez de Sousa a sayr fora, pera andar todo este mes em guarda da costa; e por o tempo ser jaa tamto no imverno, em que pareçe que poderaa fazer pouco fruto, ey por bem e meu serviço que ho dito Pero Llopez nõ saya fora, e as caravellas se desarmem da gente soomente, e de todo o mais ficaram armadas, cõ os mais navios que no porto d'esa cidade temdes armados, em quanto eu nõ mandar o contrairo. E aos fidallgos que nesa armada hyam, e aos outros criados meus, direis de minha parte que lhe agardeço o serviço que nella tem feyto, e a boa vontade cõ que follgavam de tornar a servir, que por agora ey por escusado de sayr a dita armada. Fernam d'Alvarez a fez, em Evora, aos X dias de outubro de 1536.
   Rey.

Pera o conde da Castanheira, sobre a armada em que avia de ir Pero Llopez em guarda da costa, que vosa altesa ha por bem que nom saya.
  (On Reverse Side)
  Por ellRey. J.
A dõ Amtonio d'Atayde, conde da Castanheira, veedor de sua fazenda.

250

COMDE, amiguo. Eu, ellRey, vos emvio muito saudar como aquele que muyto amo. Encomẽdovos muyto que mandeis há Vylla de Llagos a artelharia que for necesaria, pera se poderẽ armar seis caravellas das sortes cõ que se acustumam armar, cõ seus pillotos, e asy as monyções e armas, e todo o mais que cõprir pera se as ditas seis caravellas poderem armar, quando necesario for. E asy emviareis mais dous bombardeiros dos da nomina, dos mais autos que houver, e que saybam emsynar os da terra, porque quero que estem na dita villa todo este imverno, e que emsynem a tirar allguũs omẽs, pera servyrem de bombardeiros quando cõprir. E mays mandareis há dita villa cem arcabuzes, pera se começarem a daar a allguũs mareãtes, e a outras pesoas, por seu dinheiro, pera se i insynarem; e cõ a artelharia iraa a pollvora de bõbarda e de arcabuz que vos bem parecer, e tudo seraa entregue ao allmoxarife d'allfamdega; e mandalloeis avysar que tenha tudo a boõ Recado, e escrevereis a Diogo da Syllva todo o que emviardes, pera o fazer poer a Recado. E se estas cousas podesem ir em companhia da embarquaçam de dõ Duarte, o averia por meu serviço, por que pareçe que poderia ir seguro d'armados.

Dõ Rodrigo, capitão de Çafim, me escreveo que tem novas que ho xarife he tornado a Marrocos com toda a artelharia delRey de Fez, e cõ todo o que lhe tomou; e porque compre a meu serviço estaar a dita cidade bem provida este imverno, escrevo a Nuno Rodrigues Barreto que lhe mande lloguo cem besteiros e espingardeiros, allẽ da gente que tem, que sam oytocentos e cimquaentos omẽs. E por que o dito dõ Rodrigo me escreveo, que a moor parte dos besteiros e espingardeiros que llaa tem querem que hos mande vyr, por terẽ muytos necesidade; e por ser jaa tam perto de imverno, e que poderam mall ir outros, me pareceo mais meu serviço mandar lhe pagar seis meses de seus solldos e follgarem de estaar este imverno; pelo que vos emcomẽdo muyto que mãdeis teer prestes cĩquo mill cruzados, ainda que se tomen a cãybo, pera se mandarem há dita cidade; e apos esta iraa Balltesar Rodrigues, adaill d'ella, pera os llevar.

Tambem manda pedir o dito dõ Rodrigo as cousas que vereis por huũ Roll que vos cõ esta emvio. Emcomendovos muyto que as mandeis lloguo fazer prestes, pera as llevar o dito adayll, e esto seja com a moor brevidade que for posyvel, pera poderem ir antes do imverno. Fernam d'Alvarez a fez, em Evora, aos Xi dias de outubro de 1536.

   Rey.

Pera o conde da Castanheira.
   (On Reverse Side)
   Por ellRey. J.
A dõ Antonio d'Atayde, conde da Castanheira, veador de sua fazenda, etc.

251

COMDE, amiguo. Eu, ellRey, vos emvio muito saudar como aquele que muyto amo. Vy a carta que me escrevestes sobre o que pasastes com os moedeiros, e pela necesidade que ha de a moeda llavrar, escrevo aos vereadores d'esa cidade sobre a casa do Sombreyreyro e que lhe guardem imteiramente seus privillegios. Emcomẽdovos muyto que trabalheis por asentar ese deseseguo de maneira que nõ tenham duvida em llavrarem, e que tomeis toda emformaçam que poderdes pera saber domde naçem eses descomcertos; por que sam emformado que Francisco Dinez he causa d'allgũa parte d'elles. E eu ey por bem e muyto meu serviço, que vos mandeis proveer, em todo o que for necesario, na moeda d'esa çidade, e em todollos ofiçiaes e moedeiros d'ella, tam imteiramente como o fazeis na casa da Imdia e allmazẽis, por que eu ey a dita casa da moeda por da vosa Repartiçam. E de toda a dilligençia que mãdardes fazer, pera aseseguo dos moedeiros, e em todo o mais vos parecer necesario, Receberey prazer; e muyto vollo agardeçerey. Fernam d'Alvarez a fez, em Evora, aos Xi dias de outubro de 1536.

   Rey.

Pera o conde da Castanheira, sobre a moeda de Llixboa.
   (On Reverse Side)
   Por ellRey.
A dõ Antonio d'Atayde, conde da Castanheira, e veador de sua fazenda.

252

COMDE, amiguo. Eu, ellRey, vos emvio muito saudar como aquele que muyto amo. Quando chegaram estas vosas derradeiras cartas de IX d'este mes d'outubro, vos tinha esprito que mãdaseis despidir a gente das caravelas que mandaes fazer prestes pera Pero Llopez de Sousa tornaar ao maar, por seer jaa tãto no imverno, e parecer que se podia escusar de sayr fora. E pollo que me agora escrevaes, de teerdes novas que em Galliza, nos portos de Bayona, e de Vyneyro, estam quinze ou vymte navios de Portugeses que vem de Framdes, que, por aver nova d'amdarem muytas naoos de Franceses ao Cabo de Finisterra, e por toda a costa, e tomarem d'antre elles huũ, nõ ousariam de sayr dos ditos portos; e que por este Respeito, vos parecia meu serviço que, pois Pero Llopez avia de sair fora, que devia de ir ate Bayona pera Recolher os que hy estevesem, e daar favor aos que estam em Vyneyro; e que, por vos pareçer a armada pequena, tendes mandado hũa caravella pescaresa ver como a costa estaa; e que, trazemdo nova certa que ha muytos Franceses, devia de mamdar que se emgrosase mais a armada, quando vy esta vosa carta, mandey que nom fosem as que estavam feytas pera Pero Llopez nom ir; e pera agora vos aver de mandar Recado se deve de ir a Galliza, pera trazer os navios dos Portugeses, e se a armada se deve d'emgrosar ou nam, queria primeiro saber o Recado que traz a caravella pescaresa que temdes mandado ver a costa. Pelo que vos emcomẽdo muyto que, tanto que a dita caravella hy for, me escrevaes ho Recado que vos trouxer dos Franceses que amdam na costa, a qual nõ deve de tardar, por estes dias pasados serem bramdos pera a sua navegaçam. E asy me escrevey per que vyas soubestes as novas dos navios que vos diseram que estam neses portos de Gallyza, e se ha cartas de pesoas taees que se deva de fazer certo fundamento que estam hy, e se vem todos ou allguũs d'elles armados, ou cõ artelharia cõ que jumtos se posam defender; e de tudo o que souberdes, me avysay myudamente.

Quanto ao que dizeis que, antre os navios dos Portugeses que vem de Framdes, vem allguũs de vasallos do emperador, meu muyto amado e preçado irmãoo, e porque pode seer que, trazemdo os Pero Llopez em sua companhia, os queyram cometer os Franceses, ou lhe façam sobre yso Requerimentos, e que o mesmo poderam fazer os vasallos do emperador, meu irmãoo, acolhemdose há armada allguũs navios de Franceses, e que mande a Pero Llopez o que neste caso faraa, quando tall acontecese, tanto que vyer a Reposta do Recado que a caravella pescaresa trouxer, cõ a determinaçã que tomaar do que a armada fara, vos espreverey o que Pero Llopez neste caso ouver de fazer. E antes da determinaçam d'elle, vos emcomendo muyto que, cõ as primeiras cartas que me escreverdes, me escrevaes voso pareçer muy decraradamente, por que em negocio d'esta callidade follgarey de o saber. E asy vos agardecerey que, cõ o Recado que vyer da caravella pescaresa que mandastes a Galliza, me escrevaes tambem voso pareçer se Pero Llopez deve d'ir llaa pera trazer os navios dos Portugeses, e se vos pareçe que se deve d'emgrosar a armada, e cõ quantas vellas e quais, ou se vos pareçe que se deve d'escusar de sair jaa neste imverno, pera sobre tudo mandar o que mais meu serviço for.

Os autos que me emviastes, que se fizeram dos Franceses, que tomou Pero Llopez, mandey lloguo ver, e aqui veyo teer huũ omem que vinha ẽ huũ navio da Ilha da Madeyra, que, pellos synaes que daa, pareçe que foy Roubado por esa mesma naoo; o qual lloguo llaa iraa, pera os corregedores fazerem cõ elle as dilligencias neçesarias. E tambem escrevo aos ditos corregedores, que façam outras dilligençias que parecem necesarias, e mandem o trellado do emventario do que se achou na naoo; e a carta lleva o mesmo omem. Ẽcomẽdovos muyto que, tanto que laa for, vos emformeis por elle, e digaes aos corregedores que façam as dilligençias que lhe escrevo, e as mandem cõ brevidade por se dar despacho aos presos, como for justiça. Aas novas que me escreveis dos navios que tomaram os Franceses, e dos que solltarã, vos agardeço muyto; e vos emcomẽdo que comtinuadamente me aviseis de todo o que sobceder, como o sempre fazeis. Fernam d'Alvarez a fez, em Evora, aos Xii dias de outubro de VcXXXVi.   J.

Rey.

Reposta ao conde da Castanheira.
       (On Reverse Side)
       Por ellRey.   J.
A dõ Antonio d'Atayde, conde da Castanheira, vedor de sua fazenda.

253

COMDE, amiguo. Eu, ellRey, vos emvio muito saudar como aquele que muyto amo. Vy a carta que me escrevestes, em que dizeis que vos pareçe meu serviço ir Manoel d'Alboquerque, com os navios que leva, polla costa de Mallageta, e que asy o praticastes com Pero Afonso Dagiar e os oficiaes d'ese allmazem. Pelas Rezões que em vosa carta apõtaees, ey por muyto meu serviço que o dito Manuel d'Alboquerque vaa pela dita costa; e vos agardeço muyto a llembrança que d'iso tevestes, e vos emcomendo que ho mandeis llogo despachar e partir. E cõ esta vos emvio o Regimento e poderes pera a viajem, e vos lhe dareis por Regimento, asynado por vos, o que vos parecer que mais he necesario; por que eu lhe mando que, asy elle como Amrrique Nunes, ho cumpram imteiramente.

Quanto hás naoos portugesas que estam em Gallizia, e há ida de Pero Llopez, tanto que tever voso Recado da nova que vyer pela caravela pescaresa que mandastes ao Cabo de Finisterra, vos escreverey o que ouver por meu serviço que se faça.

Fernam d'Alvarez me deu conta do que lhe escrevestes sobre as perollas que se compram nesa casa, e pelo Roll do que custaam na Imdia, e as que entram mais na cõpra que agora fazem, pareçe que dam por ellas muyto menos do que deviam de valler; e cõ tudo, pela necesydade que hy ha de dinheiro, ey por bem que vos façaes niso o que vos bem parecer, e que se vendam pelo milhor preço que poder ser; por que, do que niso mandardes fazer, me averey por bem servido. Fernam d'Alvarez a fez, em Evora, aos XXi dias de outubro de 1536.

Rey.

Reposta ao conde da Castanheira.
   (On Reverse Side)
   Por ellRey. J.
A dõ Antonio d'Atayde, conde da Castanheira, vedor de sua fazenda.

254

COMDE, amiguo. Eu, elRey, vos emvio muito saudar como aquele que amo. Eu ey por muito meu serviço que, vimdovos novas a esa cidade, que os armados franceses tem tomado allgun navio ou navios de meus vasallos e naturaes, lloguo como o souberdes, Requeiraes a hum dos corregedores do crime d'esa cidade, que tire d'iso inquiriçam pellas pesoas do navio ou navios tomados, se d'hy forem, ou vierem ter se d'i nom forem, e por quaesquer outras pesoas, por que pareça que a verdade d'iso se pode saber, e sejam perguntados pello nome do senhorio ou mestre do navio ou navios tomados, e da gramdura do navio, e donde sam moradores, e asi pellos nomes dos marinheiros e companha do tall navio ou navios, e a paragem em que foram tomados e Roubados, e que mercadorias lhe tomaram e Roubaram, e quanto valeriam, e onde carreguaram, e asi se lhe fizerã nas pesoas allguũ dano, e, se lhe foy feito, a callidade de que foy, e sejam asy mesmo perguntados pela gramdura dos navios que os Roubaram, e como amdavam artilhados e armados, e quanta gente traziam, e se eram Franceses, se Bretões, ou de que naçam eram, e pellos sinaaes dos navios, pera serem por elles conhecidos, e se sabem onde armaram e de que lluguares sam; e preguntem se tanbem pellos nomes do mestre ou senhorio dos taaes navios, e se andavam em conserva d'outros navios, ou se era soo aquele que os tomou; e por toda outra cousa por que pareça que podem ser conhecidos, e sabidos quem sam; a qual inquiriçam se tirara de tamtas testemunhas que pareça que abastara pera por ellas se fazer comprimento de direito. E acabada de tirar a dita inquiriçam, me sera emviado o trelado d'ela cerrada e aselada, e a propia ficara laa. E outro tanto vos mando que se faça sobre os navios que atee a feitura d'esta sam tomados de meus vasallos e naturaaes. E per esta mando ao corregedor que Requererdes que faça esta diligencia que, loguo como por vos for Requerido, o faça, e me emvie os trelados das ditas inquirições, e as propias fiquem laa, e se tenham em toda boa guarda; e isto se faça o mais em breve que sseja posivel, porque cumpre asi muito a meu serviço. Pero Fernandez a fez, em Evora, a XXi dias d'outubro de 1536.

   Rey.

Pera o conde da Castanheira.
   (On Reverse Side)
   Por elRey.
A dom Antonio d'Atayde, conde da Castanheira, veador de sua fazenda, etc.

255

COMDE, amiguo. Eu, ellRey, vos emvio muito saudar como aquele que muyto amo. Pelas cartas que vyeram agora de Framdes vy que estava a pimenta no mes d'agosto pasado em vỹte e quatro dinheiros e meio, e nom tinha boõ espidiente. E por que ja agora he tam chegado o tempo há fim do ano em que se ha de fazer contrato, ou teer asentado o que se ha de fazer da pimenta e drogas, vos emcomendo muyto que começeis de practicar cõ estes mercadores e saber d'eles seu fundamento, dizendolhe que esperais de vyr cedo a mỹ, e que antes de vosa vỹda que seraa necesario saber em que tempo se ordenaraa a armada pera Framdes; por que, segundo a disposyçam do tẽpo, cõpriraa fazerse pera elles ou pera se carregar por mỹ, quando nõ fizesem o que fose Rezam. E por esta maneira, ou por quallquer outra que vos milhor parecer, vos agardecerey trabalhardes por saber em que estam, pera cõ o que nelles achardes se ver o fundamento que se faraa pera o ano que vem de VcXXXVii. E me escrevereis o que vos pareçer que se deve fazer. E lloguo vereis as naoos que hy ha, pera se poder fazer a armada pera Framdes, por que pareçe que se nõ poderaa escusar. E vosa Reposta me emviay o mais cedo que poder ser. Fernam d'Alvarez a fez, em Evora, aos XXi dias de outubro de 1536.

Pera o conde da Castanheira.   Rey.
     (On Reverse Side)
     Por ellRey.   J.
A dõ Antonio d'Atayde, cõde da Castanheira, vedor de sua fazenda.

256

COMDE, amiguo. Eu, ellRey, vos emvio muito saudar como aquele que muyto amo. Vy a carta que me escrevestes, em que dizeis que sam jaa vymdas allgũas naoos de Framdes a esa cidade, das que estavam nos portos de Galliza; e asy vy o que vos escreverã o pilloto que mandastes a saber se avia Franceses na costa e o capitão de Bayona; e porque me pareçe que, por ser jaa tamto no imverno, nom poderaa a armada que mandava fazer pera ir Pero Llopez aproveytar, ey por bem que nam saya, e que mandeis despidir a gente d'elle, ficando as caravellas armadas como estam todos os mais navios que no porto d'esa cidade tendes armados, pera quando for necesario e cõprir a meu serviço poderem sayr. Porem, o que nos navios e caravellas ouver de fycar, seraa o que vos pareçer bem e mais nam.

Vy o que se escreveo da Ilha de Sam Tome, e eu mandarey lloguo despachar Paullos Nunez. Ẽcomendovos muyto que mandeis

meter nestes navios as armas, e todo o mais que vos pareçer necesario. E se Pallos Nunez nõ poder ir nesta embarcaçam, iraa na primeira que for depois; e eu o mandarey partyr lloguo, pera ir nesta se for posyvel. Fernam d'Alvarez a fez, em Evora, aos XXii dias de outubro de 1536.
Rey.

Reposta ao conde da Castanheira.
       (On Reverse Side)
       Por ellRey. J.
A dom Antonio d'Atayde, conde da Castanheira, e veedor de sua fazenda.

257

COMDE, amiguo. Eu, elRey, vos emvio muito saudar como aquelle que muito amo. No despacho de Pallos Nunez ha alguũs incomvenientes, por omde pareçe que não poderia loguo partir, por que pede que se lhe faça provisão de capitão da Ilha de Sam Tomee e de toda a terra, de maneira que o são os capitães das outras ilhas, ho que não pode ser, por ja ser despachado o corregedor, que leva seus poderes acustumados, e por outras justa causas que bem deveis de saber. Pelo qual me pareçe bem e meu serviço que, nam semdo ainda partido o corregedor, pratiqueis com os oficiais da casa e pesoas que nisto devão de bem emtender o que ele, corregedor, podera e deve fazer na Ilha comtra os negros alevamtados, pera os apaceficar, ẽ quanto o dito Pallos Nunez ou outrem a iso não for; e lhe mandeis dar d'iso Regimento, asynado por vos; por que eu lhe escrevo e mando que o cumpra inteiramante. E ẽ tanto se poderaa tomar asemto como, e de que maneira, o dito Palos Nunez ou outrem deva de ir. Pero Amrriques a fez, a XXV dias de outubro de mill VcXXXVi.
Rey.

Pera o conde da Castanheira.
       (On Reverse Side)
       Por elRey.
A dom Amtonio d'Ataide, comde da Castanheira, e veedor de sua fazenda.

258

COMDE, amiguo. Eu, ellRey, vos emvio muito saudar como aquele que muyto amo. Eu tenho asentado de nom mandar este ano que vem capitãoo moor há Imdia, nem mayor armada que ha que for necesaria pera a carrega de pimenta e drogas, e que nella vaa a gente de sobresallente pera ficar na India que se bem poder agasalhar. Emcomendovos muyto que mandeis lloguo ordenar as naoos que ham d'ir pera trazer a dita carrega, e nõ façaes fundamento de irem outras mais, e mandeis fazer conta da gente que bem poderem llevar de sobresallente; e pera ella, e asy pera ha da viajem, mãdareis proveer os mantimentos que forem neçesarios. E tanto que a dita armada da India ficar em ordem, a lleyxareis emcomẽdada ao proveedor e oficiaes do allmazẽ, e asy ao feitor e oficiaes da casa da Imdia o que pera ella ouverem de fazer, e vos vyreis emboora; e de vosa vymda seer com a moor brevidade que poderdes ter, Receberey prazer, e muyto vollo agardacerey. Muyto vos emcomendo que por agora nõ poʋriqueis a pesoa allgũa que tenho asentado de nõ mandar capitão moor este ano que vem há India, ate o eu fazer saber a Tristam da Cunha, que eraas muy çedo. Fernam d'Alvarez a fez, em Evora, aos XXIX de outubro de 1536.

   Rey.

Pera o conde da Castanheira.
   (On Reverse Side)
   Por ellRey. J.
A dõ Antonio d'Atayde, conde da Castanheira, vedor de sua fazenda.

259

COMDE, amiguo. Eu, ellRey, vos emvio muito saudar como aquele que muyto amo. Pela carta que escrevestes a Fernam d'Allvarez vy que estaveis prestes pera vyr como vollo tenho escrito, e que antes de vosa partida queryeis saber o que se faraa, depois de vos vyrdes, cõ os navios que d'esa cidade quiserem partyr pera fora, que se lhe daraa a licença ou lha negaraa. Muyto vos agardeço a llembrança que tevestes de lleyxar niso a ordem que compre a meu serviço, e eu ey por bem que Pero Affonso Dagiar, com os oficiaes do allmazem, tenham cuydado de daar as ditas licenças aos navios que pera fora ouverem d'yr, e as denegem quando lhe bem pareçer; e pera iso lhe lleyxareis Regimento e ordem, como o ham de fazer, e mandareys apregoar que nenhuũ navio saya sem licença do dito Pero Affonso e oficiaes do dito allmazem; e asy ao allcayde da Torre de Bellem mandareis que faça o que lhe elles mandarem. E ẽ quanto vos quaa esteverdes, teeram cuydado de vos avysar de todollos navios que forem pera fora, ou que nesa cidade esteverem, a que se nõ derem llicenças, e de todo o que pasar, pera me dardes d'iso conta. E depois que este negocio ficar em ordem, vos vyreis emboora.

A llenbrança que tevestes de praticar com os mercadores sobre o contrato vos agardeço muyto; e por que vosa vynda ha de seer çedo, he escusado escreverdes me o que cõ elles pasastes, por que por vos follgarey de o saber. Fernam d'Alvarez a fez, em Evora, aos Vi dias de Novembro de VcXXXvi. J.

   Rey.

Pera o conde da Castanheira.
   (On Reverse Side)
   Por ellRey.
A dõ Antonio d'Atayde, cõde da Castanheira, vedor de sua fazenda.

260

COMDE, amiguo. Eu, ellRey, vos emvio muyto saudar como aquele que muyto amo. Por que eu queria saber as armas que ha neses allmazeẽs, vos emcomendo muyto que mandeis fazer huũ Roll de todallas armas, asy brancas como couraças, e todallas outras que nelles ha; o qual vyraa tam bem decrarado como veyo o da artelharia, que estava muy bem decrarado; o qual Roll he pera por elle poder saber o que seraa necesario mandar trazer, pera se llançar pelo Reyno, asy de coyraças como d'outras armas. Muyto vos emcomendo que ho mandeis fazer com a moor brevidade que poder ser. Fernam d'Alvarez a fez, em Evora, aos Xii dias de [1] VcXXXVi. J.

        Rey.

Pera o conde da Castanheira, sobre o Roll das armas.
        (On Reverse Side)
        Por ellRey. J.
A dom Antonio d'Atayde, comde da Castanheira, e veedor de sua fazenda.

261

CONDE, amigo. Eu, elRey, vos envio muito saudar como aquele que muito amo. Ey por bem de mandar emprestar mil e quynhentos cruzados ẽ dinheiro a dom Fernando de Lima, fidalgo de minha casa, que ha d'ir há India na armada d'este anno presente de quynhentos trinta e sete, pera se com eles fazer prestes. Por tanto vos encomendo muito que do dinheiro do cofre que ele, com a ajuda de Noso Senhor, ouver de levar na naao de que ha d'ir por capitam, lhe mandeis emprestar os ditos mil e quynhentos cruzados, fazendo ele obrigaçam de os entregar na India a meus oficiaaes a tempo que syrvã pera a carrega das naaos d'esta armada em que vay. Antonio Soarez a fez, em Evora, aos iii de Janeiro de mil e quynhentos trinta e sete. E a dita obriguação sera que, do dia que cheguar há India, a vimte dias primeiros seguintes, emtregue laa os ditos dinheiros. Fernam d'Alvarez a fez escrever.

        Rey.

Pera o conde da Castanheira, que do dinheiro do cofre que dõ Fernando de Lima ouver de levar a a India, na naao de que vay por capitam, lhe mande emprestar mil e quynhentos cruzados, fazendo obrigaçam de na India os ẽtregar a vosos oficiaaes, pera a carrega das naos d'esta armada em que vay.
        (On Reverse Side)
        Por elRey.
A dom Amtonio d'Ataide, comde da Castanheira, veedor de sua Fazenda.

[1] The MS. seems to indicate no month.

262

CONDE, amigo. Eu, elRey, vos envio muito saudar como aquele que muito amo. Por que eu averey por bem e muito meu serviço que dom Fernando de Lima, fidalgo de minha casaa, que este anno presente vay a a India, vaa por capitam da naao Sam Roque de Fernam Guomez das Naaos, vos encomendo muito que de minha parte lho digaes asy, e que lhe terey em servyço consentir nyso, por dom Fernando ser pesoa que muito bem ha de olhar pelo que cumpre a meu serviço e a proveito e Resguardo da naao e fazenda d'ele, dito Fernão Gomez; e metereis de pose da capitania da dita naao o dito dom Fernando. E ele, tratador, poderaa mandar apresentar nas partes da India ao capitam mor, governador em elas, pesoa auta que a a torna viagem venha por capitão da dita sua naao. Antonio Soarez a fez, em Evora, aos iii dias de Janeiro de mil [1] VcXXXVii. Fernam d'Alvarez a fez escrever.

Rey.

Pera o conde da Castanheira, sobre dom Fernã de Lima, que V. A. ha por bem que vaa por capitam da naao Sam Roque de Fernam Gomez das Naaos, e que há torna viagem posa o dito Fernam Gomez mandar apresemtar ao capitão mor da India pesoa auta que nela venha por capitão.

(On Reverse Side)
Por elRey.
A dom Amtonio d'Ataide, comde da Castanheira, veedor de sua fazenda.

263

COMDE, amigo. Eu, elRei, vos envio muito saudar como aquele que muito amo. Eu por bem de mandar emprestar quinhentos cruzados em dinheiro a Jorge de Lima, fidalgo de minha casa, que ha d'ir a a India, narmada d'este anno presemte, de quinhentos trinta e sete, pera se cõ eles fazer prestes. Por tanto vos encomendo muito que, do dinheiro do cofre que ele, com ajuda

---

[1] There is a sign here which is doubtless intended for *mil*.

de Noso Senhor, ouver de levar na naao de que ha d'ir por capitam, lhe mandeis emprestar os ditos quynhentos cruzados, ffazendo ele obrigaçam de os entregar na India a meus ofyciaaes a tempo que syrvam pera a carrega das naaos d'esta armada em que vay. Antonio Soarez a fez, em Evora, aos iiii dias de Janeiro de mil [1] VcXXXVii, a qual obrigação fara com decraração que os emtregue do dia em que cheguar a a India, a vimte dias primeiros seguintes. Fernam d'Alvarez a fez escrever.

Rey.

Pera o conde da Castanheira, que do dinheiro do cofre que Jorge de Lima ouver de levar a a India, na naao de que vay por capitam, lhe mande emprestar quynhentos cruzados, fazendo obrigaçam de na India os emtregar a vosos oficiaes, pera a carrega das naaos d'esta armada em que vay. J.

 (On Reverse Side)
 Por elRey.
A dom Amtonio d'Ataide, comde da Castanheira, veedor de sua fazenda.

264

COMDE, amiguo. Eu, elRei, vos emvio muito saudar como aquele que muito amo. Por que eu queria que os lugares de porto de maar de meus Reinos estivesẽ providos de artelharia e pollvora, pera defensão de quaesquer armados que a eles forẽ ter de maao titulo, vos encomendo muito que mandeis loguo fazer prestes os bombardeiros e artelharia que pera iso for neçesaria, pera esta Repartição abaixo decrarada, a saber, pera a çidade de Tavilla, artilheria com que se posão armar quatro caravellas e dous bombardeiros muito boõs e bẽ eixaminados. E pera Farão,[2] artelharia cõ que se posão armar outras quatro caravelas e dous bombardeiros.

E pera Villa Nova, artelharia pera duas caravelas e hũ bombardeiro.

E pera a cidade do Porto, artelharia cõ que se posão armar seis caravelas e dous bombardeiros.

[1] There is a sign here which is doubtless intended for *mil*.
[2] Palha notes *ita*, after this word, in his transcript. The word is clear enough in the text.

E pera Villa de Comde, artelharia com que se posão armar quatro caravelas e dous bombardeiros.

E pera Viana de Caminha, artelharia pera quatro caravellas e dous bombardeiros.

E tamto que asy for prestes a dita artelharia, a mandareis a bõ Recado aos ditos lugares, e a pollvora que pareçer necesaria, Repartida por eles segundo a artelharia que em cada huũ ouver de ficar por la dita Repartição; e sera emtregue aos allmoxarifes dos ditos lugares, e carreguada sobre eles ẽ Reçeita, asy a artelharia como a polvora; e pasarão d'iso seus conhecimentos ẽ forma pera a comta dos almoxarifes do allmazẽ e casa da pollvora, segundo ordenamça. E por que os ditos bombardeiros são pera, allem de servirẽ nas caravelas, quando comprir, emsynarẽ nos ditos lugares em que asy am d'estar pesoas d'eles a seus oficios de bombardeiros, vos encomendo muyto que os mandeis escolher taaes, e tam eixaminados, e sofiçiemtes ẽ seus oficios, que sejam muyto pera iso; os quaes ey por bem que venção e ajão nos ditos lugares seus ordenados, asy como os am estando nesa cidade de Lixboa, e como se fez aos que forão a Llagos. Pero Amrriques a fez, ẽ Evora, aos V dias de Janeiro de mill quynhemtos trimta e sete. Fernam d'Alvarez a fez escrever.

    Rey.

Pera o conde da Castanheira, sobre os bombardeiros, artelharia, e pollvora que ha de mandar a eses lugares de porto de mar açima decrarados.

  (On Reverse Side)
  Por elRey. J.
(The rest of the address is torn off)

265

CONDE, amiguo. Eu, elRey, vos ẽvio muito saudar como aquele que muito amo. Eu ey por bem, por fazer merçe a Lopo Vaaz Vogado, que se lhe ẽprestem mill cruzados do dinheiro do cabedall da armada que ouver de ir pera a India no cofre da naao Froll della Maar, de que elle ha de ir por capitão, obrigãdose de os emtregar na India, do dia que a dita naao, com a ajuda de Noso Senhor, chegar a Cochym, a vynte dias; os quaes emtre-

garaa na feytoria em dinheiro de contado. Emcomendovos muito que, ffazemdo o dito Lopo Vaaz obriguaçõ d'iso na casa, lhe mandeis emprestar nella os ditos mill cruzados, na maneira que dito he. Manuel da Costa a fez, em Evora, a X de Janeiro de VcXXXvii.
  Rey.

Pera o conde da Castanheira, sobre os mil cruzados que V. A. manda emprestar do dinheiro do cofre da naao Froll della Mar a Lopo Vaaz Vogado, obrigamdo se elle de os emtregar na India, na feytoria de Cochim, ẽ dinheiro de contado, do dia que a dita naao, cõ a ajuda de Noso Senhor, chegar a Cochim, a XX dias.
  (On Reverse Side)
  Por elRey.
A dom Antonio d'Atayde, comde da Castanheira, veedor de sua fazemda, etc.

266

COMDE, amiguo. Eu, elRey, vos emvio muito saudar como aquelle que muito amo. Rodrigo Ruys, Bizcainho, veio Requerer a minha fazenda sobre huũ comtrato que queria fazer de hũa soma de arcabuzes. E pera iso mandastes fazer hũa diligençia ao almazem, de que vos veio Reposta amtes que vos de quaa foseis. E por que agora estaeis nesa çidade, omde milhor podeis saber o que acerqua d'isto compre, vos ẽcomendo que pratiqueis este neguoçio cõ hos ofiçiaes do dito almazẽ, e ha neçesidade que ha na casa dos ditos arcabuzes; e, achamdo que se deve de fazer d'eles o dito comtrato, o façaeis cõ ho dito Rodrigo Ruys, da soma dos ditos arcabuzes que forẽ neçesarios, e pelo tempo e preços que vos bem pareçer. E loguo llaa o despachareis, sẽ pera iso quaa vir a cousa algũa. Alvaro do Avelar a fez, ẽ Evora, a Xi dias de janeiro de mil[1] VcXXXVii. J. Fernam d'Alvarez a fez escrever.
  Rey.

Pera o conde da Castanheira, sobre o contrato dos arcabuzes.
  (On Reverse Side)
  Por el Rey.
A dom Amtonyo d'Atayde, comde da Castanheira, veedor de sua ffazenda.

---
[1] Again the sign which Palha interprets as *mil*.

267

CONDE, amigo. Eu, elRey, vos emvio muito saudar como aquele que amo. O doctor Gonçalvo Vaaz Pimto, que ora emvio a a cidade de Coimbra ter a cadeira de prima de leis nos estudos que ora, com ajuda de Noso Senhor, mãdo novamẽte fazer na dita cidade, me dise que na casa da Imdia lhe sam devidos XXVI milreis do dinheiro que se achou a seu filho, Amtonio Pimto, na India, honde faleçeo em meu serviço; e que tinha agora muita neçesidade d'eles, pedindome lhos mãdase pagar. E por que d'ello me praz, ey por bem que, semdo lhe liquidamẽte devidos os ditos XXVI milreis, lhe sejam pagos, poendose as verbas ordenadas. Noteficovollo asy pera que o ffaçaes cõprir. Amrrique da Mota a fez, ẽ Evora, a XI de Janeiro de 1537.
Rey.

Pera o conde da Castanheira, sobre os XXXVI milreis que sã devidos ao doutor Gonçalvo Vaaz na casa da India.
 (On Reverse Side)
 Por elRey.
A dom Amtonio d'Ataide, comde da Castanheira, veedor de sua fazenda, e do seu conselho.

268

COMDE, amiguo. Eu, ellRey, vos emvio muito saudar como aquele que muyto amo. Por que Jorge de Barros, meu feitor em Framdes, tem acabado seu tempo, queria mandar proveer d'outro feytor, e pela boa cõta que Manoel Cirne tem dada do em que foy emcarregado, e pela esperiencia que ha de sua abillidade e saber, pareçe que seraa auto pera me servir de feytor na dita feytoria, e que, avendo de ir a pimenta por minha, lhe saberia daar o espidiente que compre a meu serviço, e ir lloguo na armada cõ ella. E poderam servir cõ elle d'esprivães Jorge Llopez e Amdre Soarez, pela pratica que tem da terra, e todos tres o poderam bem fazer. E porque, antes de niso tomar asento, queria tomaar voso pareçer, vos emcomendo muyto que me escrevaes se vos pareçe que devo de mandar agora o dito Manoell Cirne por feytor, pera servir cõ

os ditos escrivães, ou que serviço deve de fazer, pera cõ voso pareçer mandar poer em obra o que mais meu serviço for. Fernam d'Alvarez a fez, em Evora, aos XI dias de Janeiro de VcXXXVII.
       Rey.

Pera o conde da Castanheira.
       (On Reverse Side)
       Por ellRey. J.
A dõ Antonio d'Atayde, cõde da Castanheira, vedor de sua fazenda, etc.

269

COMDE, amiguo. Eu, elRei, vos emvio muito saudar como aquelle que muito amo. Ey por bem que vejais a pitição, atras esprita, de Ruy Lopez, bombardeiro, e vos emformeis dos agravos que diz que se lhe fazẽ, e aos outros de seu ofiçio e nação. E sentindo vos que são agravados, desagravalloseis como vos pareçer bẽ e meu serviço; e, vemdo que cumpre, dardes me conta do que niso pasa. Emcomendovos muyto que o façaes pera niso mandar prover como for Rezão. Pero Amrriques a fez, ẽ Evora, aos Xiii dias de Janeiro de VcXXXVi. J. Fernam d'Alvarez a fez escrever.
       Rey.

Pera o conde da Castanheira, sobre estes bombardeiros.
       (This is the petition mentioned above)

Dizem Rui Lopez, bombardeiro, e outros XXV ou XXX de sua sorte, que elle, Rui Lopez, ha dez ou doze anos que serve V.A. em as partes da India, por condestabre de gallees e naos grosas da carreira, e asi em fortalezas, e onde quer que era Requirrido pera serviço de V.A., servindo sempre muito bem e fielmente, e asi todos os outros de sua sorte; e ora, esperando merçes por isso, Recebem agravos de Diogo Botelho, primeiro capitã dos bombardeiros, o qual lhes toma seus privilegios, e nõ quer que usẽ de seus offiçios, dizendo que isto faz por allvara que tem de V.A. E asi a elle, dito Rui Lopez, tomou hũa nao que lhe tinhã dado os Loronhas, armadores, e a deu a outrẽ, sendo dos ditos Loronhas; e isto diz que faz por serẽ Christãos novos. Por tanto pedẽ a V.A. que os proveja com justiça, e nõ consinta que taes agravos lhes sejam feitos, e os mande servir como atee quy servirã; em o que Receberã esmolla e merçe, por que nõ tem offiçios nẽ outras cousas com que se possã manter.

(The following is a notation in another hand)

Parece que deve de hir carta pera ho comde da Castanheira, cõ o teor desta petiçã, que se emforme d'isto, e se sentir e achar que sam agravados, os desagrave, e se vir que compre darlhe comta d'iso, o faça como vir que compre a seu serviço. Em Evora, a Xiiii dias de Janeiro de 1537.

    Fernam d'Alvarez. Almeyra.
    (On Reverse Side)
    Por elRey.

A dom Amtonio d'Atayde, comde da Castanheira, veedor de sua fazenda.

270

COMDE, amiguo. Eu, ellRey, vos emvio muito saudar como aquele que muyto amo. Vy a carta que me escrevestes, em que me daees cõta da Reposta que vos deram os mercadores ao contrato, e como dizeis que por aver muyta soma de pimenta por vender em Framdes, e teerem muyto cabedall ocupado nela, se nom estreviam a fazer contrato que fose meu serviço. E vejo as Rezões da vosa carta, per onde vos pareçer que deram esta Reposta allem das que elles dam. E por que nos negoçios d'esta callidade o moor perjuizo que pode aver em minha fazenda he a dellaçam do tempo, vos emcomendo muyto que mandeis daar grande presa no avyamento d'armada de Framdes, pera partyr o mais em breve que for posyvel. Por que, ainda que seja o tempo de imverno, averey por meu serviço que, servindo lhe o tempo, parta antes do mes de março; pois, pera a navegaçam de Framdes servem mais vendavaes que outros ventos; e imdo mais tarde, poderaa correr Rysco de acodirem nortes e nõ poder navegar, como outras vezes aconteçeo. E em quanto se a dita armada faz prestes, averey por meu serviço pratycardes em venda das drogas, e tomardes sobre yso apontamentos. E asy em se vender pimenta pera Castella, por que jaa em outros anos se cometeo cõtrato de mill quintaes a dinheiro de cõtado, pera se llevar por terra a Castella, e nõ pera outra parte. E por todallas vyas que se poder daar ispediente há pimenta pera Castella e llevante, e hás drogas, vos encomendo que entendays niso; por que, nõ queremdo os mercadores fazer contrato, ainda que vejam carregar a pimenta, se escolha e faça nas drogas e na pimenta pera outras partes o que mais meu serviço for. E se vos pareçer bem escreverse a Medina sobre a pimenta pera laa, ou mãdar se ha Francisco de Vilharã hũa soma d'ella, pera se nõ perder tempo, espreveyme o que vos pareçer, pera se lloguo poer em obra. Por que, segundo as necesydades sam gramdes, e se o tempo pasa, pareçe que tudo sera necesario.

Antonio de Mirãda he jaa partido pera esa cidade; e porque, pera se nomearem os capitães pera os navios d'armada de Frandes, he necesario saber quantas naoos e navios vam, vos emcomẽdo muyto que me ẽvieis huũ Roll d'elles; por que a folha que me mostrastes, me dise Fernã d'Allvarez que ficou ẽ voso poder; e este Roll vyra lloguo cõ brevidade.

Muyto vos agardeço o que dizeis de como ireis dillatando as despesas d'este mes de Janeiro, ate se ver como se milhor sopriram. Encomẽdovos muyto que asy o façaes, e neste tempo se veraa a cõcrusam que se toma cõ os mercadores ou cõ as drogas; e quando se nõ fizer huũ nẽ outro, se se sopriram de outra parte, como se milhor poder fazer.

A ordem dos llivros da casa me pareceo muy bem. Encomẽdovos muyto que mandeis lloguo usar d'ella, e ey por bem que começe do primeiro dia de Janeiro ẽ diante. E mandareys llaa fazer huũ Regimẽto bem decrarado da dita ordem, que me ẽvyareis pera o asynar, e estaar na casa, pera se ẽ todo tempo comprir. Fernam d'Alvarez a fez, em Evora, aos XV dias de Janeiro de VcXXXVii.

 Rey.

Reposta ao conde da Castanheira.
   (On Reverse Side)
   Por ElRey.
A dõ Antonio d'Ataide, conde da Castanheira, veedor de sua fazemda.

271

CONDE amiguo. Eu, elRey, vos ẽvio muito saudar como aquele que muito amo. Eu tenho ffeito merce, como sabeis, a Jhorge Velho de Maçedo da capitania de huũ dos navios da carreira da Mina por duas viageẽs, o quall ouvera ja de ir servir hũa d'ellas nos navios ẽ que ffoy Manuel d'Allbuquerque, por ter pera iso provisam minha; e não ffoy por ir Antonio Vaaz, que ouve por bem que ffose com o dito Manuel d'Allbuquerque, posto que hy ouvese outra pesoa que o premdese, e mandey que a a tall pesoa se pagase o ordenado da capitania ẽ satisfaçã d'ella, posto que nam servise. Pello qual, avendo a isto Respeito, e ao dito Jorge Velho nam ir servir a dita viagẽ, nẽ ter avyda a satisfaçã que lhe d'ella mandava dar, ey por bem, e me praz, que elle vaa ẽ huũ d'estes navios que se ora ffazem prestes pera a Mina, por vertude das provisões que de mĩ tem, que vos laa apresẽtara. Ẽcomẽdovos muito que o mandeis asy compryr. Sprita ẽ Evora, a XViii de Janeiro, Manuel da Costa a ffez, de 1537. J.
     Rey.

Pera o conde da Castanheira, sobre Jorge Velho de Macedo, que vosalteza ha por bẽ que vaa servir hũa das suas viagẽs da capitania de hũ navio da Mina ẽ huũ d'estes navios que se ora pera laa fazẽe prestes, pelas Rezões açima decraradas.
 (On Reverse Side)
 Por elRey.
A dom Antonyo d'Atayde, comde da Castanheira, vedor de sua ffazemda.

272

COMDE, amiguo. Eu, elRey, vos ẽvio muito saudar como aquele que muyto amo. Por que eu queria que os cadernos das devidas da Imdia se acabasem de despachar o mais çedo que podese ser, mamdey a Manuel de Moura que vos levase os que ẽ seu poder tem, pera verdes os que sam ja despachados, e mandardes ffazer Roes asynados por vos pera os corregedores que fizerã os ditos cadernos, ẽ que lhe notefiqueis a comtia que se a cada

pesoa manda paguar, e as devidas que os officiaes da casa da India decrararão que ha ẽ algũas outras pesoas, das que vierão nos ditos cadernos. Emcomendovos muyto que loguo mandeys fazer os ditos Roes, e os asyneis e ffaçaes ẽviar aos ditos corregedores, com as cartas que lhe sobre iso esprevo. E por que estes cadernos nõ vierã bem feytos, se fara pera cada huũ dos ditos corregedores hũa menuta, que lhe tão bem ẽviareis asynada por vos, cõforme a hũa que mandastes fazer a Manuel de Moura, da maneira ẽ que se ham de fazer os ditos cadernos. E os que ategora nõ sam despachados, ey por bem que vos despacheis lla, como vos bem pareçer, levando nyso a mesma ordem que levastes no despacho dos outros; e como os tiverdes despachados, me fareys saber de que comarcas são, pera se fazerẽ outras taes cartas pera os corregedores das ditas comarcas. Manuel de Moura a fez, ẽ Evora, a XXVI dias de Janeiro de 1537. J.
    Rey.
Pera o conde da Castanheira.
   (On Reverse Side)
   Por elRey.
A dõ Antonio d'Ataide, conde da Castanheira, veador de sua fazenda.

273

COMDE, amigo. Eu, ellRey, vos emvio muito saudar como aquele que muyto amo. Vy a carta que me escrevestes em Reposta da que vos tinha escrita, pera me emviardes voso pareçer, se seria bem e meu serviço vyrse Jorge de Baarros e emcarregar Manoel Çirne da feytoria de Frandes, pera ir lloguo nesta armada com a pimenta; e por que, pellas Rezões que me escrevaes, vejo que vos pareçe bem vyrse Jorge de Baarros, pois tem jaa acabado seu tempo, falley com dom Manoel de Sousa, e me emformey d'elle do que sabia de Manoel de Cirne; o qual me deu muyto boa emformaçã, asy de seus custumes e modo de viver, como de sua abillidade, saber, e dilligencia. E me dise que pera o mesmo negoçio da feytoria de Frandes lhe pareçia muyto auto, e que niso me saberia bem servir. E quanto a allguũ erro que se diz que por elle pasou, de que me deu conta, por seer em tempo que nõ era meu ofiçial, e nõ aver d'iso tamta certeza, me pareçe que nom he imcomveniente pera lleixar de me servir d'elle na vemda d'esta pimenta, pois tem as callidades que se pera tall negoçio Requerem, nem menos por teer sua comta por daar, porque poderaa lleyxar hũa pesoa que ha por elle dee. E por este negoçio seer de tanta importançia, e comprir tanto a meu serviço seer feyto per pesoa de que se nõ posa presomir que tem parte na pimenta que os mercadores tem por vemder, e pela esperyençia que se jaa tem de Manoel Cirne, e pela emformaçã que me dom Manoel d'elle deu, e nõ aver outro tam prestes que pera iso seja tam auto, me pareçe bem e meu serviço fazerlhe merçe da feytoria, e mãdallo llogo cõ a pimenta. E pera iso o mandey chamar, e tanto que vyer, o mandarey a vos, pera o despachardes cõ o Regimento e ordem do que ouver de fazer. E cõ elle serviram Jorge Lopez e Andre Soarez, e todos tres espero que ho façam de maneira que eu seja bem servido. Os capitães pera as naoos d'esa armada iram llogo, e cõ esta vos vay o Roll d'elles, pera a cada hũ mandardes daar a naao que vos bem pareçer. Fernam d'Alvarez a fez, em Evora, aos XXIX dias de Janeiro de 1537.

  Rey.

Reposta ao conde da Castanheira.
  (On Reverse Side)
  Por ellRey. J.
A dõ Antonio d'Atayde, conde da Castanheira, vedor de sua fazenda.

274

COMDE, amiguo. Eu, elRey, vos emvio muyto saudar como aquele que amo. No primeiro livro de minhas ordenações, no titulo do Almotacel moor, diz que a oytava da onça he hũu cruzado, e nos capitolos geraes das cortes que fiz em Tores Novas me foy apontado que o peso do cruzado he outro, porque a oytava pesa mais que o cruzado tres quartos de graão, que Releva por marquo d'ouro corenta e oyto graãos; e me pediram que emmendase nisto a dita ordenaçã. E antes de tomar determinaçã niso, quero saber se a oytava he maior que o peso de cruzado, como me foy apõtado nos ditos capitolos, e quanto he maior, e se ha peso de cruzado; e asy das outras moedas d'ouro que corem em meus Reynos; ou se se pesam pela dita oytava e outros pesos do marquo nesa casa da moeda, e asy na cidade e caynbo d'ela; e como se costuma pesar o ouro que se na dita casa pesa, asy amoedado como por amoedar; e, se se pesa por marquo, se se ha Respeito aos ditos grãos, que me he dito que mais crecem no marquo do que se monta pelo peso de cruzado; e o perjuizo que se pode seguir ao povo. Vos encomendo muyto que vos informes dos oficiaes da casa da moeda d'esa cidade e asy do caỹbador d'ela, como se ysto faz, e mo escrevee com voso pareçer acerqua d'iso; e muyto volo gradeçerey. Pero d'Alcaçova Carneiro a fez, em Evora, a XXIX dias de Janeiro de 1537.   J.

Rey.

Pera o conde da Castanheira.

    (On Reverse Side)
    Por elRey.
A dom Antonio d'Atayde, conde da Castanheira, veador de sua fazenda, etc.   J.

275

COMDE, amiguo. Eu, ellRey, vos emvio muito saudar como aquele que muyto amo. Vy a carta que me escrevestes, em que me daees conta do que he feyto nesas armadas, e como se começa jaa de asentar gente pera a India, sem atee agora se tomaar dinheiro a cãybo pelo que lla ouvestes emprestado; e jaa o tinha sabydo por Fernam d'Allvarez, de que Reçeby muyto prazer. Quanto aos contratos dos escravos que llaa mandastes fazer, pareceo me muy bem, e muyto vos agardeço o que niso fezestes, por que me ouve niso por bem servido.

Quanto ao que dizeis que praticastes cõ os ofiçiaes do allmazem sobre a armada da Mina, por ser jaa o tempo chegado pera dever d'ir, e que vos pareçe que deve d'ir o galeam Trimdade soo, sem mais outro navio nem caravella, e pellas Rezões de vosa carta, me parece bem, e ey por meu serviço, que lloguo o mandeis fazer prestes, e nelle vam todollos mantimentos e mercadorias necesarias, e que traga todo o ouro que ouver na Mina. Ẽcomendovos muyto que ho mandeis armar e aparelhar de maneira que posa ir e vyr seguro de cosayros, e me escrevaes a pesoa que vos pareçer que no dito galleam deve d'ir por capitão, e o tempo em que vos pareçer que podera ser prestes, pera vos mandar as provisões necesarias, e escrever há Mina que se lhe ẽtregue todo o ouro que llaa ouver ao tempo de sua partida.

Vejo o que dizeis dos mantimentos que sam necesarios pera a armada d'Antonio de Salldanha, e que vos pareçe que seram necesarias pera eles quatro centas tonelladas, e que pera iso tendes a naoo Froll della Maar e o junco. E pellas Rezões que apontaes eu Receberey prazer que a dita armada lleve lloguo d'esa cidade todollos mais mantimentos que for posyvell, e que nã tome em Andaluzia senam o que se nom poder escusar. E per este Respeyto ey por bem, e meu serviço, que mandeis cõ a dita armada a naoo Froll della Maar e o junco, cõ os ditos mantimentos; e os que tever prestes o feitor d'Andalluzia seram pera os llugares d'allem, como dizeis.

Quanto ao que dizeis do contrato da naoo de Joam Marinho, a que agora mandareis dar dous mill cruzados Repartidos pollos meses; e que, por nom teer fiança nesa cidade, se lhe nõ entregam; e que, por elle ser omem de bem, e que asy niso como em outras cousas follgar de me servir, vos pareçe que eu devo de mandar acabar a dita naoo cõ dinheiro que se entrege a Antonio Pacheque, que estaa em Gallizia, pelas Rezões que em vosa carta dizeis, ey por bem que mandeis entregar ao dito Antonio Pacheque o dinheiro que for neçesario pera se acabar a dita naoo, e lhe ordeneis huũ escrivam cõ que o faça. E niso façaes todo o que vos bem pareçer, pera a dita naoo ser acabada, e o dito Joam Marinho ser favoreçido, e nõ perder sua fazenda; por que asy o averey por meu serviço.

Reçeby prazer de mandardes poer as verbas nos asentamentos e tenças da casa. Agora mando que se asentem nos livros da fazenda, pera serem pagas nas Rendas do Reyno, por se allyviar allgũa cousa a casa das despesas que nõ sam d'ella mesma. Fernam d'Alvarez a fez, em Evora, aos iiii dias de fevereiro de 1537.

J.
Rey.

Reposta ao conde da Castanheira.
   (On Reverse Side)
   Por ellRey.
A Dom Amtonio d'Atayde, comde da Castanheira, vedor de sua fazenda.

276

COMDE, amiguo. Eu, elRey, vos emvio muito saudar como aquelle que muyto amo. Ho embaixador do Preste[1] emvia huũ frade com cartas ao dito Preste. Emcomendovos muito que lhe mamdeis dar embarcaçã em hũa das naos d'esta armada, que, com ajuda de Noso Senhor, ha de partir pera a Imdia, e asy o gasalhado que vyrdes que lhe he neçesario. Manuel de Pomte a fez, em Evora, aos V dias de fevereiro de VcXXXvii.

Rey.

Pera o conde da Castanheira mamdar dar embarcação e gasalhado em hũa das naos d'esta armada, que ha de partir pera a India, a este frade do embaixador do Preste.

(On Reverse Side)
    Por elRey.   J.
A dom Amtonyo d'Atayde, comde da Castanheira, e veador de sua fazenda.

277

COMDE, amiguo. Eu, ellRey, vos emvio muito saudar como aquele que muyto amo. Vy a carta que me escrevestes de tres d'este mes de fevereiro, e asy vy as cartas que vyerem de Framdes, nas quaes escreve Jorge de Baarros que a pimenta e as drogas começã de teer boõ espidiente, e com muyta esperamça de seer cada vez milhor, e daa Rezões porque lhe pareçe que toda via se faraa cõtrato cerrado. E pelo que o dito Jorge de Baarros escreve, e pelo que me vos tendes escrito nas vosas cartas pasadas, e asy pelas Rezões que vos eu tenho escrito, me pareçe cada vez milhor e mais meu serviço nom se venderem per sy as drogas que ouverem de ir a Framdes, e que, fazendose este cõtrato, se faça da pimenta cõ ellas, e nõ se fazendo, vaa tudo junto a Framdes, como estaa ordenado. E prazera a Noso Senhor que sobcederam os tempos de maneyra que, dentro em huũ ano, se vendera tudo o que vay, e se pagarã as dividas.

[1] *I.e.*, the ruler of Abyssinia.

Muyto vos agardeço a conta e Rezam que me escrevaes de como se poderam soprir as despesas d'este ano, sem se tomaar mais dinheiro pera Framdes; e Receby com yso muyto prazer. Espero em Noso Senhor que com vosa ajuda e boõ Recado se pagem as dividas, e se supram as despesas; e ainda que pera iso se venda allguũ juro, o averey por muyto meu serviço, por quanto desejo de ver pagas as dividas de Framdes. E pera se milhor poderem pagar, se faz e fara nas despesas de quaa quanta provisam for posyvel. Ao mais de vosa carta nõ ha que Responder, soomente que me pareceo obra de vosas mãoos trabalhar por aver dinheiro emprestado sobre o ouro que ha de vyr da Mina; por que, quanto se o juro mais tarde vendese, moor meu serviço seria. E pera estas despesas vos emcomendo muyto que, de quaesquer vendas que se poderem fazer de pimenta e drogas pera Castela, e pera outras partes, que nom posam fazer perjuizo ao que vay a Framdes, vos aproveyteis o mais que poderdes, como fico certo que ho fareis. Fernam d'Alvarez a fez, em Evora, aos IX dias de fevereiro de 1537.

Rey.

Reposta ao conde da Castanheira.
       (On Reverse Side)
       Por ellRey. J.
A dom Antonio d'Atayde, conde da Castanheira, e vedor de sua fazenda.

278

COMDE, amiguo. Eu, elRey, vos emvio muito saudar como aquele que muito amo. Fernam d'Alvarez me deu comta de hũa carta vosa, que lhe escrevestes sobre alguũas cousas a que era necesaria Reposta minha. E ey por bem, quanto ao que dizeis dos Christãos novos, de que estavão cheias as naaos da India dos armadores, que não leixeis ir mais que aqueles que se não poderẽ escusar, e não forẽ de maa sospeita, como officiais das mesmas naaos, fisicos, e sollorgiães, e os que forẽ pera servir e vos pareçer bem que devem de ir, e outros allguũs não. E quamto aos bombardeiros que aveis de mandar aos portos de maar d'amtre Douro e Minho, e os que jaa temdes mandado ao Algarve, ey por bem que huũs e outros ajão doze millreis d'ordenado cada ano cada huũ, e

huũa famgua de trigo por mes, que he outro tamto, como tem os bombardeiros portugueses que servem nos meus lugares d'aallem. E por vertude d'esta minha carta lhes mandareis pera iso pagar suas provisões, per vos asynadas, pera vencerem e lhes ser paguo, ẽ quanto me nos ditos portos servirem, o que dito he. Pero Amrriques a fez, ẽ Evora, aos XI dias de fevereiro de mil VcXXXVii.
    Rey.

Pera o conde da Castanheira.
        (On Reverse Side)
        Por ellRey. J.
A dom Antonio d'Atayde, conde da Castanheira, vedor de sua fazenda.

279

COMDE, amiguo. Eu, ellRey, vos emvio muito saudar. Vy a carta que me escrevestes de vi dias d'este mes, em que me fazeis lembrança das vossas cartas pasadas que escrevestes sobre as drogas; as quaes foram bem vystas, e pelas Rezões d'ellas e pelo que se depois praticou, pareço meu serviço nõ se venderem. Emcomendo vos muyto que has mandeis carregar com a moor brevidade que for posyvell. E quando os mercadores nom fizerem cõtrato, as vendas que se fezerem em Framdes se farã de maneira que, por mais que estude o irmãoo d'Allvaro Barradas, ache que se lhe guarda inteiramente justiça. Muyto vos agardeço o modo que temdes buscado do emprestemo sobre o ouro, pera se nõ vender tam cedo juro. Quaa se teeraa niso o segredo do que compre; e o que jaa era dito a allgua pesoa que queria cõprar, se tornou a dizer, que por agora se nõ avia de vender. Ao mais de vosa carta nom ha que Responder, por que por outras vos tenho Respondido. Fernam d'Alvarez a fez, em Evora, aos Xii dias de fevereiro de 1537.
                                                                Rey.

Reposta ao conde da Castanheira.
        (On Reverse Side)
        Por ellRey. J.
A dom Antonio d'Atayde, conde da Castanheira, vedor de sua fazenda.

280

COMDE, amiguo. Eu, elRey, vos ẽvio muito saudar como aquele que muyto amo. Eu tenho mandado que se paguem na casa corenta mill reis a dona Violãte Pereyra, mãy de Belchyor de Bryto, do dinheiro que lhe he devido como irmãa e herdeira de Nuno Vaaz Pereyra. E por que o dito Belchyor de Brito me dise que os ditos corenta millreis lhe não eram ainda paguos, e que sua mãy estava ẽ grande neçessidade d'elles, pera pagar hũa divida por que estava penhorada, e que lhe queriã vẽder sua fazenda, eu ey por bem que os ditos corẽta mill Reis lhe sejam paguos de qualquer dinheiro que na casa ouver, ainda que seja tomado a caimbo. E vos ẽcomendo muyto que o mandeis asy comprir. Stprita em Evora, a Xii dias de fevereiro, Manuel da Costa a fez, de 1537. J.
Rey.

Pera o conde da Castanheira, sobre estes milReis que V.A. tem mandado pagar na casa da India a a mãy de Belchior de Brito, que lhos mande logo pagar de qualquer dinheiro que na casa ouver, ainda que seja tomado a caỹbo.

(On Reverse Side)
Por elRey.
A dom Antonio d'Atayde, comde da Castanheira, vedor de sua ffazemda.

281

COMDE, amiguo. Eu, elRey, vos emvio muyto saudar, como aquele que muyto amo. Dom Manuel me deu vosa carta, e me mostrou a outra que vos escreveo Jorge de Barros. E por que eu lhe dise a maneira de como estavã as cousas de Roma, em que na dita carta falava, lhe mandey que volo escrevese. Nam tenho acerqua d'iso que vos dizer, senam que vos gradeço muyto de asy ma emviardes. E quanto ás novas que toquã ao emperador, nam tenho ate agora d'iso sabido outras senam estas, que creo que sam

poquo verdadeiras. Pero d'Alcaçova Carneiro a fez, em Evora, a Xiii de fevereiro de 1537. J.
     Rey.

Reposta ao conde da Castanheira.
    (On Reverse Side)
    Por elRey.
A dom Antonio d'Atayde, conde da Castanheira, veador de sua fazenda, etc.   J.

282

COMDE, amiguo. Eu, ellRey, vos emvio muito saudar como aquele que muyto amo. Vy a carta que me escrevestes, em que me daees conta do que he pasado com os mercadores sobre a vemda das drogas que estam na casa da Imdia, e vy as folhas dos preços que por ellas dam, e dos pagamentos que querem fazer; e pelas Rezões de vosa carta me pareçia bem tomarse cõcrusam na venda d'elas como milhor podera ser. E praticandose na Reposta que vos iria, se moveo hũ duvida por que pareçe que venderẽse as drogas, que ouverem d'ir a Framdes, seraa muy grande incõviniente pera o espidiente da pimenta, que se pera lla carregua, o qual he que os mercadores do contrato pasado se diz que tem huũ allvara meu que se nom posa vender pimenta na casa nem em outra parte allgũa, por todo este ano presente de VcXXXvii, a menos de trinta e quatro cruzados o quintal, e imdo a pimenta por minha sem drogas, e tendo as os ditos mercadores cõpradas a tam bayxos preços, poderam cõ ellas abaxar a pimenta no preço que quiserem e favoreçerse niso com as mesmas drogas. E com vemderem a pimenta a preço que saya llaa a menos dos XXXiiii cruzados o quintal, o feitor nõ poderaa vender hũ soo quintal da minha em todo o ano, pois a nom pode abayxar, o que seraa muy grande perjuizo pellas dividas que se devẽ e grandes imtereses que se pagam. E imdo as drogas por minhas cõ a pimenta, podera o feitor, sem abayxar a pimenta, fazer seus partidos cõ os mesmos a que dever, ou com outros, de maneira que, ajuntando a pimenta cõ as drogas, e ficando tudo junto por allguũs tempos, lhe dee espidiente, e vaa pagando as dividas e deminuindo nos cãybos, que he o principall

Respeyto e fundamento por que se a pimenta carrega pera Framdes. E eu sam llenbrado que, quando se mandou a pimenta a Ruy Fernandez, se praticou e asentou que era necesario irem as drogas cõ ella, pera teer milhor espidiente, nom avemdo emtam tanta pimenta de mercadores por vender, nem tendo allvara pera se nõ poder abaixar cõ menos divedas de intereses. E allem d'isto se apontou que poderaa seer que, quando os mercadores do contrato vyerem que a pimenta e drogas se carregã juntamente, com effeyto se moveram milhor pera o fazerem d'aqui ate a partida da armada, como vos apontaveis na primeira carta vosa. E por este negoçio da venda da espiciaria ser de tanta importançia, me pareçeo bem, antes de se tomar cõcrusam cõ as drogas, vos avysar d'estas duvidas e imcõvenientes que se quaa moveram. Emcomendovos muyto que vejaes tudo, e o oulheis como fazeis todallas cousas de meu serviço, e o pratiqueis cõ quem vos parecer que ho entẽda, e me escrevaes sobre yso voso parecer. E em tanto, por se nom perder tenpo, mandareis ao feitor e oficiaes da casa, que lloguo começem a ẽsacar e emcaxar as drogas, atee a cantidade que pareçer que deve de ir n'armada, nõ se fazendo d'ellas cõtrato quaa; por que, quando toda vya pareçe meu serviço venderemse, estando carregadas follgarã os mercadores mais de as cõprar, pois nos seus apontamentos pedem que se lhe dee ẽbarcaçam pera elas na armada. E tanto que vyr vosa Reposta d'esta, se tomara cõcrusam ẽ tudo, como mais meu serviço for.

E porque o tempo pera se esas armadas fazerem prestes he tam curto, e hy ha tamta necesydade de dinheiro, ey por bem que se vemda de minha fazenda huũ cõto de reis de juro a Retro, e asy que se tome a cãybo pera Framdes o dinheiro que se nõ pode escusar, pera se llaa pagar da mesma fazenda. E de qualquer d'estas maneiras que vos milhor pareçer, ou d'ãbas, mandareis proveer o dinheiro que for necesario, de gisa que as armadas, por mingoa d'elle, se nõ lleyxem de fazer prestes, nem façam detença. E hás pesoas que cõprarem o juro se farã seus padrõees em forma nas Rendas que hos quiserem, a Retro a Rezam de dezaseis millreis o milheiro, como se vemderam os pasados.

Se llaa ouver allguũs mercadores que quiserem por contratos, ou por quallquer outra maneira, cõprar pimenta ou drogas, pera quallquer parte que seja, nõ sendo pera Framdes, emcomẽdovos muyto que lhas mandeis vender e fazer d'iso os contratos que vos bem pareçer, sem mais vyr a mỹ; por que todo o que se niso por voso mandado e cõsentimento fizer, averey por muy bem feyto. E fazendose allgũas vendas, o averia por meu serviço; por que se averia dinheiro pera soprimento d'esas necesydades. Fernam d'Alvarez a fez, em Evora, aos Xiiii dias de fevereiro de 1537.

Rey.

Reposta ao conde da Castanheira, sobre as drogas e outras cousas.
  (On Reverse Side)
  Por elRey. J.
A dõ Antonio d'Atayde, conde da Castanheira, vedor de sua fazenda.

283

COMDE, amigo. Eu, ellRey, vos emvio muito saudar como aquele que muyto amo. Vy a carta que me escrevestes, em que dizeis que o feytor vos llenbrou fallarse em venda da malageta que ainda estaa por vyr, pera se aver d'ella allguũ dinheiro pera ás despesas d'esas armadas; e que Amrrique Nunez a quer comprar, e daa por ella a doze cruzados por quintal, e quer pagar lloguo coatro centos quintaes d'ella. Pellas Rezões que em vosa carta apõtaes, me pareçe bem venderse a dita mallageta. Ẽcomendovos muyto que mandeis lloguo fazer contrato d'ella como vos milhor parecer; e todo o que niso fizerdes, averey por muy bem feyto. Fernam d'Alvarez a fez, em Evora, aos Xvii dias de fevereiro de 1537.
  Rey.

Reposta ao conde da Castanheira, sobre a mallageta.
  (On Reverse Side)
  Por ellRey. J.
A dom Antonio d'Atayde, conde da Castanheira, vedor de sua fazenda, etc.

284

COMDE, amiguo. Eu, elRey, vos emvio muito saudar como aquelle que muito amo. Eu sam emfformado que ha muita gente prestes pera este anno ir há India; e que alguũs tem llicenças minhas pera poderẽ levar suas molheres; e que ha molheres sollteiras que tem minhas provisões pera poderem ir, e muitos alvaras meus de liçemças pera levarem vinhos. E por me pareçer que todas as ditas provisões e alvaras se não poderão comprir de maneira que as naaos fiquem tão boyantes como convem, pera bem poderem fazer sua naveguação, ey por bem e meu serviço que, das licemças de pipas de vinho que tenho pasadas, as que primeiro ouverẽ de ir sejam d'aquellas pesoas que forẽ na armada pera me servirẽ na India, e depois as dos que laa estam, e das pesoas que caa ficão, as que bem poderẽ ir. E quanto aas molheres, iram primeiro as casadas que forẽ com seus maridos, irmãos, ou paremtes que as levarem. E das solteiras iram aquellas que tiverem mais Rezão e justa causa pera deverem de ir. E avemdo embarcação pera todas, se lhes cumpriram suas licenças, por que esa he minha vontade. E porẽ quero que se tenha niso tal Resguardo que, quando se todas as ditas provisões não poderẽ cumprir, se cumprão soomente aquellas que forẽ de pesoas mais obrigatorias, pela maneira que dito he, não lhes conheçemdo de preçedençias ẽ seus alvaras por dizerem serem feitos huũs primeiros que outros. E por ysto ser cousa de que se não pode tambem dar Rellação por carta, como sey que ho vos emtendereis, vos emcomendo muyto que, conforme a minha tenção, façais niso o que vos milhor e mais meu serviço parecer. Pero Amrriques a fez, ẽ Evora, aos XVii dias de fevereiro de mill VcXXXVii. J.
    Rey.

Pera o conde da Castanheira.
   (On Reverse Side)
   Por elRey.
A dom Amtonio d'Ataide, comde da Castanheira, veedor de sua fazenda.

285

COMDE, amiguo. Eu, ellRey, vos emvio muito saudar como aquele que muyto amo. Vy vossa carta de XVi dias d'este mes, em que me daees conta que tendes avydo trinta e cinquo mill cruzados emprestados sobre o ouro das caravelas que ham de vyr da Mina; e asy vejo as despesas que hy ha pera esta armada, de solldos, e pagamentos, e lletras da India, e allmazem, que se nam podẽ escusar; e pera saberdes o que faleçe, quereis saber quanto dinheiro averey por meu serviço que vaa de cabedall nestas naoos. Muyto vos agardeço o que ate agora tendes feyto no que se ouve emprestado, sem se tomaar a cãybo, nem se vẽder juro; e eu ey por bem que vam os cinquoenta mill cruzados de cabedall; e pera estes fareis fundamento de vỹte mill cruzados que escrevestes a Fernam d'Alvarez que trabalhase por irem de quaa, e o mais mandareis llaa soprir e proveer ho milhor que poderdes. E podendo seer sem cãybos, nem venda de juro, Receberia d'iso prazer, por se poder niso forrar o que vos jaa emprestarã ha cõdicam de ẽtrar no que depois se fezese. E parecendovos que seraa milhor vemderse antes quaa allguũ juro, que nesa cidade fallecendo dinheiro pera o despacho e cabedall d'armada, avisay d'iso Fernam d'Alvarez cõ tempo, pera se fazer como o escreverdes. E pera estas necesydades vos emcomẽdo muyto que mandeis fazer dilligençia cõ eses mercadores sobre allgũas vendas de pimenta e drogas pera Castella e outras partes; e se os do contrato vos pareçer que ho estorvarão, por que quereram ainda que se faça cerrado, e irem dillatando pera que se nõ faça ẽ tanto vendas pera outras partes, seria bem dizerse lhe que, se ate huũ tempo certo que vos bem pareçer nõ concertarẽ, que d'y em diante se nõ fara contrato, ainda que o elles queyrã fazer. E cõ isto pareçe que se decrararã no que ouverem de fazer, e os que ouverẽ de comprar pera outras partes nõ lleyxaram de o fazer pella esperança do contrato. E ainda que pera vos sejam estas lembranças escusadas, vos faço esta por se nõ perder tanto tempo no que se ouver de vender pera todallas partes, que nõ for pera Frandes, nõ fazendo contrato; e avemdose de fazer, nom se aproveytarem os mercadores tanto do tempo. E do que d'isto vos pareçer, vos agradecerey ẽviardes me vosa Reposta. Fernam d'Alvarez a fez, em Evora, aos Xviii dias de fevereiro de 1537.

Pareçeo me bem todo o que pasastes cõ Manoell Cirne. Eu o mandarey despachar pera ir per terra cõ seu Regimento; e o que depois cõprir, pera a venda da pimenta, lhe podera ir na armada, quãdo se nõ fizese contrato.
       Rey.

Reposta ao conde da Castanheira.
   (On Reverse Side)
   Por ellRey.
A dom Antonio d'Atayde, conde da Castanheira, vedor de sua fazenda.

286

CONDE, amiguo. Eu, eLRey, vos envio muyto saudar como aquele que amo. Pareceome meu serviço mãdar alguũ presente a elRey de Canbaia por Respeito das cousas pasadas, e por lhe mostrar a amizade, e ele ter mais Rezam pera folguar de a conservar. E antre alguũas cousas que me parecerã foy ho arnes que me trouxeram d'Alemanha, cõ as cubertas de cavalo que com ele vierã, com seus penachos. Folgarey que loguo o mandes muy bem alimpar, e asy as cubertas, e tudo concertar de maneira que vaa muyto limpo e concertado; e se nom vieram com ele penachos, os mandes hy busquar, que sejam os milhores que posam ser. E manday logo fazer as caixas em que tudo ouver d'yr, de modo que nam aja niso que fazer, senom entregarse a quem ordenar que leve o presemte, e o embarquar. E as outras cousas d'ele me pareçeo que deviã ser duas peças de brocado Riquo, e outras duas de tela Riqua, e mea duzia de panos d'armar d'ouro, e huũ bacio de prata d'agoa as mãos, e huũ agomill. E se vos pareçer que deve ser mais ou menos, folgarey que mo escrevaes. Pero d'Alcaçova Carneiro a fez, a XIX dias de fevereiro de 1537. J.
       Rey.

Pera o conde da Castanheira.
   (On Reverse Side)
   Por elRey.
A dom Antonio d'Atayde, conde da Castanheira, veador de sua fazenda, etc. J.

287

COMDE, amiguo. Eu, elRey, vos emvio muito saudar como aquele que muito amo. Vy a carta que me escrevestes, ẽ que dizeis que disestes a Lucas Giralldo que, se não emtendese no comtrato da pimenta e droguas juntamente por todo este mes de fevereiro, vos pareçia que não averia por meu serviço que se fizese depois; e lho nam affirmareis muito, por que, affirmandolhe, seria Rezão que se comprise. Pareçeome bem o que lhe atee ora sobre iso temdes dito. E não lho deveis d'affirmar mais que quanto vos pareçer que cumpre, pera se os mercadores determinarẽ no que ouverẽ de fazer, e não poderẽ estrovar com suas delações quaesquer vendas pera Castella e outras partes, não se fazemdo comtrato. E agora per Alvaro Mendez Reçeby cartas de Framdes e de Veneza, de que vos com esta emvio o trelado, por que vereis o espidiemte e preços que as espiciarias laa tem, e como d'Allexamdria não vierão nenhuũas galleaças, nẽ se espera de virẽ tam çedo, do que tudo os mercadores devẽ de ter seus avisos e milhor vomtade pera fazerẽ contrato. E quando o dilatasẽ de maneira que se perdese o tempo das vendas que se ouvesẽ de fazer pera outras partes, ẽtão me pareçe que lhes deveis d'affirmar que se não ha com elles de fazer comtrato, e farsehiam as vendas de pimenta molhada e emxuta e drogas como vos mais meu serviço parecese, por que averey por bem que asy se faça. E quanto ao que dizeis que quereis saber os preços a que se devẽ de dar as drogas fiadas aos tempos, que ẽ vosa carta apomtaes, não ha que Respomder, soomente veremse pelos ditos trelados das cartas de Framdes e Veneza os preços a que laa vallem, e connformandovos com elles, e segundo a disposyçam do tempo, se faram as vendas, como milhor e mais meu serviço vos pareçer.

Item: quanto aos XXX mil cruzados que vos diserão que se tomarão a caynbo em Castella, Fernam d'Alvarez, per meu mandado, escreveo a Vicemte Pires que tomase dez mill cruzados soomente, e os mãdase aquy ẽ dinheiro, pera alguũas despesas da casa da Rainha, minha sobre todas muyto amada e preçada molher, e pera outras que se não podem escusar, ẽ quanto não vem o tempo do pagamento dos dinheiros de meus asemtamentos. E nam se mandaarão tomar nesa cidade de Lixboa, por ser mais meu serviço virẽ de fora do Reigno ẽ ouro, e pareçer que ẽ tempo que vos laa pidis dinheiro emprestado a muitas pesoas, omde tamta necesydade ha, se poderião mall achar a boõ preço. Os quaes dez mil cruzados cheguarão ha tres dias, e com quanta necesydade caa ha Fernam d'Alvarez vollo manda no conto dos XX mil cruzados que vos escreveo que mandaria. E ẽ Castella, nem ẽ outra parte, se não mandou tomar outro dinheiro a cainbo; e ateegora não he caa vendido juro alguũ; e o que escreveis que estee certo, ho estaraa pera tamto que vier voso Recado. Pero Amrriques a fez, ẽ Evora, aos XXiii dias de fevereiro de VcXXXVii. J. Fernam d'Alvarez a fez escrever.

     Rey.

Reposta ao conde da Castanheira.
   (On Reverse Side)
   Por elRey. J.
A Dom Amtonyo d'Atayde, comde da Castanheira, veador de sua fazenda.

288

CONDE, amiguo. Eu, elRey, vos ẽvio muito saudar como aquele que muito amo. Vy o que me escrevestes sobre as quatro caravellas que ham de ir ás Ilhas, que vos pareçe que devem de ir em companhia das naaos da India, atee pasarẽ a Ilha da Madeira, pellas novas que tendes de cosayros, e pellas Rezões que em vosa carta apontaaes, que me pareçeo muy bem. E ey por muito meu serviço que as ditas caravellas vam ẽ companhia das ditas naaos, e que ellas syguão o ffarol do capitão moor das caravelas, como dizeis; o quall seraa Dioguo Leite, a que sprevo que se venha logo a vos. E de ca mandarey Antonio de Loureiro e os outros capitães, e asy o Regimento; e vos deveis laa de ordenar o que faram com a naoo de Tomee de Sousa, se ja ffor vymda aas Ilhas, ou quando embora chegar. As caravelas vos ẽcomendo muito que mandeis ffazer prestes, com toda dilligençia que ffor posyvell. Sprita em Evora, a XXiiii de fevereiro, Manuel da Costa a ffez, de 1537. Eu sprevy a Manuel Corterreal, depois do ffaleçimento de seu pay, que se vise; e ey por meu serviço de emcarregar Pero Anes do Canto de capitão moor da armada que ha d'andar em guarda das naaos da India; e pera elle mandarey logo o Regimento.

    Rey.

Reposta ao conde da Castanheira.
   (On Reverse Side)
   Por elRey. J.
A Dom Amtonyo d'Atayde, comde da Castanheira, veador de sua fazenda.

289

COMDE, amiguo. Eu, elRey, vos emvio muito saudar como aquelle que muito amo. Fernam d'Alvarez me dise que lhe escrevereis, e asy o ffeitor da casa da India, como avia laa alguũs mercadores que querião emtender na compra dos açucares d'este anno da Ilha da Madeira, e que davam por elles a quinhemtos e oytenta reis a arroba, e darião atee vi centos; e elle deu loguo d'iso conta a dom Rodrigo Lobo, veedor de minha fazenda, e o praticarão. E polla neçesydade que ha de dinheiro pera o cabedall d'esa armada da India, e a partida d'ella estar tão a pique, pareçeo que se devia laa de fazer na casa da India o comtrato da venda dos ditos açucares, pera os v mil cruzados que se loguo am de paguar d'amte mão servirem pera o cabedall da dita armada. Pelo que vos encomendo muito que ponhaes loguo por obra fazerse o dito comtrato. E pera milhor ẽformaçam vosa, vay com esta o trellado do comtrato dos açucares do anno pasado; e o dito dom Rodrigo vos emvia tambem çertos avisos que lhe vierão da dita Ilha da Madeira. O quall comtrato ey por bem que laa façaes, como dito he, posto que, polla ordenamça e Repartição dos negoçios de minha fazenda, se ouvese de fazer pelo dito dom Rodrigo na fazenda do Reino. E o que vos niso fizerdes se compriraa inteiramente; porque, pollas ditas Rezões de o dinheiro servir pera a armada, e por outras justas causas que ouve pera se laa aver de fazer, o ey asy por meu serviço. Pero Amrriques a fez, ẽ Evora, aos XXiiii dias de fevereiro de mill Vc trimta e sete. E depois de cerrado e feito o dito cõtrato, o ffeytor emviara o trelado asynado por elle, e pollos oficiaes da dita casa, a dom Rodrigo, pera se caa lamçar no livro

dos comtratos da dita fazemda. Fernam d'Alvarez a fez escrever.
                                                              Rey.
Pera o conde da Castanheira, sobre o contrato dos açucares da Ilha da Madeira que V. A. ha por bem que elle laa faça na casa da India.
   (On Reverse Side)
   Por el Rey.
A dom Antonyo d'Atayde, comde da Castanheira, veador de sua fazenda.

290

COMDE, amigo. Eu, elRey, vos envio muito saudar como aquelle que muito amo. Os capitães que am de ir nas caravelas d'armada, ẽ companhia das naaos da India, sam despachados; e não lhes mandey caa fazer seus Regimentos, por aver por mais meu serviço que vos lhos mandaseis laa dar, por vos asynados, por que os mandareis fazer da maneira que mais comvinientes sejão pera a naveguação que ouverem de fazer. Soomente mandey pasar provisão minha pera obedeçerẽ Diogo Leite, atee cheguarẽ a Pere Anes do Canto, que ey per bem que ande por capitão moor das ditas caravelas na parajẽ das Ilhas, como o fez o anno pasado. E lhe escrevo sobre iso, mandandolhe que syrva pelo Regimento que laa tem, e cumpra todo o mais que vos nele acreçemtardes e deminuirdes, que lhe for asynado por vos. E pera milhor saberdes o que niso aveis de fazer, vos vay com esta o trellado do dito Regimẽto, e todallas outras mais provisões necesarias pera o despacho das ditas caravelas. Muyto vos emcomendo e mando que se despachem loguo. E ẽvieis nelas as provisões que vão pera o dito Pere Anes, e pera o corregedor das Ilhas, e pera Villa d'Amgra, e as mais que vos com esta emvio. E se, aallem do que lhes escrevo, for necesario mais alguũa cousa, vos lho escrevereis; por que eu lhe mando que o cumprão. Pero Amrriques a fez, ẽ Evora, ao primeiro dia de março de mill VcXXXVii. Fernam d'Alvarez a fez escrever.
   Rey.
Pera o conde da Castanheira, sobre a armada das Ilhas.
   (On Reverse Side)
   Por elRey.
A Dom Amtonio d'Atayde, comde da Castanheira, veedor de sua fazenda.

291

CONDE, amiguo. Eu, elRey, vos emvio muyto saudar como aquele que amo. Por que me escrevem da India que he necesario, pelo que compre a meu serviço, saberse la a quebra que ouve na pimenta de cada nao das que vieram o anno trespasado, e asy o pasado, pera se ver quanta foy a quebrada de cada nao d'anbos os ditos annos, e se prover niso o que comprir por meu serviço, vos encomendo muyto que tomes lenbrança de ser emviadas d'iso cartas, por duas vias bem declaradas, do feitor e oficiaes da casa da India, ao veador de minha fazenda, pera ele o saber, e mandar la prover no que acerqua d'iso comprir, e Responder e avisar ca d'iso o que lhe parecer necesario. E deve fiquar em lembrança que se fara, d'aquy em diante, asy em todas as armadas; porque parece muyto necesario pera o veador da fazenda avisar do que lhe pareçer, se a quebra for desarrezoada, e fora do que lhe parecer que devia ser naquela pimenta, que fose de tal bondade que lhe parecese que devia nela aver pouqua quebra; e asy tanbẽ na que for de sorte que lhe parecese que podia aver mais quebra, por nam ser tam sequa e limpa. Ponhase em lembrança em lugar dos livros d'esa casa da India, por que se nam posa d'aquy por dyante esquecer. Pero d'Alcaçova Carneiro a fez, em Evora, ao primeiro dia de março de 1537. J.

      Rey.

Pera o conde da Castanheira, sobre o recado que me ande da quebra da pimenta das naaos.

   (On Reverse Side)
   Por elRey.

A dom Antonio d'Atayde, conde da Castanheira, veador de sua fazenda, etc.

292

CONDE, amiguo. Eu, elRey, vos ẽvio muito saudar como aquele que muito amo. Vy a carta que sprevestes sobre o que vos foy dito dos guardas das naaos da India, e pareceme muy bem que se tire devasa d'elles, da maneira que ẽ vosa carta dizeis. E com esta vos ẽvio hũa carta pera o doctor Alvaro Esteves a tirar.

Ẽcomendovos muito que lha mandeis loguo dar, e ẽformeis de tudo o que d'este caso tiverdes sabido, e das pesoas por que o dito Alvaro Esteves o pode saber, ffazendose niso toda a dilligencia que posyvel for, pera se saber a verdade; por que averey por muito meu serviço serẽ punidos aqueles que fosẽ cullpados, por a elles ser castyguo e aos outros exempro. Sprita ẽ Evora, a dous de março, Manuel da Costa a fez, de 1537. J. Fernam d'Alvarez a fez escrever. Parecendovos que seraa bem, quando pela devasa se nõ podese bem saber o que os guardas tem feyto, daarse a metade a quaesquer outras pesoas que descobrirẽ o que elles lleyxarem meter nas naoos, averey por bem que ho digaes ao doutor Alvaro Esteves, pera que ho faça no tempo que vos bem parecer.

Rey.

Reposta ao conde da Castanheira.
    (On Reverse Side)
    Por elRey.
A dom Amtoneo d'Ataide, comde da Castanheira, veedor de sua fazenda.

293

COMDE, amiguo. Eu, ellRey, vos emvio muito saudar como aquele que muyto amo. Vy a carta que me escrevestes, em que dizeis que os tres panos d'armar, que se Receberam de Bertollameu Fromẽtym, tem em huũ o papa cõ os cardeas, e em outro allguũs profetas, e que por este Respeito vos pareçe que se nõ devem de mandar a Mouros; e que Luis Coelho tem outros panos da estoria de Eneas. Pelas Rezões que apõtaes, me parece bem nõ irem os panos de Bertollameu, e ey por bem que dos da estoria de Eneas vam tres panos, cõ os outros tres que tinha ordenado; e cõ esta vay provisam pera Lluis Coelho os entregar, todos seis, a Job Nunez; e o arnes mandareys ẽtregar por voso asynado; e depois se faraa provisam minha pera o ofecial que ho entregar, se necesaria for. As vyas partyram esta noyte pasada. Espero em Noso Senhor que a armada parta, e lleve tall tempo que seja bem navegada e vaa a sallvamento. Fernam d'Alvarez a fez, em Evora, a Vi dias de março de VcXXXvii. J.

Fernam d'Alvarez me deu conta dos guardas que se prenderam. Agardeçovos a dilligencia que se niso fez, de que Receby prazer.

                   Rey.

Reposta ao conde da Castanheira.
   (On Reverse Side)
   Por ellRey.
A dom Antonio d'Atayde, conde da Castanheira, vedor de sua fazenda.

294

CONDE, amiguo. Eu, elRey, vos ẽvio muito saudar como aquele que muito amo. Cossme de Laffeitade m'ẽviou dizer que dõ Leonardo de Sousa affirmou e dise ora nesa cidade, [que era][1] casado a furto com hũa irmãa do dito Cossme de Lafeitade, que elle tem ẽ sua casa, e fezera acerqua d'iso pregũtar duas testemunhas ad perpetuã Rey memoriã, que sam hũ despẽseiro da naoo Froll dela Mar e outro homẽ d'armas que vão nesta armada pera a India. E porque comprya muito a sua justiça serẽ as ditas testemunhas pregũtadas judiçiallmente pello dito caso, o que se não poderya fazer se fosẽ nesta armada, me pedia que ouvese por bem que nam fosẽ na dita armada, e ficasẽ no Reyno, pera darẽ seus testemunhos; e que elle deposytaria o dinheiro que fose necesario pera se lhes aver de pagar e satisfazer qualquer perda que Recebesem, por asy nã irẽ na dita armada. E por que me d'ello praz, avemdo Respeito a a calidade do caso, vollo notefico asy pera que mãdeis ficar as ditas duas pesoas, e nã consyntaes que vão há India nesta armada. E a despẽsa que hũ d'elles tẽ se daraa a outra pesoa; e o dito Cosme de Llafeitade deposytaraa loguo dinheiro ẽ abastança, por omde as ditas pesoas sejam pagas de toda a perda que por yso Receberem. Manuel da Costa a fez, ẽ Evora, a oyto de março de 1537. J.

O dispenseiro diz que se chama João Pirez, e o homẽ d'armas Baltesar Camaixo, criado do dito Cosme de Lafeitade, e o dinheiro que depoosytar seram mill cruzados.

                   Rey.

---

[1] This is conjectured. The MS. is torn here.

Pera o conde da Castanheira.
          (On Reverse Side)
          Por elRey.
A dom Antonio d'Atayde, conde da Castanheira, vedor de sua fazenda.
          (And in another hand)
Dygo eu, Pero Afonso Dagyar, que Cosme de Lafeyta tem deposytados ẽ minha mão os mil cruzados que sua alteza mãda por esta carta que se deposytem, e acudyrem cõ os dytos myll cruzados a quẽ sua alteza mãdar. Oje, 10 dias de março de 1537.
          Pero Alfonso Dagyar.

295

COMDE, amiguo. Eu ellRey, vos emvio muito saudar como aquele que muyto amo. Por que compre tanto a meu serviço, como sabeis, tomarse cõcrusam na vemda das drogas e de qualquer soma de pimenta que se poder vemder pera Castella ou pera outras partes, pera se aver dinheiro pera soprimento das necesydades e despesas d'esas armadas, vos encomendo muyto que, como o tempo vos deer llugar das acupações d'armada da India, entemdaes com eses mercadores que compram as drogas, e cõ os que vos milhor e mais meu serviço parecer tomarse lloguo cõcrusam, damdo agora a mais soma de dinheiro que poder seer. E teereis lembrança que ao tempo que ouverdes de cõcruir e de fallar cõ os mercadores do contrato pera, antes de se começarẽ de fazer as vẽdas, se determinarẽ elles no que quiserem sobre se aver de fazer contrato ou nam. E qualquer comcrusam e asento que tomardes, me fareis lloguo saber; por que, nõ se fazẽdo contrato çerrado, seraa necesario mandar lloguo avyso d'iso a Manoel Cirne, pera poder em Frandes fazer quaesquer vendas da pimenta e drogas, posto que a armada llaa nõ seja. E no despacho d'ella vos emcomendo muyto que mandeis daaar a moor presa e dilligençia que for posyvel, por se nõ perder mais tempo pera o despacho da pimenta e drogas em Framdes, pois sabeis quanto compre a meu serviço, pelos grandes cãybos que se llaa pagam. Fernam d'Alvarez a fez, em Evora, aos Viii dias de março de 1537.
          Rey.

Pera o conde da Castanheira, sobre a venda das drogas e despacho d'armada de Framdes.

(On Reverse Side)
Por elRey.

A dom Amtonio d'Ataide, comde da Castanheira, vedor de sua fazemda.

296

COMDE, amiguo. Eu, elRey, vos emvio muito saudar como aquelle que muito amo. Vy a carta que me escrevestes, ẽ que me daes nova de ser partida a armada da India, de que Receby muyto prazer. E prazera a Noso Senhor que, segundo o boõ tempo que levão e diligemçia que ẽ seu despacho e partida destes, a levara a sallvamẽto. Fernam d'Alvarez me deu conta de como andaveis pera concruir no negocio da venda das drogas. Muito vos emcomendo que, tamto que niso tiverdes tomada comcrusão, mo façaes saber por vosa carta, pera mandar o aviso d'iso a Manoel Cirne, e saberse se ha de fazer comtrato ou não, pelo muyto que iraa e compriraa a meu serviço ẽ elle ser d'iso sabedor.

Tambẽ me deu o dito Fernam d'Alvarez conta da diligencia que mandastes fazer na prisão do a que forão achados as provisões e alvaras fallsos. Ouve por tam bẽ feyto o que niso se fez, como sam todallas outras cousas de meu serviço ordenadas por vos. E quamto aos guardas que estão presos, follguey muito de se loguo fazer obra pela provisão que sobre iso mandey, pera ser castiguo a eses e aos outros eixempllo. E ey por bem que os velludos verdes sẽ sellos e vermelhão, que dizeis que se achou, vos mandeis laa tudo Repartir como vos milhor pareçer. Pero Amrriques a fez, ẽ Evora, aos Xiiii dias de março de mill VcXXXVii. J.

Rey.

Reposta ao conde da Castanheira.

(On Reverse Side)
Por elRey. J.

A Dom Amtonyo d'Atayde, comde da Castanheira, veador de sua ffazemda.

297

COMDE, amigo. Eu, elRey, vos ẽvio muito saudar como aquele que amo. Soube agora que Rea, xarafe, escreve pera a India muitas cartas, pera mandar nesas naos que estã pera partir; e porque por agora nõ ey por meu serviço irẽ a India cartas suas, nẽ de nenhũ dos seus, vos ẽcomẽdo que secretamente mamdeis fazer diligẽcia por saber quẽ as leva, e as aver todas á vosa mão; e depois de as terdes, mandareis de minha parte á pesoa ou pesoas que as levavã, que ho nã diga a nĩguẽ ca, nẽ na India. Por que, fazemdo ho contrairo, lhe darey por iso castigo que por tal caso mereçe. E asy mesmo tenho sabido que nestas naos—por que se ora, prazendo a Noso Senhor, espera—ẽ que veẽ Fernã Martinez Avãgelho, lhe traz ele cartas e Recados, e asy pera algũs dos seus. Tende lenbrança, vindo as ditas nãos, ẽ quanto la esteverdes, de falar como chegarẽ cõ o dito Fernã Martinez; e sabe d'ele se as traz, ou sabe ẽ cujo poder veẽ, ou qualquer Recado que venha pera elle ou cada hũ dos seus; e achando d'iso algũa cousa, avee tudo a vosa maão; e mo ẽviareis, ou o trares quando ẽbora vierdes. E ao dito Fernã Martinez, ou outra pesoa que as ditas cartas trouxer, mandares que o nã digam, ainda que lhe seja pregũtado por parte do dito xaraffe; e diga que lhe nõ foy dada nenhũa cousa.

Por que aja la quẽ tenha este cuydado, escrevo ao feitor, João de Barros, que tenha lembrãça de falar cõ o dito Fernã Martinez, e de minha parte lhe peça as ditas cartas, ou a qualquer pesoa que as trouxer, darlhes ao tempo de vosa partida minha carta; e mãdailhe de minha parte que tenha d'iso muito especyal cuydado, por comprir asy muito a meu serviço. Esprita em Evora, a Xvi dias de março, Damiã Diaz a fez, de 1537.

Rey.

Pera o conde da Castanheira.
    (On Reverse Side)
    Por elRey. J.
A dõ Antonio d'Atayde, comde da Castanheira, do seu conselho e vedor de sua fazenda.

298

COMDE, amiguo. Eu, ellRey, vos emvio muito saudar como aquele que muito amo. Eu vos tenho escrito, ha dias, que folgaria que tomaseis concrusam na venda das droguas pera Castella, e outras partes, que nõ fosẽ pera Framdes. E Fernã d'Alvarez me deu conta do que lhe dise Francisco Tamayo dos preços em que estavam, e da compitençia que ouvera antre os Burgalleses e os do contrato. E depois, pela carta que lhe escrevestes de XVii d'este mes, vy os termos em que ficava a vemda d'ellas, e que, por Respeyto da dita cõpitençia, Llucas Giralldo vos cometera contrato pera dous anos, cõ tomarem nelles vynte mill quintaes de pimenta, cõ as drogas que estam na casa e as que vierem neste ano; o que lhe nom aceytareis nem quisereis ouvyr, pera me aver d'escrever; e que, se vos nam cometesem cõ tomaar cantidade de pimenta que vos parecese Rezoada e cõ pagamentos cõformes, ate omtem, segunda feyra, por todo o dia, que se venderiam as drogas, se Amdre de Paredes nõ dese mais por ellas, cõ condiçam de allargar mais allguũs dias; e que follgarieys de saber o soma de pimenta cõ que averia por meu serviço que se fizese contrato, por huũ ano ou por dous, pera milhor verdes o que devieis de fazer. Muyto vos agardeço o que ate agora no negocio he pasado, e tudo estaa tam bem feyto como compre a meu serviço. E por que esta materia, de se aver de fazer nesta cõjunçã contrato ou nam, he de tanta importançia como sabeis, estive em pratica pera asentar o que nyso se devia fazer. E pela pouca cantidade de pimenta que Llucas diz que tomara por dous anos, aimda que ho fizese por huũ e cõ allgũa mais vemtajem, e por serem jaa tres meses pasados d'este, por omde quereram os mercadores que ho que fizerem começe do mes d'abrill por diante, pera lhe ficar a cãtidade que tomarem muyto menos por ano, a fora outras vẽtajẽs que ham de Requerer, que pera o diante poderam seer perjudiciaes, e per outras Rezões que se moverã, pareçe que os mercadores nom quereram tomar cantidade de pimenta que seja meu serviço fazerse contrato por dous anos nem por huũ. E avemdo a isto Respeyto, e asy hás muytas dividas que se devem em Framdes, das quaes Jorge de Barros escreve que custam agora os cãybos cento e vỹte mill cruzados em huũ ano, pelo que se nõ deve de despoer das espeçiarias salvo aquillo cõ que posam teer milhor espidiente, pera se pagarem as dividas, e seer fora de cãybos, que se podera mall fazer cõ contrato pequeno, ey por bem, e meu serviço, que por esta vez se nam faça contrato cerrado de pimenta e drogas, e que a que estaa carregada pera Framdes vaa por minha, como estava ordenado. E prazera a Noso Senhor que os tempos sobcederam de maneira que tenha llaa boõ espidiente, e que as dividas se pagem, e minha fazenda seja fora de cãybos. E pera as despesas de quaa vos emcomendo muyto que mandeis vender as drogas, se jaa nõ forem vemdidas, e asy a mais soma de pimenta pera Castella e outras partes. E como isto for feyto, me avysareis, pera mandar Recado a Framdes, porque pera iso mandey esperar Simão Vaaz.

Joam Rodrigues de Saa me escreveo da cidade do Porto, que amdam algũas naoos de cosayros ao Cabo de Finisterra e na parajem dos portos d'Antre Douro e Minho. E asy tenho nova que ao Cabo de Sam Vicemte amdam quinze ou vỹte naoos d'elles em comserva. E porque ho Recado e seguraça d'esa armada compre tanto a meu serviço, como sabeis, vos emcomẽdo muyto que vos emformeis e pratiqueis cõ as pesoas que vos bem pareçer, se seraa necesario emprestarse artelharia e vemderse pollvora aos navios de mercadores que forem em comserva d'armada, e se comsentiram meterem lhe capitães meus, pera os milhor defenderem, ou se compriraa emgrosar se mais allgũa cousa a armada. E o que vos d'isto milhor pareçer, e necesario for, mandareis lla poer por obra. E se tambem pareçer que abastara a armada cõ as vellas que estam prestes da maneira que esta ordenado, nõ curareis d'acrecemtar nella mais. E o que vos niso asentardes e fezerdes, averey por muy bem feyto, e Receberey prazer escreverdes me o que vos de todo mais meu serviço parecer. Fernam d'Alvarez a fez, em Evora, aos XX dias de março de VcXXXVii. J.

            Rey.

Pera o conde da Castanheira.
   (On Reverse Side)
   Por ellRey.
A dom Antonio d'Atayde, conde da Castanheira, vedor de sua fazenda.

299

COMDE, amiguo. Eu, elRey, vos ẽvio muito saudar como aquele que muito amo. Vy a carta que me sprevestes, em que me daaes conta de como se vemderam as droguas; e ey por muy bõa a venda d'ellas, e vos agardeço muito tudo o que niso ffezestes. Ca se ffallou por parte de Antonio São Britores, que queria comprar allgũa pimenta pera Castella e pera França, ao qual mamdey Respomder que vos falase niso. Ecomẽdovos muito que, asy ao dito Antonio de São Britores, como a quaesquer outras pesoas que na dita pimenta quiserem entender, nã prejudicando aa parte de Framdes, lha mandeis vender como vos bem pareçer.

E quanto aas duas caravellas pera que dizeis que sam necesarias capitães, e que esta laa mestre Rodrigo de São Paio, eu ey por bem que elle vaa por capitão de hũa d'ellas, e que na outra vaa Mateus Fernandes d'Aabreu. Vos os encarreguay laa d'elles e lhes mandai dar seus hordenados como aos outros capitães das outras caravellas.

Antonio de Miranda he ja despedido de mĩ; tanto que ẽbora pasar a pascoa, vos mandarey o seu Regimento e provisões. Sprita em Evora, a XXiii de março, Manuel da Costa a fez, de 1537. J.

Muito vos agardeço a lenbrança que me fazeis da armada da costa; e por que se não podia fazer se não depois da partida d'armada de Framdes, vos não mando logo Recado d'iso. Nestas oytavas, prazendo a Noso Senhor, tomarey niso concrusão e vos espreverey o que ouver por bem que se ffaça.

Reposta ao conde da Castanheira.   Rey.
        (On Reverse Side)
        Por ellRey. J.
A dom Amtonio d'Atayde, comde da Castanheira, vedor de sua fazenda.

300

COMDE, amiguo. Eu, elRey, vos ẽvio muyto saudar como aquele que muito amo. Eu sam ẽformado que nesa cidade saltarã hũa noyte ẽ casa de hũa Beatriz da Sylva, dona veuva, e lhe levarã duas fylhas, que tynha pera casar, e ao outro dia lhas tornarã há porta de sua casa, — sobre que hera feyta diligẽçya e preso huũ cryado do feytor da casa da Imdia,—e que dous cryados vosos sabiam parte do caso, e, por que lhe Requeryam que testemunhasem, amdavã escomdidos, temẽdose que tynham algũa culpa. E por que o caso he tam feo como vedes, e ẽ que se deve fazer comprymẽto de justiça, como creo que folgares que se faça, vos ẽcomẽdo que loguo mãdes os ditos criados vosos, que a dita Breatiz da Sylva nomear, ẽtregalos ao governador pera testemunharẽ; e se eles sam culpados no dito caso, nõ semdo as primcypaes pesoas nele, e testemunhando por esta, me praz perdoarlhe livremẽte quallquer pena que por iso mereçam. E a dita Breatiz da Sylva me dise que vos lhe dysereis que mãdaryes aos ditos vosos criados testemunhar do que soubesẽ, quãdo fose neçesaryo e cõpryse a bem de justiça. Domĩgos de Payva a fez, ẽ Evora, a XXVii de março de mill e VcXXXVii.

Rey.

Pera o conde da Castanheira.
(On Reverse Side)
Por elRey.
A dom Amtonio d'Atayde, comde da Castanheira, e veador de sua fazenda.

301

CONDE, amiguo. Eu, elRey, vos ẽvio muito saudar como aquele que muito amo. Per que ffolgaria que Jorge de Ffigueredo ffose paguo do dinheiro que lhe na casa he devido de ffretes do brasyl, que por minha licença mandou trazer da sua capitania, vos ẽcomendo muito que lhe mandeis pagar o milhor que poder ser, e o mais ẽ breve que for posyvel. Manuel da Costa a fez, em Evora, aos XXViii de março de 1537.

Rey.

Pera o conde da Castanheira, sobre este pagamento de Jorge de Figueredo.
(On Reverse Side)
Por elRey. J.
A dom Antonio d'Atayde, comde da Castanheira, veador de sua fazenda.

302

CONDE, amiguo. Eu, elRey, vos ẽvio muito saudar como aquele que muito amo. Eu sam ẽformado que allgũas pesoas levam e mandã dinheiro de contado pera fora do Reino, nesta armada de Framdes, contra forma de minhas ordenações; pello qual mandey pasar hũa provisam, que vos com esta seraa dada, por que mando que se não leve nẽ mande dinheiro na dita armada, sob çertas penas que vereis pela dita provisam, aallem das que dam as ordenações. Ẽcomendovos muyto que mandeis loguo emtregar a dita provisam a hũ dos corregedores d'esa cidade, pera que a faça apregoar segundo forma d'ella e dem a a exequçã as ditas penas a aquelles que nellas ẽcorrerem. E a vos ẽcomendo muito que mandeis ter toda inteligẽçia que for posyvel, pera se saber quẽ manda ou leva o dito dinheiro. Manuel da Costa a fez, ẽ Evora, a XXViii de março de VcXXXVii.

Rey.

Pera o conde da Castanheira, sobre a provisam que lhe V.A. manda pera os que levarẽ ou mandarẽ dinheiro, nesta armada de Framdes.
    (On Reverse Side)
    Por elRey.
A dom Amtonio d'Atayde, conde da Castanheira, vedor de sua fazenda.

303

COMDE, amiguo. Eu, ellRey, vos emvio muito saudar como aquele que muyto amo. Antonio de Miranda quis saber o que eu mandava que fizese, nesta viajem, acerqua de fazer cõserva ou llevar em sua cõpanhia naoos e navios d'estrangeiros, e asy o que faria se se achase como allgũa armada dellRey d'Imgraterra, em seus portos ou fora d'elles, e lhe cometesem que tirase a bandeira da gavia. E o que nestas cousas ey por meu serviço que elle faça, lhe nom dou por Regimento, por que elle as deve de fazer como de seu, e como cousas que nom praticou comiguo, nem eu lhe mandey nellas o que fizese; por que sam de callidade que he milhor e mais meu serviço fazellas elle asy, que dizer que lhas mandey eu. E ey por bem e lhe mando, que cumpra o que por esta minha carta lhe diserdes; a qual lhe vos mostrareis.

Quanto ao daar cõserva aos navios d'estrangeiros, ey por bem, e lhe mando, que a navio allguũ, de quallquer callidade que seja de estrangeyros, nom dee conserva. E as Rezões que ha, pera o asy fazer, poderaa daar a quem lho cometer, cõ as milhores pallavras e mais amigaveis que poder, dizẽdolhe que esta armada nom he de gerra, nem vay a outra cousa senã a poeer esa espiciaria seguramente em Framdes, e se defemder de lladrões; por que eu nõ tenho geerra com nenhuũ Rey christãoo, e que por elle asy ir soomente fazer seu caminho e poeer a especiaria em sallvo, e nõ aver de perder por nenhũa cousa que seja tempo de sua viajem, lhe nom veyo em cõsyderaçam preguntarme o que niso mandava que fizese; e por que nõ leva outro mandado meu senam este pera navegar esa fazemda, que se nom atreveria a tomar sobre sy nenhũa obrigaçam que podese trazer allguũ perjuizo ao carreguo que leva; pelo qual lhe pede que ho ajam asy por bem, avemdo por çerto que, se d'outra maneira fora, follgara muyto de lhe daar cõserva e se ofereçera pera iso. E tem todas as mais boas pallavras pera este fundamento que elle poder, pera lhe Receberem sua Rezã, e lhes tirar todo escandallo que por yso poderem Receber. E se por çima d'isto lhe diserem que, aimda que se nõ obrige hás cõdições da cõserva, querem ir em sua cõpanhia, lhes diraa que elles o vejam, e se toda via quiserem ir, que saybam que, em nenhũa cousa que aconteça, o am d'achar cõ ajuda nenhũa, nem ha de perder hũa ora de sua navegaçã por nenhuũ d'elles; e que lho diz asy decraradamente, por que elle ha que me faria muy grande desserviço e erraria de todo ha sua homrra, se o que leva a seu cargo ouvese d'aventurar por outra cousa; e que por yso follgaria de nõ irem cõ elle, por que semtiria muyto, acõteçendo allguũ caso pera iso, ir ẽ sua companhia quem nam ouvese d'ajudar e defemder. E com estas Rezões se espidiraa d'elles, e se todavia, por cima de tudo, quiserem ir em sua cõpanhia, elle iraa llivre d'elles, e, acõtecendo allguũ caso omde comprise defemdellos, iso mesmo lhe mando que se nom ponha niso, e que asy o faça como há primeira lhe dise que ho avia de fazer; por que asy o ey por meu serviço.

Quanto ao tirar da bandeira da gavea, ey por bem que, acertandose cõ armada de allguũ Rey em seu porto, e Requerendo lhe que a tire, que elle Respomda cõ muytas cortesyas e bõas Rezões, e quando isto nom aproveytar, tirara a bandeira, por que nom quero que nesta viajem aja outra cousa senam llevar esa fazenda a sallvamento. E as Rezões que deer pera a nõ tirar seram cõ muyta cortesya e taees palvaras que, quando vyese a tiralla, nom pareça que ha tira cõtra sua võtade; e asy mesmo o fara no Canall, se hy achar a armada de Imgraterra.

Por que seria muito meu serviço nõ se acertar pedirem lhe cõserva, e asy mesmo poderem lhe Requerer que tire a bandeira da gavea, lhe emcomẽdo e mando que, quanto a elle for posyvel, trabalhe por nõ tomaar porto há ida nem há vỹda, nõ se poemdo porem em perigo por o nõ tomaar; e há partida de Framdes pera quaa, e asy em qualquer porto que se acertase, faça quam incerta poder sua partida, e tenha todollos boõs meyos que poder pera nõ chegar a lhe pedirem cõserva, nem irem ẽ sua cõpanhia; e todas estas cousas lhe mando que cumpra muyto imteiramente asy há ida como há vynda, e vos lhas direis de minha parte. E elle poderaa tirar d'esta carta o que quiser da sustançia d'ella pera sua lembrança, e o guardara cõ todo segredo que em tall caso compre. Fernam d'Alvarez a fez, em Evora, a Vii dias de abrill de VcXXXVii.

Rey.

Pera o conde da Castanheira.
（On Reverse Side）
Por ellRey.
A dom Antonio d'Atayde, comde da Castanheira, vedor de sua fazenda.

304

COMDE, amiguo. Eu, ellRey, vos emvio muito saudar como aquele que muyto amo. Vy a carta que me escrevestes, com a boa nova que me emviastes de seer chegada junto de Caseaes a naoo gallega de que vem por capitão Tome de Sousa; e por outra que depois escrevestes a Fernam d'Alvarez soube como era jaa ancorada davamte dos paços d'esa cidade, e como vyera cõ ella Pero Anes do Canto em hũa caravellinha, e como ele e Tome de Sousa o tem feyto nesta vyajem. Muyto vos agardeço a bõa nova da chegada da naoo, e Receby cõ ella muyto prazer por vyr a sallvamento em tall tempo. E tambem vy pela carta de Fernã d'Alvarez como arribarã tres caravelas das que tinheis mandado hás Ilhas em cõpanhia d'armada. Emcomendovos muyto que digaes de minha parte a Pero Anes do Canto, que lhe agardeço a boo cuydado que teve de esperar pela naoo, e o trabalho que llevou em a acõpanhar ate esa cidade. E escreveyme quamdo devẽ de tornar as caravelas, pera esperar as naoos que, cõ ajuda de Noso Senhor, se esperam este ano; e se, pela emformaçã de Pero Anes, he necesario mandar mais provisam do que tinheis ordenado, por que follgarey de ho saber. A Tome de Sousa, que escreveis que seraa aqui çedo, direis de minha parte que follgarey que venha a mĩ o mais ẽ breve que poder. Fernam d'Alvarez a fez, em Evora, aos Xi dias de abrill de VcXXXVii. Cõ a nova de ser chegado a Moçãbique Jorge Cabral, cõ as naoos a sallvamento, Receby prazer. Prazera a Noso Senhor que Ambrosyo do Rego, que fallecia seer pasado há India pera fora, como parece, e que todas iram e vyrã a sallvamento. Quanto á armada da costa, apos esta vos iraa Recado do que ey por bem que se nella faça.

Rey.

Reposta ao conde da Castanheira.
    (On Reverse Side)
    Por ellRey. J.
A dom Antonio d'Atayde, conde da Castanheira, vedor de sua fazenda.

<h1 style="text-align:center">305</h1>

COMDE, amiguo. Eu, elRey, vos ẽvio muyto saudar como aquele que muito amo. Fernão d'Allvarez me mostrou a carta que lhe sprevestes sobre a duvida que tendes ao dinheiro de Manuel Cirne ir na armada de Framdes, e asy o que quereram levar o capitão moor, e capitãees, e outras pesoas da dita armada pera suas despesas e enpreguos, por Respeito da provisam que tenho pasada, por que deffendo levarse dinheiro na dita armada. E quanto ao dinheiro de Manuel Cirne, elle me dise a a sua partida que, por me servir, queria emvyar na armada sete ou oito mill cruzados seus ẽ dinheiro de contado, pera pagamento da descarga da especiaria, e outras despesas de meu serviço, por escusar de começar lloguo, em chegando a Frandes, de tomar pera iso dinheiro a cãybo, e eu ouve assy por bem. E segundo me Fernão d'Allvarez dise, Manuel Cirne emvyou ao thesoureiro, Gonçalo Fernandez, oito mill cruzados, pera lhos levaarem na armada. E porem, visto o que acerqua d'isto dizeis, se vos pareçer que este dinheiro se nam deve de llevar, asy por que ffique no Reino, como pella neçesidade que d'elle ha pera as despesas da casa, averey por bem que se não leve, e vos o mandai asy. E ẽ tall caso mandareis loguo pasar letras da casa d'outra tanta contia pera o ffeytor Jorge de Baarros, ou pera os mercadores que deverem de seus contratos, que paguem o dito dinheiro em Frandes a Manuel Cirne, tanto que a armada, cõ a ajuda de Noso Senhor, laa chegar, pella neçesidade que a este tempo d'elle ha de ter pera as ditas despesas.

E quanto ao dinheiro dos capitães, e pesoas outras que vam na armada, eu ey por bem que vos dees a cada huũ licença que posam levar de contado aquela contia que vos bem parecer, pera seus empreguos e despesas; e por vosos asynados, que lhe d'iso pasareis, poderão levar o tall dinheiro, sem embarguo da dita minha provisam e defesa. Sprito em Evora, a Xii de abrill, Manuel da Costa a fez, de 1537. Fernam d'Alvarez a fez escrever.

Rey.

Pera o conde da Castanheira.
       (On Reverse Side)
       Por ellRey. J.
A dom Antonio d'Atayde, conde da Castanheira, veedor de sua fazenda, etc.

306

CONDE, amiguo. Eu, elRey, vos ẽvio muito saudar como aquele que muito amo. Vy a carta que me sprevestes. Agardeço vos muito a dilligẽçia com que se faz prestes a armada da costa, e asy a lenbrança que ffazeis da gente que pera ella he neçesaria. Eu tenho hordenado que Dioguo da Sylva vaa por capitão moor da dita armada, o qual loguo mandarey despachar com os capitães que são necesarios. E quãto aos meus criados que dyzeis que devẽ de ir na armada, corẽta ou corẽta e cinquo, ca se apontarão sesenta ou setenta, pera que nom posão ffalecer; allguũs d'elles estam nesta cidade, e a moor parte nesa, pera os quaes vos mando com esta cartas minhas. Laa lhas manday dar, se vos pareçer que he necesario; porque poode ser que allguũs se ofreceram sem ellas, e asy avera outros, pera que nã vam cartas, que queirão hyr; e por iso o fazey como vos milhor pareçer.

Muito vos agardeço o boõ despacho da armada de Framdes, e cam bem aviada estaa, asy de gente como do mais; e ey por escusado emcomendarvos a partida d'ella, pois sabeis quamto compre a meu serviço.

E assy foy muy bõa lembrança que me fezestes do cobre que ha de vyr de Framdes, e do despacho da vĩda da armada. Eu sprevo a Jorge de Baarros e a Manuel Cirne sobre iso as cartas que com esta vam, as quaes lhe mandareis na armada. E quamto ao cobre, mando que emvye seis mill quĩtaaes cadano soomente por tenpo de dous annos; e isto por que ca se moveo duvida na Mesa da Conçiẽçia, que era incomeviniente levarse há India tanta soma de cobre como cadano se leva; e nisto se não tomou atee ora concrusam; tomarse ha depois que emboora vyerdes. Sprita em Evora, a XX dias d'abrill, Manuel da Costa a fez, de 1537.

Rey.

Reposta ao conde da Castanheira.
       (On Reverse Side)
       Por elRey.
A dom Amtonio d'Ataide, comde da Castanheira, veedor de sua fazenda.

307

COMDE, amiguo. Eu, elRey, vos emvio muito saudar como aquele que muito amo. Vy os apomtamentos atras spritos de Pere Anes do Camto, das cousas d'allmazẽ que diz que são necesarias na Ilha Terçeyra, pera provimẽto das naaos que cadanno vẽ da Imdia; e ey por bẽ que lhas mandeis emtreguar pera as levar aa Ilha, e laa as emtreguar ao almoxarife d'ella. E quanto ao comdestabre dos bombardeiros, vereis o que vos niso pareçe, e escrevermoeis, e parecendovos que deve de ir, ho mandareis emtanto fazer prestes, atee verdes meu Recado. Pero Amrriques a fez, ẽ Evora, a iiii dias de mayo de VcXXXVii. J.

Rey.

Pera o conde da Castanheira, sobre estas cousas d'allmazẽ que Pere Anes do Camto diz serem necesarias na Ilha Terceira, pera provimento das naaos que vem da Imdia.

(Below are things that Pere Anes do Canto says are necessary for the Island — in his hand.)

Senhor:

As cousas que sõ neçesarias na Ilha, e que he serviço de V.A. se proverẽ, sõ as segyntes:

Itẽ: na ilha se faz despesa ẽ varar ho batell grãde cõ que se amarrã e desamarrã as naos, por mỹgoa de nõ aver hũ cabrestante cõ seu conçerto de cadarnaes.

Itẽ: hũ bronço de metall pera o ganyete[1] do batell, por que na Ilha nõ ha quem ho faça.

Itẽ: nõ foe toda a artelharia que ho ano pasado mãdou pedyr, que lla he necesarya, por que tomarõ XV peças ha Bastyam Monis.

E asy ham mester outras muytas miudezas que qua ha no allmazẽ, asy como chapas de fallcões e berços, e breu, o que todo custa lla mais que qua. Seria serviço de V.A. mandallas lla emtregar ao allmoxarife, pera cando fossẽ neçesaryas se nõ comprarẽ ha mayor preço.[2]

Itẽ: serya mais serviço de V.A. por hũ condestabre purtuges na Ilha Terceira, pera insynar bombardeyros; os quaes pareçe que cõ hũ moyo de trygo de tença e o privilegyo se cõtentarõ homẽs da terra do prender, e serõ bombardeyros que sõ, por ano pera Xii, despesa de doze moyos de trygo, que ficarõ ẽ ordenarya, e nõ ha por iso de dar menos por ha Renda; he como na Ilha ouver Xii bombardeyros, cõ os caravellas da terra, nõ vyra cosayro que nõ tornẽ.

Itẽ: nõ ha na Ilha Terceira mays que duas ancoras por as naos da Indya; he serviço de V.A. mandar mays.

Itẽ: ha mester meo çento de bandeyras.

Itẽ: as armas brancas que avya na Ilha vyerã este verão todas qua, nas naos da Indya. Ha mester provisõ d'ellas ẽ maneira que,

---

[1] The MS. is perforated here and the word is hard to read. It may be *ganjete*, or *garijete*, or *garyete*.

[2] Here and farther down there are marginal notes in still another hand, probably that of Fernam d'Alvarez.

pera cada nao que ẽ cada hũ ano vyer, lhe possõ dar L^{ta} corpos d'armas.

Itẽ: ha mester iiii c piques pera darẽ ha cada nao L^{ta}, e pera os Repyques de cosayros hos outros.

Itẽ: cordoalha pera brageyros d'artelharya e pera os tajos dos navios.

(On Reverse Side)
Por elRey.

A dõ Amtonio d'Atayde, cõde da Castanheira, vedor de sua fazemda.

308

COMDE, amiguo. Eu, elRey, vos emvio muito saudar como aquele que muito amo. Por que quero que se faça na Ilha Terceira o balluarte de que vos dara comta Pero Anes do Canto, sobre que se jaa comvossco praticou, ey por bem que mandeis dar tal hordem e maneira como em todollos navios, asy meus como de partes, que pera a dita Ilha forẽ, vaa o llastro d'elles de peedra, pera se laa fazer d'ella call, pera se fazer o dito balluarte; e esto atee aquellas barca deguas [1] que pareçer necesario pera iso. E laa na Ilha a mandara Recolher e fazer d'ela call o dito Pero Anes, ou se emtreguara ao almoxarife, como vos milhor pareçer. E aos navios que asy levarẽ por lastro a dita pedra, se daraa na Ilha outro a a minha custa de minha fazenda, com que posão vyr e fazer sua naveguação. Pero Amrriques a fez, ẽ Evora, aos V dias de mayo de VcXXXVii. J.

Rey.

Pera o conde da Castanheira, sobre o lastro de pedra que os navios que forẽ pera a Ilha am de levar, pera se d'ela fazer call, pera o baluarte que V. A. na dita Ilha manda fazer.

(On Reverse Side)
Por elRey.

A dom Amtonio d'Ataide, comde da Castanheira, vedor de sua fazenda.

[1] Palha notes *ita* and fails to solve the difficult reading. The MS. shows no *s* on *barca* and what follows might be interpreted as part of the same word with *barca*.

309

COMDE, amiguo. Eu, ellRey, vos emvio muito saudar como aquele que muito amo. Vy as cartas que me escrevestes de XXiiii e XXVi dias d'abrill, sobre a cõpra de mill quintaes de pimenta que vos cometeo Jorge Llopez, e asy sobre os XXX cruzados d'ella que querem cõprar os mercadores, que emprestarã os Xii mil cruzados, pera lhe serem pagos neste ano e no que vem. E quanto ao primeiro partido que vos cometeo Jorge Llopez, de cõprar os ditos quintaes de pimenta, cõ cõdiçam que se nõ venda na casa pera o Reyno, nem pera Castella, nem pera Itallia, senã a dinheiro contado d'aqui ate janeiro que vem, e que se lhe tomase em conta o dinheiro do seu frete, que os oficiaes da casa dizem que seram mais de X mil cruzados, e que a demasya pagaria quatro mill cruzados em Junho e o Resto d'y a sete meses (e pelas Rezões de vosas cartas vejo que temdes asemtado que ho dinheiro do dito frete se lhe deve de pagar no mes de Junho, que sam tres meses depois da partida d'armada), e por este Respeito, pela necesydade que na casa ha de dinheiro, me pareçe bem e meu serviço fazer contrato cõ o dito Jorge Llopez, cõ cõdiçã que, ate o dito mes de janeiro, se nam venda pimenta pera o Reyno, nem pera Castella, senam a dinheiro contado; por que, pera se lleyxar de vemder pera levãte, pareçe que toma pouca cantidade, e antes lhe daria mais dous ou tres meses de tempo, pera se nã vender pera o Reyno nem pera Castella, senã a dinheiro, ou lhe venderia menos allgũa cantydade, ficando a escalla de levante aberta. Emcomendovos muito que trabalheis por se fazer cõ elle o dito contrato, se poder ser, sem se cerrar a escalla de levante; e que elle posa carregar pera llaa, e pera omder quiser, cõ tanto que nõ seja pera õde faça prejuizo há que vay a Framdes, ainda que seja dando lhes allguũ mais tempo de liberdade pera se nõ vender, ou cõ tomaar algũa menos cantidade, como dito he. Por que, qualquer maneira que seja, averia por meu serviço ficar liberdade há casa de poder vender em todo tempo pera llevãte, pelo que ao diãte pode sobçeder, de que se nõ deve de perder a esperãça. E sobre estes fundamentos mandareis fazer o contrato cõ o dito Jorge Llopez, como vos bem pareçer, sem mais vyr a mỹ; por que, o que niso fezerdes, averey por muy bem feyto; e quer se o dito contrato faça, quer nam, ey por bem que lhe mandeis decrarar o pagamento do frete, pera o mes de junho ou como vos justiça parecer.

Quanto ao outro partido que vos dyse Gonçalo Fernandez, que serve de thesoureiro, que tomariã os mercadores XXX mil cruzados, cõ tanto que lhe descõtasem todo o dinheiro que emprestarẽ, asy da paga d'este ano como do que vem, e mais que pagariã lloguo dez mil cruzados e o Resto no mes de Junho, ẽcomẽdovos muyto que me escrevaes quanta pimenta molhada ha na casa, e se neste partido Requerem que se lhe dee a preço de vỹte e seis cruzados o quintal, como se sempre vendeo; por que, semdo muita cantidade d'ella, nom averya por meu serviço que se vendese ao dito, pelo prejuizo que pode fazer há que vay a Frandes. Porem, querendo os ditos mercadores tomar todos os XXX mil cruzados de pimenta ẽxuta, pera se lhe descõtarem suas dividas, e o mais pagarẽ como tem cometido, averey por meu serviço que se faça cõ elles contrato, posto que se faça tambem o de Jorge Llopez. Por que, ainda que este seja favoravel pera elles, por se lhe tomar o pagamento do dinheiro que se lhe avia de pagar pera o ano que vem, por serẽ soomente pera emtam seis mil cruzados, que he metade dos Xii mil cruzados que dizeis que se lhe devẽ, o averey por bem, pois hã de fazer o pagamento de todo o mais d'aqui ate fim de Junho, cõtanto que nom carregem a pimenta pera Framdes senam pera as outras partes omde nõ faça perjuizo há de llaa. E queremdo fazer o dito contrato da pimenta emxuta, o mandareis llaa çerrar sem vyr a mỹ; e nõ querendo sem a molhada, me escrevereis quanta he, e a que preço que lhe ha de dar, e pera omde ha am de carregar, pera vos escrever o que averey por meu serviço que se faça.

Muyto vos agardeço a llembrança que me escreveis sobre a armada da costa ir daar vysta hás Ilhas, ou se emgrosar á que a ellas ouver de ir. Ẽcomẽdovos que mandeis fazer prestes os galleões e caravelas que vos tenho escrito; e eu vos mãdarey lloguo Recado do que ouver por meu serviço que se faça. Diogo da Syllveira e Per Anes do Canto sam jaa despachados, e lloguo iram, e asy os capitães dos navios e caravelas. Ao mais de vosas cartas nõ ha por agora que Responder. Fernã d'Alvarez a fez, em Evora, aos V dias de mayo de 1537.

Rey.

Reposta ao conde da Castanheira.
>(On Reverse Side)
>Por ellRey.   J.

A dõ Antonio d'Atayde, conde da Castanheira, vedor de sua fazenda.

310

COMDE, amiguo. Eu, elRey, vos emvio muito saudar como aquele que muito amo. Fernam d'Alvarez me deu comta da carta que lhe escrevestes sobre o pagamento dos cimquo mill cruzados, que o Bispo de Viseu este anno ha de aver da primeira metade dos X que me emprestou; e por que ele folgou de o fazer, com tam boa vontade como sabeis, e por todallas mais Rezões que ẽ vosa carta apomtaes, eu Receberey prazer de lhe serem muy bem paguos. E por ora não aver dinheiro de comtrato, nẽ outro nenhuũ mais certo que o das caravelas da Mina, e o que se espera nas primeiras que este ano am de vyr ser jaa todo despeso, não synto outro ẽ que milhor posa aver seu pagamento que do ouro das outras caravelas da Mina, que com ajuda de Noso Senhor am de vyr apos estas que se ora esperão. Por tamto vos emcomendo muyto que lhe mandeis paguar os ditos cimquo mill cruzados do ouro das ditas segundas caravelas que da Mina vierẽ; e loguo lhe deis despacho pera emtão lhe serẽ paguos na moeda ou na casa da Mina, omde ele mais quiser, de maneira que estee çerto de lhe ser feyto o dito pagamẽto, como dito he, por que asy o ey por bem. Pero Amrriques a fez ẽ Evora, aos V dias de mayo de VcXXXVii.   J.

> Rey.

Pera o conde da Castanheira, sobre o pagamento dos V mil cruzados da primeira metade dos X que o Bispo de Viseu emprestou.
>(On Reverse Side)
>Por elRey.

A dom Amtonio d'Ataide, comde da Castanheira, veedor de sua fazenda.

311

COMDE, amiguo. Eu, ellRey, vos emvio muito saudar como aquele que muyto amo. Vy a carta que me escrevestes sobre Diogo Botelho Pereira. Muyto vos agardeço os avysos que de suas cousas me daes. Eu escrevo ao governador que o mãde poer a Recado. Ẽcomẽdovos muyto que lhe façaes lloguo daar minha carta, pera fazer o que lhe por ella mãdo. Fernam d'Alvarez a fez, em Evora, aos Vi dias de mayo de 1537.

Rey.

Pera o conde da Castanheira.
    (On Reverse Side)
    Por ellRey. J.
A dom Antonio d'Atayde, conde da Castanheira, vedor de sua fazenda.

312

COMDE, amiguo. Eu, elRey, vos emvio muyto saudar como aquelle que muito amo. Vy a carta que me escrevestes, em que dizeis que sera meu serviço mandar a Diogo da Syllveira que, com a armada da costa de que ha d'amdar por capitão moor, vaa teer aas Ilhas, ou acreçemtarse a armada de Pedre Anes do Canto, ho que me pareçeo muy bem, e vos agardeço muito a llembrança que me d'iso fizestes. E por que o tempo he chegado ẽ que Pedre Anes deve de ser nas Ilhas cõ sua armada, e pera se aver de acreçemtar cumpre fazer dilação, ey por bem e meu serviço que a não faça. Amtes vos emcomendo muyto que ho façaes loguo despachar de todo, e partir com as tres caravelas que tornarão, pera que sejão quatro com a que nas Ilhas ficou, de maneira que as tragua asy como lhe forã ordenadas pera esperar a naao gallegua. E se os mesmos capitães, que nelas hião, não estiverẽ pera poderẽ tornar, ordenareis outros; por que, os que vos pera iso escolherdes, ey por bem que vão e sejão capitães das ditas caravellas. E no Regimento do dito Diogo da Syllveira mandarey decrarar que, ao tempo que pareçer necesario, se vaa ás Ilhas cõ sua armada, pera vyr em companhia das naaos da India; o qual não fara caa muita detemça, por que eu o mandarey loguo despachar. Pero Amrriques a fez, ẽ Evora, aos Xi dias de mayo de VcXXXVii.

Rey.

Reposta ao comde da Castanheira.
      (On Reverse Side)
      Por elRey.
A dom Amtonio d'Atayde, comde da Castanheira, vedor de sua fazenda.

313

COMDE, amiguo. Eu, ellRey, vos emvio muito saudar como aquele que muyto amo. Por que queria fallar cõvosco alguũas cousas que muyto comprẽ a meu serviço, vos emcomendo muyto que ordeneis esa armada da costa, e as caravelas que ham de ir hás Ilhas, de maneira que se posam fazer prestes e partir sem vos laa estardes, e venhaes a mỹm, e partaes a tempo que sejaees nesa cidade por toda a somana que vem, que seraa ate a bespora da festa do Esprito Santo. E lleyxareis carrego a Pero Affonso Dagiar, e aos outros oficiaes, que despachem a dita armada e caravelas sem vos, ordenando lhe todo o que ouverẽ de fazer. Diogo da Syllveira nom he partido por que fica mall desposto, e podera partir d'aqui a seis dias. Muyto vos emcomẽdo que ao dito tempo sejaes comiguo, por que compre muyto a meu serviço. Fernam d'Alvarez a fez, ẽ Evora, aos Xi dias de mayo de 1537. E Pedre Anes do Canto Receberey prazer que parta o mais em breve que for posyvel, por seer jaa chegado o tempo em que he necesario nas Ilhas.

Rey.

Pera o conde da Castanheira.
      (On Reverse Side)
      Por elRey.
A dom Antonio d'Atayde, conde da Castanheira, vedor de sua fazenda.

314

COMDE, amiguo. Eu, ellRey, vos emvio muito saudar como aquele que muyto amo. Por que eu queria que a filha de Francisco Mẽdez, bemvenisto,¹ se trouxese pera casa da Rainha, minha sobre todas muyto amada e preçada molher, pera nella estar, e se criar, e aprender todollos bõos custumes, vos emcomẽdo muyto que falles cõ Gonçalo Mendez seu irmãoo, e cõ os outros seus parentes que vos bem pareçer, e lhe digaes de minha parte que eu Receberey prazer de eles mandarem a filha do dito Francisco Mendez a casa da Rainha, omde estara muyto bem, e há sua võtade. E d'y, cõ a fazenda que lhe seu pay lleyxou, a casara cõ hũa pesoa hõrrada e tall de que elles seram muy contentes. E pera iso follgarey de lhe fazer todo favor e homrra como he Rezam. E o mesmo mandareis dizer, pelo juiz dos horfãos que fez o emventario de sua fazenda, ou por qualquer outra pesoa que vos milhor pareçer, ha sua mãy, pera que follgue de o fazer, e seja d'iso contente. E trabalhareis que ho ponham lloguo por obra, damdolhe pera iso as Rezões que vos parecerem bem, pera follgarẽ de o fazer, pois lhe tam bem vem. E eu Receberey d'iso prazer, e muyto vollo agardecerey. Fernam d'Alvarez a fez, em Evora, aos Xii dias de mayo de 1537.

    Rey.

Pera o conde da Castanheira, sobre a filha de Francisco de Mẽdez.
  (On Reverse Side)
  Por ellRey. J.
A dom Antonio d'Atayde, conde da Castanheira, vedor de sua fazenda.

315

COMDE, amiguo. Eu, ellRey, vos emvio muito saudar como aquele que muito amo. Vy as cartas que me escrevestes, em que me daees conta do que os cosayros fizeram na parajem das Ilhas há caravela em que amdava por capitão Diogo Lleyte, e hás outras de sua companhia, e das naoos armadas que na dita parajem

---

¹ Palha notes *ita* here. Is it for *bem vem isto*? The reading *bemvenisto* is perfectly clear.

andam. E jaa õtem tinha o aviso d'iso por carta de Manuel Corterreall; e asy o soube pela emformaçã que de tudo deu Lourenço Marques; e vejo quanto cumpre a meu serviço partir lloguo pera llaa Diogo da Syllveira, cõ a armada que estava ordenada pera guarda da costa. E eu vos tenho escrito que cõpria muito fallar covosco allgũas cousas, e que pera iso vyeseis a mỹ, e foseis nesta cidade ate a bespora da festa do Esprito Santo, e que lleyxareis as armadas ẽcomendadas a Pero Afonso Dagiar e aos oficiaes do allmazẽ. E por que a partida d'esta e acodir lloguo hás Ilhas importa tanto, como sabeis, seer com muyta brevydade, o que se nõ poderaa tambem fazer sem vos laa estardes, ey por bem que vos nõ vengaes ate lleyxardes Diogo da Syllveira despachado e partido. E vos emcomẽdo muyto que trabalheis, quanto em vos for, por se fazer lloguo prestes, e partir cõ toda presteza que for posyvel, por ir dereitamente hás Ilhas cõ a armada que estava pera a costa, e cõ as caravellas em que mandava ir Pedre Anes do Canto. Porque, posto que muyto cumpra a meu serviço vosa vimda seer lloguo, vay tanto em esa armada partir sem fazer detença, pera segurãça das naoos da Imdia, que se nõ pode escusar vosa estada lla ate seer partida. E tanto que ho for, vos agardecerey muito vyrdesvos emboora, como vos tenho escrito, sem pera iso esperardes por outro Recado meu.

A naoo genoesa de quatro centos toneis, que dizeis que estaa no porto d'esa cidade, armada e bem marinhada, ey por bem que vaa na dita armada, pois estaa tam aparelhada pera o poder fazer como dizeis; e agardeçovos o aviso que me d'ella destes. Emcomẽdovos muyto que vos cõcerteis loguo cõ Osonõ,[1] o patrã da dita naoo, pera ir na dita armada. E por que tinha feyto fundamento que Pedre Anes do Canto fose diamte cõ as tres caravelas que arribarã das Ilhas, como vos tenho escrito, o que agora nõ pode seer, pela nova dos muytos armados, e pelo que llaa acõteçeo, e ham d'ir todas cõ Diogo da Syllveira, averia por meu serviço que o dito Pedre Anes fose por capitão d'esta naoo genoesa, e andase ẽ companhia de Diogo da Syllveira, por quã bem sey que me niso ha de servir, e pera depois ficar por capitão moor d'aquela parte d'armada que ficar na parajem das Ilhas, quamdo se Diogo da Syllveira ouver de vyr. Muyto vos emcomẽdo que, parecendovos meu serviço, e nã avendo niso encomveniente, e podendo se bem fazer,

---

[1] So it appears to be. Palha has a blank.

o digaes de minha parte ao dito Pedre Anes, e lhe dees a capitania da dita naoo; por que eu lhe escrevo que faça o que lhe diserdes. E parecendo vos que a dita naoo deve seer provida d'outro capitão, me avysareis loguo, pera ho mandar cõ a brevidade que cõvem.

Diogo da Syllveira parte d'aqui amenhaã, segunda feira, e asy partirã lloguo os capitães e os criados meus que nõ forem partidos. E semdo caso que llaa falleça allgũu capitão dos que vos Fernam d'Alvarez mandou por Roll, metereis em seu llugar quallquer outro que vos bem pareçer.

Cõ esta vos emvio cartas pera o Mestre de Santiaguo, meu muyto amado e preçado primo, e ha dõ Alvaro d'Atayde, e dom Lluis de Castro, pera os marinheiros que forẽ necesarios. Vos lhas mandareis, se fallecerem, e se nõ pode escusar.

Quanto ao dinheiro que he necesario pera esas armadas, ey por bem que ho mandeis tomar a cãybo, e que mandeis pagar, hás pesoas que nellas forem, o que vos bem pareçer do que lhe na casa for devido.

Muyto vos agardeço a caravela pescaresa que mãdastes fazer prestes pera as Ilhas, e os avisos que por ella ẽviais, que sam muy boõs e necesarios. Por Fernã d'Allvarez soube como a armada de Frandes era partida, e vy a carrega que leva, de que Receby prazer. Prazera a Noso Senhor que a llevara a sallvamento. Fernam d'Alvarez a fez, em Evora, aos Xiiii dias de mayo de 1537.

Rey.

Reposta ao conde da Castanheira.
    (On Reverse Side)
    Por elRey.
A dom Amtonio d'Ataide, comde da Castanheira, veedor de sua fazenda.

316

COMDE, amiguo. Eu, elRey, vos emvio muyto saudar como aquelle que muito amo. Com esta vay o Regimento e provisões que ha de levar Dioguo da Sylveira, capitão moor d'armada das Ilhas. Muito vos emcomendo que as vejaes, e com os offiçiaes do almazẽ e pesoas que vos bem pareçer pratiqueis a maneira que deve ter, asy aa ida como aa vinda, e no mandar ou trazer das naaos da India. E o que falleçer no dito Regimẽto, e pareçer meu serviço que o dito Diogo da Sylveira deva de fazer, lhe decrarareis por hũa instrução asinada por vos; porque eu lhe mando que a cumpra inteiramente, como pelo dito Regimento vereis. E mandareis emtreguar ao ffeitor da armada a artelharia, polvora, armas, e bizcouto que vos pareçer que deve de levar de sobre sallente, pera se Repartir pelas ditas naaos se neçesario for, e pera ficar nas ditas Ilhas pera qualquer cousa se ao diamte laa sobçeder. E com iso vos encomendo muito que o despacheis loguo, e façais partir sẽ mais dilação, por aver d'iso tamta neçesydade como sabeis. Pero Amrriques a fez, ẽ Evora, aos XVii dias de mayo de mill VcXXXVii. J.

    Rey.

Pera o comde da Castanheira.
  (On Reverse Side)
  Por elRey.
A Dom Amtonio d'Ataide, comde da Castanheira, veedor de sua fazenda.

317

COMDE, amiguo. Eu, ellRey, vos emvio muito saudar como aquele que muyto amo. Vy as cartas que me escrevestes, e asy pelas que escrevestes a Fernam d'Alvarez soube que antes de vos ir meu Recado pera estardes nesa cidade, e vos nom vyrdes ate lançardes fora a armada das Ilhas, por Respeito da nova que veyo do que os Framçeses llaa fizeram, lhe tinheis escrito que vos pareçia meu serviço o mesmo que vos escrevy de despachardes a dita armada antes de vosa vỹda. Muyto vos agardeço taes lembranças, que sam muy cõformes há vomtade cõ que fazeis todalas cousas de meu serviço. Muyto vos emcomẽdo que, tãto que a armada for fora, vos venhaes como vollo tenho escrito. E de Pedre Anes do Canto follgar de ir na naoo cõ Diogo da Sillveira, e cõ tam boa võtade e taes pallavras, Receby prazer, e vos lho agardeçey de minha parte.

Quanto há pimenta emxuta e molhada, que dizeis que hos mercadores querem cõprar, e que, se o preço de molhada, que na casa se chamou sempre pimenta mazcabada, lhe contentar, tomarã

XXX mill cruzados de hũa e de outra, e se nam, que tomarã soomente dozẽtos quintaes, e as suas dyvidas na emxuta, eu ey por bem que, por quallquer das maneiras por que comcertem este partido, e o milhor que poderdes concertar e asentar, o concerteis cõ elles. E quanto ẽ mayor cantidade for, o averey por mais meu serviço, pois querem esta pimenta pera llugares que nõ ha de fazer prejuizo há que vay a Framdes.

Quanto ao partido que Jorge Llopez cometeu, se por qualquer boa maneira vos podeseis cõ elle concertar, antes de vosa vỹda, o averia por meu serviço; por que, quanto mais cantidade de pimenta se vendese na casa, menos dinheiro se tomaria a cãybo e mais tarde.

Os XX mil cruzados que se tomarã a cãybo ao feitor d'Andaluzia foram a muy boõ preço; e ao mais que me sobre esta materia escreveis nom ha que Respõder ate vosa vymda. Fernam d'Alvarez a fez, em Evora, aos XXii dias de mayo de 1537.

Ao tempo que de llaa partirdes, lleyxareis emcomẽdado a Pero Afonso Dagiar, e aos oficiaes do allmazem, a maneira que am de ter no daar das licenças aos que ouverem de navegar, e todo o mais que vos neçesario pareçer, como o fizestes quamdo a outra vez vos vyestes d'esa cidade.

Rey.

Reposta ao conde da Castanheira.
(On Reverse Side)
Por ellRey. J.

A dom Antonio d'Atayde, comde da Castanheira, vedor de sua fazenda.

318

COMDE, amiguo. Eu, elRey, vos emvio muito saudar como aquelle que muyto amo. Ey por bem que mandeis loguo ao Allgarve, pera as dezaseis caravellas que laa tenho mandado armar, que se ora am de fazer prestes, pera sairem fora a correr a costa quando cumprir, tamtos bombardeiros quantos forẽ neçesarios pera se Repartirem por ellas, tres ẽ cada huũa, descomtandose os que jaa laa estão Repartidos pelos lugares do dito Algarve, que nas ditas carevellas am de servir, fazendo fundamento de tres bombardeiros que ha em Tavilla, obriguados aa dita cidade, aallem dos que lla forão. E tambem mandareis d'ese allmazẽ duzemtos e coremta Remos, da gramdura que pareçer aos oficiaes d'ele, que devem de ser pera servirem nas ditas caravellas, a saber, a Laguos oytenta Remos, e a Tavilla sesemta, e a Farão sesemta, e a Villa Nova os corenta, que serão emtregues aos almoxarifes dos ditos lugares, os quaes pasarão d'eles seus conhecimentos ẽ forma pera a conta do allmoxarife do allmazẽ a que pertemçer. Muyto vos emcomendo que o façaes asy cumprir com diligemçia. Pero Amrriques a fez, ẽ Evora, aos XXViii dias de mayo de I VcXXXVii. E os ditos bombardeiros averão seu ordenado como am e vençem os outros, que ao Allgarve mandastes.

Rey.

Pera o conde da Castanheira, sobre os bombardeiros e Remos que ha de mandar ao Allgarve, pera servir nas caravellas que V.A. laa tem mandado armar.

(On Reverse Side)
Por elRey.
A dom Amtonio d'Ataide, Comde da Castanheira, veedor de sua fazenda.

319

COMDE, amiguo. Eu, ellRey, vos emvio muito saudar como aquele que muyto amo. Pelas cartas que escrevestes a Fernam d'Alvarez soube como a condesa, vosa molher, parira huũ filho, e que tevera boõ parto, e ficara d'elle muy bem desposta; de que Reçeby muyto prazer. E asy soube por ellas como vos estevereis allguũs dias cõ febre, e cõ hũa imchaçõ na gargamta, de que jaa estaveis milhor e sem ella. Emcomendovos muyto que por este moço d'estribeira me escrevaes como vos achaees, e asy a cõdesa, por que cõ toda boa nova que de vosas boas desposyções e saude me emviardes, Receberey muyto prazer e contentamento. O Recado que me ẽviastes das armadas serem partidas ha dias, vos agardeço muyto. Prazera a Noso Senhor que seram jaa navegadas, e que chegarã a tempo que aproveytem pera os efeytos a que vam. Fernam d'Alvarez a fez, em Evora, aos XXIX dias de mayo de VcXXXVii.

   Rey.

Pera o conde da Castanheira.
   (On Reverse Side)
   Por ellRey. J.
A dom Antonio d'Atayde, conde da Castanheira, vedor de sua fazenda.

320

COMDE, amiguo. Eu, elRey, vos emvio muyto saudar como aquelle que muito amo. Fernam d'Alvarez me deu conta que lhe escrevereis como a naao genoesa, de que hia por capitão Pedre Anes do Canto, na armada de Diogo da Sylveira, arribara com o masto quebrado, e que vos pareçia muyto meu serviço tornar e huũ paar de caravellas d'armada com ella, pera irem alimpando o caminho ate as Ilhas, de que avia muyta necesidade, com tambem pera vyr ou ficar com parte da armada de Diogo da Sylveira, quando sobcedese caso ẽ que, por seu Regimẽto, ele aja de vir ou mandar algũas vellas da sua armada. Agradeçovos a lembrança que d'iso fizestes, que me pareçeo muy bem, e vos emcomendo muyto que a naao se faça prestes com diligemçia, pera loguo partir, e as duas caravelas armadas cõ ela, de que irão por capitão quẽ vos pera iso laa escolherdes e vos milhor pareçer; e darlheseis Regimẽto, por vos asinado, do que ouverẽ de fazer atee chegarẽ á armada de Diogo da Sylveira, que os ditos capitães cumprirão inteiramente, por que por esta lhes mando que asy a fação. Pero Amrriques a fez, ẽ Evora, aos V dias de Junho de VcXXXVii. J. Francisco Fernandez mandou do Algarve ese Roll, que vos com esta emvio, de cousas que diz serẽ neçesarias pera as caravelas que laa tenho mandadas armar. Muito vos emcomendo que o vejaes, e lhas mandeis levar nos primeiros navios que pera ho Algarve forẽ, ou aquela parte d'elas que vos pareçer que se não poderão escusar.

   Rey.

Pera o conde da Castanheira sobre a naao genoesa, e duas caravellas d'armada, que V.A. ha por bem que vam caminho das Ilhas, a se ajumtarẽ com Diogo da Sylveira.
       (On Reverse Side)
       Por elRey.
A Dom Amtonio d'Ataide, conde da Castanheira, veedor de sua fazenda.

321

A MANEYRA que vos, conde da Castanheira, que ora emvio por meu embaixador ao emperador, meu irmão, teres nestas cousas a que vos mando eu, a tenho praticada convosquo, e asy como a pratiquey, quero que o façaes, leixando a vos fezerdes o que la virdes que mais comprira a meu serviço de dizerdes ou calardes, segundo vos milhor pareçer. E pera que vos milhor poderem lenbrar todas as cousas que convosquo pratiquey, ouve por bem que levaseys estas lenbranças.

Itẽ: A Rezão que dares de vosa yda sera em geral, que he por dar o tempo dever eu de mandar ao emperador pesoa de tal confiança minha, perque ele posa saber de todas as cousas minhas, segundo as ele quiser saber, e asy lhe posa dar conta de todas aquelas suas, que ele quiser que eu saiba.

Itẽ: que asy mesmo vos mando pera lhe falardes no que toqua á Infante, dona Maria, minha irmãa, pela presunção que tenho, alem do que ele ja nisto me escreveo, que a Rainha de França, sua mãy, me quer pedir que a mande a França. E ainda que pera ysto sejam as Rezões em contrairo muy craras a todos, porque alguũas sam de calidade que se nam podem bem praticar senam por pesoa de tanta confiança, vos mando a vos.

Itẽ: lhe dires que eu tenho por certo que a ele lhe não parecera bem tal cousa, e que lhe peço que asy seja polas muytas Rezões que ha pera iso, e ainda porque ha hy cousas que descontentam mays que outras de muyto mor calidade, e que d'estas taes esta he a mor que pode ser, por que a Rainha, sua mãy, pelo emxempro que de mym tem, me devia de mandar de França sua filha, mynha irmãa, pera d'aquy milhor casar que de França; e ainda que por outra cousa nam fose, somente polo ensino portugues; e da casa da

Rainha nam devia a Rainha de França de querer que sua filha d'aqui saise, quanto mais pera o trato frances.

Itẽ: todas as mais Rezões d'isto que convosquo pratiquey, dizendolhe tanbem quanto a Rainha sente ouvir falar nisto, e como lhe parece Rezão, se fora licito criarense suas filhas for do Regno, mandalas ele a sua casa antes que a Arevalo, quanto mais averse de hyr de sua casa sua sobrinha, minha irmãa.

Itẽ: as outras Rezões francesas, por onde ysto ainda traz consiguo mayores incomvinientes, dires ao tempo que vos milhor parecer, e de maneira que nam pareça que hys a dizelas, senão porque pendem d'este negocio; e veres se sera milhor serem em Repriqua depois que o emperador Responder, que dizerlhas primeiro que fale.

Itẽ: esperares a ver o que diz, ou como saye a querer saber minhas cousas, e a vos dar conta das suas; porque, alem de asy dever de ser pela ordem que leva o negocio, d'isto que nele virdes poderes milhor conjecturar o que aves de dizer.

Itẽ: quando vierdes a lhe dar conta de minhas cousas, lha dares muy familiarmente, sempre porem atrebuyndo ás necesidades a despesa que se faz na India contra o Turquo; porque, como ysto cesase, loguo elas cesarião, per cima das grandes despesas d'armadas contra Franceses, e em soster em oyto lugares de frontaria guerra contra elRey de Fez, e contra elRey de Maroquos, que estaa muy poderoso e muy Riquo, e asy no modo portugues de quantos continos eu tenho, por onde me fiquão cada anno por huũa via e pela outra em despesa . . . .[1] myll homẽs de soldo. O que tudo se sostem por serviço de Deus, e os continos por vertude e amor de meus vasalos, que me eles muy bem mereçem, porque, quando estas cousas se quisesem cortar, tambem cesariam as necesidades.

Itẽ: que he muyto pera consirar que se não faça elRey de Maroquos Rey de Fez, e quão perjudicial sera contra eses seus Reinos e os meus. E ysto somente abastava agora pera me dar muy grande cuidado, e tanbem me fazer muy triste, ver que em tal conjuncão, sendo asy cometido de Fez, nam poso acodir a iso, por socorrer a India; de que nam faço caso pera proveito, em Respeito da obrigação que tenho d'acodir a meus vasalos, e á multidão dos da terra que sam feitos cristãos e cada dia se fazem, e onde ha caminho tam aberto pera Noso Senhor ser muyto servido.

---

[1] The MS. has a blank here, presumably for the Count to fill in.

Itẽ: que nisto de Fez e de Maroquos deve ele muyto d'olhar, porque sam cousas pelas quaes, tirando o Rezistir ao Turquo todalas outras.[1] E todolos outros negocios se devem de esquecer por acodir a estes que levão muy grande e mao começo. E este Rey de Maroquos he muy sagaz e muyto Riquo, e que eu são emformado que tem intiligencias com o Turquo, e, sendo Rey de Fez, senhoreara toda esta parte d'Afriqua, o que he muyto d'olhar e de temer, principalmente pera mỹ, a que tanto custa o socorro de huũ d'estes meus lugares, quando o cerquão. E asy por eles serem meus, como porque tanbẽ, se fosem de Mouros, muyto dano fariam a Castela, que lhe peço que ele olhe a materia d'estes lugares como sua, porque o seu parecer e conselho, niso e em tudo, folgarey sempre muyto de tomar.

Itẽ: que em taes conflitos e taes obrigações pera o serviço de Deus, e pera todas as outras cousas em que me toqua, estou eu agora avendo tam mal donde tirar dinheiro, que pera os aprecebimentos d'esta armada da India tenho tomado huũ conto d'ouro a caynbo.

Itẽ: que sendo meus vasalos tão continuadamente postos em gerra de Mouros, onde tantos são mortos e morrem cada dia, cõ tam grandes despesas minhas, e sentimento dos que niso perquo, e obrigaçam de lhe satisfazer seus servicos, he pera espantar de ver agora como são ajudado do Papa; porque somente me não ajuda como o devia fazer, mas quer novamente meter dizimas na clerezia de meus Reinos, sem querer conhecer de nenhuũa Rezão, sendo certo que, se o eu nam consentise, e lhe mandara dizer que nam queria, que logo conhecera de tão verdadeiras Rezões o que eu fiysera, se as cousas da Cristandade não estiveram como estam. Mas em tal tempo me pareçeo tam grande serviço de Deus como estes outros, permitir antes alguũa cousa d'isto, que dizerse que não obedeço aos mandados do Papa. E ainda ha outro caso espantoso que, querendo eu perder huũ tam grande numero de vasalos, e muy Riquos, e tanto dinheiro como eles tem fora de meus Reinos, por castiguar as eresias, e os fazer viver bem, o Papa por seu nuncio vay asy a mão á Inquisicão, que se nam faz outra cousa senam perderense os vasalos, e levarem tam grande soma de dinheiro fora do Reino, e perderense as almas, que he pior que tudo, por que se vão sem castiguo fazer Judeus, e os que fiquão vivem ha

---

[1] The thought seems to be left incomplete.

sua vontade sem ele. E que nisto ele deve de cuidar tão familiarmente como as cousas d'anbos e a calidade d'esto o Requere; pois que o Papa tem tanta necesidade d'ele que, sem escandalo e por bem, podera ele nisto aproveitar, segundo lhe parecer; o que eu por bem com o Papa não poso fazer.

Itẽ: na materia do casamento da Infante, sperares se o toqua ho emperador na pratiqua; e necesario seria que, primeiro tivese ouvido todas estas minhas necesidades e obrigações, primeiro que se niso falase. Mas quando quer que se niso falar, lhe dares as Rezões de tudo, com grande segurança que ninguem pode desejar tanto como eu o casamento de minha irmãa, mas que o tempo he este em que as irmãas devem de dar as joyas pera socorer a taes cousas.

Itẽ: o pouquo que importa a Portugal Ongria, e a Ongria Portugual por aguora.

Itẽ: a Rezão de sua filha que ele tinha pera dar a seu sobrinho; e se o emperador toquase que era cõ o filho segundo este cometimento, dires que o nam podia entender asy, cõ modo de vos espantardes, e que nam sabes niso falar.

Itẽ: se se metese em tratar da obrigação do dote que pelo contrato se deve paguar, direys que o amor e vontade que eu tenho a minha irmãa he mor obrigação que o contrato, e nam leixa cheguar agora a cuidar quanto o contrato obrigua; mas ainda que ela estivese casada, cõ obrigacão d'este anno lhe ser ja paguo todo seu dote, seria forte o genrro que de taes necesidades não conhecese, e mais forte seria minha Irmãa, muyto boa pesoa e muyto minha amiga, se em tal tempo quisese que se comprise cõ ela.

Itẽ: que por certo tenho que ele vera bem tudo ysto; e, pois he em cousas suas, ele o olhara como compre, e tera respeyto ao que verdadeiramente mais toqua a serviço de Deus e bem da Christandade; e asy o fara entender á Rainha de França, sua irmãa, a qual deve de cuidar que, pela onestidade de sua filha, a não deve de querer em França, e que, se da obrigação do contrato quisese tratar, que as dividas, ainda que fosem muyto liquidas, quamdo se não podem paguar, são mas d'arrecadar.

Itẽ: que eu pratiquo tudo cõ ele como comiguo, e como com quẽ tem em sua mão o que nelas se ouver de fazer; porque a Rainha de França não deve de querer outra cousa, senão o que ele quiser e lhe aconselhar; e tanbem porque cõ ele somente me devo eu de justificar, e folguo muyto de o fazer, porque cõ a Rainha de França, quando se ela tanto descomedise, e nam quisese estar polo conselho que lhe ele deve de dar nisto, se lhe daria sua reposta conforme a seu descomedimento.

Itẽ: quando o emperador a tudo respondese mal, despois das Repriquas e audiencias pasadas sobre iso, virvoseys, dizemdolhe que me dareys conta de tudo, e que todavia esperaes que ele o queira olhar milhor, e fazer como he Rezão o que nisto me deve a mỹ.

Itẽ: nestas cousas acima toquadas da India, e dos lugares d'alem, e do Papa, falares asy particularmente (segundo porẽ virdes que o emperador o Recebe) que ele aja cõ vosas pratiquas estes pontos por muy sustanciaes, pera os eu dever de mandar pratiquar por vos com ele, como eles o são. E no da India pedirlheis seu parecer segundo as novas que tenho do Turquo e o que pareçe que este anno fara.

Itẽ: lhe direys, onde vos parecer que milhor cabe, o grande sentimẽto que tive d'este acontecimento de Castel Novo; mas como são casos que tantas vezes na guerra se aconteçem, he forçado que se pasem; e o que em tudo se deve d'aver por verdadeiro Remedio he louvar a Deus, e ter por certo que o que ele faz he o milhor, porque os seus segredos sam incomprensiveys, e que lhe peço que ysto o nam incite mais, nam altere a Rezão nas cousas do Turquo do que por elas mesmas ele sem este acontecimento ouvera de fazer; porque em tam grandes cousas, nam deve nunqua a vontade de ter lugar.

Itẽ: visitares o princepe de minha parte.

Itẽ: com Lobos falares da maneira que convosquo pratiquey.

Itẽ: a dom Johão d'Estunhiga e ao conde do Sorno mostrares o comtentamento que tenho das boas vontades que sey que eles tem pera me servir.

Itẽ: a dom Francisquo dires o que vos dise.

Itẽ: no que toqua a falardes na Infante, minha filha, sera da maneira e no tempo que vos bem parecer, ou não falares nela, segundo convosquo pratiquey.

E porque em todas estas cousas eu quero que vos façaes o que comvosquo pratiquey, e segundo vos parecer la que as deveys de tratar e fazer, eu leixo tudo a vosa discrição, pera tudo fazerdes como vos bem parecer; porque, pela confiança que de vos tenho,

ey por certo que assy serey milhor servido. E vosa vinda sera asy mesmo quando vos parecer que compre. Pero d'Alcaçova Carneiro a fez, em Lixboa, a XXii dias de setenbro de 1537. J.
              Rey.

 Itẽ: teres lenbrança como convosquo o pratiquey que, posto que vos mandei que, das cousas em que aves de falar ao emperador, des conta a dom Francisquo, que quamdo ouverdes de falar ao emperador, nam ha de ser em sua companhia, senão vos soo, pera que mays despejadamente o ẽperador posa falar cõvosquo, e dizervos o que quiser.
     Rey.
Instrução do conde da Castanheira.

322

CONDE, amiguo. Eu, elRey, vos emvio muyto saudar como aquele que amo. Esa carta que vos mando me chegou ontem, e pareceome necesario verdela pera saberdes como esas cousas estam, e milhor poderdes negoçiar segundo comprir a meu serviço. Por que, pois que o emperador ja tem escrito á Rainha de França d'esa maneira que veres pela carta, sera mais necesario que vos, quanto for posyvel, espereys a ver o que neste negoçio d'ele sentis, primeiro que lho façaes tam pesado por minha parte como o levaeys pera o fazer; porque pode ser que, tanbem pola sua, pois as cousas de França com ele asy vão estando, ele nam folgaria de minha irmãa estar em França. E porem, ysto que Ruy Fernandez escreve d'ele ter escrito á Rainha, não vem afirmado; e pode ser que não sera, ou se for, que não sera tanto; e tambem se pode dar a ysto outro sentido, que pode ser muyto meu serviço falar tão claro com o emperador, que, ainda que não fose necesario e quanto milhor o ele nisto tivese feito, lhe diseseis toda via tudo o que levaveys pera lhe dizer. E ainda que me a mỹ pareça esta a mais segura parte, e mais conforme a minha condição, todavia vos podes la conjecturar ou saber cousas por onde vos pareça milhor nam lhe falardes tam pesadamente no negocio, que lhe posa pareçer que faço d'ele grande conta, e que ele faz muyto por mỹ em fazer o que lhe peço, dizendolhe todavia sempre todas as Rezões do caso mais com huũa confiança de palavras e de geito que lhe pareça que, tanto pela calidade do negocio pelo que lhe toqua, como por amor de mỹ, nam tenho eu duvida de o ele aver de fazer. Eu leixo tudo a vos, que o façaes como vos milhor parecer, e segundo volo der o que d'ele poderdes conjecturar na pratiqua que cõ ele tiverdes. E nam mostrareys a ninguem que sabeys parte de nenhuũ cousa d'esta carta, por que nam me pareçe bem que la se saiba que tenho d'ela ainda agora nenhuũa noticia. E pelo que veres do cunhado de Grãovela e principalmente porque he bõa pesoa, e pelo luguar que tem, me parece bem que lhe des bõas palavras de minha parte, o que esqueceo de se pratiquar quando fostes; e por iso volo escrevo agora.

Tanbem me ecreveo dom Francisquo Lobo, pelo coreo que trouxe esta carta, muytas novas de laa, as quaes escuso de vos mandar, porque d'ele as poderes saber. Pero d'Alcaçova Carneiro a ffez, em Lixboa, a XXVi dias de setenbro, 1537. J. E porque por esta carta veres como o ẽperador, meu irmão, sabe o que he pasado no alevãtamẽto do juizo, vos lhe dares agora conta d'iso como que o levaveys de qua pera lho dizer; e sera aquela que vos bẽ parecer, por que nã lhe pareça que nam se lhe da d'isto conta, sabendo o. E nã lhe dares de minha parte os agradecimentos do que niso fez, por que ainda me nã dou por sabedor de toda esta carta.

   Rey.

Pera o conde da Castanheira.
   (On Reverse Side)
   Por elRey.
A dom Antonio d'Ataide, conde da Castanheira, veador de sua fazenda, do seu conselho, e seu embaixador na corte do emperador, etc.

323

COMDE, amiguo. Eu, ellRey, vos emvio muito saudar como aquele que muyto amo. Fernam d'Alvarez me deu conta como lhe escrevestes, que a armada da Malageta era chegada a esa cidade, e que sem Recado meu a nõ mandaveis desarmar. Muyto vos emcomẽdo que, tanto que esta vyrdes, a mandeis desarmar toda, cõ a mayor brevidade que poderdes; por que tenho Recado que no Cabo de Geez nõ he necesaria mais gente da que tem, e pera o feyto a que hyha á Malageta nam pode jaa ir a tempo.

Muyto vos agardeço o omem que me emviastes que veyo de Çuez, cõ que Receby prazer pollas boas novas que me trouxe, e por quam boa Rezam daa de todallas cousas d'aquelas partes; e na mayor parte comforma cõ as que d'ellas vyeram.

Fernam d'Alvarez me dise o que lhe escrevestes sobre o centeo que estaa nesa cidade, e se aimda espera; e por aver tanta soma de mercadores, me pareçe bem ir aos lugares d'allem todo o que neles for necesarios. Encomendovos muyto que falleis com o conde de Penela, a que escrevo que se ajunte cõvosco. E todo o que nos ditos lugares for necesario, mandareys entergar ao thesoureiro da casa de Cepta, pera se lloguo ẽviar; e o mais se venderaa como se milhor poder vender.

Alguas pesoas vem quaa Requerer licenças pera levarem molheres há India; e porque isto he a prisam pera as partes, vos encomendo muyto que, conformandovos cõ a embarcaçam que hy ha, asy na minha naoo como nas dos mercadores, e tomando emformaçam das molheres que querẽ ir, e das causas que pera iso tem, deis as licenças que vos bem parecer, por vosos asynados, a aquelas molheres que teverem taes causas que, sem carguo de cõciencia, devam d'ir; por que asy o averey por muyto meu serviço. Fernam d'Alvarez a fez, em Almeyrỹ, aos XXX dias de Janeiro de 1541.

Rey.

Pera o conde da Castanheira.
   (On Reverse Side)
   Por ellRey. J.
A dom Antonio d'Atayde, conde da Castanheira, vedor de sua fazenda.

324

CONDE, amiguo. Eu, elRey, vos envyo muyto saudar como aquelle que muyto amo. Vy a carta que me escrevestes, e o eixsame que se fez na casa da moeda das dobras da terra dos Xarifes, e me pareceo muy bem todo o que niso mandastes fazer. E pelas Rezões de vosa carta mandey loguo fazer as provisões que vos cõ esta vão, por que mando que não corrão d'aquy ẽ diante ẽ meus Reynos e senhorios como por ellas vereis. Encomendovos muyto que as mandeis dar, hũa ao Regedor e outra ao governador, pera que loguo as fação Registar e apregoar nas Relações. E vos as mandareis tambem Registar nas casas da India, e Mina, e almazẽs, se vos bem pareçer, ẽ maneira que se use loguo das ditas provisões, por que o ey asy por muyto meu serviço e bem de meu povo. Francisco Anrriques a fez, d'Almeirỹ, ao primeiro dia de fevereiro de VcRi.[1] Fernam d'Alvarez a fez escrever.

Rey.

Pera o conde da Castanheira, sobre as provisões que V.A. manda pasar pera ẽ vosos Regnos e senhorios não correrem as dobras da terra dos Xarifes.

(On Reverse Side)
Por elRey.
A Dom Antonyo d'Atayde, Conde da Castanheira, e vedor de sua fazenda.

325

COMDE, amiguo. Eu, ellRey, vos emvio muito saudar como aquele que muito amo. Eu tenho feyto merce como sabeis a Francisco de Sousa de tres vyagẽes de naoos pera a India; e por seu boõ serviço, e pela emformaçam que escrevestes a Fernam d'Alvarez que vos d'elle deu Diogo da Sillveyra, queria que fizese este ano a primeira vyajem, e asy que allgũas pesoas das que vyeram da Imdia e agora tornã, fosem há ida por capitães d'ellas, e iso mesmo que podesem de llaa vyr nellas dom Estevam da Gama, e Ruy Lourenço e dõ Joam de Crasto, o que se nom poderaa bem fazer sem a naoo de Joam Rebello. Muyto vos emcomendo que lhe faleis de minha parte, e trabalheis com elle que queyra solltar por esta soo viajem a capitanya da dita naoo, asy da ida como da vynda. E se vos pareçer que seraa milhor falarlhe eu niso, com esta vos emvio hũ carta minha, porque lhe mãdo que venha a mỹ. Muyto vos agardecerey que, da maneira que vos milhor pareçer,

[1] That is, 1541. I follow Palha in reading the numerals. The date here, and in the following letters that have the R, or what looks like R, is obviously 1541.

trabalheis por se aver a capitanya d'esa naoo por esta viajem, e me escrevaes cõ brevidade ho fundamento que vos pareçer que se d'ella deve de fazer, porque ho tempo he curto e queria lloguo fazer a Repartiçam d'ellas pelas pesoas que nellas ouverẽ d'ir. E aos que tem alvareis de naoos da viajem, que agora Requeriam pera este ano, se daram o milhor espidiente que for posyvel; porque por poderem llevar naoos allguũs dos que vam, e os poderem trazer as que ham de vyr, o ey asy por meu serviço. Fernam d'Alvarez a fez em Almeyrỹ, aos iii dias de fevereiro de VcRi.[1]

    Rey.

Pera o conde da Castanheira, sobre a nao de Joam Rebello.
   (On Reverse Side)
   Por ellRey. J.
A dõ Antonio d'Atayde, cõde da Castanheira, vedor de sua fazenda.

326

COMDE, amiguo. Eu, ellRey, vos emvio muito saudar como aquele que muito amo. Eu sam emformado que vos mãdastes poer escrito há porta da casa da Imdia, por que se noteficou aos que quisesem ir nesta armada, se fosem asemtar ate os vymte dias de fevereiro; e que, temdo jaa asentada a gente que tenho mandado que vaa nella, vam allguũs agora cõ allvaraes meus pera se asentarem. E por que minha tençam nõ foy, nem he, de ir mais gente que a que se muyto bem poder agasalhar nas naoos, vos emcomẽdo muito que, posto que vos apresentem alvaraes meus de llicenças pera irem há India cõ solldo e moradia, ou outros que se asentem posto que seja o conto cheo, vos nõ cumpraes dos ditos allvaraes senam os que vos bem parecer, trabalhamdo por nõ se asentar mais gente que a que a muyto bem poder nas ditas naoos agasalhar; porque asy o averey por meu serviço, e muyto vollo agardecerey. Fernam d'Alvarez a fez, em Almeyrĩ, aos V dias de fevereiro de 1541.

E esto vos encomendo que cumpraes asy, sem embarguo dos allvaraes que tenho pasado; e podereis dizer hás pesoas que os tem

[1] That is, 1541.

que, por vertude d'elles, poderam ir pera o ano que vem de VcRii,[1] apresentando os em tenpo devydo.
    Rey.
Pera o conde da Castanheira.
   (On Reverse Side)
   Por ellRey. J.
A dõ Antonio d'Atayde, cõde da Castanheira, vedor de sua fazenda.

327

CONDE, amigo. A mim praz dar licença a . . . .,[2] sobrinho de Diogo da Sylveira, que posa ir aa India na armada d'este anno, e que em quanto laa andar, se nam for provido de alguũ cargo, vença e aja sua moradia e soldo. Notefiquo vollo asy, e mando que o façaes asemtar na dita moradia e solldo na Razão d'elle pagar o que se montar nos seis meses adiantados, que por ordenança ha d'aver. Cumpri o asy, posto que este nam pase pela chancelaria. Antonio Soarez o fez ẽ Almeirim, a V dias de fevereiro de VcRi.[3] J. Fernam d'Alvarez a fez escrever.
    Rey.

Licença a . . . .,[2] sobrinho de Diogo da Sylveira, que vaa aa India na armada d'este ano, e que vença seu soldo e moradia, ẽ quanto laa andar e nam for provido d'alguũ cargo; e ao conde da Castanheira que ho faça asemtar e pagar os Vi meses adiantados, e que este nã pase pela chancelaria.

328

CONDE, amiguo. Eu, elRei, vos emvio muito saudar como aquelle que muito amo. Mestre Francisquo e Micer Paullo, clleriguos da ordem de São Pedro, vam este ano a a India, como sabeis. Emcomendovos muito que lhes mandeis dar sua embarcação

---

[1] That is, 1542.
[2] Blank left in MS. for name to be inserted.
[3] That is, 1541.

e gasalhado, como vos bẽ pareçer, pera elles e pera Pedro Malldonado, escudeiro de minha casa, que vay pera ter d'eles cuidado, e dous moços que levão pera seu serviço. E aos ditos padres mandareis dar dous vestidos a cada huũ, a saber, huũ pera o mar e outro pera a terra depois de serem na India; e dos livros que pedem, se lhes daram os que pareçer que lhes podem ser neçesarios; e asy mais lhes mandareis dar de cousas de botica, e das outras pera seu mantimento as que nã poderẽ escusar pera a viagem. Porque, todo o que se niso fizer por vosa ordenamça e mandado, o averey por bem feyto; e quero que se cumpra inteiramente como se se fizese por minhas provisões. Pero Amrriques a fez, ẽ Allmeirỹ, aos Xiiii dias de fevereiro de mill VcRi.[1] J. E ẽ quanto se nã embarcarẽ e hy estiverẽ ẽ terra, lhes mandareis dar pera seu mantimento o que vos bem pareçer. Fernam d'Alvarez a fez escrever.

Rey.

Pera o conde da Castanheira, sobre os dous clerigos da ordem de São Pedro, que vam aa India.
   (On Reverse Side)
   Por elRey.
A dom Amtonio d'Ataide, conde da Castanheira, veedor de sua fazenda.

329

CONDE, amiguo. Eu, elRey, vos emvio muyto saudar como aquele que amo. Duarte Catanho vay despachado de mỹ. E porque eu lhe fiz merçe de quatro mil cruzados, a saber, dous mil pera sua despesa e os outros dous mil pera fiquarem em mão de Luquas, como se fez nos outros dous mil de que lhe fiz merçe, quando logo veyo, vos emcomendo muyto que logo lhe mandes dar os ditos quatro mil cruzados. E os dous mil d'eles mandares entregar perante ele ao dito Lucas; e lhe dires de minha parte que eu ey por bem que ele os tenha, pera lhos dar quando em bõa ora tornar, e tenha niso a maneira que teve nos outros dous mil que ficarã

---

[1] That is, 1541.

em sua mão. E folgarey de logo o despachardes, pera se poder partir e fazer seu camynho. Pero d'Alcaçova Carneiro a fez, em Almeirim, a XIX dias de fevereiro de 1541.

    Rey.

Pera o conde da Castanheira.
   (On Reverse Side)
   Por elRey.
A dom Antonio d'Ataide, conde da Castanheira, veador de sua fazenda, etc.

330

COMDE, amiguo. Eu, ellRey, vos emvio muito saudar como aquele que muito amo. Eu escrevo ao conde de Penela, meu muyto amado primo, que faça lloguo emviar há vylla de Santa Cruz do Cabo de Gee mantimento, pera tres meses, de triguo e bizcouto pera mill e quatro centas pesoas, que sam emformado que ha na dita villa, e de centeo pera sesenta cavallos, e vinho, azeyte, carnes, legumes, e outras cousas necesarias pera a gente. E asy lhe emvio cem espingardeiros e pollvora, pillouros, e monyções, e cousas d'allmazem que dom Goterre mandou pidir pera a defensam da villa. Muyto vos emcomendo que todo o que for necesario pera o mantimento da gente, e pera o socorro da dita vylla o mandeis proveer, conforme ao que ao dito conde escrevo, e mandeis pera iso entregar dinheiro necesario, e cousas do allmazẽ, de maneira que nõ posã fallecer, e se faça cõ a mayor brevidade que for posyvel. E porque eu lhe escrevo que pratique comvosco sobre o que cõprir ao dito socorro, principalmente em allgũas cousas que de quaa nom vam determinadas, Receberey prazer praticardes ambos sobre ellas, e tomardes o parecer de pesoas que ho entemdã; e o que se asentar e determinar, se ponha lloguo por obra, de maneira que nõ posa aver detença nem dillaçam.

Aimda que nõ seja necesario fazer vos lenbrança de quam necesario he neste tempo estarem os fornos providos de bizcouto, vos emcomendo muyto que, pois nesa cidade ha muyto trigo e vall de boõ preço, os mandeis proveer de maneira que esteem nelles dous mill quintaes de bizcouto sobejos, pera o que ao diante poder sob-

çeder. Fernam d'Alvarez a fez, em Almeyrĩ, aos XXiii dias de fevereiro de 1541.
   Rey.

Pera o conde da Castanheira, sobre o socorro do Cabo de Gee.
   (On Reverse Side)
   Por elRey.
A Dom Antonio d'Atayde, conde da Castanheira, veador de sua fazenda.

331

COMDE, amiguo. Eu, ellRey, vos emvio muito saudar como aquele que muito amo. Fernam d'Alvarez me deu conta da carta que lhe escrevestes, em que dizeis que sobre as capitanias das naoos de Duarte Tristam e Fernam Gomez se moveram duas duvidas, hũa que dom Alvaro d'Atayde e Francisco de Sousa, que tenho ordenado que vam por capitães d'ellas, nom levaram provisões minhas, e que nom sabeis se am d'aver ordenado nesta viajem, ou se am de ir sem elle e ficar com os alvareis que tem pera o diante. A esta duvida vos Respõdo que os ditos capitães am d'aver seus hordenados nestas naoos de Fernam Gomez e Duarte Tristam, como se fosem em naoos minhas, quer venham nellas quer nam; e Francisco de Sousa levou jaa sua provisam d'iso, que vos deve de teer apresentada, por que he no conto das tres viajẽes de que lhe tenho feyto mercee; e a dom Allvaro se a de fazer a sua da mesma maneira, tanto que mostrar o allvara de hũa viajem que tem, pera se Romper. E estaa asentado com elle que vaa agora cõ ordenado, e há vynda venha com dom Estevam, seu irmão, na nao em que vier. E quando vos apresentarem as ditas provisões, lhe mandareis pagar a parte dos ordenados que, segundo hordenança, se paga aos capitães de viajem adiantada nesa casa.

Á outra duvida sobre a capitanya da vymda da naoo de Fernam Gomez, eu vy o trellado da condiçam do contrato, e do allvara que lhe he pasado, per que se mostra que, avendo duvida a vyr Diogo Gomez seu filho por capitão d'ella, apresente na India ao governador pesoa auta pera ha vymda; e que, avendo de vyr outrem por meu mandado, se deve de fazer com elle allguũ comcerto, por que d'outra maneira o nam poderam armar, nem elle o poderia fazer pelo muyto que llaa ha de pagar. E porque eu queria que na dita naoo vyese por capitão Ruy Lourenço, ou dõ João de Castro, como volo tenho escrito, vos emcomendo muyto que façaes com o dito Fernam Gomez que queyra allargar ha apresentaçam da dita capitanya da vymda por esta viajẽ; e pera yso fazey com elle qual concerto que vos bem pareçer. O qual lloguo asentareys como vos pareçer, sem vyr a mỹ; por que o que niso fizerdes averey por muy bem feyto.

E asy vy pela dita carta, que nesa cidade ha alguũs mercadores que querem emtender em comprar a naoo Sam Fillipe, que o ano pasado foy há Imdia, pera por contrato a armarem pera llaa; e que vos pareçe que daram lloguo cymquo ou seis mill cruzados a boa conta em pagamento da comthia em que ella for avalliada. Eu ey por bem e meu serviço que entendays niso e que, querendo tomar a dita naoo por contrato e dando lloguo pera o cabedal d'armada o mais dinheiro que poderdes, o mandeis fazer e asentar cõ aquelas condições que vos bem e meu serviço pareçerem. E da maneira que ho fizerdes e asentardes, mandarey dar meu alvara de comfyrmaçam no dito contrato, segundo ordenança. Fernam d'Alvarez a fez, em Tomar, aos ii dias de março de VcRi.[1]   J.

                  Rey.

Reposta ao conde da Castanheira.
   (On Reverse Side)
   Por elRey.
A dom Antonio d'Atayde, conde da Castanheira, veedor de sua fazenda.

332

CONDE, amiguo. Eu elRei, vos emvio muito saudar como aquelle que muito amo. A mim me vierão ora cartas de Joam Gomez, que estaa por capitão da villa de Mazagão, que tinha por nova certa que o xariffe lhe vinha por çerco com sua artilharia e gente grosa, e que estava ja algũa d'ella a duas legoas da dita villa. E por esta causa, e asy porque a villa de Santa Cruz do Cabo de Guee estaa çercada, como sabeis, e estes lugares terem muita ne-

[1] 1541.

çesydade de serem socorridos do que lhes agora he neçesario, e do que ao diamte ouverem mester, segundo o que sobceder, pera se milhor e cõ mais brevidade poderẽ socorrer cõ tudo o que cumprir, ordeno de me ir a esa cidade; e partirey pera llaa, com a ajuda de Noso Senhor, quarta feira, IX d'este mes. E mando loguo tomar a solldo ẽ Amdalluzia allguũs solldados, e asy fazer gente ao Allgarve. E porque queria saber as naaos e navios que ha no porto d'esa cidade, e ẽ Setuval, Cezinbra, e Allcaçere do Sall, pera servirem no que cumprir, vos emcomendo muito que mandeis loguo embarguar todas as naaos e navios, asy de naturaes como d'estrangeiros, que no porto d'esa cidade e nos ditos lugares ouver, de que se faram Roees cõ declaração das toneladas de que forẽ, pera os eu ver, tanto que laa for.

Eu escrevo ao conde de Penella, que mande loguo a Mazagão bizcouto, pollvora, e monições, e outras cousas contheudas ẽ huũ Roll que da dita villa emviarão pidir, e que pratique com vosco sobre alguũas outras cousas que pera socorro da dita villa se lhe devẽ de levar. Muito vos emcomendo que vos ajunteis pera iso ambos, e mandeis loguo armar e fazer prestes os navios que forẽ necesarios, que hiram armados e bem apavesados cõ seus Repairos de lãa e todo o mais que cumprir, pera se empararẽ da artelharia que pode ser que os Mouros tenhão posta ẽ lugar donde queirão defender a embarcação. E asy mandareis emtreguar bizcouto, monições, e dinheiro, e todo o mais que for necesario, cõ aquela brevidade e diligençia que sabeis que ẽ tal tempo cumpre a meu serviço. Pero Amrriques a fez, ẽ Allmeyrĩ, a Vii dias de março de VcRi.[1] Fernam d'Alvarez a fez escrever. E mandareis loguo fazer prestes o galleã Trindade, que ora veyo de Framdes, e seis caravelas de cĩquoenta ate sesenta toneis, nõ se armando ate se ver se sam necesarias.

   Rey.

Pera o conde da Castanheira.
  (On Reverse Side)
  Por elRey.
A dom Antonio d'Atayde, conde da Castanheira, e vedor de sua fazenda.

[1] 1541.

339

CONDE, amiguo. Eu, elRey, vos envio muyto saudar como aquele que muyto amo. Por alguũas Rezões, e tanbem pelo que he pasado antre dom Afonso e dom Alvaro d'Ataide, de que o conde da Vidigueira, seu irmão, me veyo oje dar conta, me parecia que seria meu serviço, dando o tempo lugar, mandar a dom Afonso que se mude logo aquy á nao do dito dom Alvaro, e dom Alvaro ao galeam, que he o mesmo que me o dito conde de sua parte pedio. Muyto vos encomendo que me mandeys logo acerqua d'isto voso pareçer, e se o mudarense aquy sera de grande detença e de mayores incõvinientes, que mudarense no mar; e dom Afonso me escreveo que lhe parecia muy dificultoso poder se ele mudar no mar, senã na Ilha da Madeira em terra. E quando vos nam pareçer que se deve aquy de mudar dom Afonso, folgarey de me escreverdes voso parecer acerqua do que Responderey ao conde da Vidigueira neste caso. E o que ele me pede da parte de seu irmão he que, avendose de mudar dom Afonso, o mande mudar aquy, e que a ele mande dar o galeão em que vaa. Sprita em Lixboa, a IX de abril de 1550. J.
   Rey.

Pera o conde da Castanheira.
  (On Reverse Side)
  Por elRey.
A dom Antonio d'Ataide, conde da Castanheira, do seu conselho, veador de sua fazenda, etc.

340

COMDE da Castanheira, amyguo. Eu, ellRey, vos ẽvio muito saudar como aquele que muito amo. Françisco do Camto, filho de Pero Anes do Camto, me fez saber por sua carta de trỹta d'outubro ẽ como, vimdo do Brasyll por capitão da nao Cõceição, que vinha carreguada de pao de brasyll e açucare, arribara com tromẽta a Gualiza ao porto de Viguo, cõ a dita nao aberta, e sẽ mastos e desẽxarceada, e de maneira que se nã atrevya a sayr do dito porto sẽ primeiro comçertar e aparelhar a nao d'allgũas cousas, sẽ as quaes nõ podia navegar. E porque pareçe que quãto mais asynha se lhe acudir, mais meu serviço sera, e por escusar a despesa que faz a jemte que vem na dita nao, vos encomẽdo e mãdo que, tamto que esta vyrdes, faleyis com João Rodrigues Pascoall, meu moço da camara, que veo na dita nao, que vos esta carta leva, e cõ o piloto que nella veo do Brasill que vay com elle, e vos ẽformeyis d'ambos do que se deve d'ẽviar a Viguo, pera se a nao poder aparelhar e vir a esa çidade de Lixboa, e a omde fareis dar a ordem que vos bẽ pareçer; que sera a que compryr a meu serviço. A carta que m'escreveo Francisco do Camto vos ẽvio com esta, pera mais vosa ẽformaçãa. Amdre Soarez a fez, ẽ Coimbra, a XI de novembro de 1550.

   Rey.

Pera o conde da Castanheira, sobre a nao de V.A., que veo atee a Vyguo.
  (On Reverse Side)
  Por ellRey.
A dom Amtonyo d'Atayde, comde da Castanheira, veedor de sua fazẽda.

341

COMDE da Castanheira, amyguo. Eu, ellRey, vos ẽvio muito saudar como aquele que muito amo. Andre Soarez me deu cõta do que lhe escrevestes açerqua do que disestes a Bernardim Estevez, que falase com Pero Barrigua, pera alargar o carguo da moeda que tem, e que, sobre as pratiquas que nelle teve, pede o dito Pero Barrigua corenta mill reis de tença ẽ sua vida e de hũ seu filho, e a moradia que tinha seu sogro Amdre Pires, que hera mill e trezẽtos reis de cavalleiro fidallguo, e que lhe fique o privilegio que ora tem; e que vos pareçia que eu lhe devya fazer merçe da dita moradia, e dos privilegios, e que, açerca dos corenta myll reis da tença que pede, vos devia de comstar laa ysto, pera o fazerdes como podesyeis, e mais meu serviço fose. O que tudo ey por bẽ, e vos encomendo e mando, que asy o façaes, e que nos ditos corenta myll reis de tença que pede, asenteis nelle como vos bem pareçer.

Amdre Soarez me dise como lhe escrevestes que vos pareçia que, por quãto se aguora faz moeda de cobre de dez reis, se nã devia de lavrar mais meos vintẽs ẽ prata, o que me pareçeo bẽ. E mãdey loguo pasar provisões pera a moeda d'esa çidade de Lixboa, e pera a moeda do Porto, pera se nõ lavrarẽ os ditos meos vintẽs ẽ prata.

Asy me dise o que lh'escrevestes que me disese açerca dos capitães que devẽ de ir, o anno que vẽ, cõ ajuda de Noso Senhor, á Imdia, nas cĩco naos que se fazem prestes, a saber, Diogo Lopez de Sousa na nao Espera, e Lopo de Sousa no galeã Tryndade, e Bernaldo Nasy na sua nao Santa Cruz, e dom Jorge de Meneses e dom Diogo d'Almeida na nao Espadarte, que se fez nesa çidade, e na nao do Porto, que se comprou. Pareçeme bẽ yrẽ d'esta maneira, podendo ser; e ey por meu serviço que faleyis loguo cõ as pesoas a que cabe ir servir as tais capitanyas, pera mas alargarẽ e lhas mãdar satisfazer, pello ordenado d'elas, ou como mais meu serviço for, e vos poderdes asẽtar cõ elles; que, como dizeis, milhor se fara isto aguora que depois que as tais pesoas fizerẽ fundamento de ir.

Andre Soarez me deu cõta do que lhe escrevestes que fizese, açerca dos emprestemos, e do serviço que me fizerão os povos; e pareçeome bẽ, e lhe mãdey que o fizese assi como lhe escrevestes. Escryta em Coimbra, a XVi de novembro de 1550.

Rey.

Pera o conde da Castanheira, pera V.A. ver.
      (On Reverse Side)
      Por ellRey.
A dõ Amtonyo d'Atayde, cõde da Castanheira, veedor de sua fazẽda.

342

COMDE, amiguo. Eu, elRey, vos emvio muyto saudar como aquele que amo. Vendo as novas que, por vosa carta, me fizestes saber das disposições do cardeal e do Infante, meus irmãos, pareçeo me que me devia de partir oje, pera com mais brevidade poder ser laa. E espero em Noso Senhor que os ache cõ tanta melhoria como eu desejo, e o Infante, meu irmão, asy comfio em sua misericordia que sera segundo huũa carta vosa que escrevestes a

Pero d'Alcaçova, que me ele mostrou, que foy feita a XXi d'este mes. E por que cada ora, se posivel fose, desejo de saber como estão, mandey d'aquy, d'esta vila omde fiquo, despachar este coreo, polo qual vos encomendo muyto que me escrevaes muyto particularmẽte como estão o cardeal e o Infante, e tornay o logo a despachar, pera que me posa ainda tomar no caminho. Scrita em Soure, a XXiii de Novẽbro de 1550. J.
         Rey.

Pera o conde da Castanheira.
  (On Reverse Side)
  Por elRey.
A Dom Antonio d'Ataide, conde da Castanheira, veador de sua fazenda, etc.

343

COMDE, amiguo. Eu, elRey, vos emvio muito saudar como aquele que amo. Como vos tenho scripto, eu party de Coimbra, com fundamento de ser, o mays cedo que podesse, nesa vila, pera ver o cardeal e o infante meus irmãaos. O tempo soçedeo tal e tam forte, como laa verieys, e com quamto o asy fazia, sempre caminhey; e os dias que o nam fiz, foy porque em nenhuũa maneira podia ser. E a Rainha tambem se partio ao outro dia, e no caminho passou gramdes trabalhos; e porque nam parecia Rezam nam aver amtes de chegar a esa vila, e saber d'ela como os pasara; e tambem polo tempo ser tam forte, o qual me pareceo aimda mais no danno que vy que Recebeo esta vila na pomte, casas, e fazemdas dos moradores d'ela; e asy porque o cardeal e o infante estavam, louvores a Deus, milhor, segumdo me escrevestes, asemtey d'esperar aquy a Rainha, omde nam poderemos deixar d'estar ate o tempo dar lugar a podermos, ela e eu, partir. Muito vos emcomendo que, de minha parte, deys comta d'isto ao cardeal e ao infante; e lhe dizey que estas foram as causas de eu jaa la nam ser, e estas mesmas as porque aquy me deterey, e porque tambem nam poderey laa chegar tam cedo como desejo, pera os ver, e que lhes terey muito em merce dizeremvos como estam, pera mo vos escreverdes por este coreo; o qual vos emcomemdo muito que despacheys loguo. E muito vos agardeço o cuidado que temdes de me avisar de suas disposições. Scripta em Tomar, a XXIX de novembro de M.D.L.

        Rey.

Pera o Comde da Castanheira.
   (On Reverse Side)
   Por el Rey.
A Dom Amtonio d'Ataide, Comde da Castanheira, e veedor de sua fazemda.

344

COMDE da Castanheira, amyguo. Eu, elRey, vos ẽvio muito saudar como aquelle que muito amo. Andre Soarez me deu comta da pimenta, que vos escreveo o feitor da casa da India que querya comprar Gregoryo de Vilhegas; e que, com esta que se ora comprava, seryam vendidos este anno perto de vimte cinco myll quintaes. O que follguey de saber, por que parece que leva este negocyo bons prinçipios, e que por pouca que se venda o anno que vẽ, cõ a muita que he ja vendida nestano Respondera aos anos pasados, na camtidade e o preço, e cõ mays vantajẽ, como sabeyis, do que forã, vendemdose por contrato. Vos escreverdes ao feytor que ẽtretemse Gregorio de Vilhegas, ate mo fazerdes saber, foi bẽ feyto. E porque tamta pimenta jumta nõ se pode vender, sẽ se fiar dos mercadores muita parte d'ela, parece que a Gregorio de Vilhegas se devẽ de fiar os dous myll quintaes que ora quer comprar, allem dos quatro mill e Vii c que o feytor diz que ja tem comprado, visto tambẽ como João Gomez a tẽ abonado nos dous myll e quynhentos. E por tanto eu escrevo ao feitor, e lhe mãdo que lhe faça ẽtregar os ditos dous myll quintaes de pimenta, cõforme á provysão que sobre a vẽda da pimenta tenho pasada. Vos lh'ẽviareis a minha carta que cõ esta vay. Andre Soarez a fez, ẽ Tomar, a iii dias de dezẽbro de 1550.

        Rey.

Pera o conde da Castanheira.
   (On Reverse Side)
   Por ellRey.
A dom Amtonio d'Atayde, conde da Castanheira.

345

COMDE da Castanheira, amyguo. Eu, ellRey, vos ẽvio muito saudar como aquele que amo. Lopo de Sousa, que se ora esteve por capitão na çidade de São Jorge da Myna, m'escreveo hũa carta, que cõ esta vos ẽvio, ẽ Reposta das que lhe mãdey sobre as mynas d'ouro novas que diz que estaão cimcoẽta leguoas da Myna, pouco mais o menos; e segundo elle escreve, pareçe negoçio pera emtẽder nelle, porque sẽ muita despesa se pode saber a verdade. Vereyis a carta de Lopo de Sousa, e tudo o que nela diz. E pareçẽdovos meu serviço falar sobrysto cõ algũs meus ofiçyais, ou cõ quaisquer outras pesoas de que posais tomar mais ẽformaçã, faloeyis, cõ o segredo que vedes que o negoçio Requer; e escrevermeyis loguo o que açerca d'elle pareçe que se aguora deve fazer, ou se sera meo serviçio tomar mais ẽformação do capitão e meus ofiçiais que ora estão na Myna; por que, avẽdo se asi de o fazer, posão ir as cartas nos navios que se ora fazẽ prestes pera a Myna. Andre Soarez a fez, ẽ Almeirỹ, aos V de fevereiro, 1551.

Rey.

Pera o conde da Castanheira, sobre as minas novas.
   (On Reverse Side)
   Por el Rey.
A dom Antonio d'Atayde, conde da Castanheira, veedor de sua fazenda.

346

CONDE da Castanheira, amyguo. Eu, ellRey, vos ẽvio muito saudar como aquele que amo. Andre Soarez me dise como lh'escrevestes, que me disese que vos parecia meu serviço irem este ano á Imdia cẽ myll cruzados de cabedall, asy por que vay pouco cobre, como por ser o prymeiro ano do governador; e que devyã de ir corẽta myll cruzados ẽ dinheiro, e corẽta por letras de mercadores ẽ partes, e os vinte myll por alvaras, pera se poderẽ tomar na India sobre a casa da India. O que me pareçe bẽ, e ey por meu serviço que loguo façais dar ordem como vaão os ditos cẽ myll cruzados, pela dita maneira que escrevestes que vos pareçia que deviã de ir. E quãto á provysaão pera nõ ir prata de partes a India, sobre que tãbẽ escrevestes, falaeys laa lançar a Bernardim Estevez, e ẽviar a Andre Soarez, pera ma mostrar. E nella se decrare a prata que nõ deve ir, se prata o moeda, se ẽ pasta se lavrada, ou de nenhũa callydade. Ao feitor d'Andaluzia escrevy que comprase a prata que podese, e a ẽviase loguo há casa da India por Baltasar Mẽdez, como lẽbrastes. Andre Soarez a fez, ẽ Almeyrỹ, aos X de fevereiro de 1551.

     Rey.

Pera o conde da Castanheira, pera ver.
   (On Reverse Side)
   Por ellRey.
A dom Amtonio d'Atayde, comde da Castanheira, veedor de sua fazenda.

347

COMDE da Castanheira, amiguo. Eu, elRey, vos ẽvio muyto saudar como aquelle que amo. Eu tenho nomeado a Jacome de Mello, fidalguo de minha casa, á naaoo que veo do Algarve, pera nella fazer, este ano presente, hũa das viajems de que he provido pera a India; e elle me pedio ora que lhe mandase pasar provisam, pera tornar por capitã na dita naao da Imdia pera este Reyno, porque, se asy nã ouvese de ser, nã lhe vynha bẽ de fazer a dita viajẽ no comto das que tẽ. E porque ca nã se sabe como isto esta la asentado cõ os armadores da dita naao, vos emcomendo e mando que, tanto que esta virdes, m'escrevais o cõçerto que he feito cõ os ditos armadores, porque, se nã esta asentado que eu posa prover da dita capitania há vynda, averey por meu serviço asemtardello, podendo ser. E dũa maneira ou d'outra cũpre a meu serviço ver loguo vosa Reposta; porque, se não ouver d'ir o dito Jacome de Mello, proverey outra pesoa da dita viajẽ, da ida soomente. Adriam Lucio a fez, ẽ Almeirĩ, a Xii de fevereiro de 1551. J.

     Rey.

Pera o conde da Castanheira.
   (On Reverse Side)
   Por elRey.
A dom Amtonio d'Atayde, comde da Castanheira, vedor de sua fazenda.

348

CONDE da Castanheira, amyguo. Eu, ellRey, vos ẽvio muito saudar como aquelle que muyto amo. Andre Soarez me dise que lh'escrevestes, que vos pareçia que Manoell Jaquis me poderya ir servir de capitaão no navio que se ora faz prestes pera ir ao Brasill; o que me pareçeo bẽ, e eu lh'escrevo que venha loguo aquy, pera lho dizer. E porque querya que nelle fose a pesoa que vos ca dise, tanto que o navio for prestes, mo fares saber, pera a mãdar ẽtreguar ao dito Manoell Jaquis. Andre Soarez a fez, ẽ Almeyrỹ, aos 13 de fevereiro de 1551.
              Rey.

Pera o conde da Castanheira.
  (On Reverse Side)
  Por ellRey.
A dom Antonio d'Atayde, conde da Castanheira, veedor de sua fazenda.

349

CONDE, amigo. Eu, ellRey, vos ẽvio muyto saudar como aquelle que muyto amo. Diogo Coelho, escudeiro fidallguo de minha casa, filho de Nycollaao Coelho, m'ẽvyou pedir licença pera me ir servir aa Indya, nesta armada; e porque ey por bem de lha dar, o podereis mandar asemtar, e se lhe dar ẽbarcação, segundo hordenança. Manuell da Costa a fez, ẽ Allmeirỹ, a Xviii de fevereiro de 1551.   J.
              Rey.

Pera o conde da Castanheira.
  (On Reverse Side)
  Por ellRey. J.
A dom Antonio d'Atayde, conde da Castanheira, vedor de sua fazenda.

350

COMDE da Castanheira, amiguo. Eu, elRey, vos ẽvio muyto saudar como aquelle que muyto amo. Eu sã ẽformado que os padres da Companhia de Jhesus, que ora vão á India, sã bẽ providos de guasalhado e todo o mais que lhe he neçesareo pera a viajem. Folguey de saber que asy o mandastes fazer, e que quatro padres dos seis que estano vão pera as ditas partes, vã ẽ duas naaos das tres que hão d'ir primeiro. E por que folgaria de irẽ outros dous padres na outra naao que ouver d'ir cõ as primeiras, pera irẽ de dous ẽ dous cõ tres meninos dos orfãos, vos ẽcomendo muito e mando que façais aguasalhar, o milhor que poderdes, aos ditos dous padres, na dita naao que asy ouver d'ir primeira, pera todos irẽ de dous ẽ dous na primeira pasajem. E asy ey por bẽ que façais dar guasalhado, vestidos, cama, e mantimento a huũ moço, que os ditos padres levão comsiguo, pera servir no colegyo da cidade de Guoa. Adriam Lucio a fez em Almeirĩ a XXii de fevereiro de 1551. J.
  Rey.

Pera o conde da Castanheira, sobre os padres da Companhia de Jhesus, que este ano vã á India.
  (On Reverse Side)
  Por elRey.
A dom Amtonio d'Atayde, comde da Castanheira, vedor de sua fazemda.

351

CONDE da Castanheira, amiguo. Eu, elRey, vos ẽvio muito saudar como aquelle que muyto amo. Andres Soarez me deu cõta do que lh'escrevestes acerqua da detença que se podia fazer ẽ se esquiparem as gualees que se fazẽ nesa cidade, pera poderẽ servir na guarda da costa do Reyno d'Alguarve tam cedo como cũpre a meu serviço; e isto por falta de Remeiros, porque vos pareçia que se deviã d'armar algũs navios no Algarve, asy latinos como de Remo, se estiverẽ os de Remo pera poder servir; o que me pareçe muy bẽ, e muyto vos aguardeço a lẽbrança que d'isto fizestes. Eu escrevo a Antonio de Cãpos, que faça ẽ tudo o que lh'escreverdes e de minha parte mandardes. Vos ordenareis isto como vos bẽ pareçer, que sera como cũpre a meu serviço. Adriam Luçio a fez, ẽ Almeirĩ, a XXVi de fevereiro de 1551. J. E se vos parecer que ahi nesa çidade se devẽ armar algũs navios pera guarda da dita costa, falloeys fazer, pera que hũs e outros posam servir ao tempo ẽ que an de ser neçeçaryos.

        Rey.

Pera o conde da Castanheira.
        (On Reverse Side)
        Por elRey.
A dom Amtonio d'Atayde, comde da Castanheira, vedor de sua fazenda.

352

COMDE, amiguo. Eu, elRey, vos envio muito saudar como aquele que amo. Mestre Pero Fernandez, que foy viguairo geral na Imdia, que aguora tenho nomeado no bispado do Brasil, me escreveo que nam devia comsentyr tornar á India hũu cleriguo que o Bispo de Guoa de laa mandou, por duas vezes se lançar com os Mouros, e ser em seu viver muy desconcertado e de muito maao emxemplo; o qual lhe deziam que estava para se embarcar nestas naaos. Pelo que vos encomendo muito, que ordeneis como se tenha gramde vegia em o dito cleriguo se nam poder embarcar nelas, nem algũu outro de que se nam tenha boa innformação. E eu mando ao dicto mestre Pero Fernandez que fale comvosquo, pera vos innformar do dito clleriguo, e dos mais que souber que vão nas ditas naaos. Asy mesmo me lembra que não devia consentyr irem allgũus cleriguos ao Brasil nestes navios que aguora vãao, sem ele os ver e conheçer. E porque ysto me pareçe serviço de Noso Senhor, e a ele como pastor pertençe conheçer suas ovelhas, se nestes navios ouverem d'yr allgũus cleriguos, sera bem ordernardes que elle os veja e conheça primeiro. Antonyo Ferraz a fez, em Almeirim, a XXVi dias do mes de fevereiro de mil VcLi. J.

        Rey.

Pera o conde da Castanheira.
       (On Reverse Side)
       Por el Rey.
A Dom Anthonio d'Ataide, Comde da Castanheira, veedor de sua fazemda, e do seu conselho.

353

COMDE, amiguo. Eu, elRey, vos envio muito saudar como aquele que amo. Tenho sabido que, antre allgũus mercadores d'esa cidade, se falava que a moheda do cobre que ora mandey fazer dos dez reis, por ser tam grosa e campeira, se poderia falseficar, e a verdadeira levar pera fora do Reynno. E porque sempre seraa meu serviço ouviremse todos em todas as cousas, e quem nisto falou he hũu mercador que se chama Simaão Rodrigues, que vive em Salvaterra, vos encomendo muito que o mandeis chamar, e saibais d'elle o que nesta matheria se pratica, e as Rezões que se nela daão; e escrevermaeys cõ voso pareçer acerqua d'iso.

Creyo que sereys lembrado de hũu frade Abexy, que aqui andava, que dezia que fora a Suez. E porque mostrou ser homẽ de pouco siso, e d'outras callidades piores, me pareçe que seria perjuizo pasar a sua terra pela Imdia, e ir nestas naaos. Pelo que vos encomendo muito que nam consintaes que vaa nelas; e mandareys ter muyto tento ẽ se nam poder embarcar escomdidamente. Antonio Ferraz a fez, em Almeirym, a XXVi dias de fevereiro de 1551. J.
    Rey.

Pera o conde da Castanheira.
       (On Reverse Side)
       Por el Rey.
A Dom Anthonio d'Atayde, comde da Castanheira, veedor de sua fazemda, e do seu conselho.

354

COMDE da Castanheira, amiguo. Eu, elRey, vos ẽvio muito saudar como aquelle que muyto amo. Huũ Manuel Garçes, que diz ser casado, e morador ẽ Guoa, cõ hũa orfão que de ca ffoy, o qual vay ora á Imdia, me pedio que lhe fezese merçe; e posto que a ẽformação que se nelle tomou, nã bastava pera lha fazer, todavia, por Respeyto de ser casado cõ a dita orfão, como dizia que era, lhe fiz merce d'esprivão da feytoria de Cananor. E ora sã ẽformado que elle nã he casado cõ ella, mas que casou duas outras vezes; pelo que vos ẽcomendo e mando que, tamto que esta virdes, o façais vir ante vos, e lhe peçais a carta que lhe mandey pasar do dito carguo, e o nã deixeis ir á India este anno; porque asy o ey por serviço de Noso Senhor e meu. Adriam Lucio a fez, ẽ Almeirỹ, a XXvi de fevereiro de 1551.

       Rey.

Pera o conde da Castanheira, sobre Manuel Garçes.
  (On Reverse Side)
  Por elRey.
A dom Amtonio d'Atayde, comde da Castanheira, vedor de sua fazenda.

355

COMDE da Castanheira, amiguo. Eu, elRey, vos ẽvio muyto saudar como aquelle que muyto amo. Vy as cartas que m'escrevestes de XXiiii d'este mes de fevereiro, ẽ Reposta da que vos mandey sobre os escravos que vã da Ilha de San Thome pera as Antilhas, e as Rezões que nella dais pera se neguoçear o trato da dita Ilha por meus oficiaes. E pelo que nisto ja estava praticado comvosquo amtes de vosa partida pera Lixboa, e pela ẽformaçã que dizeis que tomastes d'este neguoçeo, depois que la estais, ey por bẽ que a dita Ilha de San Thome, e o trato d'ella, se gramgee por meus ofiçiais por algũus anos. E desdaguora podeis começar de fazer por as cousas, que tocarẽ ao dito trato, ẽ tal ordẽ cõ que se asy faça, acabãdo Afonso de Tores o tempo de seu arrendamento.

E quamto ao trato de Guyne, e quartos e vyntenas da Ilha do Cabo Verde, ẽ que dizeis que ha algũus lamços, de que hũu he de vynte e cinquo mill cruzados, na qual contia vos pareçe que nã sera mal arrendado, quando nelle mais nã lamçarẽ, ey por bẽ que o façais arrematar na dita contia, quamdo se por elle mais nam der. Porque, pellas Rezões que ãtes de vosa partida sobre este negocio se tratarão, ey por meu serviço arrematarse o dito trato por algũus anos, e porque tambẽ parece que esta bem arrendado na dita soma. Escrevermeis quando vos parecer que poderaa partir o prymeiro navio pera a Mina, pera escrever a Diogo Soarez sobre o neguoçeo das minas novas. Adriam Lucio a fez, ẽ Almeirim, a XXvii de fevereiro de 1551.

    Rey.

Reposta ao conde da Castanheira.
  (On Reverse Side)
  Por elRey.
A dom Amtonio d'Atayde, comde da Castanheira, vedor de sua fazenda.

356

COMDE, amiguo. Eu, ellRey, vos envio muito saudar como aquelle que amo. Eu soube aguora de vossa maa despossição, de que muito me desaprouve. Muito vos emcomendo que me escrevaes como aguora estaes e vos achaes, por que de saber que he tam bem como vos desejaes Receberey muito contentamento. Antonio Ferraz a fez, em Almeirim, a tres dias do mes de Março de M.D.L.I.

    Rey.

Pera o cõde da Castanheira, de vesitaçã.
  (On Reverse Side)
  Por el Rey.
A dom Anthonio d'Ataide, conde da Castanheira, veedor de sua fazemda, e do seu conselho.

357

COMDE, amiguo. Eu, elrrey vos envio muito saudar como aquelle que amo. Pareçeome meu serviço respomder por estas primeiras naaos, que primeiro ham de partir, ao visso Rey e ás pessoas de mais callidade da Imdia, e pelas outras naos escrever ás outras pessoas que fiquam, das quaaes muitas se não conheçem; e tambem por que, repartimdose d'esta maneira, se deteriam menos huũas naaos e as outras. Estas vias que vos mando sam as que ham de levar estas naos que primeiro ham de partir, d'as quaaes huũa me parece que deve de levar o capitam moor, e outra Joham da Fonseca, pois vay por veedor da fazemda. Spero ẽ Nosso Senhor que, jaa que cõ vosso bom cuidado tam çedo foram prestes, lhes dee o tempo neçesario pera poderem partir. Das que ficam folguarey de me escreverdes o tempo ẽ que poderão ser prestes. Antonyo Ferrão a fez, em Almeirim, a tres dias do mes de março de 1551.

   Rey.

Pera o cõde da Castanheira, sobre as vias.
   (On Reverse Side)
   Por El Rey.
A Dom Antonio d'Ataide, comde da Castanheira, veedor de sua fazemda, e do seu conselho.

358

COMDE da Castanheira, amiguo. Eu, elRey, vos emvio muito saudar como aquele que muito amo. Amdre Soarez me dise o que lhe escrevestes, que vos pareçia que se devia de fazer sobre a armada que, nas Ilhas, deve de aguoardar as naaos que, com a ajuda de Noso Senhor, este ano se espera que venhão da Imdia; e que asemtaveis, cõ pareçer do provedor e ofiçiaes do almazem, que fose ás Ilhas hũ galeão piqueno, que ha pouco que veo da Mina, e que nele fose artelharia e moniçõns pera se nas Ilhas armarem tres caravellas; e que asy pareçia que, no dito gualeão, devia de hir João da Silva do Camto, com carta minha pera seu pay

ffazer armar as ditas caravelas. Ho que tudo me pareçeo bem, e vos agardeço muito a lembrança que d'iso fizestes. Eu mando chamar João da Silva pera o emcarreguar do dito gualeão; ho quall vos emtretamto mamdareis aparelhar e comcertar, pera poder fazer a dita viagem. Amtonio de Mello a fez, em Almeirim, a V dias de março de VcLi.
   Rey.

Pera o comde da Castanheira.
  (On Reverse Side)
  Por elRey.
A dom Amtonio d'Atayde, comde da Castanheira, vedor de sua fazenda.

359

COMDE da Castanheira, amiguo. Eu, elRey, vos ẽvio muito saudar como aquelle que muyto amo. Eu tenho ẽcarreguado a Manuel Jaques da capitania do navio Samto Amtonio, que se ora faaz prestes pera ir ao Brasil, ao qual mando que na dita viajẽ cũpra imteyramente o Regimento que lhe pera iso derdes. Ẽcomendovos e mando, que lhe deis o dito Regimento asy e da maneira que vos parecer meu serviço que o elle deve de levar, e do que deve fazer na dita viajẽ. Adriam Lucio a fez ẽ Almeirĩ, a Vi de março de 1551. J.
   Rey.

Pera o conde da Castanheira, sobre Manuel Jaques.

360

COMDE da Castanheira, amyguo. Eu, ellRey, vos ẽvio muito saudar como aquele que muito amo. Eu falley a Bellchior Barreto pera que vaa a Framdes a fazer o pagamento do dinheiro que se laa deve na primeira feyra de Pascoa. Elle me dise que farya nyso e ẽ tudo o que lhe mãdase, e que partirya tamto que eu o ouvese por bẽ. Mãdeylhe que fose fallar comvosco, e fizese neste negocio o que lhe de minha parte mãdaseis. Elle me afermou que era muito mays meu serviço fazerse o caỹbo ẽ Lixboa, da maneira que o tendes mãdado praticar, do que serya irse fazer a Frandes. Depois me deu Andre Soarez cõta dos preços em que o negoçeo estava, segumdo lhe João Gomez escreveo por voso mãdado, em que pareçe que a deferẽça estava ẽ meo guso, e se o alargasẽ e viesẽ a sesemta e quatro pera feyra de outubro, que se devia cerrar o caỹbo ẽ Lixboa, damdo o dinheiro ẽ Framdes ẽ moeda de caỹbo como esta praticado. Vos vereyis o que vos pareçer mais meu serviço, se çerra se ahy, se ir Bellchior Barreto a Frandes; e yso ordenareyis que se faça, por que, semdo visto e ordenado por vos, sera como compre a meu serviço que seja. Andre Soarez a fez, ẽ Allmeyrỹ, a IX de março de 1551.

     Rey.

Pera o conde da Castanheira, sobre o negoçio da divyda de Frandes.
  (On Reverse Side)
  Por elRey.
A dom Amtonyo d'Atayde, comde da Castanheira, vedor de sua fazenda.

361

COMDE da Castanheira, amiguo. Eu, elRey, vos ẽvio muito saudar como aquelle que muyto amo. Christovão de Crasto me emviou dizer, que eu lhe fizera merçe das viajẽs de Bẽguala, por minha provisam feyta ẽ cinquo de março de VcRviii,[1] e que ẽ XX do dito mes de março, do dito ano, eu fizera merçe a Gonçalo Vaaz de Tavora das mesmas viajems, e que depois pasara outra provisam minha ao dito Gonçalo Vaz, feyta ẽ XXiiii de Janeiro, do ano pasado, de 1550, por que ouvera por bem que o dito Gonçalo Vaz servise as ditas viajems prymeiro que todos os providos. Pedindome o dito Christovão de Crasto que mandase ver e determinar este caso, como for justiça, na minha Relaçã aquy, ou nas partes da India, e porque, pellos Registos que das ditas provisões me forã apresentadas, pareçe que o dito Christovão de Crasto pede justiça, e pode ser que no pasar das ditas provisões ouve se algũu ẽleo, ouve

[1] That is, 1548.

escrevo a Pedre Anes do Cãto, seu pay, que, tamto que o dito Framçisco do Camto la chegar, veja qual de seus filhos, se Amtonio Pirez ou o dito Françisquo do Camto, me poderaa milhor ir servyr de capitãao mor da armada que, este ano, ha d'ir aguardar as naaos que, com ajuda de Noso Senhor, s'espera que venhã da India, e o que lhe pareçer que nisto me poderaa milhor servir, ẽcarregue d'iso, e lho digua de minha parte. E o que asy ẽcarreguar cũpra ẽ tudo o Regimento, asynado por vos asy, e da maneira que o ouvera de cũprir e guardar o dito João da Silva, vos fareis dar ordẽ, com que o dito Francisco do Camto parta loguo d'esa çidade, pello que vedes que importa a meu serviço, e ser casy pasado o mes d'abrill. Adriam Lucio a fez, ẽ Almeirỹ, a XXii d'abryl de 1551.

Rey.

Pera o conde da Castanheira, sobre a armada que ha d'ir esperar as naaos da India.
    (On Reverse Side)
    Por elRey.
A dom Amtonio d'Atayde, comde da Castanheira, vedor de sua fazenda.

369

COMDE, amiguo. Eu, ElRey, vos envio muito saudar como aquele que amo. De vossa maa desposiçam me desaprouve muito. Prazera a Nosso Senhor que vos dara a saude que desejaes. E por que Receberia contentamento de saber como vos achaes, vos encomendo muito que mo screvais, e muito volo agradecerey. Scripta ẽ Almeirim, a XIX de novembro de M D L I.

Rey.

Pera o conde da Castanheira.
    (On Reverse Side)
    Por el Rey.
A Dom Antonio d'Ataide, conde da Castanheira, do seu conselho, e vedor de sua fazenda.

370

EU, ELREY, faço saber a vos Thome de Sousa, do meu conselho, vedor de minha casa, que dom Pedro de Sousa, fidalguo de minha casa, que anda nas partes da Imdia, ffilho bastardo de dom Filipe de Sousa, me ẽviou dizer que eu o tomara por moço fydallguo, com milreis de moradia cada mes, e allqueire de cevada por dia, a Viiii dias de mayo do anno de VcLiiii, com declaraçam que nam a d'aver casamento; e o acrecemtara a escudeyro, com mil e seys cemtos reis de moradia cada mes, e alqueire de cevada por dia, a XXi dias de março do anno de VcLv, segumdo se vio per certidam de Ffrancisco de Siqueira, que ora, por meu mandado, serve d'escrivam da matricola dos moradores de minha casa. Pedimdome por merçe que o acrecemtase a cavaleiro, por quanto o ffora feyto per Bernalldim de Carvalho, que ora estaa por capitam na cidade de Tamgere, e visto seu Requerimento, e por lhe ffazer merçe, ey por bem e me praz de o acrecemtar a cavaleiro, com quatro cemtos reis mais em sua moradia cada mes, alem dos mil e seyscemtos reis que ateegora teve de seu dinheiro, que he mais a quarta parte dos ditos mil e seyscemtos reis, pera que d'aquy em diamte tenha e aja dous mil reis de moradia cada mes de cavaleiro, e hum alqueyre de cevada por dia quando tiver cavalo, paga segumdo ordenãça, que he o que lhe pertemçe aver, descomtada a terça parte de bastardia, por Rezão dos tres mil reis que o dito seu pay teve de moradia de cavaleiro, segumdo se vyo per certidão do dito Framçisco de Siqueyra. Mamdovos que ffaçais asemtar o dito dom Pedro de Sousa no livro da dita matricola, no titolo dos fidalguos cavaleyros, com a dita moradia e cevada, Riscamdose primeyro a asemto d'escudeiro que tem no dito livro, e poẽdose em ambos os ditos asemtos as verbas declaradas no Regimento que sobre ysso tenho ffeyto. E o escrivam da matricola pasara certidam nas costas d'este alvara, de como fiqua asemtado no dito livro, no titolo dos fidalgos cavaleyros, na forma que se no dito Regimento conthem; e este lhe lhe sera tornado, pera o elle ter pera sua guarda; e nam vemceraa moradia em quamto andar na India. Manuel Fernandez a fez, ẽ Lixboa, a XX de fevereiro de quinhemtos L^{ta} e sete.

    Rey.   Sousa.

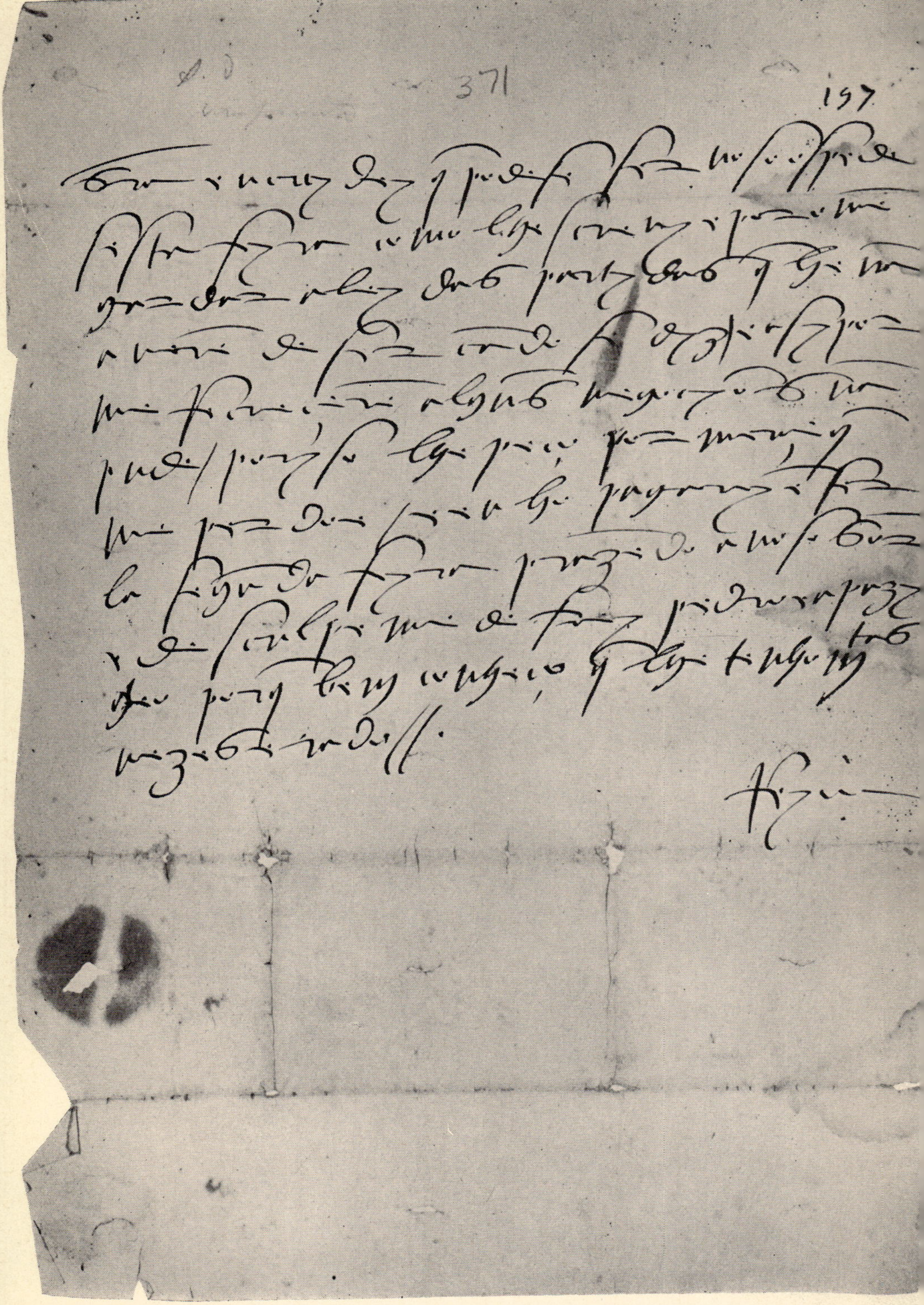
371
197

(In another hand)

Praz a V.A., por fazer merce a dom Pedro de Sousa, fidalguo de sua casa, que amda nas partes da India, filho bastardo de dom Felipe de Sousa, de o acrecemtar a cavaleiro e quatro cemtos reis mays em sua moradia, cada mes, alem dos mil e seys çentos reis que ateegora teve de seu dinheiro, pera que d'aquy ẽ diante tenha e aja dous mil reis de moradia, cada mes, de cavaleiro, que he o que lhe pertemce por aver descomtada a terça parte de bastardia, por Rezão dos tres mil reis que ho dito seu pay teve do moradia de cavaleiro; e nam vemceraa moradia ẽ quamto amdar na Imdya.[1]

(Here are found endorsements in hands of various officials. A good deal of the following is conjectured, owing to the illegibility of the writing and the frequent abbreviations.)

Fica asemtado e pagos vimte reis.

(A signature not readily deciphered)

Recebido no terceiro livro da matricola, ás llaudas 185, e pagos seiscemtos reis, a iii de março de 557. Francisco de Siqueira.
Recebido no livro do comto aos XXiii d'outubro, VcLxVi.

Luis Alvarez.

Pagos trezẽtos sesenta reis.   Pagos LX reis.

(On Reverse Side)

Alvara d'acrecentamento de dom Pedro a cavaleyro —[2] que foi filho bastardo de Dom Felipe de Sousa.

371[3]

SENHORA, eu cuydey que podese ser voso ospede, sesta feyra, como lhe screvy, e por omẽ gardar a ley das partidas, que he nã averẽ de ser cãdo se diz, e asy por me recrecerẽ algũs negocyos, nã pude. Poys o lhe peço por merçe que me perdoe, e eu ho pagarey ẽ ser la segũda feyra, prazẽdo a Noso Senhor; e desculpe me de frey Pedro; e apazygeo, porque bem conheço que lhe tenho muitas vezes errado.

                 Rey.

A senhora du —— minha ——

---

[1] A good deal of this clause has to be conjectured, as the borders of the MS. are torn and letters are missing.

[2] *Que foi*, etc., is in a very much later hand.

[3] See note 1, p. 394.

372[1]

LOPO DE SOUSA, agradeçovos muito a boa nova que me mãdastes, e podeis vos gabar que, tagora, eu nã tenho Recebydo nova de nenhũa pesoa, e Noso Senhor sabe quãto asy he, cõ que tãto prazer Recebese. E vendo no que neste negocyo tendes feyto me tẽdes feyto [2] ẽfyudo serviço quãto podia ser, alem do gosto e do prazer e asy aver que me tendes hobrigado, ẽcomẽdovos que tenhais grãde holho no duque; nã vos ẽgaire pois tẽdes d'iso Receo, e gora nã seja outro cuydado ho noso senã trazer de la a mỹ, e espero ẽ Noso Senhor que tudo sera Remediado. Agora nã cureis de lhe falar nada neste negocyo, nẽ Reprẽdelo, nẽ cõsyntais que nẽguẽ ho faça ẽ nenhuma cousa d'ele, e avisai os que ja cõvosco vyerẽ ou depois a vos achegarẽ, e outro cuydado agora nã seja, senã trazer de la e ter nele bom olho. E gradecervosey avisardesme de como vẽ, e do que vos pareçe, e quãdo esperais de ser ca. E se por ventura tornar a nã querer vir, e detryminadamente estar ẽ seu preposyto, precurai quãto poderdes polo trazer, lẽbrandolhe cã hobrigado he a fazer ho que tãto lhe Rogo e mãdo por obydyẽcya; e que quãdo todavya quyser ẽ seu preposito estar, mais he, pera tal pesoa como ele he, fazelo cõ minha sabedoria e liçẽça, leixãdo seus criados primeiro agasalhados, e suas dividas ẽ ordẽ de se pagarẽ, e sua casa asentada ẽ seu irmão, que fazer iso de semelhãte maneyra, — sẽ que tudo fyca casy perdido, e sua cõcyẽcia mais que tudo, nas semelhãtes cousas. Por que no meterse frade nã deyxeis que nẽguẽ cõ ele aprefye se ho podia ou nã podya fazer; isto fyque pera ca. Ẽ sua vỹda day a presa toda que poderdes, e avysaime ho mais a meudo que poderdes. De minha mão, de Lisboa, a XXii de Junho.[3]

Rey.

---

[1] There seems good reason to suppose that these two letters are in the King's own handwriting. It is in keeping with his signature. Note *de minha mão* at the end of Letter CCCLXXII.

[2] The repetition is in the MS.

[3] No year is indicated.

(FINIS)

A NOTE ON SOME GRAPHICAL PECULIARITIES

As IN the Middle Ages, our sixteenth-century scribes still use the capital *R* to denote the well trilled *r* of Portuguese at the beginning of a word or between vowels within it. We retain it in the initial position: *Roupa* for modern *roupa;* but in the intervocalic position we employ *rr,* which is likewise written by the scribes: *arrezoar* for MS. *aRezoar* (modern *arrazoar*).

For the "hollow" *l* (velar or made with the tip of the tongue raised and turned back upon the palate) the scribes write now a capital L and again *ll,* before a consonant within a word or when it is final. We use only *ll: quall* for MS. *quaL* and *quall; Allgarve* for MS. *aLgarve* or *allgarve.* Curiously the MS. has sometimes the capital *L* or *ll* for initial *l* or *l* after a consonant, as in *Loguo* (not at the beginning of a sentence), *lloguo* and in *clleriguos;* we use only *ll,* as in *lloguo* for modern *logo.*

For voiceless intervocalic *s,* modern *ss,* the MS. has more often *s* than *ss:* we preserve the conditions of the MS.: ese, noso, etc. Rarely we find *ss* for what is properly the voiced intervocalic *s,* as in *coussa* for *cousa.*

In general there is no little variation in practice as to the gemination and simplification of intervocalic consonants. There is here that rational preponderance of the single consonant which has recently become again the order of the day with the adoption of the rules of reformed spelling.

The til is extremely common as a sign of nasality and we retain it: *cō* for *com, cōselho* for *conselho,* etc. Within a word *m* appears before both labial and dental consonants and we keep it everywhere: *apomtar* for *apontar, defemder* for *defender, emsyno* for *ensino,* etc. The MS. has also *n* before dentals.

There is some interchange of *z* and *s*: *fazer* and *faser,* etc.

An inorganic initial *h* is frequent, as in *he* for *é, ho* for *o, ha* for *a, hordenar* for *ordenar.* In the Middle Ages the scribes used such an *h* as a mere sign of the beginning of a word whose first sound was a vowel. Rarely a redundant *h* appears within a word: *oca-*

syhão for *ocasião*. As in the Middle Ages our scribes often omit an organic initial *h* of Latin origin: *aver* for *haver*.

The letter *y* may denote now a pure vowel, as in *cydade*, modern *cidade*, and again the semivowel, as in *muyto* for *muito*.

Initial *f* is occasionally doubled: *ffeitoria* for *feitoria*.

The merely graphic *u* which stands after *g* before a following *e* or *i* is sometimes omitted, as in *segimte* for *seguinte*, *chege* for *chegue*. On the other hand, a superfluous *u* is frequently employed after *g* before a following *a* or *o*: *Portugual* for *Portugal*, *castiguar* for *castigar*, *lloguo* for *logo*, etc.

An etymological final stressed *ā* or *ō* (also *om*) may stand where now we write *āo*: *capitā* for *capitão*, *comonicaçō* (or *comonicaçom*) for *comunicação*. Cf. also such cases as *nam*, *nō* for modern *não*, and *sam*, *sō* (Latin *sum*) for modern *sou*.

Stressed vowels are often doubled, doubtless to indicate their lengthening: *geraaes*, for modern *gerais* (and the MS. may add a sign of doubling or lengthening, which we omit as unnecessary, as in *gerāaes*), *capitāaes* for *capitães*, *aveemdo* for *havendo*, *beem* for *bem*. Again, even for an unstressed vowel the double vowel may appear where historically it once existed: *povoos* for *povos* (Latin *pŏpŭlōs⟩ povoos⟩ povos*); so, also, stressed in *soo* for *so* (Latin *sōlŭm⟩ soo⟩ so*).

Liaison of vowels is common, particularly in combinations of a preposition with a following word: *deste* for *de este*, *dele* for *de ele*, etc.; we write *d'este*, *d'ele*, etc. Both *da* and *na* may be thus connected to the next word beginning with *a*: *darmada* for *da armada*, *narmada* for *na armada*; we write *d'armada* (which may stand also for *de* plus *armada*) and keep *narmada*. The preposition *a* is sometimes absorbed when the next word begins with *a*: *fosem aquelas partes* for *fosem a* aquelas partes, etc. We write, upon occasion, *àquelas partes*, etc.

An interesting fact is the appearance of *e* alone where the diphthong *ei* is to be expected, especially in verb forms such as *dize* (accented on the *e*) for *dizei* (imper., 2nd pl.); *dires* (also *direes*) for *direis* (fut. indic., 2nd pl.), *saberes* for *sabereis*, *apontares* for *apontareis*; *embarques* for *embarqueis* (pres. subj., 2nd pl.). In *dize* we have the Latin ending *-ēte* which became *-ede* and then *-ee*. This last could become either *-e* by contraction or *-ei* (as today) by the reduction of the second *e* to the status of a semivowel. A similar explanation holds for *-es*, in *saberes*, etc., in which the Latin *-ētĭs* became *-edes*, then *-ees*, and finally *-es* or *-eis*.

There are other details of a graphic sort, some of which have a phonological interest; but it is not necessary to note them here. The Glossary gives examples of them. In conclusion we may remark that, in the Ango letters, we have corrected many readings of Palha's edition.

GLOSSARY

GLOSSARY

A

aalem, *alem*
aavra, *haverá*
acerqua, *acerca*
acodir, *acudir*
acrecētar, *acrescentar*
acupar, *ocupar*
açuquar(e), *açúcar*
açuquer, *açúcar*
adayão, *deão*
adayll, *adail*
aderençar, *adereçar*
adevinhar, *adivinhar*
adir, *ha de ir*
agardeçer, *agradecer*
agardecimento, *agradecimento*
aja, *haja*
ajaes, *hajais*
al, *outra cousa*
aleem, *alem*
all, *outra cousa*
allē, *alem*
allfamdegua, *alfândega*
Alguarve, *Algarve*
allgūn, *algum*
alguŭas, *algumas*
allmazē, *armazen*
allogar, *alojar*
allquetram, *alcatrão, alquitrão*
Almeyrȳ, *Almeirim*
alomenos, *ao menos, pelo menos*
alvareis, pl., *alvarás*
alvidro, *árbitro*
aly, *ali*
ambarguo, *embargo*
ambollas, *ambos as*
Amdre, *André*
amanhāa, *amanhã*
amostrar, *mostrar*
Amrriquez, *Henriques*
amtes, *antes*
amtiguo-a, *antigo-a*
Amtilhas, *Antilhas*
amtre, *entre*
amyguo, *amigo*
Angoo, *Ango*
antre, *entre*
antretalho, *entretalho*
apaceficar, *apacificar, apaziguar*
apazygeo, *apazigùe-o*
apique, *a pique, prestes*
apreçeber, *aperceber*
aprecebido-a, *apercebido-a*
apreçebimēto, *apercebimento*
aprecebimento, *apercebimento*
Araguā, *Aragão*
arrezoado-a, *arrazoado-a*
artelharya, *artilharia*
asy, *assim*
aseseguo, *assossêgo*
asynar, *assinar*
atee, *até*
ategora, *atê agora*
auto-a, *apto-a*
aveemdo, *havendo*
aveer, *haver*
avees, *haveis*
avelayam, *havê-la-iam*
aveloya, *havê-lo-ia*
avido-a, *havido-a*
avies, *havíeis*
avirey, *haverei*
aviria, *haveria*

B

bē, *bem*
beem, *bem*
Bertolameu, *Bartolomeu*
bespora, *véspera*
biii, *viii*
bōa, *boa*
bōo, *bom*
bōoa, *boa*
boõa, *boa*
brageiro, *bragueiro*
bronço, *bronze* (?)

GLOSSARY

C

caa, *cá*
cadano, *cada ano*
cãdo, *quando*
cafiz, *cahiz*
caise, *quási*
caledade, *qualidade*
calidade, *qualidade*
calledade, *qualidade*
cam, *quão*
camdo, *quando*
campeiro-a, *aberto-a* (?)
capitã, *capitão*
capitaées, *capitães*
capitaães, *capitães*
capitolar, *capitular*
careguo, *cargo*
carrega, *carga*
carvã, *carvão*
casar, *cassar*
casteguar, *castigar*
castiguo, *castigo*
cãto, *quanto*
caxa, *caixa*
cãybo, *cambio*
caynbo, *cambio*
Cepta, *Ceuta*
certidam, *certidão*
chaãmēte, *chãmente*
Cizillea, *Sicília*
cõ, *com*
coarenta, *quarenta*
coatro, *quatro*
cõcruir, *concluir*
cõcrusam, *conclusão*
cõdiçã, *condição*
Çofala, *Sofala*
Çomatra, *Sumatra*
comisam, *comissão*
comquista, *conquista*
comta, *conta*
comtia, *quantia*
comto, *conto*
comtyudo, *conteúdo*
comvēçer, *convencer*
comvir, *convir*
comvosquo, *convosco*
comysayro, *comisário*
conçiẽçia, *consciência*
concludir, *concluir*
concruir, *concluir*
concrusão, *conclusão*
consirar, *considerar*
conthya, *quantia*
conthyno-a, *contínuo-a*
conviniente, *conveniente*
cõpytyr, *competir*
coremta, *quarenta*
corenta, *quarenta*
cosairo, *corsário*
cõselho, *conselho*
cõtẽtamēto, *contentamento*
cõtia, *quantia*
cõvenyẽte, *conveniente*
cramor, *clamor*
craramẽte, *claramente*
craramente, *claramente*
crareza, *clareza*
craro-a, *claro-a*
crausula, *cláusula*
craveiro, *claveiro*
creado, *criado*
credeto, *crédito*
creedes, *credes*
cremça, *crença*
Çuez, *Suez*
custumar, *costumar*
custume, *costume*
cymquo, *cinco*

D

daa, *da (dar)*
Damsique, *Danzique*
dantre, *de entre*
dapno, *dano*
decer, *descer*
dee, *dé (dar)*
decraraçam, *declaração*
decraradamẽte, *declaradamente*
decrarar, *declarar*
deferemça, *diferença*
dellaçam, *dilação*
delaçom, *dilação*
della, *de lá*
delligencia, *diligência*
demarcaçam, *demarcação*
demenuhir, *diminuir*
desarezoado-a, *desarrazoado-a*
descesseys, *dissêsseis (dezir)*

GLOSSARY

descordea, *discórdia*
desdaguora, *desde agora*
desejaaes, *desejais*
desem, *dessem* (*dar*)
deseseguo, *desassossêgo*
desimulaçã, *dissimulação*
desimulaçam, *dissimulação*
despoer, *dispôr*
despois, *depois*
desposto-a, *disposto-a*
desposyçam, *disposição*
desposyção, *disposição*
detreminar, *determinar*
detriminaçã, *determinação*
detriminadamente, *determinadamente*
detrymynadamēte, *determinadamente*
detryminar, *determinar*
devyda, *dívida*
devino-a, *divino-a*
dezenove, *dezanove*
dezir com, *condezir com*
d'hy (de + hi < Lat. hīc), *daí, dali*
digaees, *digais*
digues, *digais*
diguo, *digo*
diloes, *di-lo-eis*
Dioguo, *Diogo*
dires, *direis*
dise, *disse*
diserō, *disseram*
dises, *dizes*
diseys, *dizeis*
dispidida, *despedida*
disposiçam, *disposição*
disposisam, *disposição*
diveda, *dívida*
divido-a, *devido-a*
dizelhe, *dizei-lhe*
dõ, *dom*
dovidar, *duvidar*
dy, *daí, dali*
dy (di < Lat. dic), *diz(e)* (2 sing. imper. *dizer*)
dyamães, *diamantes*

E

ē, *em*
ēbarcaçam, *embarcação*
ēboora, *embora*

efectuosamēte, *afectuosamente*
eficacea, *eficácia*
ēformaçã, *informação*
ēformaçom, *informação*
ēformar, *informar*
eixemçã, *isenção*
ēleo, *enleio*
emcõveniente, *inconveniente*
emformaçam, *informação*
emformar, *informar*
emparar, *amparar*
emprestemo, *empréstimo*
emseynar, *ensinar*
emtrege, *entregue*
emtregua, *entrega, intriga*
emvençam, *invenção*
emventario, *inventário*
emviar, *enviar*
emvies, *envieis*
enderençar, *endereçar*
endicio, *indício*
enformaçã, *informação*
eñovações, *innovações*
entã, *então*
entam, *então*
ēquanto, *em quanto*
escamdollo, *escândalo*
escreve (2 pl., imper.), *escrevei*
escryvã, *escrivão*
espeça, *expeça* (*expedir*)
espermentado-a, *experimentado-a*
espidiente, *expediente*
espidir, *expedir*
espidyraa, *expedirá*
espreve (2 pl., imper.), *escrevei*
esprever, *escrever*
esprito, *escrito*
esprito, *espírito*
esprivaninha, *escrivaninha*
esprivão, *escrivão*
estaa, *está*
estaaes, *estais*
estavō, *estavam*
estcrever, *escrever*
estee, *esté* (*estar*)
esterlles, *esterlinas*
esterlleys, *esterlinas*
estprever, *escrever*
estprevy, *escrevi*
estrever se, *atrever-se*

GLOSSARY

estronomo, *astrônomo*
estrovar, *estorvar*
ēsyno, *ensino*
ētam, *então*
ēviar, *enviar*
ēvyes, *envîeis*
execuçom, *execução*
exempro, *exemplo*
exequçam, *execução*
ey, *hei* (*haver*)
eysame, *exame*

F

façaaes, *façais* (*fazer*)
face, *faz* (*fazer*)
falaeys, *fá-la-eis* (*fazer*), *falais* (*falar*)
faloeyis, *fá-lo-eis* (*fazer*)
famgua, *fanga*
fazello, *fazê-lo*
fee, *fé*
feitura, *feita*
fermeza, *firmeza*
Fernã, *Fernão*
fezerō, *fizeram*
fezestes, *fizestes*
ffaça, *faça*
ffalta, *falta*
ffeito, *feito*
ffeitoria, *feitoria*
ffor, *for* (*ser*)
ffose, *fosse*
filhamento, *alistamento*
filhar, *alistar*
fiquar, *ficar*
follge, *folgue* (*folgar*)
follgey, *folguei* (*folgar*)
for, *fora* (*advb*.)
forom, *foram*
fortoyto-a, *fortuito-a*
fose, *fosse*
foy, *foi*
Framça, *França*
Framdes, *Flandres*
Francisquo, *Francisco*
Frandes, *Flandres*
fremoso-a, *formoso-a*
Froll della Maar, *Flor do Mar*
Fyns Terra, *Finisterra*
fyo, *fio*

G

gajo,
galleam, *galeão*
ganyete,
Gardafuy, *Guardafuy*
gardar, *guardar*
gavia, *gávea*
Gee (Cabo de: Geez, Guee, Guez)
geemte, *gente*
Genoa, *Gênova*
Genoees, *Genovês*
geraall, *geral*
gisa, *guisa*
goarda, *guarda*
gora, *agora*
gradecer, *agradecer*
gramde, *grande*
gromete, *grumete*
groria, *gloria*
grosar, *glosar*
grossar, *glosar*
gualee, *galé*
Gualiza, *Galiza*
gualardā, *galardão*
guastar, *gastar*
Guinee, *Guiné*
Guoa, *Goa*

H

ha, *a*
há, *á*
he, *é*
heste-a, *este-a*
hey, *hei*
himdo, *indo* (*ir*)
hiraa, *irá* (*ir*)
his, *ides* (*ir*)
ho, ha, *o, a*
homde, *onde*
homē, *homem*
homra, *honra*
hordeem, *ordem*
hũ, *um*
hum, huma, *um, uma*
huũ, *um*
huũa, *uma*
hy (< Lat. hīc), *aí, ali*
hya, *ia* (*ir*)
hyeis, *íeis* (*ir*)

GLOSSARY

hyes, *ieis* (*ir*)
hyeys, *ieis* (*ir*)
hyha, *ia* (*ir*)

I

i (< Lat. hīc), *aí*, *ali*
imchaçō, *inchação*
Imdia, *India*
imfyees, *infieis* (pl., *infiel*)
Imgraterra, *Inglaterra*
impidimento, *impedimento*
imqueriçam, *inquirição*
imteiramēte, *inteiramente*
Ioham, *João*
irdello visitar, *irde-lo visitar*
irmēdade, *irmandade*
ispediente, *expediente*
istruçam, *instrucção*
iteem, *item*

J

jaa, *já*
Jan, *João*
jemte, *gente*
jenrro, *genro*
Jō, *Jean* (Fr.), *João*
Joham, *Johão*, *João*
Jon, *Jean* (Fr.), *João*
jumquo, *junco*
junquo, *junco*

L

laa, *lá*
lacar, *laca*
ladram, *ladrão*
leixar, *deixar*
leterado, *letrado*
levastees, *levasteis*
lhe, *lhe*, *lhes*
Lixboa, *Lisboa*
lla, *lá*
llaa, *lá*
llanço, *lanço*
llatam, *latão*
llêbrança, *lembrança*
llenbrança, *lembrança*
lletra, *letra*
llevāte, *levante*
lleyxar, *deixar*
llivra, *libra*
llonge, *longe*
llouvar, *louvar*
llugar, *lugar*
loguo, *logo*
luguar, *lugar*
Lymoneiro, *Limoeiro*

M

maa, *má*
maão, *mão*
maar, *mar*
Malaqua, *Malaca*
Mallageta, *Malagueta*
mallageta, *malagueta*
mandaeis, *mandais*
mandares, *mandareis*
marearia, *enjoo*
mariante, *mareante*
marqua, *marca*
marquo, *marco*
may, *mãe*
meedelo,
memorea, *memória*
menhā, *manhã*
menistro, *ministro*
menuta, *minuta*
meo-a, *meio-a*
meo, *meio*
meos, *meus*
merces, *mereceis* (*merecer*)
mesturar, *misturar*
meudo, *miúdo*
micer, *misser*, *senhor*
milhor, *melhor*
Moçãobique, *Moçambique*
moçteiro, *mosteiro*
modraçã, *moderação*
monição, *munição*
Monsarat, *Montserrate*
moor, *mor*, *maior*
moynho, *moinho*
muyto, *muito*
myll, *mil*
mȳ, *mim*
mym, *mim*

N

nã, *não*
nam, *não*
narmada, *na armada*
naveguaçã, *navegação*
naveguaçam, *navegação*
nẽ, *nem*
nececaryo, *necessário*
neem, *nem*
neguocio, *negocio*
nenhũa, *nenhuma*
nenhuũ, *nenhum*
nestoutro, *neste outro*
nõ, *não*
nomina, *nomeação*
noso-a, *nosso-a*

O

obidiençia, *obediência*
obriguaçom, *obrigação*
obydiençia, *obediência*
ocasiom, *ocasião*
odeo, *ódio*
ofecial, *oficial*
ofrecer, *oferecer*
ofreçimẽto, *oferecimento*
omildade, *humildade*
Ongria, *Húngria*
ordenaryo-a, *ordinário-a*
oulhar, *olhar*
ouverõ, *ouverão*

P

paguar, *pagar*
paixam, *paixão*
pam, *pão*
particolar, *particular*
patrã, *patrão*
pello, *pelo*
penna, *pena*
per que, *porque*
pera, *para*
perdam, *perdão*
perjuizo, *prejuizo*
perla, *pela*
perque, *porque*
perquo, *perco* (*perder*)
pesuyo, *possuo*
petiçõ, *petição*
pidir, *pedir*
pillouro, *pelouro*
Piniche, *Peniche*
piqueno-a, *pequeno-a*
pobricações, *publicações*
pobricaçom, *publicação*
pobricar, *publicar*
podeemdo, *podendo*
podes, *podeis* (*poder*)
poherem (3 pl., infin.), *pôrem*
polla, *pola*
porcurar, *procurar*
por la, *pela*
pos, *após*
possaes, *possais* (*poder*)
pose, *posse*
posese, *pusesse* (*pôr*)
preçado-a, *prezado-a*
precuraçã, *procuração*
precuraçam, *procuração*
precurador, *procurador*
precurar, *procurar*
preposito, *propósito*
presa, *pressa*
presomir, *presumir*
prever, *prover*
prinçipall, *principal*
priol, *prior*
prisam, *prisão*
prove, *pobre*
provisam, *provisão*
pubricamãte, *públicamente*
pubrico-a, *público-a*
pymẽta, *pimenta*

Q

qua (*cf.* ca), *porque, pois que; cá*
quã, *quão*
quaa, *cá*
quaees, *quais*
quall, *qual*
quẽ, *quem*
qui, *aqui*
quintãa, *quintã*
quiria, *queria* (*querer*)

GLOSSARY

R

Receberõ, *receberão*
Recepta, *receita*
Reções, *rações*
recrecer, *recrescer*
Refeyçam, *refazimento*
relaçã, *relação*
Relaçam, *relação*
remedear, *remediar*
repairo, *reparo*
Repartiçã, *repartição*
Repersarias, *represálias*
Represam, *repressão*
Represareas, *represálias*
repricar, *replicar*
Resão, *razão*
resgardo, *resguardo*
Respondente, *correspondente*
Restetuyçã, *restituição*
Restetuydo-a, *restituido-a*
Revocaçam, *revocação*
Revogaçom, *revogação*
Revoquar, *revocar, revogar*
Rezão, *razão*
Rezistir, *resistir*
Rezoado-a, *razoado-a*
Rezõoes, *razões*
Risquo, *risco*
rivada, *ribada, riva*
Robỹ, *rubim*
Rochela, *Rochelle*
Roguo, *rogo (rogar)*
rolda, *ronda, vigia*
roll, *rol*
Ruam, *Ruão*

S

sã, *sou*; *são (ser)*
sabe (2 pl., imper. *saber*), *sabei*
sabeer, *saber*
sabees, *sabeis*
sam, *sou*; *são (ser)*
Samtome, *São Tomé*
sanctidade, *santidade*
sancto, *santo*
Saona, *Savona*
saquo, *saco*
sasemta, *sessenta*
sasēta, *sessenta*

scprevo, *escrevo*
scripto, *escrito*
sẽ, *sem*
secrestar, *sequestrar*
seer, *ser*
segimte, *seguinte*
segirem, *seguirem*
seguyr, *seguir*
sejão, *sejam*
sem Resão, *semrazão*
senã, *senão*
senior, *senhor*
senom, *senão*
sentemcear, *sentenciar*
seraom, *serão*
Setuvall, *Setubal*
siguio, *seguiu (seguir)*
soa (fem.), *só*
sobceder, *suceder*
sobcesões, *successões*
sobreseer, *sobreser*
sobryso, *sobre iso*
sobrysto, *sobre isto*
soceder, *suceder*
socrestar, *sequestrar*
soficiençia, *suficiência*
soficiēte, *suficiente*
soham, *soíam (soer)*
solicites (pres. sub., 2 pl.), *soliciteis*
sollorgiães, *cirurgiães*
somana, *semana*
soo, *só*
soomente, *sómente, excepto, fora*
soomēte, *sómente, fora*
soprecaçã, *suplicação*
sopricar, *suplicar*
soprimento, *suprimento*
sopricaçã, *suplicação*
soprir, *suprir*
sorogiam, *cirurgião*
sovegar, *sobejar*
soy, *soe (soar, pres., subj., 3 sing.)*
sperar, *esperar*
spreve, *escrevei, escreve*
sprevee, *escrevei*
sprever, *escrever*
spreveo, *escreveu*
sprito-a, *escrito-a*
stpreveo (?), *escreveu*
stprever (?), *escrever*

GLOSSARY

syguão, *sigam* (*seguir*)
Symam, *Simão*
syntir, *sentir*
syria, *seria* (*ser*)

T

tagora, *até agora*
Tamjere, *Tanger*
Tangere, *Tanger*
Tavila, *Tavira*
Tavilla, *Tavira*
tavoado, *taboado*
te, *até*
tee, *até*
teemdes, *tendes* (*ter*)
temça, *tençã*
temçã, *tenção*
tençom, *tenção*
tẽpo, *tempo*
tera, *terra*
teverem, *tiverem*
thomar, *tomar*
timcall, *tincal*
todollos, todallas, *todos os, todas as*
tonees, tones, *toneis* (pl. *tonel*)
toquão, *tocam* (*tocar*)
toquar, *tocar*
torvaçam, *torvação*
tratoles, *tratá-lo-eis*
trelado, *traslado*
trellado, *traslado*
tresfegar, *trafegar*
tresoureyro, *tesoureiro*
trespasações, *traspassações*
trespasar, *traspassar*
tromēta, *tormenta*
Turquo, *Turco*

U

urqua, *urca*

V

vaa, *vá* (*ir*)
vaão, *vão* (*ir*)
vago-a, *vacante*
vam, *vão* (*ir*)
vay, *vai* (*ir*)
vē, *vem* (*vir*)
veeador, *veador, vedor*
veedor, *veador, vedor*
veemda, *venda*
veeo, *veio* (*vir*)
vegia, *vigia*
vella, *vela*
veo, *veio* (*vir*)
vesitação, *visitação*
vesitar, *visitar*
veyo, *veio* (*vir*)
viguario, *vigario*
Viguo, *Vigo*
visso Rey, *vizo-rei*
vosquo, *vôsco*
vylla, *vila*
vymdees, *vindes* (*vir*)
vyo, *viu* (*ver*)
vyr, *vir*
vỹr, *vir*
vyrdees, *virdes* (*ver*), *verdes* (*ver*), *virdes* (*vir*)
vyrdes, *virdes, verdes*
vyrem, *virem* (*ver*)
vyse, *visse*

X

xarafe, xaraffe, *xarife, xerife*
xarife, *xerife*
xbi, *xvi*
xxBI, *xxvi*
xxBII, *xxvii*
Xro, *Cristo*

Y

ymteyramēte, *inteiramente*
ỹpurtãcia, *importância*
yr, *ir*
yso, *isso*
ystimão, *estimam*
ystimar, *estimar*